سلسلة المصادر التربوية في تكنولوجيا التعليم
(٢)

تكنولوجيا التعليم المُفرَد وتنمية الابتكار

(رؤية تطبيقية)

الدكتور عادل سرايا

أستاذ تكنولوجيا التعليم المشارك

كلية التربية بالعريش - جامعة قناة السويس

قسم تقنيات التعليم - كلية المعلمين بالرياض

الطبعة الأولى
٢٠٠٧

دار وائل للنشر

رقم الايداع لدى دائرة المكتبة الوطنية : (٢٠٠٦/٨/٢٠٢٧)
سرايا ، عادل
تكنولوجيا التعليم المفرد وتنمية الابتكار: رؤية تطبيقية / عادل سرايا .
- عمان : دار وائل ، ٢٠٠٦
(٣٩١) ص
ر.إ. : (٢٠٠٦/٨/٢٠٢٧)
الواصفات: تكنولوجيا التعليم / التعليم
* تم إعداد بيانات الفهرسة والتصنيف الأولية من قبل دائرة المكتبة الوطنية

****

رقم التصنيف العشري / ديوي ٣٧١.٣٠٧٨
ISBN ٩٩٥٧-١١-٦٧٢-x (ردمك)

* تكنولوجيا التعليم المفرد وتنمية الابتكار (رؤية تطبيقية)
* الدكتور عادل سرايا
* الطبعة الاولى ٢٠٠٧

* جميع الحقوق محفوظة للناشر

دار وائــل للنشر والتوزيع

* الأردن - عمان - شارع الجمعية العلمية الملكية - مبنى الجامعة الاردنية الاستثماري رقم (٢) الطابق الثاني
هـاتف : ٠٠٩٦٢-٦-٥٣٣٨٤١٠ - فاكس : ٠٠٩٦٢-٦-٥٣٣١٦٦١ - ص. ب (١٦١٥ - الجبيهة)
* الأردن - عمـان - وسـط البـلد - مجمـع الفحيص التجـاري- هـاتف: ٠٠٩٦٢-٦-٤٦٢٧٦٢٧
www.darwael.com
E-Mail: Wael@Darwael.Com

بسم الله الرحمن الرحيم

﴾ فأما الزبد فيذهب جفاء وأما ما ينفع الناس فيمكث في الأرض ﴿

صدق الله العظيم

الآية (١٧) سورة الرعد

الإهداء

إلى روح فقيد أسرة تكنولوجيا التعليم في مصر والعالم العربي

إلى من أفنى حياته للعلم والعمل

إلى الروح الخالدة

استاذي المغفور له

أ.د. عبد العظيم الفرجاني

عميد كلية التربية النوعية سابقاً

جامعة المنيا

تغمده الله برحمته واسكنه جنات عليين

تلميذك الوفي

عادل سرايا

العناوين العامة لفصول الكتاب

* العناوين الفرعية وتفصيلاتها .. انظر فهرس الكتاب في نهايته .

﴿ تعريف موجز ﴾

بسلسلة المصادر التربوية في تكنولوجيا التعليم

- مجموعة متنوعة من الإصدارات التربوية ذات الصلة المباشرة وغيرالمباشرة بمجال تكنولوجيا التعليم مثل (الكتب النظرية المؤلفة - الكتب المترجمة - البرامج التعليمية والتدريبية - المشروعات التنموية والتطويرية ذات الصفة التربوية - البحوث الوصفية والبحوث المجربة أمبيريقيا - الأدوات البحثية كالمقاييس والاختبارات والاستبيانات والقوائم المقننة وبطاقات الملاحظة وغيرها)
- تحاول إصدارات هذه السلسلة جاهدة إزالة الغموض حول تكنولوجيا التعليم كعلم تطبيقي مستقل as a applied science له ابعاده وأسسه النظرية المشتقة من كافة العلوم الإنسانية الأخرى، كما أن له تطبيقاته ومضامينه العملية لخدمة العملية التعليمية وحل مشكلاتها المزمنة في عالمنا العربي مع رفع مستوى هذه العملية وزيادة فاعليتها وكفاءتها.
- ترمي إصدارات هذه السلسلة إلى محاولة التأكيد على أن تكنولوجيا التعليم لا تنحصر داخل إطار مفهوم الوسائل التعليمية، كما هو شائع لدى عموم الناس ومعظم التربويين، بل أنها تشكل منظومة عامة عملياتية التكوين تأتي الوسائل التعليمية منظومة فرعية لها ضمن مكوناتها الإجرائية الملموسة (منتجات).
- ظهر أول إصدار من هذه السلسلة في بداية عام ٢٠٠١م تحت عنوان (ةكنولوجيا التعليم: النظرية والتطبيق) في جزئين - جزء نظرية وجزء عملي- وهو من إصدارات كلية التربية بالعريش والتربية النوعية ببورسعيد جامعة قناة السويس.

- الإصدارات التابعة لهذه السلسلة يمكن أن تأتي في صورة إنتاج فردي أو ثنائي أو على هيئة فريق من المؤلفين المتخصصون في تكنولوجيا التعليم أو المجالات التربوية الأخرى ذات الصلة.

مقدمة

سلسلة المصادر التربوية في تكنولوجيا التعليم

إن التربية هي الحياة، وتسعى التربية دائماً إلى توفير الحياة الأفضل لكل الأفراد من خلال أنظمتها ومجالاتها المتعددة والمتباينة. وأصبحت التربية هي الميدان الأكثر إتساعاً الذي تتسابق فيه الأمم لنهضة مجتمعاتها وتطويرها لمواكبة التقدم الحادث في عالم اليوم.

ولقد تأثرت التربية المعاصرة كميدان عام، بتلك الثورات التكنولوجية والمعرفية التي اتسمت بها العقود الأخيرة من القرن السابق والسنوات الأولى من القرن الحالي، مما دعا إلى إمكانية إحداث تطور ملموس في الممارسات التعليمية داخل مؤسساتنا التربوية بكافة مراحلها وأنماطها ومستوياتها.

وإذا كانت التربية كمنظومة كبرى تهتم بتحديد وتحليل المشكلات التربوية المرتبطة بكل مظاهر التعلم الإنساني والسلوك البشري مع تقديم الحلول الملائمة لهذه المشكلات، فإن تكنولوجيا التعليم كمنظومة فرعية Sub-System تبدو كميدان أكثر تمايزاً وتفرداً يركز على فنيات تطبيق المعرفة المستمدة من نظريات التعلم والتعليم ونتائج البحوث المتعلقة بمجال العلوم التربوية والسيكولوجية والإنسانية والاجتماعية لتحسين المواقف التعليمية وتطويرها ورفع مستوى فاعليتها وكفاءتها بهدف إحداث تعلم أفضل كغاية مُثلى من عمليتي التدريس والتعليم.

وقد أصبحت تكنولوجيا التعليم علماً تطبيقياً Applied Science مستقلاً له فلسفته وأسسه وبرامجه التي بدأت تشكل محوراً رئيسياً من محاور العملية التعليمية في معظم البلدان المتقدمة وبعض البلدان الآخذة في التقدم، وذلك داخل مؤسسات التعليم العام والجامعي .

ومن المؤسف أن تقتصر تكنولوجيا التعلم كمفهوم أو كمهنة أو كمجال دراسة أو كميدان تطبيقي عند عموم الناس أو عدد غير قليل من التربوين على مجرد استخدام المواد والآلات والأجهزة البسيطة الضوئية منها أو الالكترونية الحديثة في مجال التعليم، ويُعد هذا الاعتقاد غير المنطقي من الاخطاء الشائعة والمفاهيم المغلوطة التي تحتاج إلى تصويب وتعديل منهجي سليم، الأمر الذي يستلزم معه التأكيد على أن تكنولوجيا التعليم لا تقف عند حد منتجاتها كالمواد والأجهزة التعليمية "الوسائل التعليمية" بل إن الأمر يتطلب إبراز تكنولوجيا التعليم كعلم أو عملية أو طريقة للتفكير المنهجي المنظم المرتبط بالتصميم والتطوير التعليمي على المستوى الإجرائي داخل مؤسساتنا التعليمية.

ومن هذا المنطلق فقد جاءت هذه السلسلة - كمحاولة متواضعة من المؤلف- لإصدار عدد من المصادر والاسهامات التربوية المتنوعة ذات الصلة المباشرة وغير المباشرة بمجال تكنولوجيا التعليم، وذلك بهدف تصويب هذه المفاهيم الخاطئة التي التصقت عند البعض بتكنولوجيا التعليم من ناحية، وتدعيم الاتجاه العلمي السليم نحو تكنولوجيا التعليم كمدخل مقبول ونموذجي لحل أغلب المشكلات التي تعانيها العملية التعليمية في الوطن العربي والإرتقاء بعمليتي التدريس والتعليم على أسس منهجية من ناحية أخرى.

وقد روعي عند صياغة مفردات المحتوى اللفظي والمصور لإصدارات هذه السلسلة التبسيط العلمي غير المخل وعدم التعقيد مع محاولة توفير التتابع المنطقي والسيكولوجي في تنظيم هذه المفردات، وذلك لكي تتلاءم مع أكبر عدد ممكن من القراء والأفراد العاملين في الحقل التربوي أو ممن لهم صلة به، بدءاً بالطلاب المعلمين ومروراً بالباحثين وأولياء الأمور وأفراد المجتمع وإنتهاءً بالمتخصصين في المجال.

والأمل أن تُسهم إصدارات هذه السلسلة – ولو قليلاً – في إزالة الغموض الذي ما زال يكتنف تكنولوجيا التعليم وإثبات هويته ووضع حدود فاصلة له بين العلوم التربوية الأخرى بإعتباره علماً له أبعاده النظرية والتطبيقية والوظيفية يستفيد من كافة العلوم الأخرى.

وختاماً أسأل الله سبحانه وتعالى أن يكون هذا العمل خالصاً لوجهه وأن يكون في ميزان حسناتي، وأن ينتفع به الجميع في وطننا العربي الكبير من المحيط إلى الخليج.

انه نعم المولى ونعم النصير

المؤلف
د. عادل سرايا
منشأة القاضي / فاقوس – الشرقية
٢٠٠١/١/١٧م

مقدمة الكتاب والحاجة إليه

إن تقدم الأمم وارتقاء الشعوب يعتمد في المقام الأول على تنمية شخصيات أبنائها، وامكانياتهم البشرية، ولعل المشكلة الرئيسية في الدول النامية ليست في نقص مواردها الطبيعية، بقدر ما هو التخلف في مصادرها البشرية، وحتى تزدهر هذه الدول وترتقى فلا مفر من الاهتمام برعاية رأسمالها البشري وتنميته.

وأصبح من المسلم به أن رفع مستوى رفاهية الأمم والشعوب، إنما يعتمد على رفع مستوى الأداء الابتكارى Creative Performance لدى هذه الشعوب، ولذا فقد حظى موضوع الابتكار باهتمام بالغ في الدول المتقدمة، خاصة وأن هذه الدول تولى عناية واهتماما بتربية النشء، حيث تهدف كل المؤسسات التربوية التعليمية إلى تطوير وتنمية القدرات الابتكارية لدى أبنائها بكافة السبل من أجل رفد المجتمع بدم جديد يواجه مشكلات المجتمع وقضاياه مواجهة عصرية وملائمة.

ولم تعد أهمية الابتكار وقيمته الوظيفية في تقدم الإنسانية وتطورها أمراً يحتاج لمزيد من البيان، فبات الابتكار يمثل في العصر الراهن – عصر التدفق المعلوماتي والثورة العلمية والتكنولوجية- الأمل للجنس البشرى كمصدر وافر لامداد المجتمع بالأفراد المبتكرين الذين يشكلون في أي مجتمع الثروة القومية والقوة الدافعة نحو الحضارة والرقى، فعن طريقهم توصلت الإنسانية للمخترعات الحديثة في كافة الميادين، ومن خلالهم ازدهرت الحضارة، وتقدمت الإنسانية خطوات واسعة للأمام، وسوف يتقدم العالم وتصبح الحضارة في نمو دائم، ما دام هناك فكر خلاق وعقول مبتكرة.

وإذا كانت الدول المتقدمة في حاجة ملحة للأفراد المبتكرين، فإن مجتمعاتنا العربية في أمس الحاجة لهؤلاء الأفراد القادرين على تقديم حلول جديدة، وأصيلة وقيمة للمشكلات المتراكمة التي تواجه هذا المجتمعات .

ومن هذا المنطلق فقد تحول اهتمام الدراسات والبحوث التربوية التي تناولت ظاهرة الابتكار من مجرد عملية كشف وتمييز القدرات الابتكارية لدى الأفراد إلى

عملية تنمية وتدريب هذه القدرات لديهم، وقد أشارت "أنستازى" Anastasi, ١٩٨٨ إلى أن المؤشرات تتجه في الآونة الأخيرة إلى تزايد الاهتمام باتجاه تكوين وتنمية الفرد المبتكر أكثر من اتجاهها نحو محاولة الكشف عنه.

ولذلك فقد أصبحت تنمية القدرات الابتكارية للأفراد بصفة عامة ولتلاميذ المدارس بصفة خاصة ، أحد الأهداف التربوية المهمة التي تسعى المجتمعات الى تحقيقها من خلال برامجها التدريبية أو استراتيجياتها التعليمية المقصودة وتوفير المناخ الملائم والمحفز على الأداء الابتكاري ؛ الأمر الذي جعل من تنمية الابتكار لدى التلاميذ أحد أبرز أهداف تدريس المناهج الدراسية في انحاء الوطن العربي .

وعلى الرغم من ذلك فإن واقعنا التعليمي المعاصر على المستوى التنفيذي يشير إلى غير ذلك ، فنظم التعليم الجمعي السائدة في مدارسنا تتجه غالباً إلى طريق يتعارض إلى حد ما مع نمو قدرات التفكير الابتكاري، مع غياب الشروط والقواعد والنظم الأساسية لتنمية الابتكار في المناهج الدراسية وطرق التدريس ، فما زالت المدرسة التقليدية تقوم على على اساس فصول مدرسية تضم أفراداً يختلفون في سماتهم الشخصية وإمكانياتهم الابتكارية، وقدراتهم العقلية، ومع ذلك فهم يخضعون جميعاً لمقرر دراسي واحد، واختبار واحد ومعالجات تدريسية واحدة لا يتوافر فيها العناصر المطلوبة لتحقيق نمو الابتكار أو التدريب عليه .

ومن هنا فإن العجز في تكوين نظام تربوي ابتكاري – Creative Educational System ، الذي من ملامحه – بناء المناهج الدراسية وتصميم المقررات على أساس من الوعي الابتكاري وضرورته في التفكير عند التلاميذ ليصبح منهجاً ابتكارياً والاعتماد على التقنيات الحديثة، واتباع استراتيجيات تعليمية مرنة تأخذ من المتعلم محوراً لها وتوفير المناخ المحفز للإبتكار – أصبح يمثل أكبر التحديات التي تواجه مجتمعاتنا العربية من الوقت الراهن وقد أشارت بعض الدراسات الحديثة في مجال تنمية الابتكار إلى أن هذه التنمية يمكن أن تتحقق من خلال معالجات تدريسية تراعي الفروق الفردية بين التلاميذ ، وتتلاءم مع حاجاتهم ، وميولهم ، وسرعتهم الذاتية في التعليم ، مع توفير أكبر قدر ممكن من الحرية التعليمية ؛ لأن السلوك

الابتكاري هو حصيلة مناخ حر . وحين تكون الحرية التعليمية إحدى السمات الأساسية للمعالجة التدريسية المستخدمة في مدارسنا ، فمن المتوقع أن يكون الناتج الابتكاري الذي يصدر عن التلميذ مستحوذاً على خصائص التنوع والجده والتفرد .

ومن المعالجات التدريسية التي ينصح الباحثون بالاستعانة بها عند تنمية الابتكار ما يعرف باستراتيجيات التعليم المفرد Individualized Instructional Strategies ، حيث أشارت عدة بحوث ودراسات أجريت خلال عقدي الثمانينات والتسعينات من القرن السابق الى تميز هذه الإستراتيجيات بقد كبير من الكفاءة Efficiency والفاعلية Effectivenes يفوق كفاءة وفاعلية استراتيجيات التعليم الجمعي السائدة في مواجهة الفروق الفردية بين التلاميذ .

وتمثل استراتيجيات التعليم المفرد محاولة منهجية لمواجهة هذه الفروق، والتأكيد على الدور النشط الإيجابي للتلاميذ ، فإذا كان التعليم في ظل نظم التعليم الجمعي السائدة يقوم على إخبار التلميذ بماذا يتعلم ؟ ومتى يتعلم ؟ ، وأن يتقبل كل ما يصدر من المعلم في الفصل والكتاب والمدرسي على أنه حقيقة ، مما يدفع التلميذ إلى الجمود العقلي ، فإن التعليم في ظل استراتيجيات التعليم المفرد يقوم على اساس استقلالية التلميذ في التعليم ، وحريته في التفكير ، وتشجيعة على فحص المشكلة من زوايا متعددة ، مما يدفع التلميذ للنزوع نحو التفكير الابتكاري .

وإذا كان التعليم في ظل نظم التعليم الجمعي قائم على استخدام التلميذ لعدة قدرات عقلية مثل : التعرف ، والتذكر ، والإستدلال ، والتفكير التقاربي Convergent Thinking فإن التعليم في ظل استراتيجيات التعليم المفرد يقوم على نفس القدرات ، ويزيد عليها قدرات التفكير التباعدي Thinking Divergent ، ولهذا فمن الممكن إعتبار معظم استراتيجيات التعليم المفرد معالجات تدريسية لتنمية التفكير الابتكاري نظراً لما تتميز به من حرية تعليمية Instructional Freedom تتمثل في: تعدد البدائل ، والمواد التعليمية، وإتاحة الفرصة للتلميذ بالتعليم وفق استعداده ، وقدرته ، وخطوه الذاتي Self-pacing ، والتعبير بحرية عن فرديته ، هذا بالإضافة إلى

وصول التلميذ لمستوى الإتقان المطلوب دون النظر للزمن المستغرق في الوصول إلى هذا المستوى ، مما قد يجعل اتجاهات التلميذ نحو المادة الدراسية أكثر إيجابية .

وإذا كان المعلم في ظل نظم التعليم الجمعي يُنكِرِ ما بين التلاميذ من فروق فردية لأنه لا يستطيع أن يتعامل معها ، فإن المعلم في ظل استراتيجيات التعليم المفرد يجب أن يتسم بالقدرة على الابتكار، وتنويع النشاطات والتوصل إلى طرق لتكييف التعليم مع الفروق الفردية بين التلاميذ .

وقد أثبتت التجارب والممارسات العملية أن نظم التعليم الجمعي تتجاهل الاستعدادات الفردية بين التلاميذ فهي في أحسن حالاتها لا تناسب إلا عدداً قليلاً من التلاميذ ، **لأنه :**

- لاتوجد مجموعة تلاميذ يتعلمون بالسرعة نفسها .
- لا توجد مجموعة تلاميذ لديهم رصيد الخبرة نفسه .
- لا توجد مجموعة تلاميذ يتفقون تماماً في الميول والإتجاهات والقدرة على التعليم.
- لا توجد مجموعة تلاميذ يتعاملون مع المعلومات بنفس المعالجة .

وأشار كل من " كرونباخ وسنو " Croncbach &snow " ١٩٨١ " بوجود الفروق الفردية بين المتعلمين وهذا يؤكد على أن معالجة تدريسية واحدة لا تعتبر أفضل طريقة لجميع التلاميذ ، فبعض التلاميذ يحققون أداءً جيداً مع معالجة تدريسية معينة ، في حين أن تلاميذ آخرين يحققون آداءً بدرجة أفضل مع معالجة تدريسية أخرى، وذلك نتيجة إختلاف كل تلميذ عن الآخر في استعداده وخصائصه .

وطبقاً لنتائج الدراسات السابقة بين المعالجات والاستعدادات "Interaction A. T. I Aptitude-Treatment " فإنه يجب الأخذ في الاعتبار تصميم معالجات تدريسية مختلفة تراعي الفروق الفردية بين التلاميذ، وتتناسب مع قدراتهم واستعداداتهم الخاصة، وذلك إذا رغبنا في تحسين عملية التعليم بصفة عامة.

ويمثل استخدام استراتيجيات التعليم المفرد دفعة قوية في اتجاه إمكانية مراعاة الفروق الفردية في الاستعدادات بين التلاميذ، خصوصاً عندما تكون مصحوبة

بوسائط التعليم المفرد وخاصة الكمبيوتر - كأداة مساعدة في عرض وتقديم المعلومات؛ وبذلك يمكن ان يتحقق لكل تلميذ تعلمً يتفق مع سرعته، واستعداده الخاص، كما يتفق مع اسلوب تعلمه .

وتشير الدراسات السابقة إلى الاساليب المعرفية Cognitive Styles بأنها أحد الاستعدادات النفسية المهمة التي تميز بين الأفراد في معالجتهم للمعلومات Information Processing في أثناء عملية التعلم ، كما إنها مسئولة عن الفروق الفردية في عمليات: الإدراك ، والتذكر ، والتفكير ، والتخيل Imagination ، هذا بالإضافة إلى كونها متغيرات تنظيمية ضابطة للوظائف المعرفية .

وقد أكد " ميسك Messick,١٩٨٤ " على ضرورة تصميم معالجات تدريسية تتناسب مع الأساليب المعرفية للتلاميذ لأن هذا يؤدي إلى :

- تحسين مستوى تعليم التلاميذ والارتقاء بأساليب تفكيرهم .
- تحسين المعالجات التدريسية .
- إثراء سلوك المعلم وأفكاره .

ويؤكد البعض ما أشار به وتكن "Witkin " على أهمية دراسة الأساليب المعرفية، ودورها في العملية التعليمة ، حيث يرى أن الكشف عن الأسلوب المعرفي للمتعلم لا يقل أهمية عن معرفة نسبة ذكائه مما يُسهم في التعرف على اسلوبه في التعليم ومعالجته للمعلومات، كما أن الكشف عن الأسلوب المعرفي للمتعلم يمكن ان يساعد في تحديد نوع المعالجة التدريسية التي تتفق مع هذا الاستعداد .

ومن بين تلك الأساليب المعرفية أسلوب الإندفاع مقابل التروي Impulsivity vs. Reflectivity الذي يميز بين الأفراد عند أداء المهام المختلفة .

وقد عرض كاجان " kagan وآخرون عام "١٩٦٤" تعريف هذا الاسلوب تحت مسمى أسلوب الإيقاع المعرفي Conceptual Tempo ، وابتكر " كاجان " اختباراً لقياس هذا الأسلوب يعرف باختبار تزاوج الاشكال المألوفة(Matching Familiar Figures Test (MFFT ، وفي ضوء هذا الاختبار يتم تصنيف الأفراد إلى مندفعين وهم " هؤلاء الذين يأخذون وقتاً أقل من الاستجابة الأولى مع ارتكاب العديد من

الاخطاء "، ومتروين وهم " هؤلاء الذين يأخذون وقتاً أطول من الاستجابة الأولى مع ارتكاب أخطاء قليلة ".

وأسلوب الاندفاع هو الأسلوب الذي يميز الأفراد الذين يستجيبون استجابة فورية لأول فرض أو حل يطرأ على الذهن ، كما أن أسلوب التروي هو الذي يميز الأفراد الذين يتأملون مدى المعقولية في الحلول العديدة المفترضة في الوصول إلى حل فعلي .

إن الفرد المندفع هو الذي يقبل أول فكرة تأتي على ذهنه دون تأمل أو تركيز، أما الفرد المتروي فهو الذي يكرس وقتاً أطول لتقدير مدى دقة استجاباته وأفكاره ، بحيث يمكنه رفض الأفكار والاستجابات غير الصحيحة ويرجى إجاباته حتى تكون على درجة عالية من الثقة في صحة حلوله ، كما أنه يدقق أكثر في إدراك وتعلم المهام ، والأعمال عن قرينه المندفع .

ومن ثم نستطيع القول بأن الاندفاع هو : التسرع في معالجة المعلومات وعدم الدقة في الاختيار ، أما التروي فهو التأني والتركيز والتأمل في معالجة المعلومات والدقة في اختيار البدائل ، مما قد يسهم في الحصول على نتائج أفضل .

وعلى الرغم من أهمية الأسلوب المعرفي الاندفاع مقابل التروي ، فإن المتتبع للدراسات والبحوث في مجال طرق التدريس يلحظ أن معظم الدراسات قد أسهبت في تناول العلاقة بين استراتيجيات التعليم المفرد وأسلوب الاعتماد مقابل الاستقلال عن المجال الإدراكي ، مع ندرة في الدراسات التي تناولت العلاقة بين أسلوب الاندفاع مقابل التروي مع استراتيجيات التعليم المفرد .

وقد اتسع نطاق البحث في موضوع الأساليب المعرفية - وبخاصة أسلوب الاندفاع مقابل التروي - بحيث امتد إلى ربطه بمجال التفكير الابتكاري وقدراته . وقد أظهر البحث التجريبي في أسلوب الاندفاع مقابل التروي الأفضلية النسبية للأفراد المتروين في مهام معرفية مختلفة عن الافراد المندفعين ، وان التروي يعتبر نموذجاً مرغوباً فيه ، وسلوكاً أكثر جاذبية .

ومع أن الدراسات الوصفية تبدو مؤيدة لهذا الافتراض ، إلا أن الاعتماد في تفضيل الإيقاع الإدراكي المتروي بصفة عامة يعتبر اعتقاداً خاطئاً ؛ لأن هناك عدة دراسات ، أشارت في مجملها إلى أن الأفراد الذين يستخدمون أسلوباً اندفاعياً قد يؤدون أفضل من الافراد الذين يستخدمون أسلوباً متروياً في المهام الابتكارية مثل دراسة جارجيلو " Garglue, ١٩٨٠ "، "ودراسة " وارد" Ward, ١٩٨١ " ، وفي الوقت ذاته توجد بعض الدراسات التي تؤكد على أن المفحوصين المترويين سجلوا درجات أعلى من المفحوصين المندفعين في اختبارات القدرة على التفكير الابتكاري مثل دراسة "فوكيا" " Fuqua ١٩٧٥ " ، كما أظهرت دراسة "جلبرت " " Gilbert, ١٩٧٧ " أن الاطفال المترويين أكثر ابتكاراً من الأطفال المندفعين عند عدم عزل تأثير عامل الذكاء ، ولكن لا توجد فروقاً دالة إحصائياً بين المترويين والمندفعين في الابتكارية عند تأثير عامل الذكاء .

ومن خلال عرض الدراسات التي تناولت علاقة الاندفاع مقابل التروي والابتكار تبدو مشكلة عدم اتساق بين نتائج هذه الدراسات ، مما كان حافزاً قوياً لعرض موضوعات الكتاب الحالي، وما إذا كان الافتراض بأن الأفراد المترويين يؤدون أفضل في جميع المهام المعرفية كالتفكير ابتكاري ، أم أن الأفراد المندفعين قد يؤدون أفضل في مهام التفكير الابتكاري .

الحاجة لهذا الكتاب وأهميته :

نادى كثير من علماء التربية بضرورة الاهتمام بتفريد التعليم، وتطبيق استراتيجياته وتقنياته في مجال التعليم، وتدريب المعلمين على الأخذ بهذه الاستراتيجيات؛ وذلك بإعتبارها من الاتجاهات الحديثة في تقنيات التعليم التي تدفع المتعلم للتفاعل الايجابي مع المواد الدراسية في مواقف تعليمية يسودها النشاط الهادف مما قد يضيف بعداً رئيسياً يغيب عن العملية التعليمية في مدارسنا وهو عنصر ضبط العملية التعليمية Control of Instruction Process والتحكم في مستوى إتقان (Mastery level) المادة الدراسية .

ويؤكد كل من " هيمسترا ، وسيسكو (١٩٩٠) Hoestra, & Sisco " أن التعليم المفرد قد يشجع التلاميذ على التفكير ، ويعمل على زيادة نموهم العقلي والمعرفي وارتقاء شخصياتهم ؛ لأنه يضمن للتلاميذ توظيفاً أمثل لقدراتهم ومهاراتهم واستعداداتهم .

وعلى الرغم من أن محاولات جادة ومخلصة قد أجريت في السنوات الأخيره لتطوير التعليم قبل الجامعي في مصر فإن الممارسات على المستوى التنفيذي في التعليم مازالت على حالها لم تتغير ؛ فما زلنا نعلم تلاميذنا بنفس الكيفية التي تعلمنا بها، وليس من المقبول أن يحكم ممارساتنا التعليمية في عصر الانفجار المعرفي والتكنولوجي ذلك الثلاثي المعروف " المعلم - السبورة - الكتاب المدرسي " وأن نترك لجهود المعلم التغلب على مشكلة الفروق الفردية بين التلاميذ داخل الفصل المدرسي .

إن عمليات تطوير التعليم التي تمت في السنوات الأخيرة قد تمركزت حول جماعية المواقف التعليمية ، وأهملت الأخذ بتفريد تلك المواقف ، وهو الأمر الذي يشير إلى أن تلك العمليات لم تحظ إهتماماً كافياً لظاهرة الفروق الفردية بين التلاميذ ؛ مما أدى الى سلبية نظم التعليم الجمعي السائد التي كانت نتيجتها أن نسبة كبيرة من التلاميذ يحققون نسبة قليلة من الأهداف التعليمية المحددة ؛ وهذا ما يناقض المطلوب من التعليم .

ومن هنا فإن الاهتمام بتطبيق استراتيجيات التعليم المفرد والدعوة إلية يمثل استجابة منطقية لطبيعة التقدم في عالمنا المعاصر ومقتضياته ، وبخاصة وأن هذا النوع من التعليم أجمع على فعاليته الكثير من الخبراء ؛ لأنه أكثر تحقيقاً لأهداف التعليم ، كما يُسهِم في تهيئة المتعلمين لمواصلة التعلم مدى الحياة .

هذا بالإضافة إلى تمتعة بخصائص، ومرتكزات يمكن من خلالها تنمية بعض المتغيرات التي تمثل أهم أهداف تدريس المناهج الدراسية مثل : تنمية القدرة على التفكير الابتكاري، بالإضافة إلى زيادة قدرة المتعلم على إكتساب المعلومات المتضمنة في المادة الدراسية وهو ما يعرف بالتحصيل الاكاديمي الابتكاري Creative Academic Achievement ، كذلك تنمية الاتجاهات الايجابية نحو هذه المناهج .

وقد أدى الاهتمام في تفريد التعليم ، وضرورة البحث عن أساليب للتعليم تتناسب مع التلاميذ وفقاً لما بينهم من فروق فردية ، إلى إثارة قضية مهمة مؤداها : أن المواقف التعليمية بما تشتمل عليه من مناهج ، ومعالجات تدريسية ، ومعلم ، وأنشطة تعليمية ، ليست هي المسؤلة فقط عن عن نواتج العملية التعليمية ، فهنالك الخصائص والسمات المعرفية والوجدانية التي تميز بها التلاميذ وتُشكل استعداداتهم الخاصة .

وكان من نتيجة ذلك توجيه الاهتمام من جانب التربويين إلى أنه يجب الأخذ في الاعتبار إذا رغبنا في تحسين عملية التعليم .. تصميم معالجات تدريسية تراعي الفروق الفردية بين المتعلمين ، وتتناسب مع استعداداتهم الخاصة مثل : الاساليب المعرفية المميزة للتلاميذ في تفاعلهم مع المواقف التعليمية المختلفة. ومن هذه الأساليب أسلوب الاندفاع مقابل التروي .

وفي الوقت الذي بدأ فيه الإهتمام المتزايد بتفريد التعليم في العالم يلاحظ أن معطيات واقعنا التعليمي يشير إلى غير ذلك، حيث أن الدراسات التي تناولت استراتيجيات التعليم المفرد المعاصر ما زالت في بداية الطريق .

وإنطلاقاً من أهمية الموضوعات المطروحة ضمنياً في الصفحات السابقة ؛ فقد قام المؤلف باستعراضها تفصيلاً على شكل فصول مستقلة شكلت قوام هذا الكتاب، وقد جاء هذا الاصدار في عشرة فصول كما يلي:

الفصل الاول : وتناول مفهوم التعليم المفرد وأهدافه ومميزاته وعيوبه ، مع الاشارة إلى أهم الفروق بينه وبين التعليم الجمعي ودورالمعلم في كل من النمطين .

الفصل الثاني : وتناول الجذور التاريخية والأسس النظرية والسيكولوجية للتعليم المفرد.

الفصل الثالث : وتناول أسس التعليم المفرد واجراءاته .

الفصل الرابع : وتناول نماذج من استراتيجيات التعليم المفرد التقليدية .

الفصل الخامس : وتناول نماذج من استراتيجيات التعليم المفرد المعاصرة .

الفصل السادس : وتناول الكمبيوتر والتعليم مع الاشارة إلى موقف المعارضة والتأييد من استخدام الكمبيوتر من التعليم .

الفصل السابع : وفيه تم استعراض مفهوم الابتكار وقدراته وأهم الطرق الفردية والجماعية في تنميته مع إبراز دور بعض استراتيجيات التعليم المُفَروض تنميته .

الفصل الثامن : وتناول الأساليب المعرفية بإعتبارها أحد أنواع الاستعدادات النفسية التي يجب مراعاتها عند إستخدام المعالجات التدريسية .

الفصل التاسع : وتناول مفهوم الاتجاهات بصفة وكيفية تنميتها من خلال استخدام بعض المعالجات التدريسية .

الفصل العاشر : وفية يتم استعراض بعض الدراسات والبحوث ذات الصله بمجال التعليم المفرد ونظمة واستراتيجياته والابتكار والاساليب المعرفية والاتجاهات .

وقد أُختتم الكتاب ببعض الأدوات البحثية ذات الصله بموضوعات حتى تكون الاستفادة منه متكاملة للباحثين المتخصصون في تكنولوجيا التعليم .

وفي الختام آمل أن يُسهم هذا الكتاب في تلبية احتياجات بعض الطلبة والطالبات بكليات المعلمين والتربية والباحثين في الوطن العربي من التزود بالمعارف الضرورية ذات الصلة بمجال تكنولوجيا التعليم .

والله ولي السداد والتوفيق

د. عادل سرايا
الرياض .. في
٢٠٠٥/٩/٢٧م

(١)

الفصل الأول

التعليم المفــرد
مفهومه – أهدافه – مميزاته – عيوبه

الفصل الاول
التعليم المفرد
مفهومة - أهدافه - مميزاته - عيوبه

مقدمة

لقد شهدت الفترة الأخيرة بعض المحاولات الجادة لتطوير التعليم ، وإن اقتصر الإصلاح على إعادة النظر في خطط وبرامج الدراسة وتنظيم بعض المواد الدراسية وتحسين مستوى إخراج الكتب المدرسية، وتطوير نظم الامتحانات ، وتدريب المعلمين، وإن كان الأمر يحتاج إلى تجديد شامل لكل أركان النظام التربوي وجوانبه سواء أكان ذلك على المستوى النظري ، أو المستوى التطبيقي التنفيذي ، في ظل استراتيجية تربوية شاملة ، تعمل على مواجهة التغيرات السريعة الحادثة بمجتمعاتنا العربية.

ومن هذا المنطلق فقد طرأت على الأهداف العامة لتدريس المناهج الدراسية تعديلات تتفق مع هذا التجديد ، ومن هذه الأهداف : أن يكتسب التلاميذ نتيجة لدراستهم :

أ. التفتح الذهني Open - Midedness للتعامل مع كل ما هو جديد أو مستحدث .

ب. الاستعداد لتقبل التغير Willingnes to Accept of the Change .

ج. التعلم الذاتي self learning .

إذ أصبح من المسلم به أن التلاميذ يختلفون في قدراتهم ، وطرق تفكيرهم، وأساليبهم المعرفية ، وسرعتهم في التعليم ، وكذلك نشاطهم ، ودوافعهم ، وأهدافهم، وطموحاتهم ؛ بل أن الفرد الواحد لا تتساوى فيه جميع القدرات ؛ ولذا فإن المعلمين لكي ينجحوا في مهمتهم لا بد أن يأخذوا بعين الاعتبار **ما يلي:**[(١)]

- مبدأ الفروق الفردية بين التلاميذ سواء في المعاملة أو في أثناء عملية التدريس .
- تطويع وتكيف البرامج والمعالجات التدريسية للوفاء بحاجات التلاميذ .
- اكتساب التلاميذ لخبرات وتجارب من شأنها أن تكوِن شخصياتهم، وتساعدهم على استغلال قدراتهم في حل المشكلات التي تواجههم .

وقد وجد المربون أن وضع التلاميذ في ظروف تدريسية واحدة من شأنه ان يهمل ما بينهم من فروق فردية ولذا فقد أصبحت الحاجة ماسة لإيجاد معالجات تدريسية تراعي هذه الفروق ، وتقوم على مبدأ التعلم الذاتي .[٢]

ويؤكد نشوان (١٩٩٣) في هذا الصدد المسلمة السيكولوجية التي ترى أنه " لا يوجد كائنان حيان متشابهان " والتي يمكن تحليلها الى عدة مسلمات فرعية اخرى على النحو **التالي :**

- لا يوجد متعلمان يتعلمان بنفس السرعة .
- لا يوجد متعلمان يظهران نفس السلوك .
- لا يوجد متعلمان على نفس الدرجة من الدافعية .
- لا يوجد متعلمان لديهما نفس القدرة والاستعداد على التعلم .
- لا يوجد متعلمان لديهما نفس الانماط المعرفية .
- لا يوجد متعلمان يتعلمن نفس انماط التعليم .

إن المسلمات السابقة جاءت لتؤكد حقيقة التفرد في المجال التعليمي ، وتضعنا في تحدٍ كبير ، فنحن أمام متعلم متفرد في كل شئ ويحتاج إلى التعليم والتعلم، وعلينا ان نعلمه مع أقرانه في فصل واحد، وفي وقت واحد ، وبطريقة واحدة مع تقديم نفس المعرفة ، هذه التحديات يستلزم معها تطوير معالجاتنا التدريسية بما يتلائم مع هذه المعطيات والتحديات ، والذي يمكن تحقيقة في ظل التعليم المفرد.

ويُعدَ التعليم المفرد محاوله منهجية جادة تحاول أن تعنى بالفروق الفردية إلى أقصى حد ممكن، لأن هذا النوع من التعليم يتسم بقدر كبيرة من المرونة والحرية التعليمية ، فيتيح للتلميذ أن يتعلم وفق حاجاته وسرعته الذاتية واستعداداته .

وقد نال التعليم المفرد الإهتمام الأكبر في الوقت الحاضر، ومن المربين المهتمين بتطوير المعالجات التدريسية وتحسينها ، لكونه معالجة تدريسية مستحدثة لتطوير الممارسات التعليمية ، تقوم على اسس منهجية نظامية؛ تحول الفكر التربوي من المستوى النظري إلى المستوى التنفيذي العملي . ويتفق هذا الإتجاه مع النظرية القائلة، "أن التعلم يحدث على نحو أفضل، عندما يتعلم الفرد وفقاً لسرعته وخطوه الذاتي".

وموجز القول فإن الاتجاه الجديد في تطوير الممارسات التعليمية في مدارسنا ، التي تمثل قيماً تربوية مهمة لا بديل عنها في النظام التعليمي ، فتنوع السبل التربوية تسهم جميعها في نشر مبدأ التعلم الذاتي ورفع قيمته حيث يمكن تحقيقه بممارسة هذه الإستراتيجيات .

مفهوم التعليم المفرد

هناك تعريفات كثيرة ومتشابهة للتعليم المفرد ويعزى الاختلاف فيما بينها إلى التفاوت في التأكيد على الجوانب المختلفة للفروق الفردية ، أو البيئة التعليمية التي يمكن تفريدها ، ويعرض مرعي والحيلة (١٩٩٨) [٤] بعض الاصول والتوجيهات التي أشتقت منها معظم تعريفات التعليم المفرد كما يلي:-

- التربية التكيفية Adaptive Education وتطويع المواقف التعليمية لتلائم استعدادات المتعلم .
- التعليم المُصَمم لحاجات المتعلم .
- البيئة المحلية المنظمة والمُصَمَمة وفقاً لطبيعة المتعلم وسماته .
- الاهتمام بالمتعلم وقدراته واستعدادته الذاتية في التعليم .
- الاساس في التعليم المفرد هو دور المتعلم واسهاماته ومشاركته الفاعلة في التعلم.
- ان التعليم المفرد هو اتجاه معاصر في التعليم يمكن أن يعالج العديد من مشكلاتنا التربوية القائمة .

ويرى كمال اسكندر (١٩٩٤) ان التعليم المفرد قد يكون طريقة لإدارة عملية التعليم، بحيث يندمج التلاميذ في مهام تعليمية تتناسب مع حاجاتهم ، ومستوياتهم وخلفياتهم المعرفية ، وقد يكون أسلوباً يتيح الفرصه للتلاميذ لدراسة المادة التعليمية حسب سرعة تعلمهم ، وبإشراف المعلم الذي يعاونهم في حل المشكلات التي تواجههم في أثناء دراستهم لتحقيق الأهداف التعليمية [٥] .

ويرى " شكري سيد أحمد [٦] ١٩٨٩ " ان التعليم المفرد هو : " نظام تعليمي يمد كل متعلم بتعليم يتناسب مع احتياجاته ، ويتوافق مع إمكاناته وقدراته ، ويتمشى مع

ميوله وإهتمامه " ، والمتعلم في ظل هذا النظام يكون حراً في الاختيار بين أنماط تعلم عديدة، وفي أن يتفاعل مع بيئة التعلم التي يراها تتناسب مع النمط المعرفي الذي يفضله.

كما يضيف " شكري سيد أحمد " أن التعليم المفرد عملية تجعل التعليم يوجه شخصياً للوفاء باحتياجات المتعلم ويمكن النظر إليها من خلال عدة زوايا كفلسفة، وكمفهوم، وكإستحداث تربوي ، وكإتجاه إنساني يسود عملية التعليم والتعلم .

فالتعليم المفرد كفلسفة يركز على التنوع والاختلاف أكثر مما يركز على التوحيد أو التنميط ، والتعليم المفرد كمفهوم يركز على مصادر عديدة ومتنوعة للمعرفة أكثر من مجرد التركيز على المعلم كمصدر وحيد للمعرفة ، والتعليم المفرد كإستحداث تربوي يركز على العملية التعليمية ، وتتابعات الانشطه التعليمية أكثر من تركيزة على المحتوى التعليمي نفسة، والتعليم المفرد كأتجاه إنساني يركز على الحرية التعليمية ، وتقدير ظروف كل متعلم ، وأخذها بالاعتبار أكثر من قيامه على التقييد والالتزام من جانب جميع المتعلمين .

ويشير " علي عبد المنعم ١٩٩٦ [٧] إلى التعليم المفرد بأنه عبارة عن " نظام تعليمي Instrutional System تم تصميمه بطريقة منهجية تسمح بمراعاة الفروق الفردية بين المتعلمين داخل إطار جماعية التعليم ؛ وذلك بغرض أن تصل نسبة كبيرة منهم (٩٠% أو أكثر) إلى مستوى واحد من الإتقان كلُ حسب معدله الذي يتناسب مع قدراته واستعداداته " .

ويقترح مرعي والحيلة (١٩٩٦) تعريفاًللتعليم المفرد على انه " سلسلة إجراءات تعليمية تُشكل في مجموعها نظاماً يهدف إلى تنظيم التعليم وتبسيطه للمتعلم، بأشكال مختلفة بحيث يتعلم ذاتياً، وبدافعية وبإتقان وفقاً لحاجاته وقدراته، وإهتماماته وميوله وخصائصه النمائية .[٨]

كما يمكن تعريف التعليم المفرد في هذا الكتاب بأنه " نمط من التعليم يقوم على تطويع مكونات أي منظومة تعليمية / تدريسية لتتلائم بصورة إجرائية مع استعدادات كل متعلم وقدراته، وتتيح له فرص التعلم الذاتي داخل اطار البيئة التعليمية المرنه والمستجيبة لاحتياجاته وسرعته الذاتية في التعلم " [٩] .

والجدير بالذكر ، أن هناك بعض الخلط في المسميات بين مفهوم التعلم المفرد، وبعض المفاهيم الأخرى في هذا المجال .. فيخطِئ البعض عندما يذكر أن التعليم الذاتي هو مرادف للتعليم المفرد ، لأن التعلم الذاتي Self Learning هو جوهر عملية التعليم المفرد ، وأحد مرتكزاته وليس هو التعليم المفرد الذي يمثل نظاماً تعليمياً له اجراءاته ومرتكزاته ومسلماته ، أما التعلم الذاتي فهو " النشاط الواعي للفرد الذي يقوم من خلاله بالمرور على مختلف المواقف التعليمية لاكتساب المعلومات ، والمهارات، بطريقة ذاتية ، حيث يمثل المتعلم محور العملية التعليمية ".

ويشار للتعلم الذاتي بمسميات مختلفة منها ، الدراسة الذاتية ,Self Study ، التعلم الاستقلالي Autonomous Learning ، التعلم المنظم ذاتياً Self Regulated Learning التدريس الذاتي Self Teaching ، والتعلم المخطط ذاتياً Self Planned Learning .

أما التعليم المفرد فيشار إليه "بالتعليم الإفرادي أو تفريد التعليم Individualization of Instruction أو إفرادية التعليم ، وفي التعليم المفرد يمكن أن يحدث التعلم في صورة كلية (جماعية) أو مجموعات صغيرة (٣-٥) أو صورة فردية (كل فرد على حدة) أما في التعليم الفردي Individualization of Instruction فيكون التعليم في صورة فردية فقط وهذا هو الفرق بين التعليم المُفَرد والتعليم الفردي .

التعليم المفرد والتعليم الجمعي

Individualized Instruction & Group Instruction

لقد أدت التغيرات الكثيرة والمتلاحقة التي يمر بها العالم اليوم كالانفجار المعرفي والتكنولوجي والانفجار السكاني إلى عجز بعض المؤسسات التعليمية عن إستيعاب الأعداد المتزايدة من الطلاب ، وكذلك نقص عدد المعلمين في بعض التخصصات ، وانخفاض كفاءة بعض المعلمين هذا بالاضافة الى تغير أهداف التعليم لكي تواكب هذا الانفجار ومعظم هذه التراكمات من المشكلات التعليمية تبدو أنها ملتصقة بنظم التعليم الجمعي، مما أدى إلى افتقاد العملية التعليمية إلى الجوانب الاجتماعية ، وإهمال الفروق الفردية بين المتعلمين . مما دعت الحاجة إلى تطبيق وإستخدام التعليم المفرد واستراتيجياته كمحاولة للقضاء على هذه المشكلات،

ويوضح الجدول رقم "١" مقارنة بين التعليم المفرد والجمعي ولعلنا نلمس أن نظم التعليم الجمعي تركز حول المنحنى الاعتدالي " الطبيعي " Normal Curve (شكل "١") ، أما الاعتماد على إستراتيجيات التعليم المفرد ، فإنه يؤدي إلى هدم المنحنى وتحويله الى منحنى ملتوي سالب Negatively Skewed Curve (شكل رقم "٢") والذي يشير إلى أن نسبة كبيرة من المتعلمين تحقق نسبة كبيرة من الأهداف التعليمية " ٩٠% أو أكثر " وتعرف نسبة الأهداف المراد تحقيقها بمستوى الإتقان [٧] .

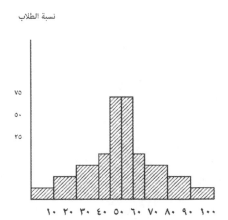

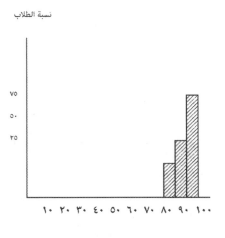

شكل (١) منحنى معتدل لتوزيع التحصيل في التعليم الجمعي

شكل (٢) منحنى ملتوى سالب لتوزيع التحصيل في التعليم المفرد

جدول "١" المقارنه بين التعليم المفرد والتعليم الجمعي

وجه المقارنة	التعليم الجمعي	التعليم المفرد
الأهداف	* حشو عقول التلاميذ بالمعلومات من خلال تلقين المادة التعليمية المقررة	* إتاحة الفرصة أمام التلاميذ للنمو ، وتطوير مهارات التفكير ، وإجراء عمليات توليد الأفكار ، والآراء ، بهدف تكوين تليمذ مفكر له اتجاهات معينة ، وميول ، ورغبات يستفيد منها المجتمع .
مادة التعليم	* معلومات محددة من خلال المنهاج والمقرر الحرفي الموجود بالكتاب المدرسي، وتشكل المادة التعليمية محوراً أساسياً .	* يتعلم التلميذ معلومات متعددة من مصادر تعلم مختلفة " كتاب مدرسي – مواقع، برمجيات .. الخ " فيطور اتجاهاته ، ويتعلم مهارات ، وعادات مثل : التفكير ، والاستدلال والاستنتاج ، ويُشكل التلميذ محوراً أساسياً .
دور المتعلم	* سلبي – مُتلق – مستمع – غير متفاعل – يتعلم خبرات ومعلومات منظمة – مفكر له فيها ، وتعكس وجهة نظر الأخرين .	* إيجابي – متفاعل – نشط – حيوي- يتفاعل مع الخبرات والمعلومات التي يقوم بتنظيمها والتي يعمل فيها ذهنه – يقع على عاتقه مسئولية التعلم .
دور المعلم	* رئيسي- حيوي – مصدر أساسي للمعرفة – دائم الحديث – تقليدي – مرسل غالباً .	* مرشد – موجه – ضابط للعملية التعليمية – معاون – غير تقليدي – مستشار وخبير- مخرج .
أسلوب التعلم	* التزود الآلي – التفكير الآلي – يشجع على التعليم السلطوي ، حيث تسيطر سلطة المعلم على موقف التعلم مما يؤدي إلى الجمود العقلي والحد من الابتكار .	* استراتيجيات مخططه ، ومصممة لإتاحة الفرصة للتفكير ، والتعلم الذاتي ومراعاة الفروق الفردية ، ومزيداً من الحرية التعليمية في إختيار المواد ومصادر التعلم مما يؤدي إلى تعلم استبصاري يقود إلى الأداء الابتكاري .
اسلوب التقويم	* معظم الأسئلة تقيس الحفظ والتكرار وتتضمن في أعلى مستوياتها الفهم ، والتطبيق .	* أنواع متعددة من الأسئلة ، والاختبارات ، بالاضافة إلى إمكانية استخدام أسئلة لإثارة التفكير ، والتخيل والتركيب (تقويم بديل)
الركائز الأساسية	* خبرة المعلم ، ومهاراته ، وجهده الشخصي	* إتباع مدخل النظم في التعليم – المتعلم مسئول عن تعلمه – التنوع في مصادر المعرفة والأنشطة .

دور المعلم في التعليم المفرد :

يختلف دور المعلم في ظل التعليم المفرد عن دوره في ظل التعليم الجمعي السائد، فبينما نجده في ظل التعليم الجمعي هو المصدر الوحيد للمعرفة ، والمحور الاساسي، فهو الذي يتولى عملية التدريس ، والشرح ، والتلقين مما يجعله يميل إلى التعليم السلطوي ، ونجد المتعلمين يتسمون بالسلبية ، والإستماع ، والجمود العقلي ن على عكس دور المعلم في ظل نظام التعليم المفرد ، فيتقلد المعلم أدواراً جديده وجوانب متعددة لتضح من خلال الشكل رقم "١"

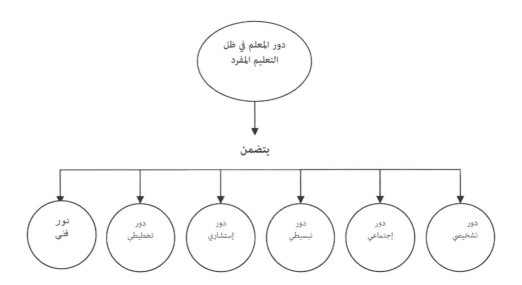

شكل (٣) أدوار المعلم في ظل التعليم المفرد

ففي الدور التشخيصي Diagnosits Role يقوم المعلم بتشخيص نواحي القوة ونواحي الضعف لدى تلاميذه ، فهو يسعى دائماً إلى الوقوف على مستوياتهم المعرفية، واستعداداتهم الخاصة ؛ ولذلك نجده يقوم بتصميم إختبارات تشخيصية تعقد للتلاميذ

سواء قبل بدء عملية التعليم لتحديد السلوك المبدئي لكل منهم أو أثناء عملية التعلم ، أو في نهايتها .

أما عن الدور الإجتماعي Social Role فيقوم المعلم بتشجيع التفاعل بينه وبين المتعلمين ،وبين المتعلمين بعضهم وبعض ، يضفي مناخاً إجتماعياً على العملية التعليمية، حتى لا يُتهم هذا النوع من التعليم بافتقاده للجانب الإنساني الاجتماعي ، فالمعلم هنا غير مثقل بالتلقين ،وإلقاء المحاضرات، وسط حشد من التلاميذ بشكل جامد ليس بينه وبينهم تفاعل ؛ ولذلك يمكنه القيام بمثل هذا الدور بمستوى أكثر جودة، وفاعلية تؤدي إلى تحقيق التعلم الفعال.

وبخصوص دوره التبسيطي Facilitator Role فإن المعلم يعتبر مُبسطاًوميسراً للعملية التعليمية ، وليس ناقلاً للمعرفة ، وفي هذا النوع يتعاون المعلم مع تلاميذه من أجل توفير مجموعة متباينة من المصادر التعليمية المتعددة حيث يستطيع المتعلم اختيار ما يناسب اهتماماته وقدراته من هذه المصادر .

كما إن للمعلم دوراً استشارياً Consultant Role لزملائه المعلمين ، ولأولياء الأمور ، وكذلك مستشاراً في مجال تخطيط المناهج ، وتصميم المعالجات التدريسية، وتطوير المقرارات الدراسية ، ومن ثم تصبح النظرة للمعلم نظرة أوسع وأشمل من مجرد النظر إليه كمحاضر وناقل للمعرفة فهو بمثابة الخبير والمستشار .

أما عن دوره التخطيطي Planing Role فإن دور المعلم ليس دوراً ضئيلاً حيث يشترك في عمليات تصميم المناهج ، وتخطيطها ، بما يتوافر له من خبرة وممارسات، وببحثه المستمر المتواصل عن الحديث أو الجديد في مجال التعليم والتعلم ، كذلك فإن المعلم يستطيع أن يضع الخطة العامة لعملية التعلم لكل تلميذ في ظل التعليم المفرد متضمنة الأنشطة والاختبارات المتنوعة. وأخيراً فإن للمعلم دوره في التقييم الفني Evaluative Role الذي يتمثل في تحديد أنشطة التعلم ووسائله، وأساليبه، ومصادر التعليم، التي يمكن توفيرها لمعاونة التلاميذ على تعلم المحتوى بصورة أكثر فعالية وعلى المعلم أن يُقيِم مدى مناسبة كل وسيلة لتحقيق الأهداف ، وإتقان المهارات ، كما

يكون مسؤولاً عن تدريب المتعلمين على كيفية استخدام هذه الوسائل والاستفادة منها على أفضل وجه بما يحقق التعلم الفعال .

وفي ضوء ما سبق فيمكن أن يطلق على المعلم عدة مسميات منها : المهندس الاجتماعي Social Engineer والمستشار التعليمي Consultant Instruction ، ومصمم البرامج Program Designer ، وأخصائي وسائل التعليم Media Specialist ، ومخرج للعملية التعليمية .
ويمكن توضيح دور المعلم في التعليم الجمعي والمفرد من خلال الشكل رقم (٤ ، ٥)

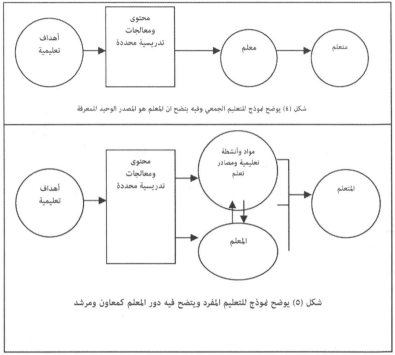

شكل (٤) يوضح نموذج للتعليم الجمعي وفيه يتضح ان المعلم هو المصدر الوحيد للمعرفة

شكل (٥) يوضح نموذج للتعليم المفرد ويتضح فيه دور المعلم كمعاون ومرشد

ويحدد (نشوان ١٩٩٣) بعض المهام التي يقوم بها المعلم في ظل استخدامة للتعليم المفرد فيما يلي [١١]:

١- توجية المتعلمين وإرشادهم خلال دراستهم بالتعليم المفرد .
٢- تصميم المواد التعليمية وانتاجها .

٣- تصميم مجموعة الانشطة التعليمية التي تتناسب مع طبيعة التعليم المفرد .
٤- تحفيز المتعلمين وتشجيعهم خلال الدراسة .
٥- وصف المواد التعليمية التي تتلائم مع طبيعة المتعلمين واستعدادتهم .
٦- اقتراح بعض البرامج العلاجية التي تناسب المتعلمين المتعثرين .

كما يرى أنه من الضروري أن يتمتع المعلم بعدة خصائص للقيام بدورة في التعليم المفرد **منها** :-

- أن يكون المعلم مدركاً وواعياً لمفهوم التعليم المفرد ومميزاته وأهدافه .
- ان يحدد المعلم الاهداف التعليمية التي يجب ان يحققها المتعلمين .
- ان يكون المعلم متنسياً لفكرة تفريد التعليم ومتحمساً لتنفيذه .
- ان يكون المعلم قادراً على تصميم المواد التعليمية التي يتطلبها التعليم المفرد .
- ان يستطيع المعلم توفير البيئة السيكولوجية والفيزيقية والاجتماعية اللازمة لتنفيذ التعليم المفرد.
- ان يكون المعلم قادراً على تطبيق ادوات التقويم اللازمة والمناسبة لاسلوب التعليم المفرد (تقويم أصيل – بديل Euthentic Evaluation) .

أهداف التعليم المفرد :

توجد مجموعة من الأهداف التي يسعى التعليم المفرد لتحقيقها كنمط حديث او معاصر من التعليم ، ومن أهم هذه الأهداف :

١- تحسين مفهوم الذات لكل متعلم ، نتيجة توفير مجموعة من البدائل والانشطة التعليمية الملائمة التي يمكن ان تشبع حاجاته مما تجعله يمر بخبرة النجاح بصفة مستمرة وفورية الأمر الذي ينعكس على شعور المتعلم نحو ذاته شعوراً ساراً وطيباً .
٢- التأكيد على مبدأ التعلم حتى التمكن
٣- مواجهة الفروق الفردية على أسس منهجية سليمة

٤- التقليل من الاعتمادية في التعليم وتنمية مبدأ الاستقلالية لان المتعلم هو المسؤل عن تعلمة بنفسه .

٥- صياغة النتاجات التعليمية الايجابية في صورة أهداف سلوكية اجرائية تظهر انماط السلوك المرغوب في كل من المجال المعرفي والمهاري و الوجداني .

٦- تنمية الدافعية الذاتية للمتعلم نحو التعلم وكذلك وجهة الضبط الداخلي .

٧- التوظيف المثالي لمصادر التعلم والتعليم المستشقة من مجال تكنولوجية التعليم.

٨- تنمية المهارات العملية نتيجة الممارسة الذاتية للانشطة التعليمية الهادفة .

٩- مقابلة الزيادة الكبيرة في أعداد المتعلمين .

١٠- تدعيم فكرة التعليم المستمر وتأكيده .

مميزات التعليم المفرد وعيوبه :

لكل نمط تعليمي بعض المميزات التي تمثل له نقاط قوة ، وبعض العيوب التي تمثل له نقاط ضعف ، ويتمتع التعليم المفرد بالعديد من المميزات كجعل عملية التعليم والتعليم عملية تتسم بالإمتاع للمتعلمين وتزيد من دافعيتهم وتشويقهم لهذه العملية، كما أنه يشكل مناخاً ديموقراطياً ملاءماً لاحداث تعلم أفضل ، هذا بالاضافة إلى إمكانية تطبيقة داخل بيئة المدرسة التقليدية حيث تخطط الأهداف التعليمية المشتركة لكافة المتعلمين وذلك من خلال توفير الفرص الكافية لكل متعلم لأن يتعلم الهدف المشترك بالسرعة التي تناسب قدراته حتى ولو كانت الحقائق الاساسية ومعالجات التدريس واحدة ، وبصفة عامة فقد حدد (ديوان Duane ١٩٧٢) – من نشوان ١٩٩٣- مجموعة من الفوائد التي يمكن ان يقدمها التعليم المفرد لكل من المعلم والمتعلم على النحو التالي : [١٢]

بالنسبة للمعلم فإنه يسهم في :

١- توفير وقت أكبر للمعلم لتشخيص وعلاج بعض المتعلمين المتعثرين ومساعدتهم في تحقيق الاهداف التعليمية .

٢- توفير نسبة أكبر من الرضا الوظيفي (المهني) للمعلم من التعليم التقليدي .

٣- تحويل المعلم من ملقن للمعلومات الى مرشد ومسهل لعملية التعليم ، فالمعلم في ظل التعليم المفرد لا يُعلم ولكنه يهيئ المناخ المناسب لإحداث التعلم . [٧]

٤- يحرر المعلم من قيود المهارات والمهام غير الضرورية من عملية التعليم .

٥- يساعد في أن يواجهه المعلم حاجات المتعلمين التعليمية بمنهجية وأسس علمية سليمة .

أما بالنسبة للمتعلم فأنه يسهم في :

١- زيادة التفاعل بين المتعلم والمادة الدراسية .

٢- زيادة تعمق المتعلم لدراسة الموضوع العلمي محل التعلم .

٣- تحمل المتعلم لمسئولية تعلمة وزيادة الاستقلالية مما قد يساعد في تنمية التحكم الداخلي Internal control لديه .

٤- نمو الرضا الشخصي والذاتي للمتعلم ، نتيجة توفر الاستجابة الفورية لاجاباته .

٥- تقدم المتعلم نحو تحقيق الأهداف التعليمية دون الانتظار لبقية زملاءه .

٦- تقليل نسبة التسرب من التعليم لان هذا التعليم لا يعتبر التلميذ فاشلاً إذا لم يحقق الاهداف التعليمية المنشودة، فقد يكون سبب هذا الفشل في إجراءات التطبيق على سبيل المثال .

٧- تحقيق نمو ملموس في التفكير الابداعي لدى المتعلم نتيجة قيامه بنفسه بالعديد من المهارات التي تُسهم في تنمية هذا النوع من التفكير .

أما عن عيوب التعليم المفرد ، فيمكن حصرها في :-

١- عدم ملائمته للافراد صغار السن (الاطفال) إلى حد ما .

٢- عدم ملائمته للمتعلمين ضعاف القراءة .

٣- لا يتناسب مع بعض المواد الدراسية مثل بعض الألعاب الرياضية الجماعية وتعلم الدراما .

٤- قد لا يتناسب مع المتعلمين المتأخرون دراسياً أو بطيئو التعلم لحاجتهم إلى المعاونة من قبل المعلم والتدخل المتكرر منه أو مع زملائهم .

٥- إحتياج هذا النوع من التعليم إلى تصميم واعداد جيد وامكانيات مادية وتسهيلات فيزيقية ، وقد لا تتوفر هذه العناصر في معظم دول الوطن العربي .

٦- يحتاج هذا النوع من التعليم إلى معلم مدرب ومؤهل تأهيلاً مناسباً ليقوم بالأدوار الجديدة بكفاءة واقتدار .

٧- ضعف التفاعل الانساني بين المعلم والمتعلمين من بعض المواقف .

مراجع الفصل الأول

١- جيرولد كمب " ١٩٨٧" : تصميم البرامج التعليمية ، ترجمة أحمد خيري كاظم، القاهرة : دار النهضة العربية " ص١١٢" .

٢- مصطفى إسماعيل موسى "١٩٩١" أثر إستخدام الطريقة الفردية الإرشادية في تعليم الكتاب على تحسين الأداء الكتابي وتحصيل قواعد الإملاء لدى طلاب شعبة التعليم الاساسي بكلية التربية بالمنيا ، مجلة البحوث في التربية وعلم النفس، كلية التربية ، جامعة المنيا ، المجلد الخامس، أكتوبر "ص١٢٧" .

٣- يعقوب نشوان (١٩٩٣) التعليم المفرد بين النظرية والتطبيق ، عمان، دار الفرقان للنشر والتوزيع ، ص٦٧ .

٤- توفيق مرعي ، محمد الحيلة (١٩٩٨) تفريد التعليم ، عمان ، دار الفكر ص٣٣-٣٤.

٥- كمال إسكندر ، محمد زبيان " ١٩٩٤" : مقدمة في التكنولوجيا التعليمية ط١ ، الكويت، مكتبة الفلاح ، ص٤١٨ .

٦- شكري سيد أحمد " ١٩٨٩ ": تفريد التعليم ، مبادؤه وأهميته ، واستراتيجيات تنفيذه ، القاهرة : المكتب الجامعي للطباعة والنشر ."ص١٦".

٧- علي عبد المنعم (١٩٩٦) تكنولوجيا التعليم والوسائل التعليمية ، القاهرة، دار النعناعي للتصوير وطباعة الأوفست .

٨- توفيق مرعي ، محمد الحيلة (١٩٩٨) مرجع سابق ، ص ٣٤ .

٩- عادل سرايا (١٩٩٨) فاعلية إستخدام الكمبيوتر وبعض استراتيجيات التعليم المفرد في تنمية التحصيل الابتكاري والاتجاه نحو مادة العلوم لدى تلاميذ المرحلة الاعدادية من ضوء اساليبهم المعرفية ، رسالة دكتوراة غير منشورة ، كلية التربية ، جامعة طنطا ، ص٣٩ .

١٠- شكري سيد أحمد (١٩٨٩) مرجع سابق ، ص١٧ .

١١- يعقوب نشوان (١٩٩٣) مرجع سابق ، ص٦٩ .

١٢- لمزيد من التفاصيل ..أنظر ..

ـ احمد بلقيس (١٩٨١) تطبيقات على التعليم المفرد من التربية ، أونروا – اليونيسكو ، ص ٣ .

ـ نشوان (١٩٩٣) مرجع سابق ، ص ص١١٩-١٢٤ .

- Duane .E.J (١٩٧١) Individualized Instruction Programs and Materials, New Jeraey : Englewood cliffs, P. ١٢-١٣ .

(٢)

الفصل الثاني

الجذور التاريخية والأسس النظرية للتعليم المفرد

الفصل الثاني
الجذور التاريخية والاسس النظرية
للتعليم المفرد

مقدمة

لا يعد التعليم المفرد من المفاهيم الحديثة على الفكر التربوي ، ولكنه يكاد يكون مرتبطاً ارتباطاً وثيقاً يالتاريخ التربوي . فقد كان التعليم المفرد هو الاسلوب الاكثر شيوعاً في أوقات ماضية بداية من التربية في العصور القديمة ومروراً بالتربية في العصور الوسيطة ونهاية بالتربية في العصر الحديث . ونعرض فيما يلي عرضاً موجزاً للجذور التاريخية والاسس النظرية والسيكولوجية للتعليم المفرد .

١- الجذور التاريخية للتعليم المفرد

يمكن تقسيم هذه الجذور إلة مجموعة متتابعة من المرحل كما يلي :-

أولاً :- التعليم المفرد في العصور البدائية :

كان الهدف الرئيسي للتعليم في هذه العصور تهيئة الأفراد للحياة العملية، واتقانهم بعض المهارات اللازمة والضرورية للبقاء ككائنات حية وتحقيق التوافق والانسجام مع بيئتهم وكانت أدواتهم وأساليبهم في ذلك المحاكاة والتقليد والتكرار كسبيل لتحقيق هذا الاتقان ؛ غير أن هذه الاساليب كانت تمارس داخل نطاق الأسرة وهي المنوط بعملية التعليم وفي حدود أخرى ارتبطت بالسحرة والكهنة والمشعوذين كمسئولين عن تعليم الافراد . واستخدمت في هذه الفترة بعض الادوات البسيطة للتعلم مثل استخدام الحصى وعقد الخيوط والعلاقات المحفورة على العصى الطويلة في تعليم العدو الارقام.[١]

ثانياً : التعليم المفرد في تربية العصور القديمة :

ويمكن عرض ومراجعة هذه العصور وفقاً لعدة مراحل ، مع إبراز التعليم المفرد فيها على النحو التالي : [٢]

أ- التعليم المفرد في التربية الصينية :

لقد كان التعليم المفرد هو السمة الغالبة في التربية الصينية ، وقد آمن " كنفوشيوس " المصلح الصيني (٥٥١-٤٧٨ ق . م) بأهمية الاخلاق وبناء المجتمعات على أساس اخلاقي ، واكد كذلك على وجود الفروق الفردية بين الاشخاص وحاول - كونغ تسي- cong tsee الاسم الاصلي لكونفوشيوس- ان يجعل تعليمة ملائماًلاحتياجات وقدرات كل فرد واستعداداته .

وقد كان يتم التعليم المفرد في التربية الصينية داخل اكواخ خاصة على يد معلم واحد يجمع بداخله عدداً من المتعلمين نظير مبالغ مالية يدفعها اولياء الأمور ويقوم متعلم بدراسة المعرفة المقدمة له بشكل فردي ، واذا اجتاز الاختبار يتم نقله إلى مستوى اعلى ، وهكذا حتى ينتهي المتعلم من دراسة جميع المتطلبات اللازمة لتخريجه.

ب- التعليم المفرد في عهد المصريين القدماء :

آولى القدماء المصريين اهتماماً خاصاً بالتعليم والتربية ، وكانوا يرون أن المعرفة والتنور ، خير وسيلة لبلوغ الثروة والمجد ، وكان الجاهل عندهم أشبه بالحيوان الابكم ، وكان التعليم السائد في هذا العهد يتسم بالحرفية والمهنية، وكانت تعتمد التلمذه على التعلم الفردي ، حيث يرافق المتعلم احد الحرفيين المهرة ليتعلم على يديه هذه الحرفة وكل متعلم يختارما يناسبة من الحرف والمهن ؛ ويستدل على ذلك من خلال تفوقهم وقدراتهم الفائقة في علم الهندسة والطب والعمران في بناء المعابد والقبور والاهرامات (قبور الملوك)، وتشير الكتابات الهيروغليفية على جدران المعابد إلى عظمة هذه الحضارة .

ج- التعليم المفرد في التربية اليونانية الاغريقية :

تميزت التربية والتعليم في العهد اليوناني بروح التجديد والابتكار ، وأهتم اليونانيين بنمو الشخصية الفردية في جميع جوانبها ، وكان الهدف الرئيسي للتربية في ذلك الوقت وصول الانسان للحياة السعيدة عن طريق تحقيق التكامل الجسمي والعقلي .

وتعددت الانماط التعليمية التي ظهرت في هذا العصر نظراً لتعدد مبتدعيها، وكانت تستند هذه الانماط على التأكيد واثبات ذاتية الفرد ورعاية نموه الفكري والخلقي ، وقد تجلت هذه

الجوانب عند مختلف حكماء وفلاسفة اليونان ويعد سقراط أول معلم خاص في التاريخ ، لانه استخدم الطريقة الحوارية في التعليم الفردي ، والتي تقوم على توليد الافكار لدى تلاميذه، وأطلق على نفسه لقب المعلم الذاتي . كما حث الناس على ان يحيوا حياة ذات معنى كلٍ في حدود قدراته وحاجاته . أما " أفلاطون " فقد طالب الفلاسفة ان يبذلوا كل ما في وسعهم لتعليم كل فرد إلى الحد الذي تسمح به قدراته . وأكد " ارسطو" على إعطاء الحرية للمتعلم، ليختار ما يتعلمة وفقاً لميوله وبالطريقة التي تناسب امكاناته وخصائصه. كما أهتم - أرسطو- تلميذ إفلاطون - باستخدام الاشياء الحقيقية الواقعية وجمع العينات لتوضيح بعض المفاهيم الصعبة واستمرت التربية اليونانية في نموها وتطورها معتمدة على جهود مجموعة من الفلاسفة ، حتى وقعت بلاد اليونان تحت سيطرة الامبراطورية الرومانية في عام (١٤٦ ق.م) .

د- التعليم المفرد في التربية الرومانية :

لقد اندمجت الحضارة الرومانية مع الحضارة اليونانة اندماجاً حيوياً يصعب معه تمييز احدهما عن الأحرى ؛ وأتسمت التربية لدى الرومان بالنفعية والعملية بهدف إعداد الفرد الناجح للحياة الواقعية العملية ، وكان النمط التعليمي الشائع في عهد الرومان الالقاء والخطابة والمناقشة والحوار .

وتأثر التعليم الروماني بافكار وآراء فيلسوفهم وخطيبهم الشهير " كوينيليان " مؤلف كتاب " مدرسة الخطابة " الذي أشار فيه بضرورة مراعاة الفروق الفردية بين المتعلمين بالطرق المناسبة ، بالاضافة إلى دعمة للتأكيد على أهمية مبدأ الاستقلالية في التفكير وتدريبهم على إعمال العقل والمناقشة وطرح الاسئلة وممارسة مجموعة من التدريبات في صورة العاب تعليمية هادفة .[٣]

ثالثاً : التعليم المفرد من العصور الوسطى :

عندا نشير إلى العصور الوسطى نقصد بذلك الفترة من التاريخ الممتدة من نهاية القرن الخامس الميلادي وحتى نهاية القرن الخامس عشر للميلاد اي الفترة التي بدأت بسقوط الامبراطورية الرومانية حوالي سنة ٤٧٦م تقريباً ، واستمرت حتى سقوط القسطنطينية في يد الدولة العثمانية المسلمة بقيادة القائد المسلم محمد الفاتح سنه (٨٥٧هـ) الموافق (١٤٥٣م) وابرز ما يميز هذه الفترة الزمنية سيادة عقيدتين كبيرتين اثرتا في شئون الحياة كلها ومنها بالضرورة مجال التربية والتعليم ... **وهما** [٤] :-

١- **العقيدة المسيحية (التربية المسيحية)**

وانتصرت فيها العملية التعليمية على رجال الكنيسة وابناء الطبقة العليا وسيطرت الثقافة اللفظية على التعليم . وكانوا يعلموا الافراد تعليما ليدافعوا عن الدين من خلال المناقشة والاقناع وقد وصلت أوربا المسيحية في ذلك الوقت إلى ما سُمي بعصر " الظلام والانحطاط الفكري والثقافي والعلمي ، ولهذا فمن الصعب ان تتصور تعليماً بهذه الصورة يهتم بالفروق الفردية بين المتعلمين يراعي احتياجاتهم واستعداداتهم .

٢- **التربية والتعليم في العصر الجاهلي والاسلامي :** [٥]

وكان التعليم العربي قبل ظهور الاسلام متوزعاً على نمطين الأول : عبارة عن الأسر البدوية التي كان تعليمها من المهام الرئيسة للأب والأم ، الثاني : عبارة عن الآسر الحضرية والتي كان تعليمها يتم على يد معلم متعهد بتعليم الصغار تعليماً فردياً قائم على الحفظ والتسميع .

أما في العصر الاسلامي فتغيرت انماط التعليم في هاتين الاسرتين نتيجة الانفتاح الملموس على العالم الخارجي في ذلك الوقت متمثلاً في حضارة الفرس والروم، وتم أنشاء مؤسسات تعليمية تربوية كالكتاتيب والمساجد والقصور ، وسادت معالجات التعليم القائمة على الحفظ والاستنتاج والتعلم الأصم والخطب واقامة الندوات ولقد تأثرت العملية التعليمية في صدر الاسلام بالعديد من الاراء والافكار التي كان مصدر ها بعض المفكرين والمؤرخين العرب مثل " أبن خلدون " الذي أثرت أراءه في عملية التعليم وتطويرها ، عندما اكد على اهمية التدرج في تعليم الصغار من

السهل الى الصعب ومن المحسوس إلى المجرد وفق دعائم المنهج الاستنباطي ، وقد أستفاد الفكر التربوي بهذه الاراء في العقود الأخيرة وخاصة عند التنظيم المنطقي لمفردات المحتوى .[٦]

وظهرت كذلك بعض الادوات والمواد التعليمية البسيطة التي رافقت عملية التعليم مثل استخدام اشارات اليد وحركاتها ، ورسم الخرائط ، والملاحظة والرحلات العلمية والدينية لجمع الحديث ، وكذلك الرحلات العلمية الكشفية .[٧]

وان الفاحص لايات القرآن الكريم وسنة نبينا محمد صلى الله عليه وسلم سيجدها غنية بالدلائل التي تشير إلى أهمية التعليم الفردي ومرتكزاته وإجراءاته . ولايتسع المقام لرد هذه الدلائل ويمكن الرجع في ذلك إلى بعض المصادر ذات الصلة .[٨]

رابعاً : التعليم المفرد في عصر النهضة :

لقد شهدت أوربا في نهاية القرن الخامس عشر واثناء القرن السادس عشر - عصر النهضة - تطورات عظيمة من العديد من المجالات وخاصة المجالات الاجتماعية والاقتصادية في ذات الوقت الذي تقلصت فيه السلطة الدينية التي كانت سائدة من قبل.

وكان هناك نوعاً من الاهتمام بالانسان كفرد ، وبصفة عامة يمكن سرد بعض السمات التعليمية والتربوية في عصر النهضة على النحو التالي :

- ضرورة الاهتمام بميول المتعلم وحصائصه .
- الاهتمام بالانسان الكامل نفسياً وجسدياً .
- ضرورة معايشة المتعلم في بيئة واقعية ملموسة
- التحرير من الجهل الناجم عن مخلفات العصور السابقة .
- استبدال الابحاث اللفظية الجدلية بالواقعية العلمية في مختلف النشاطات البشرية .

ولقد شكلت هذه السمات في الواقع البداية الحقيقية للتعليم المفرد وابرازه كنمط تعليمي مستقل له ملامحة ومرتكزاته ومبادؤه واجراءاته حتى أصبح كما هو علية الان .

خامساً : التعليم المفرد في التربية الحديثة (العصر الحديث) :

يمكن ان نعتبر بداية التربية الحديثة من نهاية القرن السابع عشر الذي تميز بالتطور التربوي وظهور العديد من المربين الذين كان لكتاباتهم اعظم الأثر في تطور نظرية التعليم ومن ثم قبول الطريقة العلمية التجريبية كأسلوب في البحث والتفكير.[٩]

وعندما ظهر الاتجاه الواقعي في التربية والتعليم تحولت أبحاث المفكرين وأنظارهم إلى البحث عن الحقيقة العلمية ، وعن مظاهر الحياة الطبية الواقعية المبنية على المعرفة عن طريق الادراك الحسي ؛ مما أدى إلى الاعتقاد بأن التعليم عملية طبيعية لا صناعية .

وفي القرن الثامن عشر ظهرت النزعة الطبيعية في التربية بزعامة (روسو) كما طغت الروح العلمانية على الكنيسة ، كما تميزت التربية بالتركيز على تأهيل مواطنين صالحين ، ومحورها هو الطفل بتفرده ومواهبه وميوله وقدراته .

أما في القرن التاسع عشر فقد تم تطبيق الطرق العلمية في الدراسات النفسية والتربوية والعلوم الطبيعية كالصناعة الزراعة الطب ولم تعد التربية مجرد كلمات وموضوعات لتأملات الفلاسفة وإنما سارت بخطى حثيثة في طريق التكوين العلمي، وبدأت حركة تأليف الكتب التربوية في الانتشار وخاصة كتب الاطفال المدعومة بالرسوم التوضيحية وذلك في كل من أنجلترا والمانيا وفرنسا والدنمارك . ودعا سيرش عام (١٨٨٨)م إلى ضرورة تصميم خطط معملية تسمح للطالب بالدراسة وفقاً لقدراته الذاتية بدلا من الدراسة في ظل جدول دراسي منتظم .[١٠]

٢- الاسس النظرية والسيكولوجية للتعليم المُفرد في القرن العشرين

لقد اهتم التربويون الامريكيون بموضوع التعليم المفرد كأسلوب للاستجابة لمبدأ الفروق الفردية بين المتعلمين ، فقام بعضهم ما بين (١٩٠٠-١٩٢٠) بتصميم البرامج للتعليم الذاتي في المدارس الدين ، وطبقوها من عملية التعليم للوقوف على سرعة المتعلم.

وقامت " باركهرست " عام ١٩٢٠ بتطوير معالجة تعليمية جديدة سميت بطريق دالتون - نظراً لتطبيقها على طلاب المرحلة الابتدائية بمدينة دالتون بأمريكا والتي تقوم على

تقسيم المقرر الدراسي الى وحدات تعليمية صغيرة يدرسها المتعلم حسب سرعته الخاصة في التعليم وتعتبر هذه الطريقة نقلة نوعية في تطبيق التعلم الذاتي.[١١]

وفي (عام ١٩٢٢) أقيم نظام " وينيتكا " Winnetka " بولاية ألينوى بأمريكا تحت إشراف " شارلتون " على اساس فكرة مؤداها " أن التلاميذ يختلفون فيما بينهم في معدل تعليمهم ، ولكنهم يستطيعون أن يتقنوا الأساسيات عن طريق برنامج تعليم فردي " ، حيث يختلف زمن التعليم حسب اختلاف المعدل الطبيعي لسير الطلاب في التعليم وقد أهتم هذا البرنامج بالتعليم الفردي ، وبالتقدم المستمر ، وبكثرة تطبيق الطلاب للاختبارات على انفسهم ليحققوا تغذية راجعة Feedback يلي ذلك تطبيق اختبارات من قبل المعلم لتقدير كفاءة المتعلمين ومهاراتهم قبل أن يسمح لهم بالتقديم للهدف التالي .

واستطاع بريسي " Pressey " تطوير آله للتعليم تدعم من فكرة التعلم الذاتي وتقوم على تطبيق قوانين السلوك التي جاءت من النظريات السلوكية ، وأعتبرت هذه الاله أول آله تعليمية ظهرت في التاريخ .

وفي عام ١٩٣٦م طور " موريزون " Morrison " نظاماً مشابهاً لنظام " وينيتكا " يعتمد على تزويد الطلاب بوحدات تعليمية منظمة ، وتستخدم اختبارات متنوعة لتحديد ما إذا كانوا قد حققوا الأهداف الموجودة بالوحدة بالكامل ، ثم إعطاء تعليم علاجي للطلاب الذين لم يحققوا هذه الاهداف .

وفي منتصف الأربعينات ظهرت الدعوة إلى استحداث نظام جديد بهدف تغيير نظم التدريس الجمعي في المدارس ، وجعل التلميذ يتحمل مسئولية التعلم ، مع تقليل حاجتهم إلى مراجعة المعلم لأصل الدرس . ونادى " هول " "Houl " بضرورة تطبيق التعليم المُفَرد في مجال تعليم الكبار ، حيث يؤكد على أنه الاتجاه المناسب لدى الكثير من الباحثين في مجال تعليم الكبار .

وفي نهاية الأربعينات تأثر " توف Tough " بدراسة " هول Houl " وقدم تعريفاً للتعلم الذاتي بأنه " الجهود التي يبذلها الفرد من تلقاء نفسه لتعلم بعض الحقائق والمعلومات والمهارات " .

وكان لحركة الاختبارات العقلية التي بدأها " بينيه " Binnet " دوراً في التعليم المفرد حيث ظهرت مجموعة من النظريات السيكولوجية التي تشير إلى أهمية تطبيق هذا النوع من التعليم .

ويستمد التعليم المفرد مبادؤه ومرتكزاته من نتائج مجموعة من البحوث والدراسات، ويستند إلى تطبيقات تربوية لعدة نظريات سيكولوجية نتناولها بإيجاز فيما يلي :

- فلقد دارت أبحاث " سكينر Skinner (أحد علماء النفس الارتباطيين Connectionstis حول الإشتراط الإجرائي Operat Conditioning والتعليم بالتعزيز Reinforcement .

وإذا كان التعزيز يمثل العامل الأساسي في عملية التعلم لدى " سكينر " فإنه يمثل أحد الإجراءات التي يقوم عليها التعليم المفرد ، حيث يتم تدعيم السلوك المرغوب باعتبار ذلك المهمة الرئيسية لعملية التعليم ويرى " سكينر " أن التدريس عملية ترتيب توافقي لخدمة التعزيز مع الاستجابة ويستمد التعليم المفرد كذلك بعض مبادؤه من أفكار " سكينر " حيث يتم تعلم المهارات الصعبة والمعقدة بعد تجزئتها ، وتقسيمها ، إلى وحدات صغيرة (موديلات) وكل وحدة يتم تعلمها في وقت معين مصحوبة بقدر من التعزيز الفوري بعد كل إنجاز يتم تحقيقه .

ويحدث التعزيز عند " سكينر " بصورة موجبة أو صورة سالبة ، أي أن الاجابة يتم تعزيزها إما بتقديم معزز موجب ، أو بإزاحة معزز سالب من الموقف التعليمي ؛ مما يؤدي الى زيادة احتمال استدعاء الاستجابة الصحيحة مستقبلاً ، فالتعزيز الايجابي يعمل على زيادة احتمال استدعاء الاستجابة أكثر من التعزيز السالب .

ويمثل مبدأ الاقتران contiguity "لجاثري " Guthrie " أحد الاسس التي يقوم عليها التعليم المفرد في بعض إجراءاته ، فيرى " جاثري " أن نمط المثيرات يكتسب قوته الترابطية الكاملة في أول أقتران له مع الاستجابة ، وبذلك فمبدأ الاقتران هو المسئول عن التعلم .

ففي التعليم المفرد يتم الاقتران بين تدريب التلميذ على اكتساب المعلومات التي يدرسها، والتـدريب عـلى كل جزئية داخل الموديول الواحد ، وليس مجرد التدريبات في نهاية الموديول كما يتم الاقتران بـين اسـتجابة التلميذ والتعزيز الفوري المناسب .

وتشير استراتيجية تركيز الانتباه عند " برونر " Bruner " إلى ضرورة توفر أربعـة متطلبـات مهمـة في عمليـة التعليم وهي :

– تنمية الميل إلى التعليم ، حيث يتم وصف الخبرات التدريسية التي تدفع المتعلمين إلى التعلم .

– تركيب المعلومات ، حيـث يـتم تحديـد الأسـلوب الـذي يجـب ان تـنظم بـه المعلومـات لترتبـط بطبيعة المتعلمين واستعداداتهم المعرفية ، وطبيعة المادة الدراسية .

– تتابع وتمثيل المادة التي يتم تعلمها ، حيث يفضل اختيار أنسب الطرق فاعليـة لتتـابع المـادة ، وتقديمها للطلاب كي يسهل تعلمها .

– تقديم الثواب والعقاب من خلال أساليب التعزيز المتنوعة التي سبق الحديث عنها.

ومما سبق يتضح أن أفكار " سكينر " ومبدأ الاقتران عند " جائري" والنظريـة الارتباطيـة لـدى " برونر " تمثل أسساً مهمة يستمد التعليم المفرد مبادؤه واجراءاته منها .

أما عن الأسس النظرية للتعليم المفرد ففي عام ١٩٦٣ وضع كـارول " Carroll " نموذجـاً للـتعلم المدرسي ، ركز فيه على الزمن المطلوب لكي يتعلم كل طالب مادة تعليميـة معينـة ، وقـد أقـترح ان الـزمن المستغرق في عملية التعلم يمكن ان يكون درجة دالة للتعلم ، ويعتبر نموذج " كارول " هـو الاسـاس الـذي بنى عليه " بلوم " استراتيجيته في التعليم حتـى الـتمكن عـام"١٩٧١" ، وهـذه الاسـتراتيجية تمثـل احـدى استراتيجيات التعليم المفرد التقليدية.[١١]

وأستطاع " سكرفين " Scriven " عام "١٩٦٧" التمييز بين التقويم البنائي (التكـويني) Formative Evaluation والتقويم التجميعي Summative وأشار إلى أهمية التنوع في التقويم المصـحوب بتغذيـة مرتجعـة مسـتمرة Continous بهدف تحسين عملية التعليم المفرد .

هذا بالاضافة إلى وجود علماء آخرون قاموا ببناء واستخدام نماذج للتعليم القائم على الإتقان مثل " جلاسر " "Glasser" ، " واتكنسون " "Atkinson" الذي استخدم نموذجاً للتعليم القائم على الإتقان من خلال الكمبيوتر ، ، واستطاعت " مونتسورى " "Montsorie" ابتكار طريقة تعتمد على التعليم المفرد ، حيث يدرس المتعلم بشكل مستقل وفقاً لميوله وقدراته ، ويعاونه المعلم عند الحاجة من خلال مجموعة متباينة من المواد التعليمية التي يختار المتعلم من بينها ما يتفق مع قدراته .

وأشار " بيتر " " Peter " إلى أهمية تطويع وتكييف التدريس وفقاً لحاجات الأفراد، وفي عام " ١٩٧٦ " عقد مؤتمر التعليم المبرمج والتكنولوجيا التعليمية الذي اتخذ من مفهوم التعلم المفرد موضوعاً لبحثه ، وإذا كنا بصدد التعرض للاسس النظرية التي يقوم عليها التعليم المفرد فلابد من الإشارة إلى الصلة الوثيقة بين التعليم المفرد ونظرية أو مدخل النظم Systems Theory حيث يقوم التعليم المفرد كنظام تعليمي مصمم على مجموعة من المفاهيم والاسس المستمدة من فلسفة ومدخل النظم ، وتسمى هذه العملية التي تستند إلى هذه المفاهيم والاسس باسم التصميم المنهجي للتعليم Systematic Design of Instruction ، ويشيرمدخل النظم ببساطة ألى نمط معالجة وطريقة للتفكير ، والشكل رقم (٦) يوضح مكونات النظام .

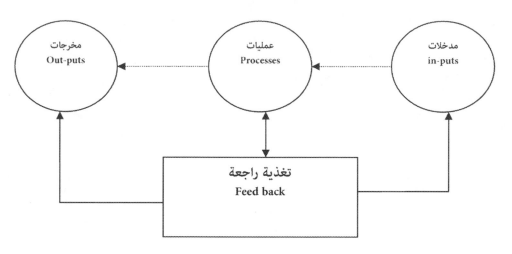

شكل (٦) مكونات النظام

كما يقوم التعليم المفرد على فلسفة تعليمية كاملة محورها المتعلم بخصائصه الفريدة وتقوم هذه الفلسفة على مبادئ أساسية منها :

أ- لجميع الافراد القدرة على التعليم بدرجات متفاوته أي انهم يختلفون في سرعة تعلمهم.

ب- توجد فروق فردية بين المتعلمين مثل : النمو العقلي ، ورصيد الخبرة ، والاساليب المعرفية .

ج- يتعلم الأفراد بشكل أفضل وأسرع عندما يتوائم ويتكف التعليم بما فيه من مواقف تعليمية في حجرة الدراسة والمواد التعليمية والانشطة مع ميول الأفراد وأساليب تعلمهم المفضلة ، وخلفياتهم السابقة وأنماطهم المعرفية بالاضافة إلى ما سبق فإن إستراتيجيات التعليم المفرد تستند إلى مجموعة من الأسس والمبادئ التربوية النفسية من أهمها :

- التعليم عند علماء تكنولوجيا التعليم - عبارة عن رد فعل غير مصاحب بوجود تلميحات أو إلماعات Cues مناسبة .

- يتم توجية المتعلم بوجود علامات ترشده للاستجابة المستهدفة فإذا ما أتى بالاستجابة الصحيحة فإن سلوكه يعزز ، ويدعم بعد كل خطوة ليحدث ربط بين المثير والاستجابة ، ومن ثم يتم الوصول إلى الإستجابات المستهدفة عن طريق التغذية الرجعة ، والدفع المتزايد ، والفوري لتشجيع المحاولات الصواب واستبعاد المحاولات الخطأ .

- يقتصر تفريد التعليم ، ومراعاة الفروق الفردية في التعليم ، على الخطوه الذاتي self-pacing اي سرعة التعلم ، وعلى عدد المهام التي يتعلمها الفرد لبلوغ الهدف نفسه فبعض المتعلمين يمكنهم أن يصلوا إلى الاستجابات الصحيحة بسرعة ، ويتطلبون تدريبات أقل من غيرهم للوصول إلى علاقة أو تعميم معين ، ولا يحتاجون المتعلمون إلى تضييع أوقاتهم أو شغل أنفسهم في مهام تعليمية أو مهام تؤدي الى سلوكيات أو خبرات تعلم تكون في حوزتهم .

- التحديد الدقيق للسلوك المبدئي للمتعلم .

- اعتبار كل متعلم حالة خاصة في تعلمة

- التحديد الدقيق للسلوك النهائي للمتعلم

- الصورة العامة للتعليم هنا هو : التعليم المفرد Individualized وليس التعليم الشخصي- Personalized بمعنى ان المتعلم قد يعمل منفرداً ولكن المادة الدراسية التي يتعلمها كل فرد واحدة للجميع ، وليس مكتوبة له شخصياً بمحتوى مختلف عن تلك المكتوبة لغيره كما هو الحال في المدرسة الانسانية Humanistic التي تضع برنامج ومحتوى مختلف لكل فرد .

- الحرية في الحركة في اثناء عملية التعلم ، والحرية في الاختيار من مصادر التعلم المناسبة لحاجات كل فرد .

- لا ينتقل المتعلم من هدف إلى آخر إلا بعد وصوله إلى مستوى التمكن المحدد مسبقاً .

- التنوع في صور التعليم المفرد وهي :

  - التعليم في صورة مجموعات كبيرة Large Group Instruction
  - التعليم في صورة مجموعات صغيرة (٣ - ٥ فرد) Small Group Instruction
  - التعليم في صورة فردية Individuall Instruction

مراجع الفصل الثاني

١- محمد القزاز ، صالح الشهري (١٤١٦هـ) المبادئ العامة للتربية الرياضية ، دار المعراج الدولية للنشر / ص ص ٥٥-٥٦ .

٢- يعقوب نشوان (١٩٩٣) التعليم المفرد بين النظرية والتطبيق ، عمان ، دار الفرقان للنشر والتوزيع ، ص ص١٥-١٦ .

٣- يعقوب نشوان (١٩٩٣) مرجع سابق ، ص ص ١٧-١٨

٤- محمد القزاز ، صالح الشمري (١٤١٦هـ) مرجع سابق ، ٥٩

٥- لمزيد من التفاصيل انظر ...

-- محمود شفشق (١٩٨٤) التربية المعاصرة ، طبيعتها وابعادها ، ط٤ ، الكويت، دار القلم

-- محمد القزاز ، صالح الشمري (١٤١٦هـ) مرجع سابق ، ص ٦٠

-- توفيق مرعي ، محمد الحيلة (١٩٩٨) تفريد التعليم ، عمان ، دار الفكر ، ص ٥١

٦- يعقوب نشوان (١٩٩٣) مرجع سابق ، ص٢٢

٧- لمزيد من التفاصيل .. انظر ...

-- محمد القزاز ، صالح الشمري (١٤١٦هـ) مرجع سابق ، ص ٦٢

-- يعقوب نشوان (١٩٩٣) مرجع سابق ، ص٢٥

٨- لمزيد من التفاصيل .. انظر ..

-- انور ابراهيم ابو دياك (١٩٩٥) الاساليب المفردة في تعليم وتعلم العقيدة الاسلامية المستخلصة من الكتاب والسنة ، رسالة ماجستير غير منشورة ، جامعة اليرموك، إربد .

٩- سعد أحمد مرسي (١٩٨٢) تطور الفكر التربوي ، القاهرة ، عالم الكتب ، ص ص ٧١-٧٦ .

١٠- يعقوب نشوان (١٩٩٣) مرجع سابق ، ص٢٧

١١- لطفي عمارة (١٩٨٥) التعليم للاتقان ، مبادؤه ، مكوناته ، رسالة التربية، سلطنة عمان ، العـدد ٢ ، التقرير ، ص ٥٧ .

١٢- لمزيد من التفاصيل .. انظر ..

— عادل سرايا (١٩٩٨) مرجع سابق ، ص ص ٣٥-٦٥

(٣)

الفصل الثالث

أسس التعليم المفرد وإجراءاته

الفصل الثالث
اسس التعليم المفرد واجراءاته

يستمد التعليم المفرد اسسة واجراءاته من بعض الحركات التعليمية والتربوية والنفسية التي أظهرت خلال القرن السابق ، وفيما يلي نعرض بإيجاز لهذه الأسس والاجراءات [١]

أولاً : أسس التعليم المفرد :

١- مواجهة الفروق الفردية بين المتعلمين بصورة منهجية .

٢- الاعتماد على المنحى المنظومي system Approach في التعليم .

٣- التوظيف الأمثل للانفجار المعرفي والتكنولوجي المتمثل في ثورة البرمجيات والمواد التعليمية Sotware Revolution ، وثورة الالات Hard ware Revolution من خلال استثمار المستحدثات التكنولوجية والمواد التعليمية والتي يمكن ان تؤدي إلى تطوير حقيقي ونوعي في مجال التعليم في ظل ظروف معينة ، هذه الشروط يمكن توفيرها في ظل تبني نظم التعليم المفرد واستراتيجياته .

٤- التركيز على تنوع الانشطة التعليمية اكثر من التركيز على المحتوى التعلمي نفسه.

٥- التعلم عملية ينبغي أن يقوم بها المتعلم ذاته ، وتعتبر هذه الركيزة هي الاساس المنطقي الذي يقوم عليه التعليم المفرد ، حيث تُلقى مسئولية التعلم على عاتق المتعلم، شريطة وجود نظام يوفر التوجيه والإرشاد للقيام بنشاط التعلم وصولاً إلى تحقيق الأهداف المنشودة ، فالمتعلم لدية القدرة الطبيعية على التعلم ، تظهر وتنمو تحت شروط معينة ، ترتبط ببيئة التعلم ، وما تشتمل عليه من وقائع، كما ترتبط بكيفية تصميم هذه البيئة ، وإدارتها ؛ بما يسمح بالتفاعل المباشر بين المتعلم وبين ما توفر له هذه البيئة من بدائل ، وخيارات، تعليمية، يجد بينها ما يناسبه، وهذا الأمر يتيح للمتعلم فرصة اكتساب مهارات التعلم الذاتي، وهي مهارات بقاء Survival Skills في عالم يتميز بالانفجار المعرفي والتكنولوجي.

ثانياً : الاجراءات المطلوبة لتنفيذ التعليم المفرد في واقعنا التعليمي :

لكي يتم تنفيذ التعليم المفرد من واقعنا التعليمي يجب اتباع مجموعة من الاجراءات التي يمكن اشتقاقها من الاتي : [٢]

١- **تحديد الاهداف التعليمية تحديداً اجرائياً دقيقاً :**

وهي تمثل أحد الجوانب المهمة في هذا النوع من التعليم ،ويتم تحديدها بدقة كخطوة رئيسية ، وتصاغ بصورة إجرائية تظهر السلوك النهائي الذي يتوقع أن يظهره المتعلم ، كما يراعي عند صياغتها أن تكون قابلة للملاحظه ، والقياس .

ويتم ترتيب الأهداف التعليمية في صورة هرمية بحيث يجب عدم الإنتقال من هدف ، أومجموعة من الاهداف قبل إتمام هدف أو مجموعة أخرى سابقة في الترتيب . ومن الأمور المهمة في هذا الشأن أن يزود المتعلم بالأهداف مقدماً حتى يعرف المطلوب منه ، وما يجب أن يكون قادراً على عملة عند دراسة كل وحدة تعليمية ، وهذا المعنى يستخدم لتوجية المتعلم في أثناء دراسته للوحدة .ويمكن ان تزيد عملية تحديد الاهداف من فاعلية التعليم .

٢- **تشخيص حالة الطلاب :**

ويهدف هذا الاجراء الى كشف جوانب القصور والضعف في تعلم الطلاب قبل بداية عملية التعلم الفعلية ، ومن خلالة يمكن تحديد أهم المشكلات التعليمية التي يعانون منها والتي قد تعمل على إعاقة نمو التعلم لديهم .

٣- **تسكين الطلاب :**

ويهدف هذا الاجراء إلى تصنيف الطلاب وتقسيمهم إلى مجموعة تعلم صغيرة في بعض الحالات ، ولكل مجموعة خصائص معينة تتطلبها عملية التعلم مثلما يحدث من عملية التعلم التعاوني ، كما يمكن من خلاله تقسيم الطلاب إلى مستويات تعليمية تتناسب مع قدراتهم واتجاهاتهم واستعداداتهم ويمثل هذا الاجراء مرحلة مؤثرة في تفعيل عملية الدمج التربوي الشامل .

٤- **تعدد الاختبارات Multi-Tests**

تستخدم في استراتيجات التعليم المفرد عدة اختبارات لكل منها وظيفة محددة وتوقيت معين وهي :

أ- اختبارات تشخيصية – تسكسنية Diagnosis / Placement Tests

وهي التي تقدم عند بداية دراسة المقرر وسبق الاشارة اليها لتشخيص وتسكين الطلاب .

ب- اختبارات متطلبات التعلم المسبقة Learning Prerequisite tests وتهدف إلى تحديد مدى استعدادات الطلاب لبدء تعلم موضوع تعليمي جديد أو لممارسة نشاط تعليمي محدد ، ويدل هذا الاختبار على ان الطالب يمتلك الاستعداد المعرفي والمهاري والوجداني الكافي لدراسة الموضوع محل التعلم ويطلق احياناً على هذا النوع اختبار السلوك المدخلي .

ج- اختبارات قابلية Pre-tests

وتستخدم بعد تحديد المستوى الذي يبدأ من عنده النمتعلم عملية التعلم وتقدم قبل دراسة كل موديول على حده ، وتعتبر من مكونات الموديول ، وتهدف إلى الكشف عن الصعوبات المحددة التي قد يواجهها المتعلم عند هذا المستوى ، وقد تسفر نتائج هذا الاختبار عن عدم وجود صعوبات عند المستوى المحدد ؛ مما يسمح للمتعلم بالانتقال إلى دراسة موديلات أخرى ؛ لكي يحقق أهدافاً أخرى ، وقد تستخدم الاختبارات القبلية لتهيئة المتعلم كمنظم متقدم * قبل أن يتعامل مع محتويات الموديول ومكوناته الأخرى .

د- اختبارات ضمنية " بنائية – تكوينية " Formative or Embeded Tests

وتستخدم في أثناء دراسة المتعلم لموديول معين بهدف مراقبة ومتابعة تقدمه في دراسة هذا الموديول ، وهي ليست اختبارات طرفية ، ولكنها إختبارات قصيرة ، متكررة ، ترتبط بأهداف الموديول بطريقة مباشرة ، وتعتبر اختبارات للتقويم

الذاتي الداخلي Self Intrinsic Evaluation حيث يقوم المتعلم بتصحيحها بنفسه وتقدم له تغذية راجعة من شأنها تعزيز تعلمه .

هـ- اختبارات بعدية Post-Tests

---

* لمزيد من التفاصيل أنظر: عادل سرايا (٢٠٠٦) التصميم التعليمي والتعلم ذو المعنى،عمان، داروائل.

وهي التي تستخدم بعد الانتهاء من دراسة الموديول بهدف تحديد مدى تقدم المتعلم نحو تحقيق الأهداف النهائية للموديول ، وبإتخاذ القرارات المتعلقة بالسماح للمتعلم للانتقال إلى الموديولات تعليمية أخرى ، أو إلى مستوى أعلى أو تزويده بمصادر تعلم إضافية .

و- اختبارات تجميعية " نهائية " Summative Tests

وهي التي ترتبط بجميع موديولات المقرر ، وبالاهداف التعليمية النهائية له ، وتقدم للمتعلم بعد الإنتهاء من دراسة جميع موديولات المقرر ، وتستخدم نتاجاتها لمنح التقدير أو الشهادات ، وللسماح للمتعلم بالانتقال إلى دراسة مقرارات دراسية أخرى. وتتنوع الاختبارات المستخدمة في استراتيجيات التعليم المفرد ، فتضم اختبارات عملية، وشفوية واختبارات الورقة والقلم ، التي منها اختبارات المقال ، والاختبارات الموضوعية مثل : اختبارات الاختبار من متعدد ، أو الصواب والخطأ ، والمزاوجة، والإكمال ، وهذه الاختبارات الموضوعية هي الاكثر شيوعاً في استراتيجيات التعليم المفرد اضافة إلى الانماط الأخرى الحديثة للتقويم الأصيل (البديل).

٥- التغذية الراجعة الفورية المتكررة Frequaent / Immediat Feedback

يراعى عند تصميم استراتيجيات التعليم المفرد تقديم تغذية راجعة فورية للمتعلم عندما ينتهي من عمل ما للتعرف على مستوى الاداء ومدى تقدمة نحو تحقيق الأهداف ، ويراعي كذلك تقديم التغذية الراجعة بصورة متكررة ومتنوعة وبأساليب مختلفة .

٦- التقويم مرجعي المحك Criterion-Refrenced Evaluation

ففي ظل استراتيجيات التعليم المفرد لا يستخدم المنحنى الاعتدالي Normal Curve في إعطاء التقديرات ، ولا مجال هنا لمقارنة أداء المتعلم بأداء باقي المتعلمين ، حيث

يكون نجاح المتعلم مستقلاً عن أداء الجماعة التي ينتمي إليها ، او أي مجموعة معيارية أخرى . ومن هنا لا تستخدم الاختبارات جماعية المعيار في هذا النوع من التعليم ، بل يقاس تقدم المتعلم بما يحققه هو من أهداف وفي ضوء محكات ومستويات تحددها الاهداف النهائية للمقرر ، وغالباً ما تسمى

الاختبارات المستخدمة في ظل استراتيجيات التعليم المفرد بالاختبارات مرجعية الاهداف Refreced Tests Objective لأن بنودها الاختبارية تتسق اتساقاً كاملاً مع الاهداف، وإذا ما أخفق المتعلم في نهاية المقرر في الوصول الى مستوى من الاتقان المطلوب " وغالياً ما يحدد على اساس تحقيق المتعلم " ٩٠% " فإنه يعطي تقدير غير مكتمل ، ويطلب منه إعادة دراسية المقرر أو بعض موديولاته .

٧- التكيف والاستجابة والبيئة التعليمية المرنة

Adaptation, Responsivens and Instructional Flexibility

يمتاز نظام التعليم المفرد واستراتيجياته بأنه يُشكل بيئة تعليمية مرنه ، ومستجيبة ومتوافقة مع احتياجات وقدرات واستعدادات كل متعلم ، فإذا ما أخفق المتعلم في تحقيق بعض ، أو كل الأهداف التعليمية المنشودة ، فليس معنى ذلك انه قد فشل ، أو رسب ، فالنظام لا يعتبر ذلك رسوباً يتحمل المتعلم نتائجه ، فقد يرجع ذلك إلى خطأ في التشخيص، أو التوجيه ، أو قد يرجع إلى أن النظام لم يوفر الحرية التعليمية والبدائل والمواد التعليمية التي تناسب المتعلم ، ومن هنا قد يوفر هذا النظام التعليمي بدائل جديدة ومتنوعة ، خاصة في الانشطة ومصادر التعلم حيث يجد المتعلم ما يساعدة على الوصول إلى مستوى الإتقان المطلوب .

٨- تصور المقرر الدراسي نظاماً System له وحداته " موديولاته " Modules

فينظر الى المقرر الدراسي كنظام قوامه : مدخلات ، ومخرجات ، وعمليات تصل بينها التغذية الراجعة ، يندرج تحت هذا النظام مجموعة من النظم الفرعية Sub-systems لكل منها مدخلاته ، وعملياته ، ومخرجاته ، هذه النظم الفرعية تمثل وحدات المقرر ، وتسمى هذه الوحدات بالوحدات التعليمية الصغيرة " موديولات Modules ويتناول كل منها موضوعا محدداً من موضوعات الدراسة ، وكل وحدة متكيفة بذاتها من حيث مكوناتها التعليمية ، وتختلف الموديولات عن الدروس التقليدية في انها تقوم على اساس مبدأ التعلم الذاتي إذ انها تضم من الوقائع التعليمية ، وظروف التعليم ، ما يفوق كمية الوقائع والظروف التي تتضمنها الدروس التقليدية ، هذا بالاضافة إلى اختلاف دور المعلم في الحالتين وبالتالي دور المتعلم.

٩- الخطو الذاتي Self-Pacing

يسمح للمتعلم أن يتقدم نحو تحقيق أهداف كل وحده وفق معدله وسرعته في التعليم ، وبالتالي لا يتم تثبيت زمن كل وحدة ، ولكن على المتعلم أن ينتهي من دراسة جميع وحدات المقرر في إطار الفصل الدراسي ، أو العام الدراسي ، ويعني ذلك عدم ضرورة إنتهاء جميع المتعلمين من وحدة واحدة في وقت واحد ، فقد يستطيع بعض المتعلمين أن ينتهوا من دراسة وحدتين في اسبوع واحد . ويعد عدم تثبيت زمن تعلم الوحدات من أهم ما يميز التعليم المفرد حيث يتسم بالمرونه ، فيختلف طولاً وقصراً من وحدة لأخرى تبعاً لموضوعها ومتطلباتها ، ومن متعلم لآخر تبعاً لقدراته واستعداداته وميوله وحاجاته (علي عبد المنعم، ١٩٩٨) .

١٠- الحرية التعليمية Instructional Freedom

والحرية هنا تتمثل في وجود مجموعة متنوعة ومتباينة من الخيارات ، ومصادر التعلم ، وعلى المتعلم أن يختار من بينها ما يناسبه .

ومن هذه الخيارات في الانشطة التعليمية " قراءة – استماع – مشاهدة – مناقشة ... " وفي المواد التعليمية " أفلام متحركة – صور فوتوغرافية – برامج كمبيوتر – لقطات فيديو – برامج فيديو تعليمية – مواد مطبوعة – نماذج حقيقية...".

كما تتمثل الخيارات في نوعية الاختبارات ومواعيد التقدم لها ، وتعدد مستويات المحتوى ، وتعدد آماكن التعليم وغير ذلك من جوانب العملية التعليمية، والجدير بالذكر أن الانواع المتعدده لاستراتيجيات التعليم المفرد تختلف فيما بينها في مقدار ما تمنحه للمتعلم من حرية في اختيار المواد التعليمية .

١١- الاستعانه بمساعدين (مراقبين) للمعلم يسهم في تسهيل عملية التعلم:

حيث تحتاج بعض نظم التعليم المفرد واستراتيجياته مثل خطة كيلر ، الى الاستعانة ببعض المراقبين من المتعلمين انفسهم أو معاونوا من ذوي الخبرة التعليمية.

١٢- توفير الادارة التعليمية الجيدة والتي تساعد في تقديم وتهيئة المناخ التعليمي لتنفيذ التعليم المفرد [٣]

١٣- تنوع أساليب التعليم Alternate Learning Styles

لا تلغى نظم وأساليب التعليم الجمعي عند استخدام التعليم المفرد ، ولكنها قد تكون اختيارية في بعض مراحلة أو اجبارية في مناسبات معينة ويجد المتعلم الفرصة للعمل والدراسة المستقلة Independent Study أو من خلال مجموعات صغيرة Small Group Instruction أو التواجد في مجموعات كبيرة Large Group Instruction

١٤- **تعدد أماكن التعليم** Multi- Learning Locations

تعدد اماكن التعليم لتشمل معمل التعلم الذاتي ، والنظري ، أو المعمل العملي ، وقد تشمل أماكن التعلم :المكتبات ،ومركز مصادر التعلم ، والورش ، والزيارات الحقلية وقد تكون داخل حجرات الدراسة العادية .

١٥- **التعلم حتى التمكن** Mastery for learning

ويعتبر التعلم حتى التمكن من ابراز الاجراءات الاساسية للتعليم المفرد ، ولذلك سوف نعرض له ببعض التفصيل فيما يلي[٤] :

يؤكد التعلم حتى التمكن كفلسفة تعليمية على انه في ظل ظروف تعليمية ملاءمة يمكن لجميع الطلاب ان يتعلموا على نحو جيد بمعنى أن " يتقنوا " ما تعلموه . ومع إزدياد الاصوات المنادية في هذا الوقت بضرورة تطبيق مبدأ المحاسبة في التربية Accountability in Education [٥] ؛ فإن هذه الفلسفة تجد صدى كبير في الاوساط التربوية في ظل ظروفنا الاقتصادية من ناحية ، ولما تسعى إليه من زيادة فرص الطلاب من البقاء الاجتماعي Social Survial .

ويقصد بالتعلم حتى التمكن كاجراء بأنه مستوى يحدد مسبقاً بصورة كمية مثلاً ٨٠% أو ٩٠% يرجى أن يحققه كل متعلم بعد الإنتهاء من أي موقف تعليمي أو عدد من المواقف التعليمية ، ومن خلال هذا يتم الحكم على ناتج التعلم ومدى كفاءة نظم التعليم المفرد واستراتيجياته بما فيها المعلم كأحد العناصر المهمة ولا يسمح للمتعلم بالانتقال من دراسة موديول قبل اجتياز الأهداف الخاصة بالموديول الذي يسبقه في

تسلسل الموديولات ويحدد مستوى الاتقان بنسبة معينة من الأهداف الخاصة بالموديول وعلى المتعلم أن يحققها . ويفترض وصول المتعلم إلى مستوى الإتقان في كل وحدة على حدة فإن ذلك يمكنه من الوصول الى مستوى الإتقان المحدد للمقرر ككل .

مبادئ التعلم حتى التمكن :

يرتكز التعلم حتى التمكن على مجموعة من المبادئ من اهمها [٦] :

١- تتفاوت فترة التعلم وفقا لمعدل تعلم كل طالب ، لكن مستوى التحصيل المتوقع ثابت. وهذا الاسلوب للتوافق او الملائمة الفروق الفردية يختلف عن الإعتقاد الشائع بأن الطالب بطئ التعلم Slow Learner لا يستطيع ان يحقق نفس المستوى من الكفاءة او المهارة مثل باقي زملاءه في الصف .

٢- معظم الطلاب قادرون على تحقيق الكفاءة والمهارة في التعلم المطلوب إذا أتيح له الوقت الكافي للتعلم

٣- التقويم من نسيج العملية التعليمية و جوهرها ، ومن الصعب متابعة هذا النمط دون توافر تقويم لمستوى الطالب المبدئي (التقويم التشخيصي-) وإستمرارية في عملية التقويم (تقويم بنائي) وتقويم لمستوى الطالب النهائي (تقويم تجمعي) .

٤- ينافس الطلاب في هذا النموذج إلا مع زملائهم في الصف ولكن مع معيار أخر (مستوى الاتقان) بمعنى ان هدفهم يصبح التعليم وليس التنافس مع زملائهم .

٥- تستند الدرجات على أداء الطلاب وعلى مستوى كفاءتهم فيما حققوه أو توصلوا إليه وليس على أساس المنحنى الاعتدالي .

مراجع الفصل الثالث

١- لمزيد من التفاصيل انظر ...

- علي عبد المنعم (١٩٩٦) تكنولوجيا التعليم والوسائل التعليمية ، القاهرة ، النعناعي للأوفست والطباعة ، ص ص ٣٥٢-٣٥٦ .
- احمد سالم ، عادل سرايا (٢٠٠٣) منظومة تكنولوجيا التعليم، الرياض، مكتبة الرشيد للنشر والتوزيع ، ص ١٨٥-١٩٥

٢- علي عبد المنعم (١٩٩٦) ، مرجع سابق ، ص ص ٣٥٥-٣٥٧ .

٣- توفيق مرعي ، محمد الحيلة (١٩٩٨) تفريد التعليم ، عمان ، دار الفكر ، ص ٨٧ .

٤- عادل سرايا (١٩٩٨) فاعلية استخدام الكمبيوتر وبعض استراتيجيات التعليم المفرد في تنمية التحصيل الابتكاري والاتجاه نحو مادة العلوم لدى تلاميذ المرحلة الاعدادية في ضوء اساليبهم المعرفية ، رسالة دكتوراه غير مباشرة ، كلية التربية، جامعة طنطا .

٥- فاطمة حميده (١٩٩٢) التعلم للاتقان وأثره على التحصيل في مادة الجغرافيا بالمرحلة الثانوية ، مجلة دراسات تربوية ، المجلد ٧ ، الجزء ٤٦ ص١١٧ .

٦- توفيق مرعي ، محمد الحيلة (١٩٩٨) تفريد التعليم ، مرجع سابق ، ص ٨٨ .

(٤)

الفصل الرابع
استراتيجيات التعليم المفرد التقليدية

الفصل الرابع
استراتجيات التعليمية المفرد

مقدمة

تزخر الادبيات التربوية بصفة عامة وأدبيات تكنولوجيا التعليم بصفة خاصة بالعديد من النماذج التي تتناول استراتجيات التعليم المفرد وطرائقه التكيفية، ولكل استراتيجية أو طريقة مجموعة من الملامح والخصائص المميزة عن غيرها ، ولكنها تتفق في عدة مبادئ واحدة منها :

- تحقيق إيجابية المتعلم من خلال تفعيل عملية التعلم الذاتي.
- مراعاة الفروق الفردية بين المتعلمين من جميع جوانبها بصورة منهجية.
- تكييف المواقف التعليمية لتتلاءم مع سمات واستعدادات المتعلمين.
- التأكيد على مبدأ الاتقان في التعليم.
- توفير أكبر قدر ممكن من الحرية التعليمة للمتعلم اثناء الدراسة من خلال التنوع في مصادر التعلم.

ويمكن تقسيم استراتجيات التعليم المفردة وطرائقه الى ثلاث فئات :-

الفئة الاولى : استراتجيات التعليم المفرد التقليدية ومن أهمها:-

١- التعليم المبرمج
٢- استراتجية بلوم في التعلم حتى التمكن.
٣- الألعاب التعليمية
٤- الموديولات التعليمية
٥- الحقائب التعليمية.

الفئة الثانية : إستراتجيات التعليم المفرد المعاصرة ومن أهمها.

١- برامج التربية الموجهة للفرد.
٢- برامج التعليم طبقا للحاجات.

٣- التعليم الشخصي.
٤- التعليم الموصوف للفرد

٥- نظام التوجيه السمعي.

٦- نظام التعليم القائم على تعزيز الاحتمالات.

٧- نظام التعليم بمعاونة الكمبيوتر .

٨- نظام التوجيه المرئي .

٩- نظام التعليم بالفيديو التفاعلي.

الفئة الثالثة: استراتجيات التعليم المفرد التكيفية ومن أهمها:

١- الدراسة المستقلة الذاتية.

٢- طريقة دالتون (التحسينات)

٣- الدورات المصغرة.

٤- التعلم بالتوليفات.

٥- طريقة التعلم بالعقود.

٦- التعلم بالبطاقات التعليمية.

وفيما يلي سنقصر الحديث عن بعض استراتجيات التعليم المفرد التقليدية نعرض ايضا لبعض استراتجيات التعليم المفرد المعاصر في الفصل القادم.

نماذج من استراتجيات التعليم المفرد التقليدية :

تعد الموديولات والحقائب التعليمية من اكثر استراتجيات التعليم المفرد التقليدية شيوعا وانتشاراً في الأوساط التربوية، وهناك الكثير من أوجه التشابه في مكونات كل منهما. وقبل التعرض الى هذه المكونات تفصيلا، نود الاشارة الى أهم العوامل والاسس التي يمكن تصنيف الموديولات والحقائب في ضوئها:

أسس وعوامل تصنيف الموديولات والحقائب:
(أ) مجال الاستخدام

وتبعا لهذا العامل فيمكن تصنيفها الى :

١- موديولات / حقائب تعليمية:

وهي الاكثر شيوعا في الميدان التربوي وتستخدم في الغالب كمعالجات تدريسية/ تعليمية تبرز مبدأ التعلم الذاتي وتؤكده، وتصلح للاستخدام مع جميع المقررات الدراسية وكافة المراحل التعليمية وخاصة المرحلة المتوسطة (الاعدادية)- المرحلة الثانوية.

٢- موديولات / حقائب تدريبية:

وهي التي يمكن استخدامها كاطار في تنظيم وتنفيذ وتقديم البرامج التدريبية النوعية في مجالات تخصصية تتعلق غالبا بالجانب الأدائي للعملية التعليمية ومن أمثلتها - موديولات/ حقائب تدريبية في مجال (تنمية مهارات تصميم التعليم - مراكز مصادر التعلم- تدريب المدربين).

٣- موديولات / حقائب ارشادية

وهي التي يتم بنائها وتصميمها بهدف توجيه وارشاد الجمهور المستهدف في مجالات متعددة سواء في علم النفس أو مجال تقنيات التعليم مثل استخدام الأجهزة وصيانتها، ومن أمثلتها موديولات/ حقائب ارشادية لتشغيل الأجهزة التعليمية وصيانتها.

(ب) طبيعة المواد التعليمية (مصادر التعلم) : وتبعا لها العامل تصنيفهما الى:

١- موديولات / حقائب مسموعة.

حيث تستخدم التسجيلات الصوتية كمصدر رئيس في تقديم المعلومات وتوجيه المتعلم وارشاده اثناء عملية التعليم وتُصمَم هذه الموديولات وفقا لنظام التوجيه السمعي ويمكن استخدام هذا النمط مع فئة المتعلمين المكفوفين وضعاف البصر.

٢- موديولات / حقائب مرئية:

حيث يتم اختزال المحتوى التعليمي وترجمته الى رسائل تعليمية مرئية يسهل قراءتها وفهم محتواها، على اعتبار أن الوظيفة الرئيسية للمرئيات تشكل وسيلة اتصال

ملموسة توحى للتلاميذ بالمعنى اكثر من الكلمات المطبوعة التقليدية او المسموعة، ويمكن استخدام هذا النمط في تعليم الأطفال الصغار والتلاميذ الصم، أو المعاقون ذهنيا، وتأكيدا على ذلك فقد أشار (الفرجاني١٩٩٧) الى أهمية الصور التعلمية حيث أنها يمكن أن تسهم في (١)

- تقديم الحقائق العلمية في صورة معلومات مرئية.
- اتاحة فرصة المقارنة بين الحجوم والابعاد الاشكال.
- اعداد المتعلم وتدريبه على مهارات التفكير الاستنباطي.

٣- موديولات / حقائب تعليمية متعددة الوسائط المتفاعلة:

وفيها يتم ترجمة المحتوى التعليمي الى برمجيات تعليمية متعددة الوسائط، حيث يتكون كل موديول او حقيبة من عدة اطارات او شرائح أو شاشات يعرض من خلالها المحتوى في صورة نص مكتوب منطوق، وصورة ثابتة ومتحركة ورسوم خطية ومؤثرات صوتية بالاضافة الى الاستفادة من تكنولوجيا الواقع التخيلي.

اضافة للعوامل سابقة الذكر توجد هناك عدة عوامل أخرى يمكن أن تصنف في ضوئها الموديولات والحقائب منها :

١- طبيعة المتعلمين والجمهور المستهدف .

٢- مجال المادة الدراسية (علوم - لغات - رياضيات).

٣- طبيعة الإنتاج (تجاري مقنن).

٤- درجة التصميم (بسيط- معقد).

وفيما يلي عرضاً لبعض الاستراتجيات بشئ من التفصيل.

أ_ الموديولات التعليمية: Instructional Modules

تمثل الموديولات التعليمية أحد معالجات التعليم المفرد التي تقوم على مبدأ التعلم الذاتي، فهي وحدات تعليمية صغيرة متكاملة ومترابطة تراعي الفروق الفردية بين المتعلمين، يمكن تصميمها في صورة موضوعات مترابطة ومتكاملة في تتابع معين، وقد تستخدم في تقديم مقرر دراسي كامل.

والموديول كلمة يونانية الأصل تعني جزء من مقطوعة موسيقية او ترنمية، ودخلت هذه الكلمة الى المجال التربوي في الدول الناطقة باللغة الانجليزية وبقت فيها من حيث النطق اليوناني مع كتابته بحروف عربية والمعنى الحقيقي للموديول هو باقة محددة منفصلة عن مواد المنهج التي تبنى لخدمة غرض قريب كجزء من هدف بعيد.

ويمكن تشبيه الموديل في المنهج بالجملة الموسيقية المنفصلة الفصيرة والتي تحقق هدفا صغيرا هو الطرب السريع، ولكن هذه الجملة تشكل - بجانب عدة جمل تسبقها او تليها - مقطوعة موسيقية متكاملة تحقق هدفا اكبر هو التنوع في الطرب.

مفهوم الموديول التعليمي

يعرف الموديول التعليمي في أبسط صورة بأنه " وحدة تعليمية صغيرة متكاملة ومترابطة تتيح للمتعلم التقدم التقدم في دراسته وفق قدراته واستعداداته وخطوه الذاتي لتحقيق أهداف تعليمية محددة " كما يعرف على أنه " وحدة تعليمية تضم مجموعة من نشاطات التعليم روعي فيها عند التصميم أن تكون مستقلة ومتكيفة بذاتها لكي تساعد المتعلم على أن يتعلم أهدافا تعليمية محددة تحديدا دقيقا في زمن غير محدد يتوقف على طول ونوعية الاهداف ومحتوى الوحدة "

كما يعرف بأنه " وحدة قياسية قائمة ضمن نظام تعليمي أشمل لتعلم التلميذ وفق سرعته وخطوه الذاتي في فترات زمنية متفاوتة عن طريق مجموعة من النشاطات التعليمية المرتبطة بأهداف اجرائية محددة يمكن قياسها عن طريق اختبارات مرجعية المحك وذلك بهدف اتقان التعلم"

مميزات الموديولات التعليمية

تتمتع الموديولات التعليمية بالعديد من المميزات، حيث انها يمكن أن تسهم في:

١- توفير المرونة اللازمة لكل من المعلم والمتعلم اثناء عملية التعليم في تنظيم الموضوعات وسبل تقديمها.

حيث يعتمد التعليم هنا على ايجابية المتعلم ونشاطه الذاتي مسترشدا بما يتضمنه الموديول من تعليمات وارشادات والتغذية المرتدة لتصحيح مسار المتعلم، كما يؤدي المعلم دورا ارشاديا وتوجيهيا هاما، حيث يقوم بمساعدة المتعثرين في دراستهم، كما

يقدم للمتعلم أو يرشده الى المادة التعليمية البديلة التي تتناس مع احتياجاته وقدراته واستعداداته العقلية

٢- توفير الحرية التعليمية المتمثلة في:

أ - وجود مجموعة متباينة من الخيارات والمواد التعليمية (مصادر التعلم)، وعلى المتعلم ان يختار منها ما يتناسب مع ميوله وقدراته.

ب- تعدد الاختبارات وتنوع أهدافها واختلاف مواعيد التقدم لها.

ج- تنوع صور المحتوى وأشكاله، بين المحتوى المرئي والمحتوى اللفظي والأنشطة التعليمية.

د- تعدد اماكن التعليم.

هـ- تعدد أنماط التعليم في مجموعات صغيرة أو بصورة فردية.

٣- تفعيل التقويم مرجعي المحك.

حيث لا مجال هنا لمقارنة أداء التلميذ بأداء باقي زملائه، حيث يكون نجاح التلميذ مستقلا عن اداء الجماعة التي ينتمي اليها أو أي جماعة معيارية أخرى، واذا اخفق المتعلم في تحقيق بعض او كل الاهداف المنشودة فليس معنى ذلك انه قد فشل، فقد يرجع الخطأ الى التوجيه او عدم توفير الخيارات التعليمية المناسبة. (مصادر التعلم المناسبة)

٤- مراعاة الفروق الفردية بين المتعلمين وذلك من خلال:

أ- عدم وجود زمن محدد للانتهاء من دراسة الموديول، وانما يُترك لكل متعلم كامل الحرية في الانتهاء من دراسة الموديولات المكونة للبرنامج حسب قدراته وخطوة الذاتي.

ب- امكانية تخطي المتعلم احد الموديولات بالكامل وذلك اذا اثبت من خلال الاختبار القبلي للموديول انه يتقن الاهداف المحددة له بالمستوى المطلوب.

٥- تعميق الاتجاه لدى المتعلمين نحو التعليم المستمر مدى الحياة .

٦- إثارة تفكير المتعلمين واتخاذ القرارات بانفسهم.

مكونات (عناصر) الموديول التعليمي.

يتكون الموديول التعليمي من عدة مكونات أو عناصر يمكن حصرها في الآتي:

١- عنوان الموديول (صفحة العنوان) . ويتضح من خلاله عنوان الموضوع والقائم باعداده وتخصصه وعند تصميمها يفضل وضع صورة أو رسم يعبر عن الموضوع.

٢- أهمية دراسة الموديول : وتتضمن مبررات موضوع الموديول وتشكل هذه الأهمية نوع من الدافعية لاقبال المتعلم على دراسته كما يمكن إعتبار أهمية دراسة الموديول بمثابة المنظم التمهيدي لدراسة الموديول.

٣- الأهداف التعليمية، ويتم صياغتها في صورة سلوكية اجرائية يسهل قياسها وملاحظتها على أن تكون منوعة وشاملة للمكونات الثلاث (المعرفية- الادائية- الوجدانية)

٤- الاختبار القبلي ويتم تقديمه قبل دراسة الموديول ويهدف الى قياس مدى تمكن المتعلم من الموديول أم لا؟ أو مدى حاجة المتعلم لدراسة الموديول ؟ ويقدم هذا الاختبار غالبا في صورة موضوعية كالاختبار من متعدد أو الصواب والخطأ أو غير ذلك .

٥- المحتوى والانشطة التعليمية: ويتضمن المحتوى التعليمي مجموعة من الانشطة المتنوعة يقوم بها المتعلم ومرتبطة بشكل مباشر بالاهداف التعليمية للموديول، ويتم تقديم المحتوى في أكثر من صورة مصورة أو لفظية.

٦- الاختبار التكويني:

وهو اختبار ذاتي ضمني قصير يتم تقديمه أثناء دراسة الموديول بهدف التعرف على مدى تقدم المتعلم في دراسته للموديول، ويوفر هذا الاختبار تغذية مرتدة للمتعلم التي تعرفه بأنه مازال على الطريق السليم تحقيق الأهداف المرسومة.

٧- الاختبار البعدي :

ويتم تقديمه بعد انتهاء المتعلم من دراسة الموديول تماما، ويهدف الى الكشف عن مدى تحقيق المتعلم للأهداف التعليمية، ويكون هذا الإختبار متشابها في الغالب مع الاختبار

القبلي أو يكون هو نفسه مع الاختلاف في ترتيب مفردات الاختبار.

٨- ملاحق الموديول وانشطته الاثرئية:

وتتضمن أجوبة أسئلة الاختبار التكويني مع تقديم مجموعة من الانشطة الاثرائية وخاصة للمتعلمين الذين ينتهون مبكرا من دراسة الموديول وبشرط أن تكون مرتبطة بموضوع الموديول وتقع هذه الأنشطة ضمن نطاق نظام التقويم البديل.

ب- الحقيبة التعليمية :

وهي استراتجية تعليمية تقوم على مبدأ التعلم الذاتي أيضا ويتم التركيز فيها على وجود وسائل وبدائل واساليب تعليم متعددة أمام المتعلم يستطيع من خلال مزاولتها أن يحقق الاهداف التعليمية المنشودة ، وفيها يسير المتعلم وفق سرعته التعليمية وخطوه الذاتي، وتعطى المتعلمين بطيئو التعلم مزيدا من الوقت، بحيث تمكنهم من تحقيق الاهداف المرسومة دون ان يشعروا بالفشل ، كما أنها لا تعتمد على مقارنة المستوى التعليمي للمتعلم بمستوى أي معلم آخر، ولكن المعيار هنا هو الوصول الى مستوى الإتقان المطلوب.

مراحل تطور الحقيبة التعليمية.

لقد مرت الحقائب التعليمية بمراحل متعددة حتى وصلت الى ما هي عليه اليوم من تطورتقني كبير يتواكب مع التطور التربوي في كافة المجالات ، وقد تنافست العديد من الشركات وكذلك الأشخاص على إنتاج هذه النوعية من المعالجات التعليمية، مع التسابق لادخال الكثير من الابتكارات في تصميم مكوناتها وأهم مراحل تطور الحقائب التعليمية:[٣]

أ- مرحلة ظهور صناديق الاستكشاف :

وقد ظهرت هذه الصناديق في بداية الستينات بمركز مصادر المعلومات بمتحف الاطفال بولاية بوسطن الامريكية. حيث قامت الهيئة المشرفة على المركز، بإبتكار مجموعة من الصناديق وضعوا فيها مواد تعليمية متنوعة تعرض موضوعا محددا بشرط ان تتمركز جميع محتويات الصندوق حول ابراز هذا الموضوع بأسلوب يمتاز بالتكامل والترابط.

وقد ذكرت (سعدية بهادر ١٩٨٠، ص ١٨) أن الموضوعات التي دارت حولها هذه الصناديق من بدايتها هي:

- صندوق الدمى والعرائس التي تمثل أنماطا من بعض بلدان العالم المختلفة.
- صندوق السيرك الدولي الذي يحتوي على الكثير من الألعاب والشخصيات الدولية المشتركة في السيرك.
- صندوق الحيوانات المتنوعة المختلفة التي تمثل نماذج مختلفة من الحيوانات.
- صندوق السيارات المتنوعة والمختلفة التي تمثل نماذج من سيارات منتشرة أو مصنوعة في دول العالم.

ولقد كانت هذه المجموعات البداية الأولى لاستخدام صناديق الاستكشاف وتداولها حيث لاقت فيما بعد اهتماما كبيرا من جميع الأفراد وخاصة من الأطفال الذين قاموا بزيارة المتحف، كما كان لها رد فعل كبير وأثر طيب في نفوس أباء الاطفال ومعلميهم الذين اصطحبوهم الى المتحف.

ولقد اعرب الاباء والمعلمين عن رغبتهم في أستعارة هذه الصناديق لاستخدامها مع اطفالهم في البيت او في الحضانة التربوية والرياضيات .. الخ وقد وافق مجلس ادارة المتحف على هذا الطلب ، ولكنهم أوصوا بضرورة العمل على ادخال بعض التعديلات على محتويات الصناديق المعروضة بالمتحف ليسهل تداولها ويمكن الاستفادة منها بشكل اكبر وحتى تستمر في جذب انتباه الاطفال اليها ولاتفقد رونقها وبهجتها.

وفي ضوء ذلك بدأ أعضاء مجلس ادارة المتحف في التخطيط والاعداد لانتاج المزيد من الصناديق الاكثر تطورا وتجمع مستخدمين في ذلك المواد التعليمية ذات الابعاد الثلاثة مثل المجسمات والنماذج، كما تضمنت الصناديق المطورة كتيب للتعليمات وخرائط تحليلية وصفية توضع الهدف من استخدام الصندوق.

ب-مرحلة ظهور وحدات التقايل التعليمية :

نظرا للنقد الذي وجه لصناديق الاكتشاف والذي دار حول قصورها في تنمية واكساب الاطفال للمفاهيم المركبة والمعقدة بالاضافة الى عدم قدرتها على تدريب الاطفال على حل المشكلات، فقد أدى هذا النقد إلى بذل المزيد من الجهد في البحث

عن التكنيكات التي تساعد على تطوير هذه الصناديق ، لمعالجة نواحي القصور الموجه لها ، ولقد تمكنوا بالفعل من تحقيق ذلك في منتصف الستينات من القرن السابق. وذلك بفضل المساعدات المالية الضخمة التي محتها الحكومة الفيدرلاية بأمريكا لتطوير هذه الصناديق.

وبالفعل فقد تم تعديل وتطوير هذه الصناديق واطلقوا على الصناديق المطورة اسم "وحدات التقابل التعليمية"، وذلك بعد أن أصبح محتوى الصندوق يتضمن مواد تعليمية متنوعة الاستخدامات ومتعددة الأهداف مثل: الصور الثابتة والأفلام المتحركة والأشرطة المسجلة، والألعاب التعليمية والنماذج..الخ بالإضافة إلى وجود دليل المعلمة الذي يتضمن شرح لطريقة تصميم وتنفيذ الانشطة التعليمية الفردية والجماعية، الحرة والموجهة ، كما يتضمن الدليل عرض مفصل لأهم الخبرات والمهارات التي يمكن أن تنبثق عن كل جزء من أجزاء الوحدة.

ولقد أُقترح في دليل المعلمة أن تتراوح فترة استخدام الصندوق الذي يمثل وحدة التقابل من أسبوعين إلى ثلاثة أسابيع، كما تضمن الدليل تخطيطا مبرمجا دقيقا للخطة والبرنامج اليومي لإستخدام الصندوق خلال هذه المدة مصحوبا بشرح مفصل لجميع أنواع المواد التعليمية التي احتوى عليها الصندوق.

ج- مرحلة ظهور وحدات التقابل التعليمية المصغرة :

وهدفت هذه الوحدات الى تركيز الاضواء حول جزء واحد من أجزاء وحدة التقابل الرئيسة ، أو اختيار مفهوم واحد من المفاهيم المتضمنة داخل وحدات التقابل الرئيسية وتوظيف جميع المواد والأنشطة التعليمية بهدف تبسيط هذا المفهوم للأطفال.

د- مرحلة ظهور الحقائب التعليمية:

ومع مرور الوقت استمرت عملية التجريب والتطوير والتعديل لوحدات التقابل وصناديق الإكتشاف حتى أصبحت في صورة تكنولوجية حديثة أُطلق عليها الحقائب التعليمية للأطفال وهي التي عم تداولها وانتشر استخدامها بعد ذلك خلال عقد السبعينات وأوائل الثمانينات تحت مسمى الحقائب التعليمية او الرزم التعليمية كما

يحلوا للبعض أن يسميها، ومازالت هذه التسمية هي الاكثر انتشارا بين الاوساط التربوية حتى الأن.

هـ- مرحلة ظهور الحقائب التعليمية متعددة الوسائط المتفاعلة :

مع التطورات السريعة والمتلاحقة في عالم الكمبيوتر أمكن إحداث التكامل والترابط بين مجموعة من الوسائط المؤتلفة في شكل من أشكال التفاعل المنظم والاعتماد المتبادل يؤثر كل منها في الاخر- عرفت باسم الوسائط المتعددة المتفاعلة، التي أمكن تصميم حقائب تعليمية في ضوئها ، حيث تعمل جميع هذه الوسائط من أجل تحقيق هدف واحد أو مجموعة من الأهداف المرسومة ، وتتكون الوسائط المتعددة المتفاعلة من عدد من العناصر أهمها، النصوص المكتوبة والمنطوقة، والرسوم المتحركة والخطية، والصور الثابتة والمتحركة والمؤثرات الصوتية.

وعند تصميم المحتوى والانشطة التعليمية الخاصة بالحقيبة يشترط ألا يقل عدد العناصر المستخدمة في عملية التصميم عن (٤) عناصر حتى نتمكن من تقديم كل مفهوم أو نشاط بشكل يراعي عملية العائد والتكلفة على هذه الوسائط ونخلص من ذلك أن العبرة في برنامج الوسائط المتعددة ليست بعدد عناصرها، ولكن العبرة هنا ترتبط بمدى مناسبة هذه الوسائط المستخدمة لعرض مفردات المحتوى التعليمي- فيما يسمى بمفهوم الوسائط المثالية والجدير بالذكر ان هذا النوع من البرامج يحتاج الى مجموعة خاصة من البرامج والاجهزة اللازمة لانتاج وعرض الوسائط. (علي عبد المنعم، ١٩٩٨)

مفهوم الحقيبة التعليمية:

رغم تعريفات الحقيبة التعليمية المتنوعة، إلا أنها تشترك جميعا في إبراز مكوناتها الاساسية ومفاهيما العامة .. وأهم هذه التعريفات أنها:

- مجموعة من الخبرات التعليمية أو التدريبية يتم إعدادها وتصميمها من قِبل خبراء مختصين بطريقة منهجية ومنظمة.

- برامج مُحكمة التنظيم تقترح مجموعة من الأنشطة والبدائل التعليمية التي تساعد المتعلم على تحقيق أهداف تعليمية محددة ، تحتوي على عدد من العناصر

المشتركة مثل : مقدمة لتوضيح أهمية دراسة الموضوع ، التقويم القبلي، الأهداف السلوكية الاجرائية، الانشطة التعليمية ، التقويم البعدي"

- برنامج تعليمي مُحكم التنظيم ، هدفه الأساسي المساعدة على تفريد التعليم عن طريق مجموعة من الوسائل المتعددة والأساليب المتعددة، والمحتوى متعدد المستوى، والانشطة المتعددة التي تتيح للمتعلم فرصا من الإختيارات المتعددة بحيث تناسب نمط تعلمة وتساعده في تحقيق الأهداف التعليمية المرجوة .
- وعاء معرفي يحتوي على عدة مصادر للتعلم صُممِتَ على شكل برنامج متكامل متعدد الوسائط يستخدم في تعلم وتعليم وحدات تعليمية معرفية متنوعة تتناسب مع قدرات المتعلم وتناسب بيئته، ويؤدي تعلمها الى زيادة معارف وخبرات ومهارات المتعلم، وتؤهله لمقابلة مواقف حياتية ترتبط مع ما اكتسبه نتيجة تعلمه محتوى هذه الحقيبة.

سمات الحقيبة التعليمية:

تتمتع الحقيبة التعليمية بعدة خصائص وسمات يمكن تلخيصها فيما يلي:

١- مراعاة الفروق الفردية: وتمثل هذه السمة الهدف الاساسي لاعداد الحقيبة التعليمية واستخدامها كغيرها من نظم التعليم المُفردّ، ومن أهم الملامح التي تدل على مراعاة الفروق الفردية في الحقيبة:

أ- إعداد الإختبار القبلي لتحديد السلوك المدخلي لكل متعلم حيث تختلف نقطة بدء كل متعلم عن الآخر.

ب مراعاة السرعة الذاتية للمتعلمين، حيث يترك عنصر الزمن خاضعا لظروف كل متعلم وخطوة الذاتي فهناك فئة بطيئوا التعلم Slow Learners الذين يحتاجون لمزيد من الوقت لكي يحققوا المستوى المطلوب من الاتقان، وهناك سريعوا التعلم الذين من الوقت لكي يحققون مستوى الاتقان في وقت اقل وهناك فئة المعاقون (بصريا _ سمعيا - عقليا) الذين هم في حاجة لتصميم حقائب تعليمية تراعي خصائصهم وحاجاتهم.

ج- تعدد الانشطة والبدائل التعليمية: حيث يختار المتعلم الوسيلة التعليمية او النشاط التعليمي الذي يناسب استعداداته وقدراته وميوله حيث لاتوجد وسيلة تعليمية مُثلى يمكن تعميمها على كافة الطلاب.

د-تنوع اسلوب نمط التعليم وذلك من خلال التعليم في صورة فردية او في صورة مجموعات صغيرة (٣-٥) او في صورة مجموعات كبيرة .

٢- التركيز على موضوع (مفهوم) واحد ومحدد :

فتعالج الحقيبة موضوعا محددا او فكرة واحدة رئيسية او مفهوما واسعا ، ويتوقف مستوى الحقيبة وإعدادها لمقرر أو وحدة دراسية معينة ، على طبيعة المرحلة والموضوع ومدى بساطة الموضوع أو تعقيده فهناك حقائب تعليمية قصيرة تركز على افكار رئيسية عامة وتعالجها ببساطة دون تعقيد وهي الخاصة بالمرحلة الابتدائية ورياض الاطفال، وهناك حقائب تعليمية أكثر عمقاً وتفصيلا وتتضمن أنشطة تعليمية متنوعة وهي الخاصة بالمراحل التعليمية العليا.

٣-منظومة متكاملة للتعليم :

فعند استعراض مكونات الحقيبة نجدها تخضع لعناصر النظام بمدخلاته وعملياته ومخرجاته، فيتم تحديد الأهداف التعليمية بدقة وكذلك بيئية التعلم واختيار المواد التعليمية ومصادر التعلم ورسم خطة العمل لاستخدامها وتتفاعل جميع هذه العناصر تفاعلا وظيفيا مع خصائص المتعلم لتحقيق الأهداف المرسومة.

٤- التعلم حتى التمكن :

حيث يتحدد في الحقيبة محكات واضحة وثابتة لتقويم المتعلمين، ويمكن أن يتحدد في هذا المحك في صورة نسبة مئوية(٨٥% أو ٩٠%) أو في صورة عدد من الاجابات الصحيحة من العدد الكلي.

٥- ايجابية المتعلم وتفاعله :

فالحقيبة تشتمل على وسائل متعددة ووسائط متنوعة واستراتيجيات متفاوتة تجعل سمة التفاعل من أهم ما يميز هذه التقنية أو المعالجة.

٦- التوجيه الذاتي للمتعلم أو القدرة على إتخاذ القرار:

ويتضح هذا التوجه عندما يتمكن المتعلم من التعرف على خصائصه الفريدة، فاختيار المتعلم للبدائل التي تناسب قدراته، والإجابة عن الإختبارات التكوينية في نهاية كل قسم ، وإختيار بديل آخر في حالة عدم تمكنه من بعض أقسام الحقيبة، كل ذلك من شأنه أن يساعد المتعلم على توجيه ذاته وتحمله لمسئولية إتخاذ قراراته.

٧- توفير الوسائط والخبرات التعليمية المتنوعة:

بحيث تناسب المستويات المختلفة للمتعلمين واستعدادتهم فتراعي ما بينهم من فروق فردية، ومن هذه الوسائط الصور والنماذج وبعض الممارسات العملية، والمطبوعات وهذا التعدد يؤدي الى حدوث التكامل في الخبرات.

٨- توفير عنصر التغذية المرتدة: Feed Back

والتي تتمثل في رد الفعل واستجابات المتعلمين بعد أداء المهمة وتبدأ بعد عرض المميزات وإتاحة الفرصة للمتعلم للقيام بالاستجابة.

٩- سهولة التداول والاستخدام في أكثر من مكان.

١٠- قابليتها للتطوير والتعديل باعتبارها مرنة تخضع لعملية التقويم المستمر.

مكونات (عناصر) الحقيبة التعليمية:

على الرغم من أن معظم الحقائب التعليمية تتكون من مجموعة من العناصر المشتركة، فإن تركيب هذه العناصر يختلف من حقيبة لأخرى وفقا لنوع الموقف التعليمي وطبيعته، والفلسفة التي يتبناها المتعلم، وبصفة عامة فهناك ترتيب شائع لهذه المكونات كما يلي:

١- صفحة العنوان (الغلاف):

وهي الغلاف الذي يكتب عليه عنوان الحقيبة ويعكس العنوان المفهوم الرئيسي الذي تعالجه الحقيبة وكذلك اسم القائم بعملية التصميم ، ويمكن وضع بعض الرسومات أو الصور التي تعكس المجال الذي صُممِتَ من أجله الحقيبة.

٢- المقدمة :

تهدف الى إعطاء فكرة موجزة عن محتوى الحقيبة وأهميتها، ومدى ارتباطها بالموضوعات الأخرى التي تعلمها المتعلم (المتدرب)، وتحاول ايجاد رابطة تربطها بالمنهج الدراسي، بحيث يعلم المتعلم مكان هذه الحقيبة ودورها في البرنامج التعليمي بصورة عامة.

٣- التعليمات والإرشادات:

وهي تتضمن مجموعة من التوجيهات التي توضح للمعلم والمتعلم أسلوب التعامل مع الحقيبة وخطوات العمل فيها وطرق إستخدام الاختبارات ، كما تُبين الخصائص التي تتميز بها الحقيبة ،والشروط اللازم توافرها لاستخدامها الامثل..

٤- الإختبار القبلي : ويتم تقديمه قبل دراسة الحقيبة.. ويهدف الى:

أ-تحديد ما إذا كان المتعلم يحتاج الى دراسة الحقيبة أم لا.

ب-تحديد نقطة البدء المناسبة لكل متعلم في دراسة الحقيبة، فقد تبدا دراستها من أولها ، أومن قسمها الثاني ، او قسمها الثالث .. وهكذا

ج-قياس مستوى المتعلم وسلوكه المدخلى في الموضوع الذي تعالجه الحقيبة.

٤- الأهداف السلوكية:

وهي تصق السلوك النهائي المتوقع تحقيقه ، وتعكس مجالات التعلم المعرفية والوجدانية والمهارية ، وتُعين مُصممِ الحقيبة على إعداد الانشطة التعليمية.

٥- الأنشطة والبدائل :

وتعرف الانشطة التعليمية بانها: " سلسلة من الاجراءات المصممة على نحو يساعد على تحقيق الاهداف التعليمية المحددة و القابلة للقياس" وأهم ما يميز الحقيبة التعليمية هو ما تتيحه من فرص لكل متعلم كي يختار من البدائل مايلي:

(أ) تعدد مصادر التعلم: أي إحتواء الحقيبة على مجموعة من المصادر التعليمية التعلمية التي يستطيع المتعلم أن يختار منها ما يناسبه ، مثل كتاب ، فيلم ، شرائح تسجيل صوتي ، شريط فيديو، مجسمات ، صور، رسوم.

(ب) تنوع أنماط التعلم: إن مبدأ التعلم الفردي في الحقيبة لا يعني أن يكون المتعلم منفردا بصورة تجعله يفتقد الى التفاعل اللازم لنجاح عملية التعلم، لذلك فان الحقيبة التعليمية تعمل على تقديم اساليب متنوعة تتيح هذا التفاعل.

(ج) تعدد الانشطة: فالحقيبة التعليمية تحتوي على مجموعة من الانشطة تتيح الفرصة للمتعلم أن يختار منها ما يساعده على تحقيق الاهداف ، فقد تشمل هذه الانشطة على القراءة والمشاهدة، والملاحظة، والعمل في مجموعات صغيرة ، واجراءات التجارب وغيرها .

٧- التقويم الذاتي (الضمني- التكويني)

ويكون في العادة على هيئة اختبار قصير يسعى الى تقديم تغذية راجعة تُعِرف المتعلم بمدى تقدمه في دراسة الحقيبة ، ومن وظائفه :

(أ) يتيح الفرصة للمتعلم لكي يقومِ أداءه بنفسه.

(ب) يوفر للمتعلم التغذية الراجعة Feedback التي تُعرِفه بأنه مازال على الطريق السليم نحو تحقيق الاهداف المحددة.

(ج) يساعد في تعريف المتعلم بأقسام الحقيبة التي هو بحاجة الى مراجعتها قبل أن يأخذ الاختبار البعدي.

٨- الاختبار البعدي :

ويأخذه المتعلم بعد الانتهاء من دراسة الحقيبة، وقد يكون مشابها للإختبار القبلي، او قد يكون هو نفسه ، ومن وظائفه:

(أ) يتيح للمعلم تقويم المتعلم ، ومعرفة ما اذا كان الامر يحتاج الى إعادة توجيه المتعلم الى خبرات إضافية، وقد تكون من نفس الحقيبة أو من مصادر أخرى.

(ب) يتح للمتعلم تقويم أدائه، وتحديد ما اذا كان قد بلغ المستوى الذي يؤهله للانتقال الى وحدة أخرى.

(ج) معرفة ما اذا كان المتعلم يريد أن يتعمق في بعض جوانب الحقيبة التي استهوته في أثناء دراسته لمحتوى الحقيبة، أم يريد الانتقال الى الوحدة التعليمية التالية.

٩- مصادر والملاحق الاضافية :

وتوضع في نهاية الحقيبة وتشمل قائمة المصادر والمراجع التي رجع اليها مَصمم الحقيبة واستفاد منها وكذلك بعض القراءات والانشطة الاثرائية ذا الصلة بموضوع الحقيبة.

مراحل تصميم الحقيبة التعليمية:

غالبا ما يتم اتباع المنهج المنظومي في تصميم الحقائب التعليمية من خلال تحديد الأهداف العامة، وتحليل خصائص المتعلم ، وتحديد الخصائص العامة المشتركة ، وتحليل المحتوى الذي يمثل المدخلات ، وتحديد الانشطة ومصادر التعلم، وتحديد الاستراتيجيات التي تمثل العمليات، وتحديد المخرجات التي تتمثل في تحقيق الأهداف الاجرائية.

أولا: مرحلة التحليل وتشمل :

(أ) الاهداف العامة: هي الاهداف المراد تحقيقها من خلال الحقيبة التعليمية ، رغم أن هذه الاهداف تصاغ بصورة عامة، الا أنها ضرورية في هذه المرحلة ، لانها تساعد على اختيار وتنظيم المحتوى العلمي للحقيبة من ناحية وعلى صياغة الاهداف السلوكية من ناحية أخرى.

(ب) تحديد الخصائص الفردية لكل متعلم: أكدت البحوث النفسية والتربوية بأن الطلاب - وإن تساوت أعمارهم وخلفياتهم الاجتماعية - إلا أنهم يختلفون إختلافا بينا فيما يتعلق بمعرفتهم السابقة بالمادة ، ومستوى دافعيتهم ، ودرجة ذكائهم، وهذه الاختلافات تحتم ضرورة تنوع الطرق والاستراتيجيات ومصادر التعلم بحيث تتناسب مع صفات وميول وخصائص كل فرد على حدة وهذا يتم عن طريق :

١- الكشف عن المعارف والمعلومات لدى كل طالب عن طريق الاختبار القبلي، فكل حقيبة تزود اجزاء المادة التعليمية بحيث يطلب من الطالب الإجابة عن كل قسم من هذه الأقسام، فإذا نجح في القسم الثاني والثالث مثلا، يمكنه أن يبدأ

من القسم الثاني فالثالث، وإن أخفق في الأقسام عليه أن يبدأ دراسة الحقيبة من أولها.

٢- تزود الحقيبة بمجموعة من الأنشطة والوسائل والإستراتجيات، بحيث يختار كل طالب ما يناسب خصائصه الشخصية ، فقد يختار الطالب برمجية تعليمية لدراسة جزء من الأجزاء الحقيبة ، وقد يختار آخركتابا، وقد يختار ثالث شريط مسموع.

٣- تحديد الوقت المحدد لدراسةالحقيبة، وهذا يعتمد على نتائج الإختبارات المبدئية البحوث القبلية، فبعض الطلاب يحتاج الى عدة ساعات والبعض الآخر إلى ساعة واحدة .

(ج) تحديد الخصائص العامة المشتركة : إن الالمام بالخصائص العامة المشتركة بين الافراد يعد من الأمور الهامة الضرورية في تصميم الحقائب سواء كان ذلك في المستوى المعرفي أو الاجتاعي أو الاقتصادي كلما أمكن ذلك حيث يعد الإجراء عاملا مساعدا للمصمم على تأدية مهمته.

(د) تحليل المحتوى : وهو عملية تهدف الى تحليل كل عمل الى مكوناته الأصلية والفرعية التي يمكن الوصول الى عناصره الحقيقية، بغية الوصول الى ما يحتويه كل مكون من: معرفة واتجاهات ومهارات يمكن عزله، ثم تحليل كل منها الى أجزاء فرعية.

(هـ) صياغة / تحديد الاهداف السلوكية (الاجرائية): بعد تحليل المحتوى لكل حقيبة ، تكون الخطوة اللاحقة هي تحديد الأهداف السلوكية لكل حقيبة تعليمية على حدة مراعيا فيها صياغة بعض الأهداف على المستوى المعرفي، وبعضها على المستوى الوجداني، والبعض الثالث على المستوى المهاري، فالأهداف المعرفية تهدف الى مساعدة الطلاب على تنمية قدراتهم العقلية مع تعريفهم بما يحيط بهم من ظواهر، أما الأهداف الوجدانية فمنها تنمية إحساس الطالب باهمية التعلم الذاتي وإكسابهم قدرات تحمل المسؤولية ، وتقدير العمل الفردي

الايجابي، اما الأهداف المهارية فتهدف الى تدريب الطلاب على بعض المهارات الادائية.

ثانيا : مرحلة التركيب:

وهي مرحلة تصميم الانشطة التعليمية (التدريبية) التي تساعد على تحقيق الأهداف السلوكية، بحيث تتنوع هذه الأنشطة لتقابل الفروق الفردية بين الطلاب وهذه المرحلة تقسم الى:

(أ) تحديد الأنشطة ومصادر التعلم : لما كان التعليم الذاتي يقوم أساسا على الفروق الفردية، يجب أن تتنوع الأنشطة ومصادر التعلم لتناسب هذه الفروق ، ولكي يحقق هدف معين قد يفضل الطالب مشاهدة فيلم أو قراءة فصل في كتاب، أو الاستماع الى تسجيل صوتي أو مشاهدة صورة وغيرها.

(ب) تحديد الاستراتجيات التعليمية : تتحدد نواتج التعلم بناء على نوعية الطريقة المستخدمة، فالعلاقة وثيقة بين استراتجيات التعلم والتغيرات التي يمكن أن تحدث في المتعلم، وتعرف الاستراتجية بانها " سلسلة من الأعمال يقوم المتعلم بالدراسة فيها مستقلاً أو قد يتم في مجموعات كبيرة أو صغيرة أو بكل هذه الصور ، وهذه الاستراتجيات تستند الى مجموعة من النتائج أثبتتها البحوث التجريبية ويمكن إجمالها في :

١- أن الطلاب يتعلمون بصورة أفضل إذا درسوا بمفردهم حسب سرعتهم الذاتية ، كما أن بعض الطلاب يتعلمون بصورة افضل ضمن مجموعات كبيرة.

٢- في بعض الاحيان – وإن كانت قليلة يكون التعلم في مجموعات كبيرة أكثر كفاءة واقل تكاليف ، وأوفر جهداً مثل: مشاهدة فيلم سينمائي والتعليق عليه.

ثالثا: مرحلة التقويم:

تشتمل كل حقيبة على مجموعة من أساليب التقويم وأدواته يمكن إجمالها فيما يلي:

١- تقويم الحقيبة: حيث يتم عرض الحقيبة على عدد من الخبراء في مجال تكنولوجيا التعليم والتخصص العلمي لموضوع الحقيبة وذلك بهدف استطلاع آرائهم حول :

(أ) مدى ملائمة المادة العلمية لكل حقيبة بالنسبة لخصائص الطلاب.

(ب) مدى ملائمة الأهداف العامة والسلوكية للحقيبة.

(ج) مدى ملائمة الاختبارات البنائية أو التتبعية التي تعقب كل قسم من أقسام الحقيبة.

(د) مدى ملائمة التعليمات الخاصة بطريقة استخدام الحقيبة.

(هـ) مدى دقة تصميم الحقيبة ومراعاتها لأسس التصميم التعليمي.

٢- الاختبار القبلي: الغرض الرئيسي- من هذا الاختبار هو الكشف عن المعلومات والمهارات السابقة للمتعلمين عن الموضوع الذي سيقدم للمتعلم حتى يمكن عن طريقه تحديد النقاط التي سيبدأ منها كل متعلم في دراسة الحقيبة، أو تحديد نقاط الضعف العام لدى المتعلم ، حتى يمكن للمعلم أو المصمم من تصميم برامج اثرائبة خاصة للمتعلمين .

٣- الاختبار البنائي (الذاتي) : تشمل الحقائب على مجموعة من التمارين المصاحبة لكل قسم من الأقسام ، والغرض من هذه التمارين هو التقويم الذي يقوم به ليحدد بنفسه مستوى الاتقان الذي وصل له.

٤- الاختبار البعدي: يستخدم هذا التقويم بعد الانتهاء من دراسة كل حقيبة، وذلك من أجل معرفة مدى فعالية هذا الأسلوب من التعلم، ومدى إكساب الطلبة للمعارف والمعلومات والاتجاهات، كذلك مدى تحقيق الأهداف التعليمية التي تضمنتها كل حقيبة.

٤- الاختبار النهائي: لكي يتم التأكد من أثر استخدام اسلوب التعلم باستخدام الحقيبة التعليمية يتم تصميم اختبار نهائي شامل لقياس مدى تحقيق الأهداف السلوكية بمستوياتها وأنواعها المختلفة.

رابعا: كيفية استعمال الحقيبة التعليمية:

يتم تجميع مواد الحقيبة بأكملها في حافظة ليسهل استخدامه من قبل المتعلم عند الحاجة وذلك بإتباع الخطوات التالية:

١- قراءة مقدمة الحقيبة للتعرف على أهمية موضوع الحقيبة، والصلة التي تربطها بالمعلومات التربوية الأخرى.

٢- دراسة الأهداف العامة للحقيبة للتعرف على أهمية دراسة الحقيبة.

٣- الإجابة عن أسئلة الإختبار القبلي ومقارنة الإجابة الصحيحة الموجودة في الحقيبة، فإذا كانت الإجابة صحيحة على القسم الاول فيتم البدء بدراسة القسم الثاني.

٤- دراسة الأهداف السلوكية للقسم الذي سيبدأ بدراسته، حتى يتعرف على مستوى الأداء المطلوب بعد انتهاء دراسة هذا القسم.

٥- اختيار أحد البدائل التي يعتقد أنها تناسب إمكانات الطالب واستعداداته، ليحقق الأهداف السلوكية، بشرط الايقل عدد الأنشطة البديلة لكل قسم من الأقسام عن نشاطين.

٦- الاجابة عن الاختبار الموجود في نهاية كل قسم من أقسام الحقيبة، ومقارنة الاجابة مع مفتاح الإجابة الصحيحة في ملاحق الحقيبة ، واذا كانت العلامة اقل من ٩٠% على الاسئلة الاختبار فيتم اختيار أحد البدائل الأخرى الموضحة.

معايير استخدام الحقيبة التعليمية:

إن إستخدام الحقائب التعليمية كنظام من نظم التعليم المُفَرد يتطلب الانتباه الى مجموعة من المعايير التي لابد من مراعاتها، إذا أنه في حالة إهمالها قد تصبح عوائق تعوق نجاح الحقائب . ومن أبرز هذه المعايير ما يلي:

١- نشر الوعي بأهمية الحقيبة قبل البدء بتطبيقها حيث قد يرى الطلاب وحتى المعلمين في بداية تطبيق الحقيبة انها لا تنسجم مع الدور التقليدي للمعلم كمصدر وحيد للمعرفة ولذلك قد ينفرون منها قبل أن يدركوا نتائجها.

٢- الاهتمام بتدريب الطلاب على استخدام الحقيبة ومحتوياتها، لان الطلاب الذين لا خبرة لهم بالحقائب قد يجدون صعوبة في التكيف معها، وخاصة التكيف مع إستخدام أساليب التعلم الذاتي واساليب التقويم الذاتي.

٣- يتطلب بناء الحقيبة من المعلم وقتا إضافيا ومهارات خاصة، حيث تتطلب من المعلم أن يقضي وقتا إضافيا في الاشراف على الطلاب وإرشادهم بشكل فردي على النجاح في ممارسة نشاطات تعلمهم التي تحددها الحقيبة ، ولذا لابد من تخفيف بعض الأعباء الروتينية عن المعلم حتى يجد وقتا كافيا لبناء الحقيقة التعليمية اللازمة.

٤- تتطلب الحقيبة من المعلم أن يشرف إشرافا دقيقا على تعلم الطلاب، ولكن الطبيعة الاستقلالية لنشاطات التعلم قد لا تتيح الفرصة للمعلم للاتصال المباشر مع كل طالب لم تثره الحقيبة، أو لا يستطيع الاتصال بكل طالب يخجل عن طلب المساعدة . وهذا يتطلب استعمال أسلوب التقويم الذاتي للتاكد من أن كل طالب يسير في تعلمه بالسرعة المناسبة لقدراته.

٥- قد تشجع الحقيبة الطلاب على أن يروا فيها مهارة أو كفاءة معينة كهدف بذاتها ومستقلة عن غيرها وفي مثل هذه الحالة يفقد التعلم الذي تقدمه الحقيبة ترابطه وتكامله.

مراجع الفصل الرابع

١- عبد العظيم الفرجاني (١٩٩٣) تكنولوجيا تطوير التعليم القاهرة، دار المعارف، ص ١٣٨.

٢- لمذيد من التفاصيل أنظر:

- يحي لطفي (١٩٩٤) فعالية الوحدة التعليمية الصغيرة في اكتساب الطلاب المعلمين والمتعاونين والمتنافسين بمهارات صياغة وتصنيف مستويات الأهداف الاجرائية لمادة التاريخ دراسات في المناهج وطرق التدريس العدد ٢٥ / ص ١٨٧.
- عبد الرحمن سلامة (١٩٩٤) اثر الموديولات التعليمية في تدريس العلوم في التحصيل الدراسي ونمو التفكير الابتكاري لدى تلاميذ المرحلة الابتدائية مجلة كلية التربية جامعة اسيوط.
- عادل سرايا(٢٠٠١) فاعلية استخدام الموديولات التعليمية المصورة ومتعددة الوسائط في تنمية التحصيل الدراسي والاتجاه نحو الكمبيوتر لدى التلاميذ الصم، مجلة البحث في التربية وعلم النفس كلية التربية جامعة المينا المجلد ١٥ ، العدد ٢ اكتوبر ص٥٣.

٣- لمذيد من التفاصيل أنظر :

- سعدية بهادر (١٩٨٠) تطوير صناديق الاستكشاف الى حقائق تربوية متعددة الاهداف والاستخدامات جملة تكنولوجيا التعليم الكويت العدد ٥ ، السنة ٣ ، ص ١٥- ٢١.
- عبد الملك الناشف (١٩٨٠) الحقائب والرزم التعليمية ، مجلة تكنولوجيا التعليم، العدد ٥، السنة٣، الكويت ، ص ٤-١٢.
- توفيق مرعي ، محمد الحيلة(١٩٩٨) تفريد التعليم ، عمان دار الفكر ص .٢٠٧

٤- عبد الحافظ سلامة (٢٠٠١) تكنولوجيا التعلم والاتصال ، عمان دار الفكر ، الاردن ، ص٣٢٢

٥- عادل سرايا، عاطف سالم (٢٠٠٣) تصميم حقيبة سمعية مدعومة بالمواد اللمسية واثر استخدامها في تنمية وجهة الضبط و بعض عمليات العلم لدى التلاميذ المكفوفين ، مؤتمر الجمعية المصرية للتربية العلمية (يوليو – ٢٠٠٣- فاير)

(٥)

الفصل الخامس

استراتيجيات التعليم المفرد المعاصرة

الفصل الخامس
استراتجيات التعليم المفردة المعاصرة

١- نظام التوجيه السمعي " A. T. S " Audio – Tutorial System

ظهـر هـذا النظـام عـام ١٩٦١ علـى يـد عـالم النبـات الامـريكي " بوسـتلت وايـت" (Postlit Whait) عالم النبات بجامعة برديو(Perdue) بولاية إنديانا بأمريكا، وكان النظام متواضعا في بداية ظهوره، ولكنه تعرض بعد ذلك للعديد من محاولات التطوير والتحسين على أسس جديدة مستمدة من بعض المبادئ التربوية ، حتى أصبح هذا النظام نموذجا متميزا من نماذج التعليم المفرد المعاصرة ، ودخـل كتطبيق في العديد من العلوم الدراسية كعلم الحيوان والفيزياء وغيرها .

فكرة عمل النظام:

تستخدم التسجيلات الصوتية كمصدر أساسي لتقديم المعلومات، كما تستخدم لتوجيـه التلميـذ وإرشادهم في أثناء عملية التعليم ، وتعرض المادة المسجلة والتوجيهات بصوت المعلـم، أو أستاذ المـادة، لخلق الألفة بـين المعلـم والتلميـذ وحتى يكون موقـف متشـابها للتـدريس الخصوصي Tutorial ، حيـث يستطيع التلميذ أن يتحكم في التسجيل، كما يمكنه أن يعيد الإستماع الى أجزاء معينة في أي وقت يشاء، كما يستخدم التسجيلات الصوتية لتعزيز استجابات التلميذ بعد قيامه بنشاط ما .

المكونات الأساسية للنظام:

يتضمن النظام ثلاثة مكونات رئيسية كما هو موضح بالشكل : (علي عبد المنعم، ١٩٩٨)

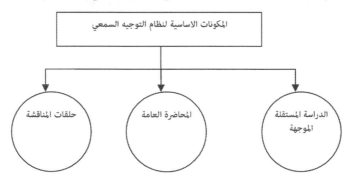

شكل رقم (٧) المكونات الأساسية لنظام التوجيه السمعي

١- الدراسة المستقلة الموجهه Guided Independent Study

وتتم داخل معمل التعلم الذاتي، وفيها يتمكن التلميذ من القيام بأنشطة نظرية وعملية، والمعمل مجهز بحيث يضم أكبر عدد مكن من التلاميذ، ومفتوح من الصباح حتى المساء طوال أيام الأسبوع ومجهز بمقصورات الاستماع ، والمشاهدة الفردية ، ومزود بأجهزة العروض المختلفة.

وتتم الدراسة المستقلة الموجهة سمعيا داخل معمل التعليم الذاتي على النحو التالي:

- يذهب التلميذ الى-المعمل في الوقت الذي يناسبه، ويسجل عدد مرات حضوره في بطاقة خاصة موضوعة في مكان محدد ظاهر في المعمل.
- يأخذ التلميذ قائمة الأهداف التعليمية التي يجب عليه أن يحققها عندما ينتهي من دراسة موديول" وحدة تعليمية" من موديولات المقرر.
- يذهب التلميذ الى إحدى مقصورات الدراسة المستقلة الخالية ليبدأ نشاط التعلم ، وأن يستمع الى التسجيل الصوتي الخاص بالموديول المقرر ، ويمكنه الاستماع دون أن يُحدث أي إزعاج لباقي التلاميذ داخل المعمل، لانه يستخدم سماعات الرأس ، وتعرض المادة المسجلة المحتوى بصورة تتابعية Progressive.وقد يوجه التلميذ الى القيام بأنشطة تعليمية معينة من كتاب ، أو قراءة فقرة من كتاب ، وعلى التلميذ أن يترك مكانه لكي ينفذ ما يطلب منه الذهاب الى المكتبة، وكتابة بعض التقارير ، أو الانتهاء من بعض أعمال البحث، وقد يطلب منه جمع بيانات معينة من مصادر أخرى، ويشتمل المعمل على ما يحتاجه التلميذ للقيام بالنشاط، حيث تتواجد العينات المحفوظة ، والشرائح المجهرية ، الأفلام التعليمية ، والصور الفوتوغرافية، أما الأدوات اللازمة لإجراء التجارب فتوضع في أماكن معينة يدل عليها التسجيل الصوتي.
- عندما يحتاج التلميذ الى مساعدة يجد من يقدم له العون والمساعدة حيث يتناوب الإشراف على الدراسة المستقلة الفردية عدد من المساعدين والمشرفين.
- عندما ينتهي التلميذ من الدراسة المستقلة الموجهة ؛ عليه أن يعيد شريط التسجيل كما كان ويرتب مكان عمله بحيث يكون معداً للاستخدام من قبل تلميذ أخر.

٢- المحاضرة العامة General Discourse

وهي تسمح بتواجد التلميذ في مجموعة كبيرة، وهي ليست إجبارية، وقد تكون كذلك في مناسبات معينة، ويحدد للتلميذ مقدما مواعيد هذه المناسبات، وغالبا ما تكون هذه المحاضرات لاستاذ متخصص أو أستاذ زائر ، وتخصص هذه المحاضرات لإعطاء توجيهات عامة حول المقرر، أو الإجابة عن استفسارات التلاميذ كما تهدف هذه المحاضرات الى حدوث تفاعل شخصي بين التلاميذ والمعلم.

٣- حلقات المناقشة Discussion Cycle

وهي تسمح بتوفير فرصة التعلم من خلال مجموعات صغيرة (٥-١٢ تلميذ) حيث تلتقي المجموعة الصغيرة مع عضو هيئة التدريس المخصص لهم في نهاية الوقت المحدد لدراسة كل وحدة، وفي هذا اللقاء يتم استعراض أهداف الوحدة، وربط هذه الأهداف بما سبق تعلمه في وحدات سابقة " الموديولات السابقة " ، وكذلك مناقشة التلاميذ في الخبرات التعليمية التي أكتسبوها من خلال الأنشطة التعليمية المختلفة، وعلى التلميذ أن يقوم بدور المعلم وأن يشرح لزملائه ما تعلمه من خبرات ، ويتم تقويم أداء التلميذ من قبل المعلم أو عضو هيئة التدريس ، ويعطي التقدير الذي يستحقه ثم يفتح باب النقاش لزملائه ، للإضافة الى المعلومات التي ذكرها، او التعليق عليها، او تصحيح معلومات خطأ وردت في إجابته وفي هذه الحالة تضاف نقاط لرصيد كل مساهم ثم تتكرر هذه العملية مع التلاميذ الباقين حتى يتم معالجة جميع أهداف الوحدة ثم يعطي بعد ذلك اختيارا موضوعيا للتلاميذ من النوع القصير ويتيح اللقاء الدوري في مجموعات صغيرة فرصة أكبر للتفاعل بين التلاميذ ومعلميهم، بهدف تكوين علاقات أوثق بين أفراد المجموعة ، كذلك لتذليل الصعاب التي تواجه الطلاب أولا بأول قبل أن يتحول الى مشكلات تعوق تقدمهم في الدراسة.

واذا كنا بصدد الحديث عن نظام التوجيه السمعي. A.T.S فانه من الضروري أن نعرض بإيجاز المواصفات التربوية التي يجب أن تتوفر في شرائط التسجيل السمعي كما يلي:

اولا: المواصفات التربوية Educational characters

يجب أن يتميز شريط التسجيل السمعي المستخدم في هذا النظام بما يلي :

أ- أن يبدأ بمقدمة تزيد من دافعية التلميذ لاستخدامه لما يتضمنه من:

- الأهداف التعليمية التي تسعى المادة المسجلة الى تحقيقها.

- ملخص للموضوعات " الموديولات" التي يتناولها الشريط.

- بيان لدور الشريط في شرح وتفسير المشكلات، والإجابة عن تساؤلات لم تتناولها المواد التعليمية الأخرى " المطبوعات- شرائط الفيديو... الخ.

- تعليمات تساعد التلميذ على استخدام الشريط.

- توجيه التلميذ للانشطة التربوية الواجب القيام بها في أثناء وبعد الاستماع.

- توضيح الكلمات والمصطلحات الصعبة التي سيرد تناولها في النص.

ب- أن يهتم مقدم المادة المسجلة بايجابية التلميذ وتفاعله مع المادة المسجلة حيث:

- يخاطب بأسلوب شخصي ودود .

- يتحدث بسرعة مناسبة وصوت واضح.

- يستخدم لغة سهلة وكلمات مألوفة.

- يكلفه بممارسة أنشطة متنوعة" كتابة تعليق- إبداء رأي – تقويم – تفسير – تدوين ملاحظات – رسم أشكال – فحص رسوم - تلخيص أو نقد – عمل تجربة – محاكاة لمادة مسجلة...الخ"

- يقدم المادة العلمية وتدريبات متنوعة في شكل محادثات ومناقشات تعليمية.

- يطرح أسئلة وتدريبات متنوعة تثير تفكير التلميذ.

- يوفر مواقف التغذية الراجعة حيث يقدم الاستجابات الصحيحة للاسئلة المطروحة سابقا وبدائل التأكيد على النقاط الرئيسية.

ج- أن يراعي تكامل الشريط مع المواد التعليمية الاخرى، فالمادة المسجلة يجب أن:

- تقدم تفسيرا أو شرحا تفصيليا لافكار وردت مختصرة في الكتاب .

- تثير تساؤلات يجد التلميذ إجابتها عند ممارسة أنشطة أخرى كمشاهدة شريط فيديو أو قراءة كتاب.

- توجه التلميذ لاستخدام مصادر تعلم أخرى في مواضع معينة.

ثانيا: المواصفات الفنية Technical Characters

من المواصفات التي تجذب انتباه التلميذ للمادة المسجلة وتزيد من دافعيته لاستخدامها:

- إسناد إنتاجه الى جهة إنتاج ذات كفاءة أكاديمية وفنية وتربوية مسموعة.
- خلو الشريط من الضوضاء الخارجية.
- إستخدام لحن موسيقي مشوق في المقدمة، والفواصل بين الموضوعات وفقرات الموديول الواحد ، وعند تقديم الاسئلة أو تقديم الإجابات.

٢- التربية الموجهة للفرد Individually Guided Education

لقد عمل " كلاوزماير " ١٩٧١، KlausMeier " و معاونوه في جامعة وسكنس سنوات طويلة بهدف تطوير شكل جديد من أشكال التعليم المدرسي اسموه " التربية الموجهة لخدمة الفرد " وهي عبارة عن برامج توفر بيئة تربوية من شأنها مساعدة الفرد على التعلم بالسرعة المناسبة وفقا لامكاناته وخصائصه . وتقدم هذه البرامج في معظمها على أسس ومبادئ التعليم المفرد، ولكنها ليست من نوع التعليم الذي يستخدم فيه التلاميذ مواد تعليمية متعددة دون حاجة الى عون كبير من المعلم . ولقد رأى هؤلاء الباحثون أن التعليم المفرد لايشكل جانباً واحداً من جوانب برنامجهم التربوي الذي يشتمل على ما يلي:

١- تخطيط برامج فردية للتلاميذ.

٢- تزويد التلاميذ بمواد تعليمة " كتب - مواد سمعية وبصرية - صور ..." تلاءم أساليب التعليم لدى كل فرد.

٣- استخدام وتوفير طرق مختلفة من التعليم في جماعات صغيرة ، جماعات كبيرة، درس خاص ، دراسة أو استذكار مستقل.

٤- المواءمة بين المعلمين والتلاميذ.

وتتحدد في هذه البرامج عدة خطوط تسير في تتابع ثابت مما يحقق في النهاية قدرا كبيرا من التعلم المفرد ويمكن إجمال هذه الخطوات في:

- صياغة أهداف عامة لتلاميذ المدارس التي يطبق عليها البرنامج.

- صياغة أهداف خاصة.
- تطبيق أختبارات قبلية لتحديد مدى قدرة كل تلميذ واستعداده للوصول الى الأهداف التعليمية المنشودة.
- تصميم برامج خاصة لكل تلميذ في ضوء نتائج الإختبارات القبلية.
- تطبيق اختبارات متنوعة" ضمنية وتجميعية" بهدف قياس درجة إتقان كل تلميذ للأهداف التعليمية المنشودة، وفي النهاية يتخذ قرار عن التقدم المستقبلي للتلميذ والعمل العلاجي الذي يقدم له.
- ويصف هذا الشكل من أشكال التعليم المدرسي باعتباره نظاما للتعليم المدرسي يركز على الفرد لا على أساس عمره وإنما على أساس جماعته الصفية، إنه نظام مدرسي غير صفي Nonegradedness حيث يعمل المعلمون مع تلاميذ تتفاوت أعمارهم تفاوتا قد يصل الى أربع سنوات ويعرف احياناً بالنظام متعدد الوحدات Multi- Units System ويقوم التدريس في هذه المستويات على النظام المعروف باسم " فريق التدريس " Team Teaching " وإستخدام هيئة تدريس متفاوتة ومختلفة.ويميز " كلوزماير " بين الذين يعملون في هذا النوع من التعليم، والمعلمين الذين في فصل عادية، إنه يرى أن المعلمين من الفئة الاولى ينغمسون في جميع جوانب عملية التدريس والتعلم، فهم يشتركون في وضع، وتقدير خصائص التلاميذ، وصياغة أو إعداد البرامج التعليمية ، وتجريب الاساليب الجديدة ، إن دور المعلم دور متنوع وشامل ، ويؤخذ على هذا النوع من التعليم كثرة الأعباء الملقاة على عاتق المعلم، حيث يعمل عدد قليل من المعلمين مع عدد كبير من التلاميذ، مما يحتاج الى نوعية خاصة من المعلمين ، كما أن هذا النوع وإن اتاح الفرصة للتفاعل بين المعلم والتلميذ إلا أنه لا يتيح الفرصة للتفاعل بين التلاميذ بعضهم البعض.

٣- التعليم الموصوف للفرد Individually Prescribed Instruction (I.P.I)

بدا هذا النظام في الظهور منذ عام ١٩٦٤م نتيجة مجهود من الدارسين والباحثين في مركز أبحاث التعليم والتنمية التابع لجامعة " بتسبرج " بأمريكا ، وفي السنوات الأولى لهذا النظام تولى المركز إعداد المواد التعليمية التي تتطلبها إجراءات التعلم، وصدر عنه مجموعة ضخمة من المواد التعليمية ، المرتبطة بمجالات دراسية عديدة مثل : العلوم ، والرياضيات، والدراسات الاجتماعية ، ويستخدم هذا النظام في بعض المدارس الابتدائية بالولايات المتحدة الأمريكية.

وتقوم فكرة عمل هذه النظام على أساس دورات متتالية من التدريس التشخيصي- العلاجي حيث يقوم المعلم ومساعدوه بتحديد نقاط الضعف لدى كل تلميذ داخل حجرة الدراسة في مجال مادة دراسية معينة، وذلك من خلال مجموعة من الاختبارت المعدة لهذا الغرض" الاختبارات التشخصية" ثم يُكتب لكل تلميذ وصفة علاجية تحدد المواد التعليمية الموجودة في التنظيم الهرمي لأهداف المادة، ويقوم التلميذ بمهام التعلم بصورة فردية مستقلا عن زملائه، ويتم ذلك تحت إشراف المعلم ومساعديه، ويتم تحديد مدى تقدم التلميذ نحو تحقيق الأهداف التعليمية المرغوبة من خلال نوعية أخرى من الاختبارات، وإذا ما كان التلميذ قد نجح في تحقيق هذه الاهداف بالمستوى المرغوب ، فإنه يتعامل مع مجموعة أخرى من الأهداف التعليمية من خلال دورة أخرى من التشخيص والعلاج في مجال هذه الأهداف وإذا ما أخفق التلميذ في تحقيق الأهداف ، بالمستوى المرغوب فُتكتب له وصفة علاجية جديدة نحو المواد التعليمية التي ينبغي أن يتعامل معها بمفرده، أو بمساعدة المعلم ومعاونيه لتحقيق الأهداف بالمستوى

المكونات الاساسية للتعليم الموصوف للفرد:

ويتضمن التعليم الموصوف للفرد مجموعة من المكونات الأساسية يوضحها الشكل رقم (٨)

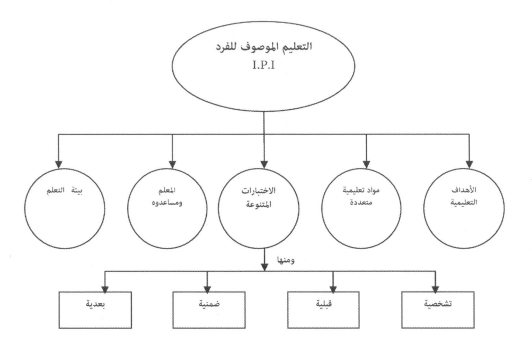

شكل (٨) المكونات الأساسية للتعليم الموصوف للفرد

أ- الاهداف التعليمة:

وهي تمثل المكون الرئيسي في النظام ، ويتم تحديد هذه الأهـداف بدقـة كخطـوة أولى رئيسية، وتصاغ الأهداف بصورة إجرائية تُظهِر السلوك النهائي الذي يجـب ان يكـون عليـه التلميـذ وذلك بطريقـة قابلة للملاحظة.

ويتم ترتيب الأهداف في صورة هرمية، أي يتم تسلسلها بطريقة تحتم عدم الانتقال مـن هـدف أو مجموعة أهداف قبل أن يكون قد تم تحقيق هدف أومجموعة

أخرى سابقة في الترتيب ويعتبر التنظيم الهرمي للأهداف التعليمية سمة أساسية من سمات هذا النظام (علي عبد المنعم، ١٩٩٨).

٢- الاختبارات المتنوعة:

وهناك أربعة أنواع مختلفة من الاختبارات التي تستخدم في هذا النظام لكل منها وظيفة محددة وتوقيت معين يقدم فيه، هي:

أ- اختبارات تشخيصية " تسكينية " :

وهي الإختبارات التي تُقدم عند بداية كل عام دراسي، وتستخدم في اجراء تشخيص شامل ، ودقيق لحالة كل تلميذ على حدة، لتحديد سلوكه المبدئي " المدخلي " وحالته الراهنة ، في كل مادة دراسية على حدة . وتساعد هذه الاختبارات في تحديد المستوى العام للتلميذ ونقطة البدء الرئيسة بالنسبة له ويتم تسكينه في المستوى المناسب بناءً على ذلك.

ب- اختبارات قبلية:

وهي الاختبارات التي تُقدم للتلميذ قبل دراسة كل وحدة تعليمية صغيرة "موديول" وذلك بهدف الكشف عن الصعوبات المحددة التي يواجهها عند هذا المستوى، وقد تسفر النتائج عن عدم وجود صعوبات يواجهها التلميذ عند هذا المستوى المعين، مما يُسمح للتلميذ بالانتقال لدراسة وحدات أخرى، لكي يحقق أهداف أخرى ، كما يمكن أن تقوم هذه الاختبارات بوظائف أخرى تتعلق بالتهيئة القبلية.

ج- اختبارات ضمنية:

وهي الاختبارات التي تستخدم في أثناء دراسة التلميذ للموديل، وذلك بهدف مراقبة تقدمه في دراسة الموديول ، وهي عبارة عن اختبارات قصيرة ومتكررة ترتبط بأهداف الوحدة بطريقة مباشرة، وتعتبر اختبارات للتقويم الذاتي حيث يقوم التلميذ بتصحيحها بنفسه.

و- الاختبارات البعدية:

وهي الاختبارت التي تستخدم بعد الانتهاء من دراسة الموديول، وذلك بهدف تحديد مدى تقدم التلميذ نحو تحقيق الاهداف النهائية لهذا الموديل، ولإتخاذ القرارات المتعلقة بالسماح بالانتقال الى دراسة موديولات أخرى في التنظيم الهرمي.

٣-المواد التعليمية المتعددة:

وهي عبارة عن مجموعة من المواد والبدائل التعليمية توصف لكل تلميذ على حدة في ضوء ما تفسر عنه اختبارات التشخيص والاختبارات القبلية، وهي في شكل مواد تعليمية ذاتية ، تسمح للتلميذ بان يتعامل معها مثل " الكتب المبرمجة - أشرطة تسجيل صوتي - صور فوتوغرافية - أفلام تعليمية - شرح شفوي خاص من قبل المعلم أو أحد مساعديه، هذا وقد توصف المواد التعليمية أيضا بعد تطبيق الاختبارات البعدية إذا ما اتضح أن التلميذ لم يحقق الأهداف التعليمية الخاصة بوحدة معينة أو الوصول لمستوى الاتقان المطلوب.

٤-المعلم ومساعدوه:

يتولى المعلم في هذا النظام مسئولية إدارة واستخدام الاختبارات والمواد التعليمية وتنظيمها، وتصحيحها، وتقديم التوجيهات والإرشادات في أثناء تفاعل التلاميذ مع المواد التعليمية كما يتولى كتابة الوصفات العلاجية الخاصة بكل تلميذ ، ويلاحظ أن المعلم لا يتولى المسئولية كاملة فيما يتعلق بنقل المحتوى، فالتلميذ يقوم بذلك مستعينا بما يقدم له من مصادر التعلم ، ويوجد في حجرة الدراسة من " ٢-٣ " مساعدين للمعلم الذين يتولون معه مسئولية تصحيح الاختبارات وتوزيع المواد التعليمية.

٥- بيئة التعلم:

يعمل التلاميذ في حجرة الدراسة العادية، أو معمل التعليم الذاتي، أو حجرة دراسية كبيرة نسبيا تسع من " ٥٠ الى ٧٠ " تلميذا ، وتتم الدراسة بطريقة مستقلة من قبل كل تلميذ ، ويوجد لكل تلميذ منضدة مستقلة تسمح له بالإجابة عن الاختبارات والاستماع الى شرائط تسجيل سمعية، وإجراء بعض التجارب البسيطة، ومشاهدة بعض

الافلام التعليمية ، ويتحرك المعلم ومساعدوه وسط التلاميذ لتقديم المساعدة لهم وقت اللزوم.

٤- نظام التعليم الشخصي (P.S.I) Personalized System of Instruction

ويشير " على عبد المنعم ١٩٩٦ " بأن هذا النظام يعرف باسم " خطة كلير " Keller Plan " والتي ظهرت لاول مره عام ١٩٦٢ على يد " كيلر" " Keller " ورفاقه " شرمان وآذى وبـوري " Sherman Azzi &Bori " وذلك من خلال تجربتها في تدريس مقرر جديد في علم النفس في جامعة برازيليا بالبرازيل .

ويعد تجريب الطريقة طيلة خمس سنوات مـن خـلال اسـتخدامه وتطبيقها في تـدريس بعـض المقررات الدراسية ، أعد كيلر : مقال بعنوان : "مع السلامة أيها المعلم "Good bye, Teacher " عام ١٩٦٨م، واعتبارا من ذلك التاريخ صدرت العديد من التقارير البحثية التي تناولت هذا النظام ، وتوالت البحوث والدراسات التي أجريت بهدف تجريب هذه الطريقة من خلال تطبيقها، واستخدامها في تدريس بعض المقررات الدراسية الجامعية، للوقوف على مدى كفاءتها وفاعليتها، والتعرف على أثر استخدامها على بعض المتغيرات كالتحصيل الدراسي، واتجاهات الطلاب سواء نحو هذه الطريقة نفسها، أم نحو المـادة الدراسية التي يتم تدريسها باتباع هذه الطريقة، ومتغيرات أخرى . كاستبقاء التعليم أو الاحتفاظ بـه لمـدة اطول Retention ، وانتقال اثر التعلم Transfer، وغيرها من المتغيرات الاخرى.

ويُشتق اسم نظام التعليم الشخصي(P.S.I) من خاصية مهمة ينفرد بها هذا النظام الا وهـي أن كل طالب يعامل كفرد بواسطة شخص آخر من مواقف تسمح بالتقابل وجهاً لوجه.

والجدير بالذكر أنه بالاضافة الى قيام هذا النظام في تصميمه على مجموعة من الأسس المستمدة من نظرية " سكينر" Skinner " للتعلم، والقائمة على الاشتراط الإجرائي والتعزيز، فإنه لايعتمد على التحكم في ظروف عرض مثيرات التعلم بصورة تعادل ما اشار اليه : " "سكينر"، فهذا النظام يعطي المتعلم الحرية التامة ، والمرونة الكافية للتقدم في دراسة الوحدات " الموديولات " بطريقته الخاصة ، وعندما يجتاز

المتعلم وحدة ما بنجاح ، ويصل الى مستوى الإتقان المحدد لها فقد يحصل على تعزيز ذاتي Self
Reinforcement حيث يشعر بالسعادة والرضا النفسي ، كما أن المتعلم في هذا النظام لا يواجه بعقوبة
عندما يفشل في اجتياز وحده ما

المكونات الاساسية لنظام التعليم الشخصي :

يتضمن هذا النظام مجموعة من المكونات الأساسية كما يوضحها الشكل رقم (٩) وهي:

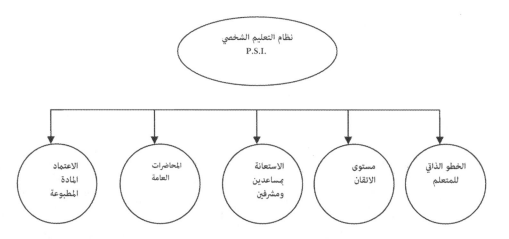

شكل رقم (٩) المكونات الأساسية لنظام التعليم الشخصي

١- **الخطو الذاتي self- pacing أساس التقدم في المقرر:**

يتحرر النظام من قيود الوقت، ويسمح للطالب بالسير في عملية التعلم وفق معدله الخاص ،
واستعداده ودون التقيد بمعدل أقرانه ، ويتم ذلك في حدود الفصل الدراسي ، ويتم التعلم دون تدخل
مباشر من المعلم .

٢- مستوى الاتقان Mastery level

ويتم تحديده عند بداية العمل بهذا النظام فمثلا قد يكون مستوى الإتقان " ٩٥ %" حيث لا ينتقل التلميذ من دراسة وحدة " موديول " الى وةحدة اخرى في المقرر دون الوصول الى هذا المستوى.

إن الاتقان في هذه الحالة يعني الوصول الى مستوى الإجادة أو مستوى قريبا من الإجادة Near –Perfection عند التقدم للاختبار البعدي لكل وحدة على حده، ويمكن للطالب إعادة التقدم للاختبار إذا أخفق في الوصول إلى المستوى المطلوب، وذلك دون أن توقع عقوبة ما عليه.

٣- الاستعانة بمساعدين ومشرفين وموجهين Proctors

إن أهم ما يميز نظام التعلم الشخصي- عن غيره من استراتجيات التعليم المفرد هو وجود الموجهين أو المشرفين لإرشاد الطلاب المتعلمين، ومتابعة تقدمهم ، في عملية التعلم وصولا لتحقيق أهداف المقرر ، ويقوم الموجهون والمرشدون، كذلك بتقديم التعزيز الإيجابي للمتعلمين بصورة متكررة ومستمرة طوال عملية التعلم، ومن ثم فهم يعملون بذلك على تقديم تعزيز إيجابي للتوقفات Positive Reinforcement Contingencies لا يتاح تقدمها من نظم التعليم الجمعي.

وأشار " كيلر " الى أن إستخدام المراقبين في خطته هو التجديد الحقيقي في هذا النظام الذي يقوم على مبادئ وأسس التفريد.

ويقوم هذا النظام على مسلمة مؤداها أن التلاميذ يمكن أن يعملوا كمعلمين لزملائهم الطلاب، وهذا ما يحقق عامل التعليم الشخصي Personalized Instruction الذي يرتبط بمسمى هذا النظام.

ويتم إختيار الموجهون / المراقبون من الطلاب الذين يتمكنون من إجتياز المقرر . أو من طلاب المراحل الدراسية الأكثر تقدما، أو ممن تخصصوا في موضوع المادة الدراسية للمقرر ، وصُنِف المراقبون الى فئتين هما:

أ – فئة المراقبين الخارجين External Proctors

وهي التي تضم طلابا لهم خبرة سابقة في مجال العمل ، وتقويم المقرر الـدراسي، باستراتيجية "
نظام التعليم الشخصي" وقد يكونون طلاباً في مستوى تعليمي أعلى ، أو خريجين جددا.

٢- فئة المراقبين الداخلين Internal Proctors

وهي التي تضم طلابا يدرسون مع المتعلمين في المستوى الدراسي نفسه أو من سبق لهـم دراسـة
المقرر ويقوم " الموجه/ المراقب" بالمهام الآتية:

-   كتابة النقاط الإرشادية التي تنظم طريقة السير في المقرر وتقديمها للمتعلمين.
-   حل بعض المشكلات التي تواجه المتعلمين في مواقف التعليم.
-   إجراء الاختبارات وتصحيحها وإبلاغ المتعلمين بنتائجها مع تقديم التغذية الراجعة.
-   المساهمة في خلق مناخ تعليمي ملائم داخل معامل الدراسة يُسهِم في إضفاء الجوانـب الانسانسة/
    الاجتماعية على عملية التعلم.
-   تقديم تعليم خاص لبعض المتعلمـين مـن خـلال عـرض محتوى بعض أجراء وحدات المقرر ذات
    الصعوبة الخاصة.
-   متابعة تقدم الطلاب نحو تحقيق أهداف المقرر.
-   العمل على خفض قلق المتعلمين، وتشجيعهم ، وزيادة دافعيتهم للـتعلم ، والسـير في المقرر بصورة
    منتظمة تجنبا للتسويف " تاجيل عملية التعلم" Procrastination

٤- المحاضرة العامة:

وفي هذا النظام لاتعقد محاضرات دوريـة منتظمـة، ولكنهـا تعقـد في مناسبات خاصة ومـرات
قليلة في أثناء الفصل الدراسي ، كما أنها تكون أختيارية ، ولا تخصص لنقل المعلومات وشرح المادة العلمية،
ولكنها تعقد بهدف تحقيق أهداف معينة من أهمها:

-   حل المشكلات الشائعة التي تواجه المتعلمين في إثناء دراستهم.
-   خفض معدل الدراسي نحوالتعلم.
-   زيادة دافعية المتعلمين نحو التعلم.

وتحدد هذه المحاضرات مقدما ويعلم الطلاب بها في بداية دراستهم للمقرر.

٥- المادة المطبوعة والاعتماد عليها :

يعتمد هذا النظام على استخدام المادة المطبوعة كوسيلة اتصال رئيسية، حيث يتم إعداد وحدات الدراسة " موديولات " بشكل تحريري مطبوع ، كما تعد أدلة الدراسة بنفس الطريقة لإرشاد المتعلمين نحو كيفية السير في عملية التعلم.

ويراعي عند تصميم الوحدات الدراسية، المعايير الخاصة بإعداد مواد التعلم الذاتي حيث يشمل كل موديول " وحدة تعليمية صغيرة" على مجموعة من المكونات المترابطة وهي :

- مقدمة توضح مبررات دراسة الموديول.
- قائمة بالاهداف التعليمية المراد تحقيقها.
- اختبار قبلي تتسق بنوده مع الأهداف التعليمية للوحدة.
- صياغة تحريرية للمحتوى داخل كل وحدة بصورة تخاطب المتعلم.
- اختبارات ضمنية بعد كل جزء الوحدة لغرض قيام المتعلم بتقويم نفسه ذاتيا ضمانا للسير نحو تحقيق الأهداف .
- اختبار بعدى للموديول في ضوء نتائجه يتم السماح للمتعلم بالانتقال لدراسة موديول آخر.
- وتجدر الاشارة الى أن هناك مصادر أخرى لنقل المحتوى التعليمي يمكن إستخدامها في هذا النظام أو التعليم الموصوف للفرد منها على سبيل المثال :
- أشرطة التسجيل الصوتي.
- أشرطة التسجيل المرئي.
- برامج الكمبيوتر.
- وهذا النوع الأخير هو الأكثر شيوعاً في الوقت الراهن حيث يتم تقديم المحتوى التعليمي في عدة صورة من خلال الكمبيوتر.

كيفية عمل نظام التعليم الشخصي:

- يعمل نظام التعليم الشخصي من خلال مرحلتين:
- **المرحلة الأولى**: إجراءات تصميم النظام:
- وفيها يتم تحديد ما يلي ...
- السلوك المبدئي " المدخلي " للتلميذ .
- الأهداف التعليمية للمقرر.
- الوحدات الفرعية التي يتكون منها المقرر وتسلسلها.
- الأهداف التعليمية الخاصة بكل وحدة من وحدات المقرر.
- مستوى إتقان كل وحدة من وحدات المقرر .
- اختبارات إتقان كل وحدة على حده، وغالبا ما تكون ثلاثة اختبارات متكافئة للوحدة الواحدة.
- مصادر التعلم والأنشطة التعليمية الخاصة بكل وحدة من وحدات المقرر.
- محتوى كل وحدة من وحدات المقرر وتنظيمه.
- دليل دراسة كل وحدة من وحدات المقرر لكل من التلميذ والمعلم.
- المراقبين/ المساعدين الذين يتم الإستعانة بهم في أثناء قيام الطلاب بأنشطة التعلم.
- مكان / معمل الدراسة المستقلة وتجهيزاته.
- **المرحلة الثانية**: إجراءات التعلم:
- وفيها يتم تحديد ما يلي:
- عقد اللقاء التوجيهي Orientation في بداية الفصل الدراسي لتعرف الطلاب بـإجراءات الـتعلم مـن خلال هذا النظام ومتطلبات ذلك.
- قيام الطلاب – كل وفق ظروفه وقدراته – بدراسة المـوديـول الأول (وحـدة تعليميـة) مـن موديـولات المقرر في معمل الدراسة المستقلة أو في مكان آخر ، وذلـك بعـد أن ينتهـي الطـلاب مـن قـراءة دليـل الدراسة Study Guide الخاص بهذه الوحدة ومتطلبات " الموديول".
- قيام الطلاب بتنفيذ أنشطة التعلم المنصوص عليها في دليل دراسة الوحدة " موديول "

- اتخاذ قرار من قبل كل طالب على حدة لمستوى الاتقان الخاص بالوحدة ، ويعلن الطالب ذلك للمراقب الذي يتعامل معه داخل معمل الدراسة المستقلة، ويتخذ هذا القرار مستقلا عن زملائه.
- يقدم المراقب الاختبار البعدي للطالب ، ويقوم بتصحيحه أمام الطالب فور الانتهاء منه ، ويعلن الطالب بنتائجه ويقدم له تغذية مرتجعة فورية Immediate Feed back .
- يصدر المراقب قرارا في ضوء النتائج التي حصل عليها الطالب في اختبار إتقان الموديول بالسماح للطالب بالانتقال الى وحدة أخرى ، أو بإعادة دراسة الموديول حتى يحصل على مستوى الإتقان المطلوب .
- يطلب الطالب المعاونة من المراقب داخل معمل الدراسة المستقلة إذا احتاج ذلك.
- تكرر الاجراءات السابقة حتى ينتهي الطالب من دراسة جميع موديولات المقرر.
- إذا اجتاز الطالب جميع وحدات المقرر فإنه يمنح تقدرير معين، وإذا لم يستطيع الانتهاء من جميع وحدات المقرر خلال الفصل الدراسي ، فإنه يمنح تقدير " غير مكتمل " وفي هذه الحالة فإنه يجب على الطالب أن يختار ما تبقى من وحدات في فصل دراسي لاحق.
- والجدير بالذكر أنه في بعض الحالات يستخدم اختبار تجميعي نهائي يتم تقديمه للطلاب بعد انتهائهم من دراسة جميع وحدات المقرر " موديولاته "

٥- نظام التعليم بمعاونة الكمبيوتر. C.A.I

وسوف نشير اليه في جزء الكمبيوتر والتعليم في الفصل السادس.

وبعد العرض السابق لبعض نماذج من نظم واستراتجيات التعليم المفرد في الفصول السابقه فإنه يمكن القول بصفة عامة أن كل نظم واستراتجيات التعليم المفرد تشتق من نفس الاسس والمبادئ العامة التي يرتكز عليها التعليم المفرد، أما الاختلاف فيتمثل في أسلوب التنفيذ نفسه، حيث تأخذ كل استراتجية منها طريقة تنفيذ خاصة بها وشكل النواتج التي ترغب في تحقيقها ، ويمكن ملاحظة ما يلي : [٧]

- جميع استراتجيات ونظم التعليم المفرد الى إطار نظري مستمد مـن بعـض النظريـات النفسـية ومـن أهمها نظرية " سكينر " التي تقوم على مبدأ التعزيز.

- نشأت بعض نظم واستراتجيات التعليم المفرد لتستخدم وتطبـق لأول مـرة في مراحـل التعلـيم قبـل الجامع " الابتدائي – الاعدادي (المتوسط) – الثانوي " مثل التعليم الموصوف للفرد، والبعض الآخر نشأ ليطبق لأول مرة في مرحلة التعليم الجامعي مثل التوجيه السمعى.[٨]

مراجع الفصل الخامس

١ - لمزيد من التفاصيل ... أنظر

- علي محمد عبد المنعم " ١٩٩٨ " تكنولوجيا التعليم والوسائل التعليمية ، النعناعي للطباعة،   "ص ص ٣٣٧- ٣٤٣ "

- Post lit Whait S n & et al (١٩٧٢) The Audio – Tutorial Approach to learning, 3rd, ed, Minneapolis. Minestop Company

- Mintzes, J.J (١٩٧٥) The A-T Approach "١٤" years later: A Review of recent Research " Journal of College Science Teaching, ٤, pp-٢٥٢.

٢- لمزيد من التفاصيل .. أنظر

- طاهر عبد الله أحمد " ١٩٩٦ " دراسة تقويمية لبعض المواد التعليمية المستخدمة في التعليم المفتوح بجامعة القاهرة ، والاسكندرية، رسالة ما جستير غير منشورة، كلية التربية بدمياط، جامعة المنصورة ، " ص ص ٥٣- ٦٠ "

- عبد العظيم الفرجاني " ١٩٩٣ " تكنولوجيا تطوير التعليم ، القاهرة : دار المعارف، " ص ص ١٣٧-١٣٨".

٣- لمزيد من التفاصيل انظر

- جابر عبد الحميد جابر " ١٩٩٢ " علم النفس التربوي ، القاهرة : دار النهضة العربية " ص ص ٤٩١   ٤٩٣ "

- أحمد عفت مصطفى " ١٩٩٦ " فاعلية استخدام استراتجية " كلير " لتفريد التعليم في إتقان تلاميذ المرحلة الابتدائية للمهارات الأساسية في الكسور العشرية رسالة ماجستير غير منشورة ، معهد الدراسات والبحوث التربوية، جامعة القاهرة، " ص ص ٤٣- ٤٤ "

- عادل سرايا (١٩٩٨) فاعلية استخدام الكمبيوتر وبعض استراتجيات التعليم المفرد من تنمية التحصيل الابتكاري والاتجاه نحو مادة العلوم لدى تلاميذ المرحلة الاعدادية في ضوء اساليبهم المعرفية، رسالة دكتوراه غير منشورة كلية التربية.

٤- لمزيد من التفاصيل ... أنظر

- علي محمد عبد المنعم " ١٩٩٤ " تكنولوجيا التعليم والوسائل التعليمية، مرجع سابق " ص ص ٣٧٩- "٣٨٥

- Joyce B. & Weil. M. (١٩٩١) "Models of Teaching , ٢ nd Ed. Prentice/ hall Intentional Editions p.p ٤٤٧ - ٤٤٩

- Scanlon, r.c (١٩٧٠) Individually Prescribed Instruction: A system of Individualized Instruction Educational Technology, Dec Vol. ١٠, no. ١٢ pp. ٤٥- ٤٦

٥- ناجح محمد حسن " ١٩٩٧ " مقرر مقترح في تكنولوجيا التعليم لطلاب كلية التربية، مرجع سابق ، " ص ص ١١٦- ١١٩) .

٦- Smitith,s w & simposon, R.l (١٩٨٩) : An Analysis of Individualized Education programs (Leps) for Students , with Behavior Disorders, Behavioral Desirers ١٤,(pp. ١٠٩-١١٥)

٧- على محمد عبد المنعم " ١٩٩٦ " تكنولوجيا التعليم والوسائل التليمية، مرجع سابق ، "ص٣٦٥

٨- شكري سيد أحمد " ١٩٨٩: تفريد التعليم، مبادؤه وأهميته الاستراتجيات تنفيذ، مرجع سابق " ص ٥٠"

(٦)

الفصل السادس

الكمبيوتر والتعليم

الفصل السادس
الكمبيوتر والتعليم
Computer & Instruction

مقدمة :

لقد صاحب التقدم الكبير في مجال تكنولوجيا الصناعة والزراعة وتكنولوجيا الفضاء حركة من البحوث والدراسات التجريبية والتكنولوجية في التربية كمحور للتحديث في هذا المجال .

ويشير " مصطفى عبد القادر ١٩٩٢ " [١] إلى أن استخدام التكنولوجيا قد اقترن بمفهوم التقدم ، فالتقدم في مجال معين يعني : إدخال التقنية إلى هذا المجال ، وينطبق ذلك على المجال التعليمي ، حيث ساد الاعتقاد بأن إدخال تقنيات جديدة ومستحدثة في مجال التعليم من شأنه أن يحسن في عائد التعليم ومخرجاته ، ويحقق تعليماً افضل للتلاميذ وتدريساً اكثر فاعلية للمعلمين .

وقد احدث دخول الكمبيوتر كمستحدث تكنولوجي في مجال التعليم دوياً هائلاً بين أوساط المربين والمعلمين والمسئولين ، ويعده البعض بمثابة ثورة على نظم التعليم التقليدي بكافة صوره و أساليبه القديمة ، إلى الحد الذي اعتبر "بيرج" " Berg,١٩٩٥ " أن ظهور الكمبيوتر حول بعض الأمم من مجتمعات صناعية إلى مجتمعات معلوماتية . [٢]

وفي السنوات الأخيرة بدأ يأخذ الكمبيوتر مكانة مهمة في التعليم بكافة مراحله، ويعود ذلك بدرجة كبيرة نتيجة لظهور أجيال جديدة من الكمبيوتر ، رخيصة الثمن ، سهلة التداول ، متعددة الوظائف والقدرات ، وساعد على نمو هذا الاتجاه التنبه إلى الإمكانات الكبيرة التي يوفرها الكمبيوتر و إمكانية استخدامه في مجالات متعددة في كافة فروع المعرفة الإنسانية .

ويعد استخدام تكنولوجيا التعليم في مجال التعليم بصفة عامة واستخدام الكمبيوتر في المدارس بصفة خاصة جزءاً من تطوير التعليم ، وتحديثه ؛ لمواجهة متطلبات هذا العصر الذي يعرف بعصر الثورة العلمية التكنولوجية أو عصر الانفجار

المعلوماتي ، وقـد بـدأت معظـم الـدول في العـالم المتقـدم والنامي عـلى حـد سـواء في تخطيـط سياسـاتها التعليميـة وفقـاً للاتجاهات الحديثة لإدخـال الكمبيـوتر في المـدارس بمـا يتناسـب مـع الأوضـاع الاقتصـادية والاجتماعيـة والثقافيـة للمجتمـع ، واتساقـاً مـع الاتجاهات العالميـة، فقـد أولت وزارات التربيـة والتعليـم في الوطـن العـربي اهتمامـاً ملحوظـاً بالـدور الذي يمكن أن تؤديه التقنيات الحديثة في تجويد التعليم بالكمبيوتر والوسائل المتعددة.

التعريف بالكمبيوتر :

توجد عدة تعريفات تناولت " ماهية الكمبيوتر " ونعرض بعضاً منها، فيرى "فيصل هاشم ١٩٨٥ " [٣] أن الكمبيوتر " وعاء هائل لتخزين المعلومات ، وتنسيقها، واستعادتها عند الحاجة إليها بترتيب معين وفي صور متعددة " .

ويشير " محمود أبو ناجي ١٩٩٤ " [٤] إلى تعريف " الفيومي" للكمبيوتر بأنه " آلة إلكترونيـة "- Electronic Machine " تسـتقبل المعلومـات والبيانـات "Accepts Data & Information " و تقـوم عـلى معالجتهـا بتنفيذ جميع العمليـات الحسـابية والمنطقيـة دون تدخـل بشـري فيعملها وفقـاً لمجموعـة مـن التعليمـات " Instructions " والأوامر الصادرة إليه والمنسقة تنسيقاً منطقياً حسب خطة موضوعة و إعطاء المعلومات الناتجة عن عملية المعالجة ".

ويعرفه " علي عبد المنعم ١٩٩٦ " [٥] بأنه " جهاز يعمل وفقاً للتعليمـات و الأوامر التي يحددها المبرمج " الإنسان " والتي يطلق عليها اسم البرنامج ، حيث يختـزن هـذه التعليمات داخلياً ثـم يبـدأ في تنفيذها آلياً وفقاً لترتيب الأوامر الصادرة إليه من البرنامج".

ويستخدم الكمبيوتر في بعض الدراسات على شكل " جهاز إلكتروني يستقبل المعلومات والبيانات التي يصممها الباحث على هيئة وحدات تعليمية صغيرة " موديولات"، وفقـاً لمجموعـة تعليمـات و أوامر وبرامج تشغيل يحددها " المبرمج " للحصول على برنامج تعليمي في مادة العلوم ، ثـم يقـوم الكمبيوتر بعرض هذا البرنامج على التلاميذ في صورة مجموعات صغيرة بهدف تنميـة بعض المتغيرات مثل : تنميـة التحصيل الأكاديمي الابتكاري في العلوم وتحسين الاتجاهات نحوها " .

ولا يستطيع أحد أن ينكر الدور المهم الذي يؤديه الكمبيوتر في خدمة المجتمعات محلياً ودولياً ، مـما يجعل لغة الكمبيوتر لغة عالمية يرجى لكافة أفراد المجتمعات الحديثة .

وليس من قبيل الحديث المعاد فقد واجهت التربية تحدياً كبيراً في عصر المعلومات والانفجـار المعـرفي تمثل في كيفية تسلح الطالب بأكبر قدر ممكن من المعلومات في زمن قياسي وبأفضل طريقة ممكنة ، حيث لم تعد نظم التعليم الجمعي السائدة تتمشى مع متطلبات هذا العصر ، ومن هنا دعت الحاجة إلى ضرورة استخدام الكمبيوتر في التعليم ، ومن التحديات الأخرى التي تواجه التربية في هذا العصر هـو زيادة عـدد السكان ، وبالتالي الإقبال المتزايد على التعليم مما يترتب عليه زيادة الفروق الفردية بين المتعلمين ، التـي لا تستطيع نظم التعليم الجمعي التعامل معها بكفاءة [٦] .

ومن خلال استخدام الكمبيوتر في التعليم يمكن إن تتحقق بعض الأهداف من أهمها[٧] :

* استثمار قدرات وطاقات الكمبيوتر التعليمي في عرض البرامج بصورة اكثر تشويقاً وإثارة من اجل زيادة كفاءة العملية التعليمية ، مـما يستلزم أعـداد اختصاصيين مـدربين عـلى بناء البرامج التعليمية وبرمجتها على الجهاز .

* تطوير المناهج و المقررات الدراسية بما يتمشى مع الثورة العلمية والتكنولوجية ومستحدثاتها .

* الاستفادة من قدرات الكمبيوتر في مجـال التـدريس بمـا يضمه مـن سرعـة ودقـة في عرض ومعالجة المعلومات والبيانات .

* توظيف الكمبيوتر في تقديم بعض الدروس لتسمح للمعلم بالتفرغ لأداء دوره، الذي يتمثل في التوجيه و الإرشاد ومعالجة المشكلات الفردية .. الخ .

* إعداد المعلمين وتدريبهم على كيفية استخدام الكمبيوتر في تيسير عمليـة التعليم في المدرسـة كوسيلة مساعدة على تفريد التعليم .

استخدام الكمبيوتر في التعليم بين التأييد والمعارضة :

لقد احدث استخدام الكمبيوتر في التعليم جدلاً ليس بالقليل بين أوساط التربويين، فمنهم من يؤيد استخدامه بشدة ، وذلك على أساس أنه يُخرِج النظام المدرسي التقليدي من عزلته ، وينهض بمعالجات التدريس القديمة لتساير حاجات المتعلمين ، وميولهم في عصر يمتاز بالثورة العلمية والتكنولوجية السريعة المتغيرة في شتى الميادين ، وفي المقابل فهناك من يبدي تخوفه من استخدام الكمبيوتر على أساس أن الاعتماد عليه يمكن أن يفقد العملية التعليمية جانبها الإنساني والاجتماعي، وبصفة عامة .... يعود الخلاف بين فريقي المؤيدين والمعارضين إلى عاملين أساسين هما[٨]:

١ - الصراع الإنساني بين الرغبة في الاستفادة بمنجزات العالم الحديث من ناحية، والرغبة في الاحتفاظ بحرية الإرادة لدى الإنسان التي تتأثر بهذه المنجزات من ناحية أخرى .

٢ - الفشل في التمييز بين معنيين من معاني التكنولوجيا التربوية ، يشير أحدهما إلى تطبيق مبادئ الهندسة في صنع أدوات التدريس ، ويشير الآخر إلى تطبيق مبادئ سيكولوجية التعلم في مواقف التدريس .

وفيما يلي بعض الآراء التي تبدى تحفظاً بخصوص استخدام الكمبيوتر في العملية التعليمية ومحاولة الرد عليها [٩] :

الرأي الأول : الاعتقاد بأن تكلفة التعليم عن طريق توظيف الكمبيوتر تكون باهظة بما لا يتناسب مع إمكانات الدولة أو ميزانية الإدارات التعليمية .

وللرد على هذا الرأي يمكن القول : على الرغم من أن التعليم عن طريق الكمبيوتر أو بمساعدته يُعد بالفعل اكثر تكلفة مادية من التعليم بطرق التدريس الجمعي السائدة في مدارسنا ، إلا أن عائده التربوي والتعليمي اكثر فاعلية وفائدة من العائد المنتظر من طرق التدريس الجمعي ، فيمكن استخدام الكمبيوتر في عدة استخدامات تجعله من الوسائط المتعددة ذات القدرة على القيام بالعديد من الوظائف التي يمكن أن تؤديها الوسائل الأخرى، حيث يوفر تعليمية Instructional Environmente ذات نظام اتصال

ذي اتجاهين Two-way Communication بمعنى أنه عندما يستجيب المتعلم للكمبيوتر ، فإن الكمبيوتر يقوم استجابة المتعلم ، ثم يمده بمعلومات محددة تتعلق بمدى صحة استجابته .

هذا بالإضافة إلى أن عقد التسعينات يشهد انخفاضاً ملحوظاً في أسعار جهاز الكمبيوتر وأحجامه مع الارتفاع الملحوظ في سعته التخزينية Store Capacity وسرعته في الأداء وتعدد وظائفه والشكل رقم "١٠" يوضح هذه الخواص .

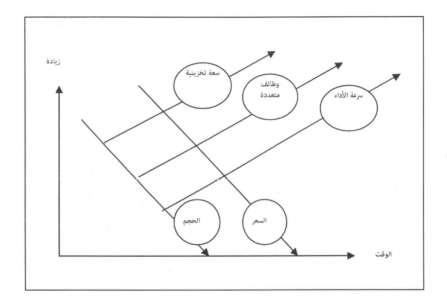

شكل (١٠) العلاقة بين مرور الزمن والتغير في خواص الكمبيوتر [١٠]

الرأي الثاني : الاعتقاد بأن الكمبيوتر سوف يقلل من الأدوار التي يقوم بها المعلم ، وأن يحل الكمبيوتر محل المعلمين مما يؤدي إلى انعدام المناقشات والتفاعل اللفظي ، وغير اللفظي ، بين المعلم والتلاميذ داخل الصف ، وبذلك تنتزع المدارس من محتواها الاجتماعي .

وللرد على هذا الرأي يمكن القول : أن إحدى الدراسات قد أثبتت أن المعلم يؤدي دوراً مهماً يسهم في جعل الكمبيوتر أداة تعليمية مفيدة ، فبدلاً من إن يحل محله ، فقد أعطاه الكمبيوتر أدوارا جديدة دعمت دوره الأساسي ، فهو لم يعد ذلك الكتاب الناطق Talking Book ، أو جهاز تصحيح الأوراق الذاتي الفوري Autonomus Paper Correcting بل أصبحت له **أدوار جديدة مثل :** الإرشاد Guidance ، التخطيط Planning والتقويم وتدعيم العلاقات الإنسانية والتحكم أو ضبط العملية التعليمية Controlling .

وقد أشار " كمال اسكندر ١٩٩٤ " [١١] إلى بعض المهام التي يقوم بها المعلم في ظل استخدام الكمبيوتر ، كما حددها " ستانشفيلد " "Stanchifield" منها :

- تحليل نتائج الاختبارات .
- وضع جدول زمني لاستخدام تلاميذه للكمبيوتر .
- تقويم احتياجات التلاميذ التعليمية .
- إرشاد التلاميذ و إمدادهم بما يحتاجونه في أثناء دراستهم على الكمبيوتر .
- تصميم و أعداد بعض البرامج التعليمية التي يمكن عرضها من خلال الكمبيوتر .

وفي كل الأحوال فالمعلم يكون دوره كمدير للتعليم، وكمستشار ، وكوجه، وكمخطط ،ويضيف " ستانشفيلد " إن الثورة التكنولوجية خلقت أدوارا متباينة ومتعددة للمعلم بجانب دوره الأساسي ومن امثلتها: المعلم السيد "Master Teacher " والتكنولوجي التربوي "Educational Technologist "،و المعلم المبرمج " Programer Teacher " والمعلم المصمم لبيئته التعليم "Environement Instructional Designer "، وعلى آية حال ، فإن هذه المهام و الأدوار إذا تم تأديتها بحكمة وبصيرة فإن مستقبل الدور الذي يؤديه المعلم سوف يصبح اكثر تحدياً له واكثر مسئولية ودلالة عن ذي قبل .

الرأي الثالث : الاعتقاد بأن استخدام الكمبيوتر في تعليم يجرد القائمين على العملية التعليمية من شخصياتهم الإنسانية ، وسوف تنتزع المدارس من محتواها الإنساني، وتفتقر للعوامل والدوافع الإنسانية .

وللرد على هذا الرأي يمكن القول : أنه ليس هناك أي سبب لمثل هذا الاعتقاد ، فهناك العديـد مـن المهـام التي يمكن أداؤها في عالمنا المعاصر على نحو افضـل بواسـطة الآلات "Machines" عـما هـو الحـال إذا تـم أداؤها بواسطة الإنسان .

ومما لا شك فيه أن تطبيق الكمبيوتر في التعليم سوف يغير مـن الملامح الرئيسية للنظام التعليمي المعتاد في المدارس ، وبذلك تأخذ علاقة المعلم بالمتعلم أبعاداً جديدة بحيث يتم التفاعل بينهما بطرق اكثر إنسانية وفعالية عما ذي قبل ، حقيقة أن الدور التقليدي للمعلم في ظل استخدام الكمبيوتر في التعليم سوف يتغير بدرجة ما ، ولكن ذلك ليس مبرراً كي يشعر المعلمون بعـدم الآمن والطمأنينة وأن الكمبيوتر سوف يجردهم من شخصيتهم ، وإعتـزازهم الشخصي بأنفسهم ، ويحط مـن قـدر العلاقة ذات الطابع الإنساني بينهم وبين تلاميذهم ؛ مما يجعلهم تابعين للجهاز وخاضعين له .

ويمكن التغلب على ذلك مـن خـلال إمـداد المعلمين بنـوع مـن التـدريب والإرشـاد فـيما يتعلق بأدوارهم الجديدة ، كما يضيف " كمال اسكندر ١٩٩٤ " إن المعلمين والتلاميـذ يكونـون اكثر واقعية عنـد استخدام الكمبيوتر ؛فإذا وجدوا أن الكمبيوتر ليس لديه شيء يقدم لهم فانهم على المـدى البعيد سـوف يتجاهلونه ، ولذا فإن أول مهمة لإدخال الكمبيوتر كمساعد في التعليم هي تزويد المعلمين بالمعلومـات الكافية عن هذه الأجهزة إذ أن معظم المعلمين لا يعلمون إلا القدر القليل عن التعليم بمساعدة الكمبيوتر ، وبالتالي فهناك حاجة ماسة لأن يكون لدى المعلمـين دراية كافيـة وفهـماً أساسيا بالكمبيوتر في التعليم وبذلك نستطيع القضاء على إحدى صعوبات استخدام الكمبيوتر في التعليم .

وخلاصة القول أنه لا يمكن بأي حال من الأحوال الاستغناء عن الطابع الإنساني والعامل البشري في التعليم مهما كانت مستحدثات التكنولوجيا التربوية المستخدمة فيه ، ويوضح الشكل رقم "١١" العلاقـة التفاعليـة بين المعلم ، والتلميذ ، والكمبيوتر كمستحدث تكنولوجي.

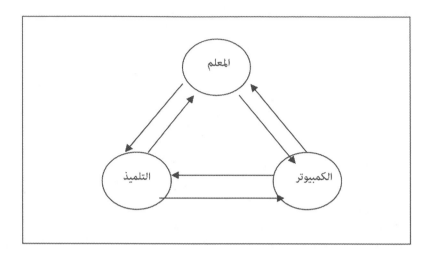

شكل (١١) العلاقة التفاعلية بين المعلم والتلميذ والكمبيوتر

ولذا من الأفضل أيجاد مساحات اكبر للمعلم لاداء كثيراً من المهام عند استخدام الكمبيوتر في مجال التعليم .

الرأي الرابع : الاعتقاد بأن استخدام الكمبيوتر في التعليم سيلاقي مقاومة وعدم رضا من المعلمين . وهذا الاعتقاد راجع إلى مقاومة المعلمين للكمبيوتر كمستحدث تكنولوجي ، وليس راجعاً إلى الكمبيوتر ذاته ، حيث يرى المعلمون أن فيه تهديداً لتأمين وظائفهم ؛ ولكن في معظم الحالات تكون هذه المقاومة موجودة في كافة المجالات عند استخدام المستحدث أو الاكتشافات الجديدة فيها ، فغالباً ما يأخذ الأفراد موقفاً سلبياً من كل ما هو جديد ، ومستحدث في بادئ الآمر ، وحل مشكلة هذا الاعتقاد يتمركز حول عقد دورات تدريبية يكتسب المعلمون من خلالها مهارات استخدام الكمبيوتر في العملية التعليمية .

الرأي الخامس : الاعتقاد بأن استخدام الكمبيوتر في التعليم سوف يقلل من الابتكارية لدى التلاميذ .

غير أن : الكمبيوتر أداة مطيعة فيما يتعلق بطاعتها لبرامجها ، وفي هذا الصدد يؤكد " فتح الباب ١٩٨٥ " ما أشار إليه "ويتش ، وسكولير" " Wittich & Schuller " إن التعليم بمساعدة الكمبيوتر يفرز لنا إنتاجا بالجملة Mass Production من المتعلمين ، وكل تلميذ مع الكمبيوتر له الحرية في السير في البرنامج بسرعة اكبر أو اقل ، حسب قدرته وسرعته الذاتية في التعليم ، ومن هنا فإن التعليم بمساعدة الكمبيوتر يمكن إن يؤدي إلى تفجير المزيد والمزيد من طاقات وقدرات الابتكار لدى التلاميذ ، وذلك لانه يخلصهم من الروتين والتكرار الذين هما سمة طرق التدريس الجمعي ، وبالإضافة إلى ذلك فإن التعليم بمساعدة الكمبيوتر يمكن إن يتيح للتلاميذ ممارسة بعض الأنشطة الابتكارية ، وبالتالي تعلم افضل يقوم على الابتكار .[١٢]

تقنية الكمبيوتر وتنمية مهارات التفكير الابتكاري :

والجدير بالذكر إنه يفضل عند استخدام الكمبيوتر كوسيط تعليمي في تنمية الابتكار هو استخدامه كجزء من استراتيجية تعليمية أو مدخل للتعليم متعدد الوسائل Media Strategy or –Multimedia Approach to Instruction ، حيث يصبح الكمبيوتر هنا مجرد مصدر أو أداة لعرض البرنامج مع تميزه بخواص وقدرات هائلة ، يمكن إن تسهم في تنشيط العمليات الضرورية للابتكار مثل عمليات الانتباه والإدراك والتخيل [١٣] .

وبالنظر إلى دور الكمبيوتر ومساهماته في التعليم فإن استخدام الكمبيوتر في التعليم يفتح أفاقا جديدة ، تختلف عن تلك المسامات التي تتيحها أدوات وأجهزة أخرى كالتلفزيون والفيديو والراديو ، وذلك لأن الكمبيوتر كجهاز مستحدث يمتاز بما يلي[١٤] :

١ - يسهم في تحسين مستوى التعليم ويزيد من فعاليته ، لانه يوفر بيئة تفاعلية Interactive يكون فيها المتعلم إيجابيا وفعالاً ، عكس الأدوات الأخرى التي تقوم على أساس سلبية المتعلم لأنها أدوات ذات اتجاه واحد Way-One ، مما قد يساعد في تنمية الاتجاهات الإيجابية للمتعلم نحو المواد الدراسية التي تعرض من خلال شاشة الكمبيوتر في صور مبرمجة .

٢ - سرعة الكمبيوتر العالية في الاستجابة لتعليمات التلميذ والتي تسمح له بالحصول على تعزيـز فـوري لأنشطته في أشكال مختلفة ، كما يمكن أن يقوم عمل التلميذ بشكل مستمر ،وتقديم خطوات علاجية له إن لزم الآمر .

٣ - يساعد الكمبيوتر في الإقلال من زمن التعليم المستغرق في دراسة المقررات الدراسية مما يتـيح الفرصة للتلميذ بممارسة عدد من الأنشطة الاثرائية التي قد تدفعه لتنمية قدرات عقلية مرغوبة كـالتفكير الابتكاري .

٤ - يعتبر الكمبيوتر أداة من الأدوات المساعدة في تنمية التفكير ومهاراته ؛ لانه يثير دافعية التلاميـذ نحـو ممارسة النشاط التخيلي ، وبعـض العمليـات الأخـرى الضـرورية لحـدوث الابتكار ، **مثل** : الانتبـاه Attention ؛ و الإدراك Perception ، كما يتمتع الكمبيوتر بإمكانية عرض الأفكار والمواقف بصورة حيـة على شاشته ، مع تمثيل الأشياء تمثيلاً محسوساً من خلال أسـلوب المحاكـاة Simulationi بواسـطة عـدة وثائق للتصميم Design Documents التي تستخدم في بناء البرامج التعليمية، ومن أهم هذه الوثائق " خرائط المسار Flow Charts - لوحة تسلسل الأحداث Story Board الحوار مع اللقطات Scripts " ممـا قد يساعد في تنمية القدرة على التفكير الابتكاري لدى التلاميذ في المادة الدراسية المبرمجة كـالعلوم مثلاً .

٥ - يساعد على عملية تفريد التعليم ، حيث يمكن تقديم التعليم الملائم لكل تلميـذ حسب مستواه وقدرته وسرعته الذاتية في التعليم .... فمثلاً عندما يدرس التلميذ وحدة دراسية باستراتيجية التعليم الموصوف للفرد "I.P.I " بمساعدة الكمبيوتر من الممكن أن يكون ذلك افضل مـن دراسـتها في صـورة موديولات ورقية .

٦ - يساهم الكمبيوتر في إقبال المتعلم على الدراسة بحب وشغف ؛ لانه يجعل الـتعلم اكثر عمليـة ، فاستخدام الكمبيوتر في المقررات الدراسية تزيـد مـن ارتبـاط النـواحي النظريـة بالتـدريب العمـلي ، فالعمل بالكمبيوتر يماثل العمل داخل معمل التجارب المعملية .

٧ - يتيح للمعلم ممارسة دوره الجديد في التوجيه والإرشاد ومعاونة التلاميـذ ومراقبتهم للتأكد مـن ممارستهم للتعلم الذاتي الذي يمثل جوهر التعليم المفرد .

٨ - يتيح للمتعلم مزيداً من الحرية التعليمية عند ممارسة التعليم المفرد لانه يشجع على فتح الحوار مع المتعلم ، ويسمح له بالتفكير في نسق مفتوح واختيار ما يحتاج من بدائل تعليمية ، ولا يحتاج المتعلم في بعض الأحيان إلى المعلم ، ولكن هذا لا يدفعنا إلى تقليص دور المعلم أو الاستغناء عنه ، فيجب ألا نتوقع أن كل مستحدثات تكنولوجيا التعليم ومنها الكمبيوتر ، يمكن أن تحل محل المعلمين في المستقبل القريب، فليس هذا بالشيء المستحب أو المرغوب فيه **لاسباب منها** : أنه توجد حدود للعمل الذي تستطيع هذه المستحدثات القيام به ، وان التربية عملية إعداد للحياة في مجتمع مع بشر آخرين ، وليس مع آلات ، ومن هنا فإن عملية التعلم والتعليم المعتادة التي تقوم على أساس التعامل والتفاعل بين المعلم والمتعلم ، لها أهميتها الإنسانية وطابعها الاجتماعي بجانب أهميتها وفوائدها التعليمية "(١٥)

٩ - يستطيع الكمبيوتر تخزين كم هائل من المعلومات وعرضها في زمن قياسي ؛ بالإضافة إلى قدرته على تعويض النقص في عدة وسائط تعليمية أخرى فهو بمثابة عدة أجهزة في جهاز واحد (١٦) .

١٠ - يوفر للتلاميذ فرصاً للتجريب والمغامرة ، دون رهبة أو خوف ؛ فعند التعامل مع الكمبيوتر ، يتحرر التلميذ من الخوف ، وكبح الرغبة في الانطلاق نحو التفكير في استكشاف آفاق جديدة و إنجازات متطورة (١٧) .

مجالات استخدام الكمبيوتر في التعليم :

انطلاقاً من التغيرات التي طرأت على النظام التعليمي نتيجة دخول الكمبيوتر في العملية التعليمية ؛ تعرض فيما يلي لعدد من الوظائف التربوية التي يمكن للكمبيوتر إن يؤديها أو يدخل فيها (١٨) ..... ويوضح ذلك الشكل رقم "١٢".

المجال الأول : تعلم عن الكمبيوتر Learning About Computer ويتضمن :

الكمبيوتر كمقرر دراسي ضمن المنهج الدراسي Computer as a Subject Matter

إن معرفة الكمبيوتر وطرق التحكم فيه ، واستخدامه أصبحت من المهارات التي تتزايد أهميتها يوماً بعد يوم واعتماد الكمبيوتر كمقرر دراسي أكاديمي إنما هو القاعدة الأساسية للتكيف مع هذه التقنية الحديثة لضمان حسن استخدامها

وتطويرها بما يرمى إلى تحقيق الأهداف العليا للمجتمع ،ويمكن تصنيف مقررات الكمبيوتر إلى [١٩] :

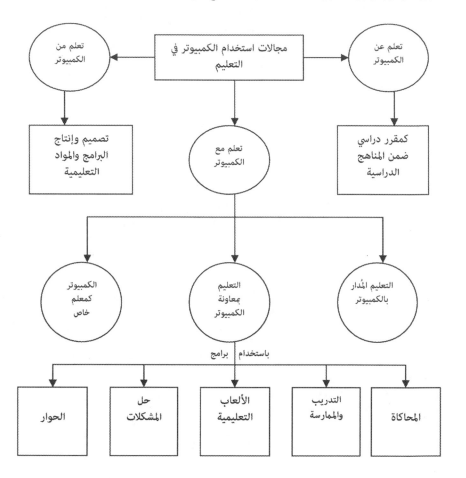

شكل (١٢) مجالات استخدام الكمبيوتر في التعليم

أ – مقررات لنشر المعرفة عن الكمبيوتر في مرحلة ما قبل الجامعة.

ب – مقررات لنشر استخدام الكمبيوتر ويتضمن تشغيل الكمبيوتر والأجهزة المساندة له لاعداد المبرمجين

ج – مقررات المختصين في علوم الكمبيوتر ونظم المعلومات ، وتشمل تلك المقررات الأسس النظرية للكمبيوتر ، وترتيب البيانات ، وتعميم لغات البرمجة ، ونظم التشغيل، وتكون تلك المقررات في مراحل الدراسة الجامعية وما فوقها .

المجال الثاني : تعلم من الكمبيوتر Learning From Computer ويتضمن :

استخدام الكمبيوتر كمصدر لتصميم وانتاج البرامج والمواد التعليمية " البرمجة ":

Design & Product Programs and Materials Instructional Source

حيث يمكن الاستفادة من الكمبيوتر في هذا المجال في تصميم و إنتاج بعض البرامج التعليمية التي تتناول أي مادة دراسية معينة أو إنتاج مواد تعليمية عالية الجودة مثل :

- إنتاج شفافيات وشرائح شفافة .
- إنتاج تسجيلات صوتية عالية الجودة .
- إنتاج صورة ثابتة ومتحركة .

المجال الثالث : تعلم مع الكمبيوتر Learning With Computer

ويتضمن عدة انماط منها:

أ – التعليم المدار بالكمبيوتر Computer Manged Instruction (C.M.I)

وفي هذا النمط يقوم الكمبيوتر بالعديد من المهام التي تساعد المعلم في أداة التعليم دون القيام الفعلي بالتدريس ، ومن هذه المهام [٢٠] :

- تقديم المادة التعليمية .
- يتولى عملية التفاعل Interaction مع التلاميذ وفق احتياجات وطريقة وقدرات كل طالب في استقبال المعلومات .
- إدارة الاختبارات والتمارين التدريبية للتلاميذ .
- تقويم وتقدير درجات إجابات الاختبارات .
- تقديم التغذية المرتجعة الفورية .
- إدارة الاختبارات القبلية .
- إدارة وتدريب المواد و المصادر التعليمية .
- تجميع بيانات التلاميذ وحساب متوسطات الدرجات لكل تلميذ .
- تقدير مستوى التلميذ إن كان متفوقاً أم يحتاج إلى مزيد من التعليم والاستيعاب .

وقد كان من المعتقد أن استخدام نظام (C.M.I) سوف يوفر على المعلمين الكثير من الأعمال أو يتيح فرصة للتلميذ لممارسة التعليم المفرد ، إلا أن العديد من المعلمين رفضوا التنازل عن بعض أدوارهم التقليدية ، ولذلك فإن معظم المعلمين يعتبر استخدام (C.M.I) عملاً زائداً عن الحاجة .

ب - الكمبيوتر كمعلم خاص Tutorial-Computer

و يعرف هذا النمط باسم " الكمبيوتر كنظام توجيه مرئي للمتعلم " وفيه يقدم الكمبيوتر المادة التعليمية للتلميذ على حده ،مع متابعة تقدمه في هذه المادة ، ويقوم كذلك بتقديم التغذية المرتجعة الفورية للتلميذ عندما يخطئ في الإجابة عن سؤال ، كأنه معلم صبور مطيع ، أما التلميذ الذي يبدي تفهماً من خلال قيامه بحل عدة اختبارات أو تمارين مرتبطة بموضوع الدراسة فإن الكمبيوتر ينقله فوراً لدراسة موضوع دراسي جديد ويقوم الكمبيوتر بتقديم التهنئة للتلميذ على هذا الإنجاز ، ويستلزم هذا النمط مزيداً من الوقت وذلك لانتاج ساعة واحدة من التدريس الناجح ماً وكيفاً ، وذلك لعدة اعتبارات منها [٢١]:

- محاكاة سلوك المعلم الإنسان من الأمور بالغة الصعوبة لأن طبيعة مكونات المعلم الإنسان تختلف عن طبيعة ومكونات المعلم الآلة "الكمبيوتر " .

- لم تصل هذه التقنيات الحديثة بعد إلى مرحلة البرمجة الذاتية بطرق سهلة مما يجعل تطويعها للمجالات التعليمية موضع انتقاد نتيجة الوقت والجهد الضخم المستهلك في سبيل ذلك.

ج - التعليم بمعاونة الكمبيوتر Computer Assisted Instruction (C.A.I)

ويعتبر هذا النمط من افضل التطبيقات التربوية للكمبيوتر في مجال التعليم بصفة عامة ، حيث يقوم الكمبيوتر بتقديم المادة التعليمية " المحتوى الدراسي " ضمن استراتيجية تدريسية محددة ، والتعليم بمعاونة الكمبيوتر يساهم في توفير التعليم الفعال من خلال قدرة الكمبيوتر على توفير التعليم المفرد وتقديم تغذية مرتجعة فورية، كما أن هذا النمط يتيح للتلميذ فرصاً عديدة من المحاولات لحل المشكلات وتصحيح

الأخطاء مع زيادة قدرته على التفكير بعمق في الموضوعات الدراسية ، هذا بالإضافة إلى تنمية قدرة التلميذ على التفكير الابتكارى [٢٢] .

كما أن هذا النمط يمكن أن يجعل عملية التعليم اكثر فاعلية ؛مما يجعل المتعلم اكثر نشاطاً، وهناك عدة طرق أو برامج تستخدم في تحقيق التعليم بمساعدة الكمبيوتر منها:

أ - التدريب والممارسة Drill & Practice

وفي هذه البرامج ، يقدم الكمبيوتر للتلميذ مجموعة من التدريبات متدرجة في الصعوبة ، مع قيامه بتصحيح إجابات هذه التدريبات ، و إعطاء النتيجة للتلميذ بصبر وسعة صدر ؛ وبذلك يوفر الكمبيوتر مزيداً من مجهود المعلم ويحرره من العبء الروتيني والمتكرر للتدريبات ،كذلك فإن الكمبيوتر يجنب التلميذ من الحرج ، أو سخرية زملائه أو عتاب معلمه ، مما يدفعه إلى إعطاء نتائج افضل في عملية التعليم.

ب - الألعاب التعليمية Instructional Games

وتكون هذه الألعاب على شكل مباريات تعليمية تعالج المواد التعليمية كالرياضيات أو العلوم ، بهدف زيادة دافعية التلميذ وتشجيعه على البحث والاكتشاف ، وتحسين اتجاهاته نحو هذه المواد .

ج - المحاكاة " تمثيل المواقف " Simulation

وفي هذه البرامج يواجه التلميذ بموقف واقعي يقدم له بصورة تمثيلية ، **فالمحاكاة هي :** تجريد أو تبسيط لبعض المواقف المستمدة من الحياة الحقيقية الواقعية، ويتأتى ذلك بصفة خاصة في دروس العلوم ، حيث يقدم الكمبيوتر الخطوات الخاصة بتجربة أو تفاعل كيميائي ، والاحتمالات الناتجة عنه ، ويتدرب التلميذ على هذه البرامج دون مخاطرة أو تكليف مثل برامج قيادة السيارات .

أي أن المحاكاة تقرب الواقع للتلميذ عن طريق نقله إلى حجرات الدراسة ، وفي صورة نماذج بالإضافة إلى أن هذا النوع من التعليم يثير رغبة التلميذ إلى التعليم ، ويدفعه إلى مزيد من التعلم ، ويتيح له فرصة التخيل Imagination عن طريق العرض البصري المثير المشوق ، ومن خلال ممارسة التلميذ للنشاط التخيلي Imagery activity

يتحرر التلميذ من الجمود العقلي ؛ مما يدفعه إلى الحرية في التفكير ، و إطلاق العنان للتخيل ؛ مما يساعد على تنمية قدرات الابتكار لديه [٢٣].

وعلى سبيل المثال يمكن أن يقدم الكمبيوتر المادة التعليمية (كمادة العلوم مثلاً) مستعيناً ببرنامج للمحاكاة وتمثيل المواقف من خلال استراتيجية تدريسية من ضمن استراتيجيات التعليم المفرد ، ومن أمثلة المحاكاة. تقديم نظرية نشأة الأرض في صورة واقعية ، حيث إن " الفريد هيل " صاحب النظرية العلمية الحديثة في نشأة الأرض يرى أن الأرض قد نشأت من انفجار نجم آخر غير الشمس ، وقدم الكمبيوتر هذه المعلومة المجردة في صورة واقعية محسوسة على الشاشة ، مثل عملية انفجار النجم بالصوت والصورة .

وقد أشار " اليس وتروليب "" Alessi & Trollipe " [٢٤] إلى أن التعليم بمساعدة الكمبيوتر يتضمن أربعة أنشطة تعليمية متكاملة وهي :

- عرض المعلومات . - توجيه المتعلم .
- تدريب المتعلم لاستيعاب المعلومات . - تقويم أداء المتعلم .

ومن جهة أخرى ، فإن التعليم بمعاونة الكمبيوتر (C.A.I) يمكن أن يتيح للمعلم وقتاً أطول لممارسة دوره المستحدث " المعدل " بصورة افضل ؛ وخصوصاً عندما يأتي الكمبيوتر ضمن استراتيجية تدريسية للتعليم المفرد ، لأن هذا النوع من التعليم يراعى الفروق الفردية بين التلاميذ ، ويراعى احتياجات ، وقدرات كل تلميذ، وسرعته الذاتية في التعليم [٢٥] .

- والجدير بالذكر أن هناك عدة طرق لتقديم الكمبيوتر في الفصول الدراسية أو معامل التعلم الذاتي ومنها :

١ - الكمبيوتر مع الفصل كله .. حيث يتصل بشاشة عرض كبيرة .

٢ - الاستخدام الجماعي ... حيث يتم تقسيم المتعلمين في الفصل الواحد إلى عدة مجموعات صغيرة ما بين "٢ - ٤ تلاميذ " ويتوقف العدد على نوع البرنامج والهدف منه، ويرى المؤلف أن هذا النوع من الاستخدام يمكن أن يساهم في إيجاد التفاعل الحقيقي بين التلاميذ والكمبيوتر ، وبين التلاميذ وبعضهم البعض من ناحية ، ويمكن أن

يساعد في إنتاج أكبر عدد ممكن من الأفكار المرتبطة بمشكلة ما من ناحية أخرى، لأن العمل وسط فريق يؤدي إلى نتائج أكثر خصوبة من العمل المنفرد.

٣ – الاستخدام الفردي .... حيث يستخدم كل متعلم جهاز كمبيوتر مستقل .

أهداف استخدام الكمبيوتر كمعاون في تعليم بعض المقررات الدراسية كمادة العلوم على سبيل المثال * :

- القدرة على استيعاب اكبر قدر ممكن من معلومات مادة العلوم في اقل وقت ممكن .
- القدرة على تعلم مادة العلوم تعليماً مفرداً " ذاتياً " .
- تنمية الاتجاهات الإيجابية نحو مادة العلوم .
- القدرة على تنمية الابتكار في العلوم .
- الرغبة في استمرار تحصيل المعلومات عن مادة العلوم مدى الحياة .
- تحقيق استراتيجيات تدريسية مختلفة كالتعليم المفرد أو التعليم حتى التمكن .
- زيادة دافعية الطلاب نحو تعلم المادة .

* هذه المعلومات تمثل أبرز نتائج أحد الدراسات التي اجراها المؤلف قبل ٦ سنوات والتي تناول فيها العلاقة بين بعض نظم التعليم المفرد وخاصة نظام التعليم الموصوف للفرد.

مراجع الفصل السادس

١ - مصطفى عبد القادر عبد الله "١٩٩٢" متطلبات دور العلم العربي للتواؤم مع إدخال الحاسوب " الكمبيوتر " إلى التربية العربية ، دراسات تربوية ، المجلد الثامن ، الجزء ٤٨ ، "ص ١٩١٩ " .

٢ - Berg . S . L ., (١٩٩٥) " Facilitating Computer Conferencing: Recommendations From the Field . Educational Technology ,Vol . ٣٥, No . ١ , p . ٢٢ .

٣ - فيصل هاشم شمس الدين "١٩٨٥" : الكمبيوتر وإمكانيات استخدامه في المدرسة المصرية ، مجلة التربية للأبحاث التربوية ، العدد ٥ ، ديسمبر ، جامعة الأزهر " ص ٢٤ " .

٤ - محمود سيد آبو ناجي " ١٩٩٤ " : استخدام الكمبيوتر في تعليم الفيزياء ، في الصف الأول الثانوي واثر ذلك على تحصيل التلاميذ في مادة الفيزياء واتجاهاتهم نحوها ، دراسة تجريبية ، رسالة دكتوراه غير منشورة ، كلية التربية بقنا ، جامعة أسيوط ، "ص ٣٩ " .

٥ - علي محمد عبد المنعم " ١٩٩٦ " : ثقافة الكمبيوتر ، القاهرة ،دار البشري ، "ص ١٣ "

٦ - علي العجوزة " ١٩٨٧ " الكمبيوتر وتطوير التعليم ، آماك ، القاهرة ، مركز الأهرام للإدارة والحاسبات الإلكترونية ، "ص ٤٣ " .

٧ - لمزيد من التفاصيل ... انظر :

- وليم تاوضروس عبيد ، مجدي عزيز إبراهيم "١٩٩٤ " تنظيمات معاصرة للمناهج ، رؤى تربوية للقرن الحادي والعشرين، القاهرة: الانجلو المصرية،" ص ٦٠ - ٦٩ ".

- احمد محمود احمد عفيفي " ١٩٩١ " فاعلية استخدام الكمبيوتر في تدريس الهندسة الفراغية بالمرحلة الثانوية ، رسالة دكتوراه غير منشورة ، القاهرة ، معهد البحوث والدراسات التربوية " ص ٣٤ - ٣٨ " .

- سمير ايليا دانيال "1987 " الكمبيوتر في التعليم ضرورة تربوية ، ندوة استخدام الكمبيوتر في التعليم بالمدرسة الثانوية من وجهة نظر خبراء علوم الحاسب ، مركز تطوير تدريس العلوم ، جامعة عين شمس ، القاهرة ، " ص ٦١ – ٦٨ " .
- Mauldin , M . (١٩٩٦) " The Formative Evaluation of Computer – Based Multi – media programs , Educational Technology , Vol . ٣٦b , No . ٢ , PP. ٣٦- ٣٩ .
٨ – مجدي عزيز إبراهيم "1987" : الكمبيوتر والعملية التعليمية ، دراسات تربوية، ط١، القاهرة : الانجلو المصرية ، " ص ١٣ " .
٩ – كمال يوسف اسكندر "1985" : التعليم بمساعدة الحاسب الإلكتروني بين التأييد والمعارضة ، مجلة تكنولوجيا التعليم ، الكويت ، العدد ١٥ ، السنة ٨ ، يونيو ، " ص ٤٣ " .
١٠ – ناجح محمد حسن "١٩٩٧ " مقرر مقترح في تكنولوجيا التعليم لطلاب كليات التربية ، رسالة دكتوراه غير منشورة ، كلية التربية , جامعة الأزهر " ص ٢٠٦ ".
١١- كمال اسكندر ، محمد ذبيان " ١٩٩٤ " مقدمة في التكنولوجيا التعليمية ، ط١ ، الكويت، مكتبة الفلاح ، " ص ٤٥٤ " .
١٢ – فتح الباب عبد الحليم " 1985 " : مقدمة لاستخدام العقل الإلكتروني في التعليم ، الكويت ، تكنولوجيا التعليم ، العدد ١٥ ، المركز العربي للتقنيات التربوية ، " ص ١٠٣ " .
١٣ – Rowland . C . (١٩٩٥) : Instructional Design and Creativity :A Response to the Critics , Educational Technology , Vol . ٣٥ , No . ٥ , P. ١٩ .
١٤ – لمزيد من التفاصيل ... انظر :
- مروان راسم كمال ، محمد نبيل نوفل " ١٩٩١ " : التعليم في عصر الكمبيوتر ، المجلة العربية للتربية ، المنظمة العربية للتربية والثقافة والعلوم ، المجلد "١١" ، العدد ١ ، يونيو ،"ص ٢٦- ٢٩ " .
- احمد حامد منصور " ١٩٩٦ " : تطبيقات الكمبيوتر في التربية ، سلسلة تكنولوجيا التعليم ، رقم "٨ " ، " ص ٥١ – ٥٧ " .

١٥- Dick , W . (١٩٩٥ a) " Instructional Design and Creativity : A Response to the Critics Educational Teachnology , Vol . ٣٥ , no . ٤ , PP.٥- ١١ .

١٦ - كمال اسكندر ، محمد ذبيان " ١٩٩٤ " : مقدمة في التكنولوجيا التعليمية ، مرجع سابق ، " ص ٤٥١ - ٤٥٢ " .

١٧ - فتح الباب عبد الحليم "١٩٩١ " : توظيف تكنولوجيا التعليم ، مطابع حلوان ، " ص ٩٣ " .

١٨ - Schroeder , E.E (١٩٩٢) " Interactive Multi- media Computer Systems, Educational Technology Vol . xxx١ , No . ٢ , February , PP . ٥٩ - ٦٠ .

١٩ - مصطفى عبد القادر عبد الله "١٩٩٢ " : متطلبات دور المعلم للتواؤم مع إدخال الحاسوب " الكمبيوتر " إلى التربية العربية ، مرجع سابق "ص١٩٥ " .

٢٠ - See - Ex :

- Bluhm , H . B . (١٩٨٧) " Computer Managed instruction , A useful Tool for Educators , Educational Technology , January , Vol . , xxx , No . ٧ . pp . ٧ - ١٢ .

- Alessi , A . m . & Trollips , S . R (١٩٨٥) " Computer Based Instruction Method and Development . New Jeresy , Prentic - Hall Inc . pp . ٢-١٨ .

- سوسن محمد عز الدين "١٩٩٧" : اثر استخدام استراتيجية علاجية بأساليب من التغذية المرتجعة وباستخدام الكمبيوتر في تنمية التحصيل لطلاب الصف الأول الثانوي في الهندسة وفقاً لانماطهم المعرفية ، مرجع سابق ، "ص٧٢ - ٨٠ " .

٢١ - ماهر ميخائيل "١٩٩٧ " : كفاءة استخدام الكمبيوتر في تنمية المهارات الهندسية لدى تلاميذ المرحلة الإعدادية ، رسالة ماجستير غير منشورة ، كلية التربية بالإسماعيلية ، جامعة قناة السويس ، "ص ٤٥ " .

٢٢ - محمد فهمي طلبة "١٩٨٧" : حول استراتيجية البرامج اللازمة لإدخال الكمبيوتر في المدارس ، مركز تدريس العلوم، القاهرة ، نوفمبر "ص ٢ " .

٢٣ - Kelinger , J . W (١٩٩١) Computer Classrom in Higher Education : An Innovation in Teaching , Educational Technology , Vol . xxx١ , N..٨ , P.٣٦ .

٢٤ - In : Schroeder , E . E . (١٩٩٢) Op . Cit . p . ٦٠ .

٢٥ - Shank . C . & Athers (١٩٩٤) " Improving Creative Thinking Using Instructional Technology : Computer - Aided Abductive Reasoning , Educational Technology Vol . xxx١ V , N.٩ , pp . ٣٣ - ٣٤ .

(٧)

الفصل السابع

الابتكـــار

الفصل السابع
الابتكار
The Creativity
(Creation)

مقدمة :

لقد شهد النصف الأخير من القرن السابق اطراداً متعاظماً في البحوث والدراسات التي تناولت الابتكار ، وقد بدأ هذا الاطراد بالتحديد عام ١٩٥٠ م عندما أعلن "جيلفورد " " Guilford " في خطابه الافتتاحي أمام جمعية علم النفس الأمريكية (A.P.A.) American Psychological Association عن نموذج بناء العقل البشري (SIM) The Structure of Intellect Model الذي ميز من خلاله بين نوعين من التفكير :

الأول : وهو التفكير التقاربي "المحدود " Convergent Thinking ويقاس باستخدام اختبارات الذكاء التقليدية والتي غالباً ما تطلب من المفحوص استجابات محددة وصحيحة عن أسئلة مباشرة ومحددة .

الثاني : وهو التفكير التباعدي " المنطلق " Divergent Thinking ويقاس باستخدام اختبارات التفكير الابتكاري والتي تتطلب من المفحوص التنوع والتفرد في الاستجابات والاستقلالية في التفكير .

مفهوم الابتكار :

لقد تعددت تعريفات الابتكار شانه في ذلك شأن معظم المفاهيم والمتغيرات النفسية الأخرى ، وذلك حسب مناحي الباحثين و أراءهم العلمية ، وتخصصاتهم ، و الأطر الثقافية المتباينة التي تنتسب إليها هذه التعريفات ؛ ولذا فمن الصعوبة اختيار تعريف جامع شامل للعمل بمقتضاه يتفق عليه المتخصصون والمهتمون بالابتكار ويعود ذلك إلى عدة اعتبارات منها [1] :

- غموض ظاهرة الابتكار ، وتعقدها ، وصعوبة التنبؤ بها ، وعدم اكتمال فهمها حتى لدى المتخصصين .

- التداخل بين المتغيرات والعوامل التي تقف بصورة مباشرة وغير مباشرة خلف الناتج الابتكاري ، حيث يستند الابتكار إلى عدة عوامل واستعدادات عقلية ، ومعرفية، وغيرها ، من المتغيرات التي تتداخل معاً ؛ مما يتعذر معه عزل أو تحييد آثارها .
- النسبية في الحكم على الأداء أو النشاط الابتكاري Creative Activity
- صعوبة الحكم على العملية الابتكارية وصفاً وتفسيراً ومن ثم التنبؤ والتحكم فيها .

ومع ذلك فهناك العديد من التعريفات التي حاولت الإلمام بهذا المفهوم التي يمكن وضعها تحت خمس فئات " نقتصر على عرض بعض الأمثلة التي تمثل كل فئة " .

الفئة الأولى :

وهي التي تركز على الابتكار كعملية عقلية Mental as a process تمر بعدة مراحل داخل المخ البشري كتجهيز المعلومات ، وإدراك العلاقات بين العناصر المعرفية، واستخدام الاستراتيجيات الملائمة التي ينتج عن التفاعل بينها وبين محتوى البنية المعرفية Cognitive Structure Content ناتجاً ابتكارياً .

فيرى تورانس (Torrance ١٩٧٢) أن الابتكار عملية عقلية يقوم فيها الفرد بالتعرف على المشكلة وإدراك عناصرها المفقودة Missing Elements وثغراتها، والتناقضات التي تحتويها ، وباحثاً عن حل لها ، فيفرض الفروض ، ويختبرها ثم يعيد اختبارها ، ويجرى تعديلات عليها ، حتى يصل إلى النتائج المطلوبة [٢] . بينما نقل " ايمن حبيب ١٩٩٦ " ما أشار إليه " جولفن ، Golvin " بان الابتكار عبارة عن عملية عقلية ينتج عن حدوثها مركب ذو خصائص جديدة ، وهذا المركب يمثل مجموعة من العناصر ، لم تكن مرتبطة من قبل ببعضها البعض ، وينتج هذا المركب من خلال التفاعل بين الخبرات الذاتية للفرد وكم كبير من المعلومات عن العالم الخارجي ، ومن حصيلة هذا التفاعل يخرج الناتج الابتكاري[٣] .

ويعرف "جيلفورد" " Guilford , ١٩٨٤ " [٤] الابتكار بأنه " عملية معرفية أو نمط من التفكير التباعدي Divergent الذي يتصف بالطلاقة ، والمرونة ، و الأصالة والحساسية للمشكلات ، وينتج عنه ناتجاً ابتكارياً " ، كما يرى " جيلفورد " في هذا الصدد أن الابتكار عملية اشتقاق حلول مبتكرة من المخزون المعرفي لمواجهة متطلبات الموقف المشكِل اعتماداً على تعاقب وتزامن العمليات المعرفية بدءاً بالانتباه وانتهاءً بالتقويم ، و مروراً بالمعرفة ،و الذاكرة ، والتفكير التقاربي ، والتفكير التباعدي ؛ كما يوضح الشكل رقم "١٣" ، ويوضح هذا

النموذج موقع التفكير التباعدي الذي يعرفه " جيلفورد " بأنه "عدد الحلول البديلة المشتقة من معلومات مخزون الذاكرة ، آما حرفياً ، أو بالتحوير ، والتبديل فيها ، ليشبع حاجة معطاة مثل حل مشكلة ما "[٥]. (انظر نموذج جيلفورد)

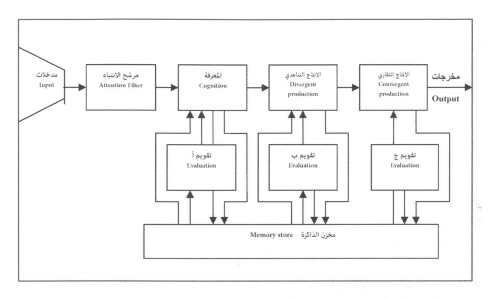

شكل رقم (١٣) تعاقب العمليات العقلية المعرفية وعلاقتها بالابتكار "نموذج جيلفورد "

ومن ابرز النماذج التي تدعم دور العمليات المعرفية في حدوث الابتكار ، النموذج الذي قدمه "فينك " وآخرون عام ١٩٩٢ (Fink & et . al .) والمسمى بالنموذج العام للابتكارية " General Cognitive Model of Creativity (G CMC) " الذي يتناول العمليات المعرفية الأساسية المرتبطة بالابتكار كما يلي [٦] (انظر نموذج فينك)

أ - العمليات التوليدية : Generative Processes

وهي التي تختص بعملية استرجاع المعلومات من مخزون الذاكرة Memory store ، وإحداث ترابطات بينها ، والتأليف بين مكوناتها ، وتحرير هذه المعلومات من صورة لأخرى ، وإحداث تعميمات وفقاً لمتطلبات الموقف المُشكِل .

ب - العمليات المهيئة للابتكار : Preinventive Processes

وهي عبارة أبنية وتراكيب ما قبل الابتكار ، وهي تشتق من استشارات، وتنشيط العمليات التوليدية ، **ومن أمثلتها :** أنماط تصورية بصرية ، صيغ وأشكال ، نماذج تصنيفية وعقلية ، توافقات ، و تجميعات لفظية ، **وتتسم هذه الأبنية بعدة خصائص منها:** الجدة ، الغموض ، والمعاني المتضمنة والبزوغ وعدم الاتساق، والتشعب.

ج - العمليات المعرفية الاكتشافية : Exploraty Processes

وهي التي تشكل الصيغة النهائية للنتاج الابتكاري بما تنطوي عليه من تحضير وتوليد موافقات عقلية ، تسبق الناتج الابتكاري ، ويوضح الشكل التفاعل الدينامي بين عمليات نموذج " فينك " (GCMC)

.

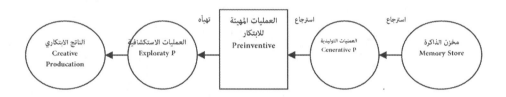

شكل رقم (١٤) دور العمليات المعرفية في الابتكار " نموذج فينك "

الفئة الثانية :

وهي التعريفات التي تركز على الابتكار كناتج Product يتصف بالندرة ، والتنوع ، والتعددية ، والأصالة فيرى ميد "Meed" وهارموت " Harmott " - كما جاء في " سمية احمد ١٩٩٢ " أن الابتكار عملية ينتج عنها شيء جديد سواء أكان هذا

الشيء فكرة أم موضوعاً أم شكلاً جديداً أم شيئاً مادياً ،أم إنتقالاً من عناصر قديمة إلى أخرى جديدة" والجدة هنا منسوبة إلى الفرد وليست إلى المجال الذي يوجد فيه الإبتكار[٧].

ويشير "روجرز " " ١٩٥٩ , Rogers " إلى الإبتكار بأنه إنتاج جديد نابع من خلال التفاعل بين مخزون الخبرة لدى الفرد وما يوجد في بيئته [٨].

وترى " امابل ١٩٨٧ , Amabil " [٩] أن الابتكار " خلق شيء جديد ، و يأخذ هذا الخلق شكل إنتاج جديد أو ملموس أو شكل سلوك ، على أن يتصف هذا الإنتاج بالطلاقة ، والمرونة ، والأصالة " .

وبصفة عامة فإن الناتج الابتكاري الحقيقي Creative Production يتحدد في ضوء المحددات الآتية [١٠] :

أ – أن يتضمن فكرة أو استجابة جديدة بمنظور ندرة التكرار الإحصائي .

ب – أن تكون هذه الفكرة الجديدة ملائمة للواقع ، فالأصالة أو الجدة في التفكير والفعل على الرغم من أهميتها وضرورتها لعملية الابتكار ليست كافية بذاتها، فلا بد لهذه الفكرة من أن تُسهِم في حل مشكلة معينة أو تتلاءم مع موقف معين أو تحقيق هدفاً بذاته.

ج – أن يتضمن الابتكار الحقيقي استبصاراً Insight أصيلاً ، بالإضافة إلى تقييم وتفضيل وتطوير ما يتمخض عن هذا الاستبصار .

وفي ضوء ما تقدم من عرض للتعريفات التي ركزت على الابتكار كعملية عقلية، والابتكار كناتج نلاحظ أنه من الصعب الفصل بين الابتكار كعملية وكناتج ؛ لأن الناتج الابتكاري لا يمكن أن يوجد بمعزل عن عمليات النشاط العقلي Mental Activity فكليهما يمثلان وجهين لشيء واحد .

والجدير بالذكر في هذا المقام أن تقويم الناتج الابتكاري والحكم على مصداقيته اسهل من تقويم الابتكار بوصفه

عملية أو سمات شخصية أو مناخاً ابتكارياً ، وقد أكد " فؤاد آبو حطب ١٩٩٥"[١١] ما أشار إليه كل من " شارلز وماليان " " Charles & Malian, ١٩٨٠ "، " وعبد الغفار "١٩٧٧ " إلى أن تناول الابتكار بوصفه إنتاجا ابتكارياً من قبيل المحكات ، لانه يعبر عن مستويات أداء فعلية، وما عداه يُعد من قبيل المنبئات التي تمثل مؤشر Promise على إمكانية حدوث الابتكار دون أن تضمن تحقيقه بالفعل .

الفئة الثالثة :

وهي التعريفات التي تركز على الابتكار كسمة شخصية Preson Triat للفرد وتعكس صورة التفكير لديه ، ويلجأ أنصار هذا الاتجاه عند محاولتهم تحديد مفهوم الابتكار إلى سرد بعض خصائص ، وسمات الشخصية الابتكارية ، التي كشفت البحوث والدراسات المختلفة عن تميزها بدرجة كبيرة عن الشخصية العادية ، فالشخصية الابتكارية تميل إلى الاستقلالية في التفكير ، ونقصان المسايرة " الاجتماعية ، وسعة التخيل " [١٢] .

وقد أكد "فتحي الزيات ١٩٩٥ " [١٣] ما أشار إليه كل من " كلارك" "Clark , ١٩٧٩ " ، "وجوان كاتينيا " " Khatena , ١٩٧٩ " إلى أنه يمكن تحديد بعض السمات Triats الشخصية للمبتكرين في ظل الأبعاد الآتية للابتكارية :

البعد الأول : ويسمى ببعد التفكير المنطقي Rational Tinking Dimension :

وهو الذي ينظر إلى الابتكار كمكون من مكونات العقل أو كوظيفة للتفكير المنطقي .

البعد الثاني : ويسمى بالبعد الحدسي Intuitive Dimension :

وهو الذي يؤكد على أهمية اللامنطقية Irrationality في إنتاج السلوك الابتكاري ، فالعملية الابتكارية تحدث غالباً فيما قبل الشعور Preconsious بقوى نفسية خارقة Psychodelic تتصف بالعمق والاتساع محررة العقل من كافة قيوده ليعطي افضل أفكاره أو إنتاجه الابتكاري .

البعد الثالث : ويسمى بالبعد الانفعالي Feeling Dimension :

وهو الذي يرى الابتكار كأعلى درجة من درجات الصحة النفسية " الانفعالية – العاطفية " وينادي أصحاب هذا البعد بالاستفادة من كافة القوى والطاقات الكامنة لدى الإنسان حتى يستطيع تحقيق ذاته لأن من يحقق ذاته ، يكون مبتكراً .

البعد الرابع : ويسمى ببعد المعنى Sensing Dimension :

وهو الذي يؤكد على السمات الشخصية للمبتكرين من حيث علاقتها بظروف البيئة ، وأساليب التنشئة الاجتماعية ، ويؤكد علماء النفس الذي ينظرون للابتكار من خلال هذا البعد على الموهبة Talent كما تنعكس في نواتج الاختراعات، ويرى "روجرز "Rogers" ، أن الناتج الابتكاري يرتبط بالجدة ، كما تنمو من خلال تفرد الفرد في تفاعله مع الأشياء والوقائع والأحداث "ظروف الحياة".

و الجدول رقم "٢" ، يلخص أهم السمات الشخصية للمبتكرين في ضوء الأبعاد الأربعة السابقة [١٤] :

جدول (٢) يوضح بعض السمات الشخصية للأفراد المبتكرين في ضوء الأبعاد الأربعة للابتكارية

بعد التفكير المنطقي Rational Thinking Dimension	البعد الانفعالي "الدافعي " Feeling Dimension
- الاستثارة الذاتية والاستقلال الذاتي .	- اكثر تلقائية وتعبيرية .
- روح الدعابة والمرح .	- غير هيابون للمواقف الغامضة أو المجهولة .
- القابلية للتكيف .	- ذوو نمط خاص من الإدراك .
- روح المخاطرة والمغامرة .	- لديهم قدرة على أحداث التكامل بين العناصر غير المتكاملة .
- القدرة على تحمل الغموض .	- اقل احتياجاً للآخرين .
- خلفية معرفية شاملة وحب الاستطلاع .	- اكثر تقبلاً لذواتهم .
- مقاومة التسلط والمتسلطين .	- لديهم القدرة على التركيز و التروي .
- القدرة على مقاومة ضغط الجماعة .	- لديهم القدرة على أن يبدوا محيرين ومثيرين .
- ضعف القدرة على تحمل الملل والرتابة .	- لديهم القدرة على إدراك ذواتهم كمبتكرين .
- تفضيل النهايات المفتوحة Open - endness	- لديهم القدرة على تقبل الآخرين .
- قدرة عالية على التفكير التباعدي بمكوناته .	- لديهم القدرة على تقبل الصراع .
- قدرة عالية للتذكر والتوجيه النظري .	- ارتفاع مستوى الطموح لديهم .
- الحاجة إلى فترات للتأمل والتفكير .	- يبدون مشغولين بالخبرات والتجارب الرائدة .
- الحاجة إلى مناخ ديموقراطي صرف يتصف بالحرية .	- لديهم الرغبة في إن يبدوا جديدين ومختلفين كل يوم .
- قيم جمالية عالية والقدرة على إصدار أحكام جمالية.	- ليس لديهم ميل عصابي " مرض نفسي " .
- قدرة عالية من الاستبصار والتحليل والحساسية للمشكلات .	- لديهم ميول متعددة .

البعد الحدسي Intuitive Dimension	بعد المعنى Sensing Dimension
- لديهم القدرة على الكشف عن اللاشعور أو ما قبل الشعور . - لديهم طاقة مجالية عظيمة " مرتبطة بالمجال " . - لديهم القدرة على تقبل الأفكار الغريبة . - لديهم حساسية مرتفعة . - لديهم ميل للاستغراق في أحلام اليقظة . - يميلون إلى تفضيل الحياة الثرية بالأفكار المثيرة . - لديهم حماس وجدية مرتفعة في الأداء . - يبدون قدرات عالية من الحس التزامني . - يبدون ارتباطاً للجديد من التصميمات .	الانفتاح على الخبرة والأفكار الجديدة والعالم الخارجي . - القدرة على تقويم الذات ونقدها . - القدرة على الربط بين العناصر والمفاهيم والأشياء . - يستقبلون المثيرات ويدركونها بفاعلية . - لديهم القدرة على اتخاذ قرار وإصدار أحكام . - أداء ماهر للفنون التقليدية . - يهتم بما داخله وخارجه من مثيرات . - لديهم نزعة للتعقيد عند تناوله للموضوعات . - لديهم نزعة لتأكد الذات وتحقيقها .

الفئة الرابعة :

و هي التي تركز على الابتكار كمناخ أو كبيئة Environment تهيئ الظروف الملائمة والعوامل المحفزة على التفكير الابتكاري .

ويرى أنصار هذه الفئة أن الحرية و الأمان هما المناخ الملائم للابتكار ، لأن الابتكار يستلزم الحرية ، وممارسة الحرية لابد أن تقود حتماً إلى سلوك أو إنتاج ابتكاري، ويؤكد "خير الله ١٩٨٥ "[١٥] ما أشار إليه " روزجرز " "Rogers " بأن المناخ الابتكاري يتضمن مجموعة الظروف والعوامل البيئية كالتنشئة الاجتماعية ، والتربوية، وظروف عمل ،وقيم ، واتجاهات ثقافية تساعد في تنمية الابتكار عند أفراد المجتمع ، أو تعوقه وتعطله ، وهذه العوامل تمثل المتغيرات الوسيطة بين وسائل التنبؤ بالإمكانات الابتكارية، والمعايير التي تحدد الإنتاج الابتكاري الفعلي ، وفي إمكان هذه العوامل تعديل العلاقة بين هذين المجالين عن طريق برامج واستراتيجيات تنمية الابتكار .

ونظراً لأهمية المناخ الملائم لتنمية الابتكار - سوف نتناول بشيء من التفصيل العوامل البيئية المؤثرة في المناخ الابتكاري ، مثل نوعية المجتمع كعامل عام ،

والدراسة بما تحتوي عليه من مدير ، معلم ، ومنهج مدرسي ، ومعالجة تدريسية – كعوامل خاصة – في مكان لاحق من هذا الفصل .

الفئة الخامسة :

وهي التي تركز على الابتكار كإمكانية Potential لدى الفرد من خلال استجاباته الابتكارية على الاختبارات السيكولوجية ، والإمكانية الابتكارية Creative Potential في جوهرها استعداد الفرد لانتاج أفكار واستجابات جديدة ، أو إنتاج الأفكار القديمة في ارتباطات جديدة وقد افترض أصحاب هذا الاتجاه مجموعة فروض ترتبط بالقدرات التي اعتقدوا أنها تشكل القدرة العامة للابتكار [١٦] .

وقد أشار أصحاب هذه الفئة إلى أن الابتكار أياً كان مجاله ، ليس بالعامل الواحد ولكنه مجموعة من القدرات ، كما حددها "جيلفورد " كالآتي " الطلاقة، المرونة ، الأصالة ، الحساسية للمشكلات ، القدرات التحليلية والتركيبية ، إعادة التحديد والتقييم ، وذكر " جيلفورد " أن هناك ثلاث قدرات بارزة من بين القدرات السابقة وهي الطلاقة ، المرونة ، الأصالة ، ويوضح أيضا وجود "٥" عوامل للطلاقة وثلاثة للمرونة سيأتي ذكرها فيما بعد .

ويرى " حنورة ١٩٧٧ " [١٧] أن الشخص المبتكر يكون مبتكراً عندما يمتلك القدرات العقلية " الطلاقة – المرونة – الأصالة " مع بعض القدرات العقلية الأخرى المعتادة مثل " الاستدلال – الفهم اللفظي – التذكر – الاستبصار – التخيل "، هذا بالإضافة إلى تسلحه بعدد من سمات الشخصية الإيجابية مثل " المغامرة – الرغبة في التفوق – الإنجاز – الجاذبية الشخصية والاجتماعية " .

ويرى المؤلف أن الفئات الخمسة التي تناولت تعريف مفهوم الابتكار غير منفصلة عن بعضها البعض ؛ إنما هي أوجه متعددة لظاهرة واحدة ، فالشخص الذي تتوافر لدية القدرة على إنتاج استجابات ابتكارية تتوافر لديه سمات الشخص الابتكاري ، وأشار "بيرجيت " " Burgett , ١٩٨٢ " [١٨] إلى وجود علاقة قوية بين قدرات التفكير الابتكاري " الإمكانات الابتكارية " وسمات الشخصية الابتكارية، لأن السمات الشخصية للمبتكرين هي التي تستثير وتهيئ القدرات ، والإمكانات

الابتكارية ،للعمل و إنتاج استجابات ابتكارية ، والذين يتناولون تعريف الابتكار من خلال الفئات سابقة الذكر إنما هو تناول جزئي بغرض البحث والدراسة [١٩] .

وفي ضوء ما سبق من عرض للتعريفات التي تناولت الابتكار ، فانه يمكن تعريف الابتكار على أنه "عملية أو نشاط عقلي معرفي Cognitive Activity يقود الفرد إلى إنتاج أفكارا واستجابات تمتاز بالتعددية ، والتنوع ، والتفرد، عندما يواجه مشكلة ، أو قضية ، أو ظاهرة معينة ، في مناخ تعليمي ملائم ، يتصف بالحرية في التفكير واختيار مصدر التعليم المناسب " .

الابتكار وعلاقته ببعض المفاهيم السيكولوجية الأخرى :

قد يحدث خلط أو تداخل للبعض عند التعرض لدراسة بعض المفاهيم النفسية كالابتكار Creation ، والذكاء Intelligence ، والتخيل Imagination وغير ذلك من المفاهيم ، وسوف نقتصر بمحاولة الفصل بإيجاز بين المفاهيم السابقة بصورة مبسطة ، ومفهومة ، و إبراز العلاقة بينهما ، مع العلم أن هناك من يرى أن هذه المفاهيم تدل على شيء واحد ، وهناك من يرى أنها تشير إلى أشياء ومعاني مختلفة .

الابتكار والذكاء Creation & Intelligence :

تضاربت أراء العلماء ، ونتائج الدراسات التي تناولت العلاقة بين الابتكار والذكاء فيرى بعضهم أن الابتكار والذكاء [٢٠] نوعان من أنواع النشاط العقلي للإنسان .

وقد أشارت بعض الدراسات إلى أن العلاقة بين الابتكار والذكاء علاقة ضعيفة، وانه ليس من الضروري أن يكون الشخص الذكي " في نسبة الذكاء "I.Q " مبتكراً ، فقد نجد شخصاً يتميز بالابتكار ولكنه لا يتمتع بمستوى رفيع من الذكاء ، كما أنه من الممكن أن نجد شخصاً آخر شديد الذكاء ولكنه ليس مبتكراً ، فهناك قدر من التمايز - وليس تمايزاً تاماً - بين الابتكار والذكاء، حيث يصعب أن نتصور وجود شخص مبتكر في الوقت نفسه ضعيف العقل أو معتوه ، ولذا فإن الشخص المبتكر والذكاء لابد أن يكون مستحوذاً على حد أدنى من الذكاء لا تقل نسبته عن "١٢٠ " نسبة ذكاء ، أي شخصاً متوسط الذكاء ، بحيث أنه لو توفر

أقل من هذه النسبة لما أمكن للشخص أن يكون مبتكراً ، آما إذا توفر قدر أكبر من هذه النسبة فلا يؤثر على ابتكار الفرد بالزيادة ، وبالتالي فليست هناك علاقة مطردة بين المفهومين بحيث إذا زاد أحدهما زاد الآخر والعكس ، ولكن هذه العلاقة محدودة في جزء من المدى الكلي لهما ، وليست تعبيراً عن التطابق التام بين مدى كل منهما .

وهناك دراسات أشارت إلى وجود علاقة بين الابتكار والذكاء - وان كانت ضعيفة - مثل دراسة كل من " رازيك " " Razik " ودراسة " الكناني " "١٩٧٩ " التي أثبتت وجود علاقة دالة بين الابتكار والذكاء عند المستوى المتوسط من الذكاء بلغت قيمتها "٠.٣٨" بينما لا توجد دلالة للعلاقة بين الابتكار و الذكاء عند المستوى المنخفض والمرتفع من الذكاء ، وفي دراسات حديثة ظهر أنه في الأعمار المبكرة من المجتمع العربي توجد علاقة بين الابتكار والذكاء ولكنها ليست علاقة قوية ، وربما كان المسئول عن ذلك هو ما أشارت إليه دراسات متعددة من أن أحد جانبي المخ مسئول عن النشاط ، والعلميات الابتكارية ، وهو الجانب الأيمن ، على حين يتخصص الجانب الأيسر في قدرات الذكاء العام خاصة القدرات اللغوية ، والحسابية ، والمنطقية، فالتكامل بين جانبي المخ يؤدي إلى إفراز إنجاز متفوق يتميز به الاذكياء المبتكرون [٢١] .

وفي ضوء ما سبق عرضه من علاقة الابتكار بالذكاء نخلص إلى [٢٢] :

- أن الأذكياء ليسوا جميعاً مبتكرين بل أن نسبة المبتكرين منهم تكون في حدود ٣٠% .

		الابتكار	
		مرتفع	منخفض
الذكاء	مرتفع	- الحرية الشخصية. - التحكم في السلوك في جميع المراحل العمرية .	- يظهر امتيازاً في التحصيل الأكاديمي . - يؤدي الواجبات المدرسية ، يعاني من نتائج الفشل إذا ما واجهته مواقف تتطلب إبداعا. - الفشل الدراسي يمثل له نكبة .
	منخفض	- يواجه صراعاً مع نفسه ومدرسته. - يشعر بالعجز ويظهر أداء افضل في البيئات الحرة غير المقيدة .	- يشغل نفسه بأنشطة وحيل دفاعية دائمة للتوافق مع مجتمعه . - تبدو عليه بعض الأعراض السيكوباتية.

شكل (١٥) سمات الشخصية الناشئة عن علاقة الابتكار بالذكاء

- استقلالية الابتكار عن الذكاء إلى حد ما .
- إذا تم تحديد المتفوقين عقلياً باستخدام اختبارات الذكاء على انهم يمثلون نسبة ٣٠% الأعلى على تلك الاختبارات ، فسوف يفقد من المتفوقين نسبة ٧٠% عند استخدام التفكير التباعدي .
- يستلزم وجود حد أدنى للذكاء بنسبة "١٢٠" مطلوب توفرها في الفرد المبتكر ، وأية نسبة بعد هذه النسبة يصبح التفوق في الذكاء غير ذي أهمية بالنسبة للابتكار ، ولقد أمكن تحديد بعض السمات الشخصية الناشئة عن علاقة الابتكار والذكاء من خلال بعض الدراسات ، ويوضح ذلك الشكل السابق.

الابتكار والتخيل Creation & Imagination

لقد أشارت العديد من الدراسات [٢٣] إلى أهمية دراسة التخيل وعلاقته بالابتكار، حيث قد توجد علاقة موجبة بين تخيل الإنسان وابتكاراته ، وان معظم الابتكارات قد تبدأ من خيالات عبرت للإنسان ، ونبهت بعض الدراسات إلى النظر للابتكار كمحصلة لعوامل أخرى ، لعل من أهمها كل من التخيل والذكاء .

واتفق معظم الباحثين على تعريف التخيل بأنه المعالجة الذهنية Mental Treatment للصور الحسية وبخاصة في حالة غياب المصدر الحسي الأساسي ، ومع أن هناك إجماعا على أن التخيل هو التفكير بالصور ، إلا أنه ما زالت هناك حتى الآن علامات استفهام عديدة حول طبيعة النشاط التخيلي Imagery Activity في علاقته بمجمل النشاط الذهني خاصة الذكاء والابتكار ، فهناك دراسات وحدت بين التخيل والنشاط الابتكاري ، وهناك دراسات أخرى رأت أن التخيل دالة للابتكار، وليس هو كل الابتكار .

وقد أشارت بعض الدراسات إلى أهمية التخيل في العملية التعليمية التربوية حيث يمكن أن يؤدي الاهتمام بالتفكير التخيلي في التعليم إلى العديد من النتائج المثمرة ، ويمكن استخدامه كذلك في تنمية التفكير الابتكاري وحل المشكلات[٢٤]، ويرى "حنورة" أن النشاط التخيلي يمثل إحدى العناصر الفعالة في منظومة النشاط العقلي ، فهو العنصر الذي إذا تفاعل مع الذكاء العام " التقليدي " الذي يهتم بالتفكير في نسق مغلق System Clossed ، فانه يفضي إلى سلوك ، أو فعل ابتكاري منفتح على الخبرة ، محلق في الآفاق ، المفتوحة البعيدة وغير التقليدية ، ويساعد على فاعلية السلوك الذي لا بد له من التكامل بين مختلف العناصر الذهنية[٢٥] .

وخلاصة القول أن التخيل كعنصر إذا ما أضيف إلى الذكاء تحول النشاطان معاً إلى مكون جديد هو النشاط الابتكاري ، ومن ثم فهناك حاجة ماس لتوجيه الاهتمام إلى التدريب على النشاط التخيلي ، سواء جاء التدريب مستقلاً أو من خلال استراتيجيات تنمية القدرات الابتكارية ومنها :

- أسلوب العصف الذهني ل " أوزبورن ١٩٦٨ Osborn , " .
- استراتيجيات تنمية الخيال " جوخاتينا " .
- برامج " تورانس " المتتابعة لتنمية الابتكار .
- و على جانب آخر فقد أشارت " سمية احمد ١٩٩٢ " إلى[٢٦] ما قدمه " تايلور Toylor , " ١٩٧٩ " عن بعض الإضافات الجديدة للمزيد من التعرف على كنهه مفهوم

الابتكار ، من أهمها فكرة مستويات الابتكار وعلاقتها بالعمر الزمني للتلميذ أو الفرد ، فيرى أن الابتكار يختلف في الدرجة وليس في النوع ، حيث يفترض اكثر علماء النفس أن الابتكار يوجد عند جميع الأفراد كباراً أو صغاراً ولكن بدرجات متفاوتة ، و القدرات العقلية ليست متساوية عند الأفراد ، بل تختلف من فرد لاخر بل يمكن أن تختلف داخل الفرد الواحد .

ولقد رتب " تايلور" مستويات الابتكار في خمسة مستويات ، ولكل مستوى عمر زمني يقابله كما هو موضح بالشكل الهرمي .

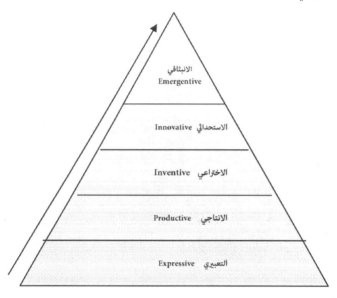

شكل (١٦) مستويات الابتكار

المستوى الأول : الابتكاري التعبيري " التلقائي " Expressive Creative
ويتمثل هذا المستوى في التعبير الحر المستقل الذي لا يحتاج للمهارة Skill أو الأصالة Originality مثل رسوم الأطفال التلقائية ، ويعتبر هذا المستوى اكثر

المستويات أهمية لظهور المستويات التي تليه في الترتيب ، ويتلاءم هذا المستوى مع الأطفال في المرحلة الابتدائية " ٦ - ١٢ سنة " .

المستوى الثاني : الابتكار الإنتاجي Productive Creative

ويتمثل هذا المستوى في الإنتاج الفني ، والعلمي ، الذي يتميز بمحاولة تقييد، وضبط الميل إلى النشاط الحر التلقائي ، وتحسين أسلوب الأداء في ظل قواعد محددة، وعندما يقوم تلميذ بتمثيل شخص ، أو رسم صورة بطريقة واقعية فإن ذلك يحل محل التصور التلقائي الذي يتميز به التعبير الحر ، ويتلاءم هذا المستوى مع تلاميذ المرحلة الإعدادية "١٢ - ١٥ سنة ".

المستوى الثالث : الابتكار الاختراعي Inventive

ويتمثل في الاختراعات ، والاكتشافات التي تتضمن المرونة في إدراك علاقات جديدة بين الأجزاء التي كانت منفصلة من قبل ، ويتلاءم هذا المستوى مع طلاب المرحلة الثانوية " ١٥ - ١٨ سنة " .

المستوى الرابع : الابتكار الاستحداثي Innovation Creative

ويتمثل في التطوير والتحسين الذي يتطلب قدرة قوية على التصور التجريبي - Abstract Conceptualization ولا يظهر هذا المستوى إلا عند نفر قليل من الناس ، ويتطلب تعديلاً في الأسس والمبادئ الأساسية " العامة " التي تحكم ميداناً كلياً في العلم أو الأدب أو الفن ، ويتلاءم هذا المستوى مع طلاب الجامعات " ١٨ - ٢٢ سنة "، ويمكن أن يظهر حالات في المرحلة العمرية للثانوية " ١٥ - ١٨ سنة".

المستوى الخامس : الابتكار الانبثاقي Emergentive Creative

وهو أعلى درجات التفكير الابتكاري ، واكثر المستويات و أعلاها تجريداً، ويتمثل في ظهور مبدأ جديد ، أو قانون جديد ، أو مسلمة جديدة أو نظرية جديدة في العلم أو الفن أو الأدب ، تزدهر حولها مدرسة علمية جديدة ويتلاءم هذا المستوى مع العلماء والمخترعين والمبتكرين فيما بعد المرحلة الجامعية " الأكثر من ٢٢ عاماً " .

كما أشار " قطامى ١٩٩٠ " إلى أن الابتكار يعتبر كعملية ضمنية من المفاهيم الافتراضية التي يمكن التحقق منها عن طريق فحص واختبار نتائجها بمعايير محددة خاصة .

ويعزى اعتبار عملية الابتكار عملية معرفية في ضوء نظرية البناء العقلي "I.S" لجيلفورد " للأسباب الآتية :

١ - يكون التلميذ في هذه العملية حيوياً ونشيطاً ، وفعالاً .

٢ – يقوم التلميذ بدور المنظم للخبرات والمعلومات المتوافرة لديه سابقاً ، وذلك كي يستجيب لمتطلبات الموقف الجديد ، أو للوصول إلى الحل الجديد .

٣ – إن الطلاقة، والمرونة، والأصالة ، واستشفاف المشكلات ، والوصول إلى التفاصيل، وهي مكونات عملية الابتكار تتطلب نشاطاً ذهنياً معرفياً يقوم به التلميذ .

٤ – يستلزم التفكير الابتكاري من نوع التفكير التقاربي والتباعدي والتقويمي Evaluative Thinking خبرات ومواد معرفية مهمة ومنظمة ، وهذا يعطى أهمية لدور الخبرات التي يتم تخزينها في البناء المعرفي Cognitive Strucute للتلميذ .

وإذا كان العلماء والباحثون قد اختلفوا فيما بينهم على تعريف مفهوم الابتكار، ولكنهم لم يختلفوا على أن الابتكار لا يتم في مرحلة واحدة ، ولكنه يتم على عدة مراحل متتابعة ، اختلفت هذه المراحل من باحث لآخر من حيث عددها و مسمياتها.

ولعل اكثر التقسيمات شيوعاً ذلك التقسيم الذي قدمه " جرهـام والاس " Wallas . G " في كتابه " فـن الفكر " عام " ١٩٢٦ " ، وفيه قسم " والاس " عملية الابتكار إلى أربعة مراحل متتابعة وهي كما في الشكل .

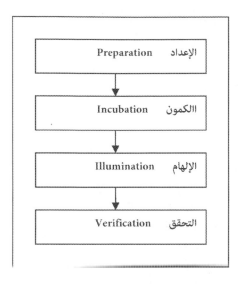

الإعداد   Preparation

الكمون   Incubation

الإلهام   Illumination

التحقق   Verification

شكل (١٧) مراحل العملية الابتكارية ^(٢٧)

١ – مرحلة الإعداد والتحضير : Preparation Stage
وتمثل هذه المرحلة الطور التحضيري لعملية الابتكار ، حيث يتم فيها ، ومن خلالها ، تجميع المعلومات المتعلقة بالمشكلة ، ثم هضم هذه المعلومات ، واستيعابها ، وتمثلها ، وإدراك العلاقات ، والمتعلقات بينها ، وتحليل المشكلة إلى عناصرها، والتجول الحر عبر محددات المشكلة ، والبحث عن إمكانية توظيف المعلومات المتاحة، والمشتقة، أو المستنتجة لحلها .

٢ – مرحلة الكمون والاحتضان " الاختمار " Incubation Stage
و تمثل هذه المرحلة حضانة الأفكار والمعلومات المرتبطة بالمشكلة ، حيث يترك الفرد في هذه المرحلة المشكلة ويغيب عنها فترة من الزمن قد تطول أو تقصر ، وقد يظهر الحل بشكل مفاجئ ، وهو ما يسمى بالحل غير المتوقع ، وتستلزم هذه المرحلة العمل الذهني الجاد الذي يتضمن اختبار الأفكار ، والمعلومات ، والخبرات وتنظيمها

على المستوى الشعوري أو المستوى اللاشعوري ، ويحدث نوع من التهيؤ الشعوري نتيجة تخفيض الضغط على الذاكرة قصيرة المدى Memory–Short trem ، ويتراءى الحل والفكرة أمام الوعي الذي يمهد للمرحلة التالية ، وتسمى هذه المرحلة أحيانا بمرحلة تحضير المعلومات .

٣ - مرحلة الإلهام أو الإشراق " البزوغ " Illumination

وتمثل هذه المرحلة بلوغ العملية الابتكارية ذروتها ، وتسمى أحيانا بشرارة الابتكار Creative Flash أو اللحظة الابتكارية ، أو الإلحاح الابتكاري ، أو مرحلة التنوير ، وفيها تبزغ الفكرة فجأة .

وتبدو المعلومات والخبرات وكأنها نظمت تلقائياً دون تخطيط ، ويبدو واضحاً ما كان غامضاً أو مبهماً ، وفي هذه المرحلة تتلاشى الكثير من التداخلات التي تعوق تقدم الفرد نحو الحل ، ويحدث نوع من الكف لبعض الترابطات عن بعضها البعض ، فتتداعى الأفكار ويقفز الحل إلى أدراك الفرد ووعيه ، بعد تحرره من هذه التداخلات وتلك الترابطات ، وتبدو هناك إمكانية إعادة صياغة المعلومات ، والأفكار ، ومعطيات الموقف المشكل بصورة جديدة ، وتنتظم الوسائل والغايات في علاقات جديدة أو متقنة ، بحيث تنتظم كافة العناصر المماثلة في الموقف في مواقعها الصحيحة تماماً، ويشعر الفرد بأقل قدر ممكن من الجهد والعناء ، واكبر قدر ممكن من التوازن المعرفي Cognitive Balance والتوازن النفسي ، فيهتف الفرد وجدتها I got it .

ويرى الباحثون أن مرحلة الأشراف " الإلهام " تشبه عميلة البحث الضائع عن اسم تم نسيانه وبعد فترة من إهماله يبزغ فجأة إلى الذهن .

٤ - مرحلة التحقق " التنفيذ - المراجعة " Verification Stage

وتمثل هذه المرحلة أهمية خاصة في العملية الابتكارية لكونها تتعلق بالحكم على صحة الناتج الابتكاري وسلامته ، عن طريق إجراء اختبارات تجريبية للأفكار والاستجابات الجديدة ، في ضوء محك الواقع ، وتعتبر هذه المرحلة بمثابة التطبيق التجريبي لنتائج المرحلة الاستبصارية السابقة ، أو بمعنى آخر تقويم ما تم التوصل إليه خلال مرحلة الكمون .

و الجدير بالذكر أن المراحل الأربعة السابقة ليست مراحل مستقلة بعضها عن بعض الآخر ، فمراحل العملية الابتكارية ، تحدث بصورة متزامنة ، ومتداخلة، ومتفاعلة، حتى يوجد الناتج الابتكاري فالتحضير كمرحلة يمكن أن يستمر من البداية إلى النهاية ولا يحدث فقط في بداية عملية الابتكار ، وهكذا مرحلة الاحتضان والإشراق (٢٨) .

عوامل " قدرات " التفكير الابتكاري (٢٩) : Creative Thinking Abilities :

يتضمن التفكير الابتكاري بوصفه قدرة متكاملة مجموعة من القدرات " المكونات " الأساسية للابتكارية التي تمثل المفهوم المتكامل للابتكار ، بوصفه مجالاً عقلياً متميزاً عن غيره ، وقد اهتم العلماء والباحثون بدراسة التكوين العقلي للفرد ، وتعددت تصوراتهم و فروضهم للقدرات المكونة للتفكير الابتكاري ، ويعتبر " جيلفورد" "Guilford" ابرز العلماء الذين قدموا نموذجاً للتكوين العقلي للفرد Structure Intellect Model "SIM" حيث ظل " جيلفورد " "Guilford" وزملاؤه وتلاميذه يبحثون ، ويطوون هذا النموذج قرابة أربعة عقود حتى وصل في إصداره الأخير عام "١٩٨٩" إلى "١٨٠ قدرة عقلية " بعد أن كان في بداية إصداره الأول "١٢٠" قدرة عقلية .

والأبعاد الثلاثة للتصور الحديث لنموذج "جيلفورد Guilford , ١٩٨٦ " (٣٠) هي :

أ – بعد العمليات العقلية : Intllect Processes Dimension :

ويشمل هذا البعد على ست عمليات وهي :

- المعرفة .   - ذاكرة التسجيل .
- ذاكرة الاحتفاظ .   - التفكير الإنتاجي التقاربي .
- التفكير الإنتاجي التباعدي .   - التفكير التقويمي .

ب – بعد محتوى العمليات العقلية : Intllect Processes Content Dimension :

ويشتمل هذا البعد على خمس عمليات وهي :

- بصري Visual   - سمعي Auditory   - رمزي Symbolic
- تركيبات لغوية "معاني " Semantic   - سلوكي Behavioural

ج - بعد نتائج العمليات العقلية : Intllect Processes Product Dimension

ويشتمل هذا البعد على ست عمليات وهي :

- الوحدات Untis   - المجموعات Classes
- العلاقات Relations   - الانظمة " الانساق " Systems
- التحويلات Transformation   - التنضيمات Implications

وتنقسم عوامل " مكونات " التفكير الابتكاري في التنظيم العقلي " حسب ترتيب حدوثها في عملية الابتكار" إلى ثلاثة عوامل وهي كما يوضحها الشكل.

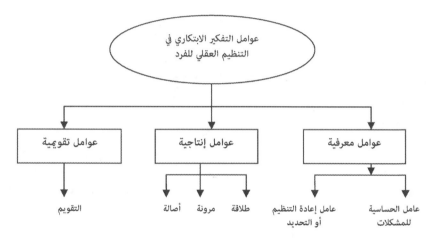

شكل (١٨) قدرات التفكير الابتكاري في التنظيم العقلي للفرد

أولاً : العوامل " القدرات المعرفية :

وهي تلك " القدرات " المختصة باكتشاف معلومات جديدة ، أو بالتعرف على معلومات قديمة ،وتضم العوامل الآتية :

أ – الحساسية للمشكلات : Sensitivty to Problems

وهي قدرة الفرد على اكتشاف المشكلات في الأشياء ، أو النظم ، أو العادات، والوقوف على جوانب العيب والنقص فيها ، فالشخص ابتكر لديه قدرة

عالية على النقد، والإحساس بأن الواقع يحتاج إلى إصلاح ، فهو صاحب نظرية تقويمية، وكل شيء عنده يحتاج أليه نظرة عميقة ، إنه ذو حس نقدي ، وأسئلة كثيرة ومتتابعة حول المشكلة التي تواجهه .

والواقع أن القدرة على الحساسية للمشكلات من أهم قدرات التفكير الابتكاري[٣١]، إذ لا سبيل إلى أي إنتاج ابتكاري بدون الإحساس بمشكلات تؤرق صاحبها في مجال ابتكاره ، مما يدفعه إلى تجاوز هذه المشكلات بإنتاجيات ابتكارية[٣٢] .

ويعتبر هذا العامل من العوامل المعرفية اكثر منها إنتاجية ، وهذا يفسر انخفاض شيوعه، وعموميته ، مثل بقية عوامل التفكير الابتكاري [٣٣] .

ب - إعادة التحديد " التنظيم " : Redifine Ability

وهو قدرة الفرد على تكوين عناصر الخبرة وتشكيلها في بناء وترابط جديدين، حيث يمثل هذا العامل فائدة عملية وشخصية كبيرة في مجال الابتكار [٣٤] ،ولذلك فقد اعتبرت القدرة على إعادة تنظيم الأفكار ، و إعادة ربطها بسهولة تبعاً لخطة معينة، قدرة جوهرية ضرورية لكل أنواع التفكير الابتكاري [٣٥] ، ويتفاوت الأفراد في قدراتهم على تكوين ترابطات جديدة من عناصر معروفة للجميع ، وبمقدار ارتفاع نصيب الفرد من هذه القدرة ما تزداد وقدرته على الابتكار ، وهذا يتطلب البعد عن الجمود الذهني ، أو وجود نظام ثابت من التفكير لدى الشخص يدفعه إلى الاحتفاظ بعناصر ثابتة و تقليدية في تفسير عالم الخبرة ، ورؤيته ، وإدراكه .

ثانياً : العوامل " القدرات " الإنتاجية " Production Abilities Factors

والعوامل التي أمكن استخلاصها في هذا المجال تندرج تحت ثلاث فئات وهي "الطلاقة - المرونة - الأصالة " ويرى " جيلفورد " أن هذه الجوانب هي المكونات الرئيسية للابتكار ولذلك سنتناول كل عامل منها بشيء من التفصيل .

١ - عامل الطلاقة : Fluency Factor

وهي القدرة على إنتاج اكبر عدد ممكن من الأفكار ، والاستجابات البديلة من المعلومات المختزنة في الذاكرة " رموز - أشكال - كلمات .... " التي تتمثل فيها بعض الشروط الخاصة خلال فترة زمنية محددة [٣٦].

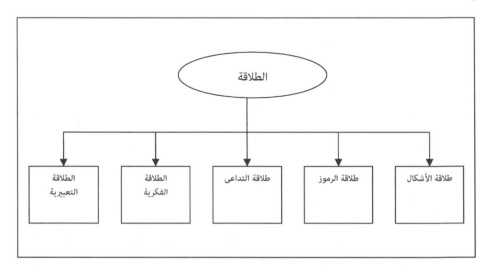

شكل (١٩) العوامل الفرعية للطلاقة

وهي تدل على الخصوبة في التفكير ، وسرعة تدفق وتداعي الاستجابات والأفكار الجيدة ، وتعتمد الطلاقة في أساسها على عدم العجز ، والتحرر من القيود ، والعوائق التي تعوق حركة التفكير [٣٧] ، وعندما يتحرر العقل من هذه القيود، ويخلص نفسه من أي ، حواجز تكون مفروضة عليه ينطلق بخياله محلقاً في آفاق غير مطروحة من قبل .. عندئذ تتدفق الأفكار ، والصور ، والتكوينات ، بطريقة تدل على تحرر الخيال ، وان الفاعلية الذهنية قد تجاوزت الحدود المعوقة ، والسدود المطوقة، والحواجز المغلقة [٣٨] .

والطلاقة من العوامل المركبة التي يمكن إن نستخلص منها أبعادا أخرى فرعية وهي:

أ - طلاقة الأشكال : Figural Fluency

وقد سماها " جيلفورد " بالإنتاج التباعدي لوحدات الأشكال ، وفيها يعطي للمفحوص أشكالا معينة مثل الدوائر ، أو الخطوط المتوازية ، أو الخطوط المتقطعة ، ثم يطلب منه أن يضيف إليها بعض الإضافات لتكوين رسوم لأشكال حقيقية عديدة ، انظر الشكل رقم "٢٠" [٣٩] .

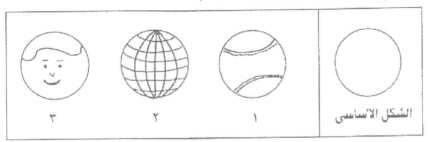

شكل (٢٠) طلاقة الأشكال

ب - طلاقة الكلمات والرموز : Word Fluency

ويطلق على هذا النوع الإنتاج التابعدي لوحدات الرموز ، ويقتصر هذا النوع على توليد الكلمات باعتبارها أنماطا من حروف أبجدية من مخزون الذاكرة لتحقيق مطالب بسيطة تتطلبها تعليمات الاختبار ، ولا يلعب عامل المعنى Meaning Factor دوراً مهماً فيها ، مثال ذلك أن يستدعي المفحوص اكبر عدد ممكن من الكلمات التي تبدأ بحرف معين أو تنتهي بحرف معين أو تبدأ وصفها بحرف معين ، أو تقديم كلمات مسجوعة ، ويضم هذا النوع : طلاقة الكلمات ، وطلاقة الأعداد Number F. ، ويطلق أحيانا على هذا النوع من الطلاقة اسم الطلاقة اللفظية Verbal Fluency ، ويقصد بها في هذا المعنى : قدرة الطفل على إنتاج اكبر عدد ممكن من الألفاظ أو المعاني ، شريطة توافر خصائص معينة في تركيب اللفظ ، وتشير هذه الطلاقة إلى مدى توافر الحصيلة اللغوية عند الفرد [٤٠] .

ج - طلاقة التداعي " الطلاقة الترابطية " : Associational Fluency

وهـي تعبـر عـن الإنتـاج التباعـدي لعلاقـات المعـاني Divergent Production of Semantic Relationship و تعني : قدرة الفرد على استدعاء اكبر قدر ممكن من الكلمات التي ترتبط بكلمـة معينـة ، أو تتوافر فيها شروط محددة من حيث المعنى فبينما يهتم عامل الطلاقة اللفظية بإنتاج ألفاظ تتوافر فيها شروط معينة ، نجد إن عامل طلاقة التداعي تشـير إلى إنتاج اكبر عدد ممكن مـن العلاقـات أو الترابطـات ، أو التداعيات الملائمة في المعنى لفكرة ما ، مثل إنتاج أو كتابة اكبر عدد ممكن من المترادفات لمجموعة مـن الكلمات المعطاة ، أو أن يعطي المفحوص الكلمة التي تـرتبط بكلمتـين معينتـين، وتتمثـل طلاقـة التـداعي أهمية خاصة لدى الكتاب أو الشعراء ، والأدباء ، عندما يختارون كلمات معينة للتعبير عن معنى معـين في أذهانهم ، ويعد هذا النوع من التداعي أحد أنواع التداعي المشروط ، وهو يمثل مستوى اكثر صعوبة مـن التداعي الحر الذي يحتاج إلى بنية معرفية نشطة Cognitive Structure Activity غزيرة وكثيفة في محتواها (٤١)

د - الطلاقة الفكرية : Ideational Fluency

- وهي تعبر عن الإنتاج التباعدي لوحدات المعاني " D.P.S.Units " وتتمثل في إنتاج العديد مـن الأفكار ، والاستجابات الملائمة في المعنى لفكرة ما في زمـن محـدد ، **ومـن الاختبـارات التـي تقيس هـذا النـوع مـن الطلاقة :**

- اختبار الاستخدامات Uses Test
- اختبار المترتبات Consequence Test
- اختبار إعطاء العناوين Plot Title Test
- اختبار ذكر الأشياء Things ListingTest

ففي اختبار الاستخدامات مثلاً " يطلب من المفحوص قائمة الاستخدامات المتعددة لشيء ما " قلـم رصـاص - زرار - كرسي " ... الخ " .

هـ - الطلاقة التعبيرية : Expressional Fluency

وهي تعبر عن الإنتاج التباعدي لمنظومات المعاني D.P.S.Systems ، ويشير هذا النوع من الطلاقة إلى إنتاج اكبر عدد ممكن من منظومات الأفكار من خلال ما هو معروف أو معطى من وحدات الأفكار **مثل :** كتابة العديد من الجمل المختلفة من أربع كلمات محددة الحرف الأول لكل منها ، كما تتمثل في المهارة في وضع كلمات معينة إلى جانب بعضها البعض لتركيب جمل تلائم متطلبات معينة .

وتقاس الطلاقة التعبيرية من خلال اختبار " تراكيب الكلمات " ، وإذا كانت الطلاقة الفكرية تتناول توليد الأفكار فإن الطلاقة التعبيرية تتناول صياغة هذه الأفكار في صورة لفظية

وفي ضوء ما سبق يتضح أهمية الطلاقة في تفكير الأفراد وبشكل خاص لتلاميذ مرحلة التعليم الأساسي ، حيث تظهر هذه الأهمية في صورة التفكير العلمي لديهم [٤٢].

والجدير بالذكر أنه إذا كانت الطلاقة تشير إلى سهولة توليد الاستجابات أو الأفكار في زمن محدد ، فانه لا يعني إن المبتكرين يجب إن يعملوا تحت ضغط الوقت المحدد ، بل يعني أن التلميذ الذي يستطيع إنتاج عدد كبير من الأفكار في وقت محدد تكون لديه فرصة أكبر لانتاج أفكار ذات قيمة بوجه عام .

٢ - المرونة "الإنتاج التباعدي لفئات الأفكار " : Flexibility

وتشير إلى مرونة الفرد العقلية والسهولة التي يغير بها موقفه العقلي ، وتغيير وجهته الذهنية التي ينظر من خلالها إلى الأشياء أو المواقف المتعددة ، ويتجول بين الفئات المختلفة للأفكار دون الانحصار في فئة واحدة ، حين يتحرر الفرد من القصور الذاتي في التفكير أو الجمود الذهني Mental Rigidity ، الذي يميل الفرد وفقاً له إلى تبني أنماط ذهنية محددة ، يواجه بها موافقه الذهنية المتنوعة ، والتلميذ الأكثر مرونة يكون اكثر ابتكاراً ، ويتطلب هذا العامل مقداراً كبيراً من المعلومات ، أو استخراج هذه المعلومات ، مع تأكيد على تباعدية الحل ، إن طبيعة المشكلات التي تتطلب في حلها المرونة في التفكير ، يغلب عليها نمط التفكير المتداعي Associative Thinking ، ويختلف هذا النمط عن طلاقة التداعي في أن الطلاقة تتحدد تماماً في حدود كمية،

أي بعدد الاستجابات ، أو سرعة صدورها ، أو بهما معاً ، في حين أن المرونة تعتمد على الخصائص الكيفية لاستجابات ، وتقاس بمقدار تنوع هذه الاستجابات " .

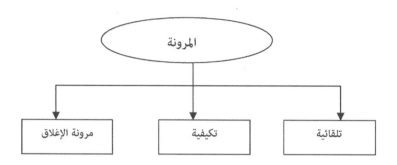

شكل (٢١) العوامل الفرعية للمرونة

ويوجد للمرونة العوامل الفرعية التالية [٤٣] : كما يوضحها الشكل السابق..

أ - المرونة التلقائية : Spontaneous Flexibility

وهي تعبر عن الإنتاج التباعدي لفئات المعاني Spontaneous Flexibility of Semantic Classes ويظهر هذا العامل في المحتوى المفاهيم ، **وتعرف المرونة التلقائية بأنها :** القدرة على سرعة إنتاج اكبر عدد ممكن من أنواع متباينة من الأفكار ، والاستجابات التي ترتبط بموقف معين يحدده بسرعة ويسر ، ويجب ألا نخلط هنا بين المرونة التلقائية والطلاقة الفكرية ، فبينما يبرز عامل المرونة التلقائية أهمية تغيير اتجاه أفكارنا ، يبرز عامل الطلاقة الفكرية كثرة هذه الأفكار فقط .

ب - المرونة التكيفية : Adaptive Flexibility

وهي تعبر عن الإنتاج التباعدي لتحويلات الأشكال Divergent Producation of Figural Transformation ويظهر هذا العامل في المحتوى التركيبي، ويتمثل في قدرة الفرد على تغيير وجهته الذهنية Mental Set التي ينظر من خلالها إلى حل مشكلة محدودة ، وفي هذا النوع من المرونة يحتاج إلى تعديل مقصود في السلوك يتفق

مع الحل السليم ، ويلعب هذا النوع دوراً مهماً في حل المشكلات ، وبصفة خاصة المشكلات التي تتطلب نبذ الاتجاهات ، والعادات ، وطرق التفكير القديمة والمألوفة، ويمكن أن تقاس المرونة التكيفية باختبارات " عيدان الكبريت – لوحات المربعات ".

٣ – الأصالة : Originality

وهي قدرة الفرد على إنتاج أفكار واستجابات جديدة تتصف بالجدة Novelty والطرافة ، وعدم الشيوع ؛ وتعتبر الأصالة أهم مكونات الابتكار ، ويصفها البعض بأنها "لب السلوك الابتكاري ويمكن أن نطلق على سلوك فرد ما بأنه سلوك ابتكاري أصيل عندما يتوفر **فيه** الخصائص الاتية : [٤٤]

- الندوة .
- الجدة " أي التصرف الجديد المبني على التخيل " .
- الملاءمة " أي ملاءمة الواقع " .

والأصالة آمر نسبي يمكن تحديده في ضوء ما هو معروف ومتداول بين أفراد جماعة معينة في زمن معين ؛ بحيث يتقبله الجماعة ، وتشعر نحوه بالتقدير ، وتقاس الأصالة من خلال عدد من المحكات منها : [٤٥]

أ – محك عدم الشيوع :

ويشير إلى القدرة على إنتاج أفكار غير شائعة إحصائيا ، على الأقل في إطار الجماعة التي ينتمي إليها الفرد .

ب – محك المهارة :

ويشير إلى القدرة على إنتاج أفكار واستجابات على درجة عالية من المهارة ، وتكون درجة الأصالة في هذه الحالة هي عدد الاستجابات لموقف معين في زمن محدد، ومن أمثلة اختبارات محك المهارة " اختبار عناوين القصص " .

ج – محك التداعيات البعيدة " غير المباشرة " :

وتعرف الأصالة وفق هذا المحك بأنها القدرة على خلق تداعيات أو ارتباطات بعيدة أو غير مباشرة Remote Associations بالنسبة لبنود اختبار النتائج أو المترتبات Consequences ، وهي عبارة عن مجموعة من القضايا الفرضية في الصيغة الآتية ...

ماذا يحدث لو ......؟ و من أمثلتها ماذا يحدث لو أعدمت الجاذبية الأرضية ؟ وعند مقارنة الأصالة بعوامل الطلاقة والمرونة والحساسية للمشكلات وجد أنها [٤٦] :

- لا تشير إلى كمية الأفكار ، والاستجابات الابتكارية التي يقدمها الفرد ، بل تعتمد على قيمة تلك الأفكار وجدتها ، وتفردها ، أو عدم شيوعها ، وهذا ما يميزها عن الطلاقة .

- لا تشير إلى نفور الشخص من تكرار تصوراته ، أو أفكاره هو شخصياً " كما في المرونة " ، بل تشير إلى النفور من تكرار ما يفعله الآخرون ، وهذا ما يميزها عن المرونة .

- وهي لا تتضمن شروطاً تقويمية في النظر إلى البيئة ، كما لا تحتاج إلى قدر كبير من الشروط التقويمية المطلوبة لنقد الذات ؛ حتى يستطيع المفكر المبتكر أن ينهي عمله على اكمل وجه " كما في الحساسية للمشكلات " وهذا ما يميزها عن الحساسية للمشكلات التي تحتاج إلى قدر مرتفع من التقويم سواء في تقويم البيئة أو الذات .

ثالثاً : العوامل " القدرات " التقويمية : Evaluative Abilities Factors

ويأتي دور هذه العوامل في تعديل وتقويم اشتقاق ما يناسب من استجابات للمشكلة المطروحة ، وتهذيب وصقل الحلول المقترحة للمشكلة ، وتوصلت " هيرتسكا " " Hertska , ١٩٧٧ " [٤٧] إلى وجود أربعة عوامل فرعية للتقويم ، كما يوضحها الشكل رقم "٢٢" .

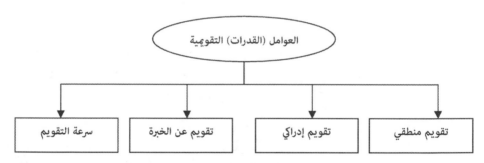

شكل (٢٢) العوامل الفرعية للتقويم

أ - التقويم المنطقي : Rational Evaluative

ويعتمد في قياسه على صور متعددة للاستدلال المنطقي وهو ما يتضمن الحساسية للعلاقات المنطقية أثناء اختبار صحة استنتاج ما .

ب - التقويم الاداركي : Perception Evaluative

ويشترك في تحديده ثلاث اختبارات فقط كلها على الإدراك ، مثل التعرف على شكل معـين وتحديـد هويته من بين عدد من الأشكال المماثلة ، أو تقدير الأطوال .

ج - التقويم الناتج عن الخبرة :

ويشترك في تحديده مجموعة اختبارات تنطوي على الأعمال التي تتطلب من المفحـوص أن يفيـد مـن خبرته السابق أكثر مما يفيد من التحليل المنطقي .

د - سرعة التقويم :

ويعني " سرعة الحكم " وهو ليس مجرد سرعة الإدراك بل هو السرعة التي يحكم بها الفرد عـلى شيء سبق له أن أدركه إدراكا واضحاً .

و يوضح الشكل رقم "٢٣" علاقة قدرات التقويم ببعض العمليات العقلية .

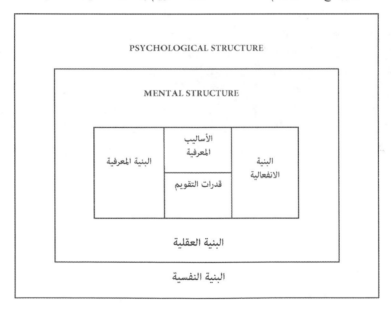

شكل (٢٣) علاقة قدرات التقويم بالعمليات العقلية

والجدير بالذكر أن التصنيف السابق للقدرات المعرفية والإنتاجية والتقويمية ليست منفصلة أو مستقلة عن بعضها البعض ، فالتقييم يمكن أن يوجد في التفكير القائم على الاستدلال المنطقي كما يمكن أن يوجد في التفكير الابتكاري وهكذا[٤٨] .

عوامل عقلية أخرى للتفكير الابتكاري :

أ - عامل إدراك التفصيلات " التحسينات " : Elaboration Factor

و يعرفها " تورانس " " Torrance , ١٩٦٦ " **بأنها :** قدرة الفرد على تطوير، أو تحسين ، أو تفصيل الأفكار بأي طريقة من الطرق الممكنة ، فالفرد المبتكر كائن باحث عن التفصيل ، فهو عندما يفعل فعلاً فانه يميل إلى إثرائه بعناصر جديدة تمنحه التمييز عن غيره ، ويقاس عامل إدراك التفاصيل من خلال اختبار يقدم للمفحوص ، ويتناول الخطوط العامة لخطة معينة ويطلب منه عرض الخطوات التفصيلية الدقيقة اللازمة لنجاح هذه الخطة ، ويرى " تورانس " أن القدرة على إظهار التفاصيل هي إحدى المؤشرات المهمة ، للابتكارية ، ولذلك يصحح هذا الاختبار عن طريق إعطاء درجة لكل تفصيل منطقي وذا معنى ، ويرتبط بالخطوط العريضة للخطة المقدمة في صورتها الخام أو الأولية [٤٩] .

٢ - عامل القدرة على النفاذ : Penetration

ويقصد به : الغوص إلى عمق الموضوع وعدم الاكتفاء بالمعالجة السطحية العابرة ، تلك المعالجة التي تتصف بها الحياة اليومية العادية ، والمبتكر لا يكتفي بالنظرة السطحية ، ولكنه يبحث وراء التفاصيل ، ويغوص وراء الحقائق ، ويقلب الآمر من جوانبه المتعددة ، والتلميذ الذي يسأل أسئلة كثيرة بقصد المزيد من الفهم ، وبقصد عدم الاكتفاء بالفهم السطحي هو تلميذ مبدع ، فالنفاذ إلى عمق الأشياء هو ما يميز التلميذ المبتكر عن غير المبتكر .

٣ - الاحتفاظ بالاتجاه : Mantaining Direction

وهو قدرة الفرد على تركيز انتباهه في مشكلة معينة فترة طويلة نسبياً ، وتظهر هذه القدرة في متابعة هدف معين ، وتخطى آية مشتتات والالتفاف حولها بأسلوب يتسم

بالمرونة ، ويتضمن الاحتفاظ بالاتجاه القدرة على التركيز Focusing ، والرغبة في العمل الجاد ولساعات طويلة[٥٠] .

بالإضافة إلى ما سبق عرضه من عوامل الابتكار فقد أشار " احمد قنديل "١٩٩٤" " باهتمام " فرانك وليامز " " Williams F.E " بدراسة مكونات الابتكار المعرفية والعاطفية لدى التلاميذ ، و أكد على أن قدرات التفكير الابتكاري المعرفية هي " الطلاقة - المرونة - الأصالة - التحسينات " ، **وقدرات التفكير الابتكاري العاطفية " المشاعر الابتكارية " هي :**

أ - حب المغامرة : Risk - taking

وتعني رغبة الفرد في عرض أفكاره، وتخميناته ، والدفاع عنها ، وعدم خوفه، مما تتعرض له هذه الأفكار من نقد أو فشل .

ب - تحدي الصعب والمعقد : Complexity

وتتمثل في رغبة الفرد في البحث عن حلول بديلة لمشكلة معينة ، أو أفكار متباينة ، ومتعددة ، لتطوير فكرة أو تصميم جهاز معين ، ويعبر ذلك عن رؤية متبصرة للفجوات الكائنة بين ما توجد عليه الأشياء بالفعل ، وما يجب أن تكون عليه ، أي أنها صفة حب الفرد للتنقيب والبحث في المشكلات والمواقف الغامضة والمعقدة.

ج - حب الاستطلاع : Curiosity

وتتمثل في كون الفرد فضولياً ، يجب التعامل مع الأفكار ، والتلاعب بها ، وكونه مفتوح الفكر للمواقف المشكلة ، وتعبر أيضا عن رغبة الفرد في تقصي المجهول ولو بتتبع بصيص من الأمل " أو مؤشراً " لمعرفة ما يمكن حدوثه .

د - التخيل : Imagination

و تتمثل في قدرة الفرد على التصوير وبناء خيالات عقلية Mental Imagery لأشياء معينة ، فيفكر الفرد بل ويحلم بأشياء لم تحدث من قبل ، ويتميز بالتفكير الحدسي Intuitive Thinking أو حب التخمين ؛ وبذلك يكون لديه القدرة على الوصول بتفكيره إلى ما وراء حدود الواقع المحسوس .

مواصفات المناخ الملائم لتنمية الابتكار Creative Atmosphere Atributes

إن تنمية الابتكار عملية تتم وفق نمو الفرد منذ الصغر ، ووفق إشباع حاجاته الأساسية ، والنفسية ، والتعليمية والاجتماعية ، لذلك نعني بتنمية الابتكار وتربيته عدة مؤسسات كالأسرة والروضة والمدرسة بمراحلها المختلفة وجميع هذه العناصر معنية بتنمية الابتكار وتهيئة الظروف والعوامل الملائمة التي تعزز وتسهم في تطويره وإيمانه وتربيته وبخاصة وأن الابتكار في جوهره استعداد نفسي- كامن يمكن أن يزدهر ويستمر عندما تتهيأ له الظروف المناسبة .

وقبل أن نشير إلى الظروف التي يجب توافرها لتحقيق تنمية الابتكار علينا أن نقرر الحقائق التالية عن طبيعة الابتكار [٥١] Creative Nature :

١ - أن الابتكار ظاهرة جماعية يتفاعل فيها الفرد المبدع مع المجتمع المحتضن للابتكار وليست مجرد سلوك فردي ليس له علاقة بباقي المؤثرات الاجتماعية والبيئية .

٢ - أن كل إنسان لديه استعداد أو طاقة للابتكار قد تكون كامنة أو ظاهرة بدرجة ما .

٣ - أن المناخ الاجتماعي sociality climate مسئول إلى حد كبير عن رفع هذه الطاقة إلى النمو أو إلى الذبول .

٤ - أن الدافعية الشخصية تؤدي دوراً مهماً في سعى الإنسان نحو تنمية إمكانياته الابتكارية.

٥- أن الدافعية الشخصية يمكن أن تنمى حتى عند الأفراد الذين لديهم دافعية منخفضة .

٦- أن البيئة الاجتماعية لا تقتصر على المنزل ، أو المدرسة ، والنادي ، أو جماعة الرفاق ، ولكنها تشمل النسق الاجتماعي للمجتمع الكبير " الدولة الآمة " وأي جهات لها تأثيرها على وعي الإنسان الفرد و على وعي الجماعة .

٧ - أن تنمية الابتكار لا يكفي فيها مجرد توجيه تنبيهات معينة في شكل برنامج ، أو خطة نحو وعي الفرد المتدرب ، أو عقله ، أو مهاراته ، أو سلوكياته ، بل أنه

من المؤكد أن الإنسان وحدة متكاملة ، ولكي ننمي أحد أبعادها فلابد أن يتم ذلك في علاقة مع باقي تلك الوحدة .

٨ – أن تنمية الابتكار لا ينبغي أن تكون مجرد برنامج أو استراتيجية محدودة بفترة زمنية ، متصورين أن هذه الفترة لها امتدادها في التأثير على شكل سلوك الفرد وجوهره في المستقبل ، ولكن يجب الوضع في الاعتبار أن تنمية الابتكار عملية متصلة ومستمرة .

٩ – أن التنمية الابتكارية ليس مقصود بها فحسب الوصول بالفرد أو الجماعة إلى اكتساب مهارات إبداعية ، بل المقصود بها هو : تحويل الفرد إلى آلة ابتكارية مستمرة للإبداع ؛ ومن ثم فلا بد أن تتضمن الاستراتيجية أو البرنامج التدريبي تأهيل الفرد لأن تكون لديه حساسية ابتكارية ذاتية وتلقائية ابتكارية ونزوع مستمر نحو التفكير الابتكاري .

ويتضح من الشكل إن هناك عدة ظروف وعوامل تؤثر في تنمية الابتكار لدى الأطفال وهي :

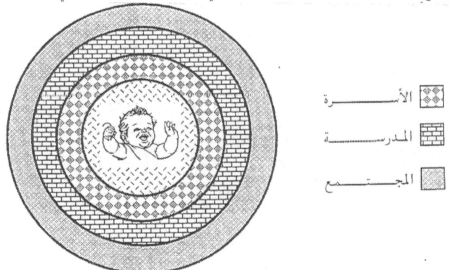

شكل (٢٤) أهم العوامل والبيئات المؤثرة في عملية تنمية الابتكار لدى المتعلمين

أ – الأسرة و الابتكارية Creativity & Family :

تعتبر الأسرة المكان الذي يطور فيه الطفل اتجاهاته وينمي أساليب تفكيره وقدراته ، وذلك عن طريق تفاعله مع العناصر المحيطة به كالوالدين والاخوة ، وقد بينت الدراسات أن الابتكار يمكن أن ينمو في البيئات الأسرية ذات المواصفات والشروط آلاتية[٥٢] :

- أن يتسم الوالدان بالتسامح ، والمبادئ الخلقية العليا ، والبعد عن العقاب ، والميل إلى الأساليب الأقل تسلطاً .
- أن يشجع الوالدان أطفالهما على اتخاذ القرارات ، والكشف عن المجهول .
- أن يشجع الوالدان أطفالهما على ممارسة المواقف الإبداعية ، واحترام ميولهم .
- أن يشجع الوالدان أطفالهما على الاستقلالية الشخصية ، وحرية استكشاف البيئة، والعالم المحيط بهم .
- أن ينتقل الآباء أنماط التفكير الغامضة ، والأسئلة المتشعبة المتباعدة من قبل أطفالهم دون تذمر .
- أن يتسامح الأب في منح الحرية للطفل من أجل اللعب .
- أن يسمح الأباء لأطفالهما بالتعبير عن أفكارهم المتنوعة بحرية تامة وبالتفاعل مع الأشخاص والعناصر المحيطة بهم .
- أن يتيح الأباء لأطفالهم القدرة على تحمل المسئولية ، ومنحهم الحرية في اكتشاف ذواتهم ، والعالم المحيط بهم ، واختيار مجالات اهتماماتهم .
- أن يدفع الأباء أطفالهم لكشف المجهول ، والحصول على تقدير الآخرين .
- أن يكون الأباء اكثر واقعية وعملية .
- أن تسود الأسرة أنظمة ، وقوانين وقيم خاصة مثل : الأمانة ، والصراحة، والكبرياء، والطموح ، احترام الآخرين .
- أن يحد الآباء من توجيه اللوم ، والنقد ، والضبط المرتفع لأطفالهم ؛ لأن ذلك يؤدي إلى كبت القدرات الابتكارية وانطفائها قبل الظهور ، على العكس فإن القبول ،

والضبط القليل ، والحنان الكبير ، وتوفير الآمن النفسي ، يمكن أن يؤدي إلى ارتفاع درجة السلوك الابتكار لديهم ، انظر الشكل .

ب - البيئة المدرسية والابتكارية Creativity & School Environment :

تمثل المدرسة في مجتمعاتنا العربية الوحدة المسئولة عن اكتشاف ، وصقل، وتنمية القدرات الابتكارية لدى التلاميذ ، وذلك بسبب الظروف الاجتماعية الراهنة التي قد تجعل الأسرة غير قادرة على تنمية وتعميق الوعي والسلوك الابتكاري ، وذلك في ظل خروج المرأة للعمل مما قد يقلص دور الأسرة في هذا المجال ، ولذا فإن المدرسة يمكن أن تكون وحدة إشعاع ابتكاري في ظل أي سياسة تعليمية ؛ وذلك من خلال ما تمارسه أدارتها ومعلموها ، وما تحتويه من مناهج دراسية ذات طابع ابتكاري خاص، وسوف نتناول بإيجاز أهم المواصفات التي يجب أن تتوافر في مدير المدرسة، والمعلم، ويتعرض كذلك إلى طبيعة المنهج الابتكاري وعناصره ، وعلاقة ذلك بتنمية القدرات الابتكارية في مجال العلوم .

فيرى " شتاين " " Stein , ١٩٨٣ " [٥٣] وجوب تميز مدير المدرسة بالمواصفات الآتية :

- أن يشعر معلموه بتقديريه للابتكار ، والابتكارية ، والتدريس الابتكاري .
- أن يشجع المعلمين على التجريب دون خوف .
- أن يكون مستعداً لتقبل الآراء المخالفة لرأيه .
- أن يستخدم أسلوبا منظماً للاستفادة من الأفكار الجديدة التي يصدرها المعلمون .
- أن يتجنب أثقال كاهل المعلمين من الواجبات الإضافية .
- أن يهيئ الفرصة لتجربة الأفكار الجديدة مع تقبل احتمال الفشل .
- أن يجعل جو المدرسة مثيراً ، ويسمح بالمخاطرة غير الضارة .
- أن يتجنب الإصرار الزائد Overmphasis على ضرورة ممارسة العمل الجمعي .
- أن تكون اجتماعاته وسيلة لتقويم الآراء بكل أمانة دون هدم أو تجريح .
- أن يجعل من الفشل طريقاً للوصول إلى أفكار جديدة .
- أن يشجع على مشاركة وتبادل أعمال المعلمين التي تتسم بالابتكارية مع بعضهم البعض .

- أن يبسط الاتصال بين معلمي المدرسة ، وسائر المعلمين الذين يعملون في المدارس الأخرى .
- أن يسمح لمعلميه بأن يتخذوا قراراتهم بأنفسهم في اختيار المعالجات التدريسية الملائمة لتنمية الابتكار .

المعاملة الوالدية وتنمية الابتكار لدى الابناء :

يلعب الوالدين دوراً هاماً في تنمية الابتكار لدى الابناء ويوضح الشكل الفرق بين أسلوب المعاملة السلبية والايجابية الوالدية وعلاقتهما بالابتكار.

المعاملة الوالدية السلبية	المعاملة الوالدية الايجابية
رفض - إكراه - قهر - حماية زائدة للأبناء	قبول - حب - حنان كبير - حرية للابناء
يؤدى ↓ إلى	يؤدى ↓ إلى
توتر - قلق - عدم الشعور بالأمن	أمن نفسي مرتفع - ثقة بالنفس
يؤدى ↓ إلى	يؤدى ↓ إلى
عدم تحملهم للغموض	تحملهم للغموض
يؤدى ↓ إلى	يؤدى ↓ إلى
الاندفاع في الاستجابة بطريقة مبتسرة	تروى وتركيز وتأمل عند الاستجابة
يؤدى ↓ إلى	يؤدى ↓ إلى
انخفاض في درجة السلوك الابتكاري	ارتفاع في درجة السلوك الابتكاري

شكل (٢٥) مدى تأثير المعاملة لوالديه على درجة السلوك الابتكاري لدى الأبناء

ومن مواصفات الاباء الذين يشجعون على تنمية الابتكار لدى الأبناء :

- مساعدة الطفل على إن يقرأ ، ويفكر فيما يقرأ ، ومساعدته على اقتناء الكتب خاصة الكتب المتعلقة بتنمية الخيال العلمي .
- أن يزود الوالدان أطفالهما بالإمكانات المناسبة لتنمية أفكارهم الخاصة وهذا قد لا يتطلب إلا بعض المواد غير المكلفة مثل : الأقلام ، والأوراق ، والألوان .. الخ .
- أن الآباء المتفوقين ، وذوي الثقافة العالية ، يسهمون في تطوير مستوى الابتكار لدى أبنائهم بدرجة اكبر من غيرهم .
- أن سلوك الكبار الراشدين المحيطين بالطفل يمكن إن يحبط السلوك الابتكاري، وذلك من خلال أساليب الكف التي يوجهونها للطفل .
- تدريب الطفل على النظام في وسط الفوضى ، والمحافظة على أدواته وعدم تشويهها.
- السعي إلى تشجيع الطفل على الانضمام للأندية ، أو الجمعيات المهتمة بتنمية المواهب .

آما عن المعلم فانه يمثل الأداة التي يمكن أن تتحقق بها النتائج والأهداف التربوية، فإذا ما تم إعداد هذا المعلم إعدادا جيداً ، وتم مده بالأدوات والوسائل المناسبة، وتم تنشئة دوافعه ، وميوله ، واهتماماته تنشئة تجعلها ذات قيمة متوجهة نحو الجدية ، والمستقبلية ، فقد ضمنا إلى حد بعيد أن العائد أو المردود من العملية التعليمية سيكون عائداً إيجابيا وفي اتجاه بناء مستقبل افضل من خلال جيل قادر على السلوك والإنتاج الابتكاري .

ولقد ثبت أن كثيراً من المعلمين لا يرحبون بالتلاميذ المبتكرين ، ناظرين إليهم على أنهم أفراد مشاكسون أو شاذون أو يعطلون الدرس ، فالتلميذ الذي يناقش، ويختلف ، ويبتكر ، يضيع وقته من وجهة نظر المعلم ، وعليه فإن المعلم يدعوه إلى أن يكون تلميذاً مجارياً أي موافقاً Conformist وألا يكون مصدر إزعاج ، ويعامله المعلم معاملة قاسية حتى يعيده إلى الحظيرة [٥٤] .

ولذا فقد قدم " تورانس " " Torrance , ١٩٧٢ "[55] عدة توصيات ومقترحات للمعلمين يمكن اتباعها عند تنمية الابتكار لدى التلاميذ ومنها :

١ - أن يعرف المعلم مفهوم الابتكار ، وطرق قياسه .

٢ - أن يميز المعلم بين التفكير المحدود التقاربي ، والتفكير المنطلق التباعدي .

٣ - أن يحفز المعلم تلاميذه أو يقدم لهم مكافأة عندما يعبرون عن أفكار جديدة ، أو مواجهة موقف معين بأسلوب ابتكاري .

٤ - أن يشجع المعلم تلاميذه على استخدام الأشياء ، والموضوعات ، والأفكار بطرق جديدة مما يساعد على تنمية الابتكار لديهم ، هذا بالإضافة إلى أهمية اختبار أفكار التلميذ بطريقة منتظمة لتحقيق افضل نمو لقدراته الابتكارية .

٥ - أن يهتم المعلم بتلاميذه كأفراد كل له قدراته ، واهتماماته ، وميوله ، واتجاهاته وسرعته الذاتية في التعليم .

٦ - أن يستخدم المعلم بعض الاستراتيجيات التدريسية التي تستند على مبدأ التعلم الذاتي . والحرية في اختيار البدائل التعليمية " والتعزيز المستمر " مثل : استخدام الحقائب التعليمية " " Instuctional Packges " والتعليم الموصوف للفرد "I.P.I " ونظام التعليم الشخصي "P.S.I " لإتاحة الفرصة للتلاميذ كي يعبروا عن قدراتهم الابتكارية .

٧ - ألا يسخر المعلم من أفكار التلاميذ الغريبة أو إنتاجهم ، وتجنب التعبير عن الاستياء من الاتجاه الخيالي لهم بطريقة مباشرة أو غير مباشرة .

٨ - استشارة دافعية للابتكار باستخدام أسئلة من نوع : ماذا يحدث إذا .... ؟ وكيفية تغيير .. ؟ وما النتائج المترتبة على ....؟

٩ - ينبغي على المعلم أن يشجع التلاميذ على تطبيق أفكارهم الابتكارية وتجريبها كلما أمكن ذلك .

١٠ – ينبغي على المعلم أن يلزم تلاميذه بالتوقف عـن تقويم أنفسهم تقويمـاً سـلبياً ، لأن تقديـر الفـرد السالب لنفسه ، كأن يعتقد أنه غير مبدع ، أو أنه لا يستطيع عمل شيء جديد – قد يقلـل مـن نمـوه الابتكاري .

١١ – يجب على المعلم أن يستخدم بعض الأساليب التي تسـهم في تنميـة الابتكار مثل العصـف الـذهني Brain Storming والسيكو دراما ، والتحليل المورفولوجي ... الخ .

١٢ – أن يحاول المعلم العمل كنموذج يحتذى به .

١٣ – أن يعتقد المعلم بأن التلميذ هو اكثر الكائنات الحية مرونة على التشكل ، والتكيف مع ظروف البيئة المتغيرة ، وانه أكثرها قدرة على التأثير في الظواهر الطبيعية وتعديلها .

١٤ – الإعتقاد بضرورة أن التلميذ إيجابيا فاعلاً نشطاً ، وحيوياً في المواقف والأنشطة التعليمية ، مما يسهم في تطوير و إنماء قدراته الابتكارية .

١٥ – الإيمان بوجود فروق فرديـة واسـعة بـين التلاميـذ ، ومراعـاة ذلك في البـرامج التعليمية ومعالجـات التدريس(٥٦) .

ولكي يؤدي معلم العلوم على سبيل المثال واجبـه بصـورة تحقـق أهـداف العمليـة التعليميـة ، يجب أن يتسم بالقدرة على الابتكار ؛ لأن التعليم يحتاج إلى تطويع المعلومات ، والخبرات ، وفقاً لحاجـات التلاميذ وقدراتهم .

فالتلاميذ لا يتعلمون جميعاً الأشياء نفسها ، ولا بالأسلوب نفسه ، ومن ثم وجب أن يكون معلم العلوم ذا خيال قوي ، وقدرة ممتازة على الابتكار ؛ لأن التدريس لا يقوم على تلقين المعلم لمـادة الـدرس ، انما يقوم على تصميم المواقف التعليمية التي توحي إلى التلميذ بالنشاط ، والفاعلية ، والتقريب ، والاتصال بالبيئة كوسيلة للتعليم ، وهذا يحتاج إلى قدرة ابتكارية عالية من المعلم .

وقد أشارت العديد من الدراسات ، أن التلاميذ يتأثرون بطريقـة واعيـة ، واضـحة ، بالمعلمين الـذين يساعدونهم على إثارة وتنمية ابتكاراتهم ؛ ومن ثم فمن خلال نمط معاملة المعلمين للتلاميـذ يمكـن التنبـؤ بما سوف يكون عليه التلاميذ من سمات شخصية ترتبت على هذه المعاملة.

ولذا فتتطلب إثارة الابتكارية والقدرات الابتكارية الكامنة لدى التلاميذ معلم العلوم المبتكر ، المقتنع بعملية التفكير الابتكاري ، والمؤمن بالبحث ، والتنقيب عن المعرفة ، والمهتم بالفروق الفردية بين المتعلمين ، الذي يراعي الحرية ، وعدم القسوة في السخرية من أفكار تلاميذه ، والمفاهيم لأهمية الدوافع في تشجيع التلاميذ على البحث ، والمهتم بمشكلات البيئة ، و إثارة تلاميذه إلى حلها ، بدلاً من إخبارهم بالحل الجاهز اختصاراً للوقت ، والواعي بالعلاقة المترابطة بين الابتكار في العلوم ، والحرية المتمثلة في إبداء الرأي ، وحرية التفكير ، وحرية الحركة ، في أثناء عملية التعلم .

كما يستطيع معلم العلوم أن يسهم في تنمية الابتكار في مادته ؛ عندما يستخدم بعض طرق تنمية الابتكار والتدريب عليه ، في إطار معالجات تدريسية تراعي الفروق الفردية بين التلاميذ ، وتوفر لهم قدراً كبيراً من الحرية التعليمية ، وتسمح بممارستهم للتعلم الذاتي مثل : استراتيجيات التعليم المفرد . (راجع الفصول السابقة)

و يمكن للمعلم أن يهيئ مناخاً ابتكارياً مفضلاً من اجل تنمية الابتكار، مثل: احترام الأسئلة غير العادية ، واحترام الأفكار غير التقليدية .

ولذا فمعلم العلوم يجب أن يكون تدريسه من أجل تنمية التحصيل الأكاديمي الابتكاري " أي مدى اكتساب التلاميذ للمعلومات المتضمنة في مادة العلوم ، فضلاً عن تنمية القدرات الابتكارية لديهم في المادة نفسها " ، ولا يقتصر على التحصيل الدراسي في مادة العلوم ، ولا يعني ذلك إنكار أهمية معرفة الحقائق ، والمفاهيم ، والمبادئ ، لأن الحقائق هي الأساس للحلول الجيدة ، ولكن المقصود هو إنكار الاهتمام بالحقائق المفككة في حد ذاتها ، لأن العمل في أي مجال يعتمد على ما يتوفر لدى الفرد من معلومات ، حيث تمده بتلميحات إلى الحلول الممكنة ، وفي الواقع كلما كان المخزون المعرفي للفرد غنياً ومتنوعاً ، أمامه فرصة اكبر للابتكار ، لانه يستخدم هذا المخزون من معلومات بطريقة مرنة ومرتبطة في التفكير في المشكلة التي تحتاج حلاً ابتكارياً .

مناهج العلوم و تنمية الابتكار:

من المعروف أن المناهج الدراسية وسيلة التربية لتحقيق أهدافها التي تحدد أساساً في ضوء متطلبات المجتمع وظروفه ، واحتياجاته ، ولذلك فتطوير المنهج يعد أساس تطوير المجتمع .

ومن المتفق عليه تطوير المنهج لا تعني تعديل محتواه فحسب ، بل هي عملية مراجعة شاملة لجميع عناصره ، فأهداف المنهج ، ومحتواه و أساليب تدريسه، وتقويمه في علاقة " ديناميكية " دائمة يؤثر تغير إحداها في الآخر تأثيراً مباشراً"(٥٨) .

ويتفق معظم المربين على أن المناهج الدراسية غير التقليدية بما توفره من بيئة مدرسية مرنة تسهم في تنمية القدرات الابتكارية ، في حين أن المناهج التقليدية، والرسمية تماماً ، تتسم بالجمود ، والارتباط بالمعلومات الموجودة بالكتب المقررة ، كما أنها تفرض البيئة التسلطية على المجتمع المدرسي ، ولذلك فأنها تعمل على تحطيم وكبت القدرات الابتكارية التي قد تكون موجودة لدى الفرد المتعلم .

وبطبيعة الحال فإن أسلوب التقويم الملازم للنظام المدرسي التقليدي يركز على قياس مدى حفظ التلاميذ للمادة الدراسية فقط ، ومن الطبيعي أن يركز المعلم والتلميذ اهتمامهما على هذا الجانب وليس على تنمية قدرات عقلية عليا كالتفكير الابتكاري .

و باختصار فانه من المتفق عليه أن الحرية التعليمية ، والبيئة المدرسية ، والمنزلية المرنة ، والاستقلالية ، وتوجيه الذات ، وعدم التقويم المباشر لأفكار التلاميذ ، كلها عوامل تساعد على إثارة ، وانتعاش القدرات الابتكارية لدى التلاميذ .

ويرى كثير من المربين أنه كلما كان المنهج ، وبيئة التعلم ، مرنة ، وغير تقليدية ، زادت الفرصة لتنمية القدرات الابتكارية .. كما يوضح ذلك الشكل رقم"٢٥"(٥٩) .

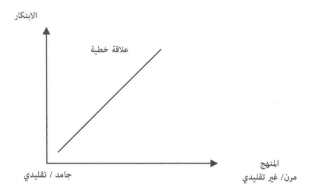

شكل (٢٦) العلاقة الظاهرية بين الابتكار ونوعية المنهج

وتعني هذه العلاقة أن التربية التقليدية " منهجاً - مواداً دراسية منفصلة - بيئةً تقوم على التسلط والقهر " لا تتيح للمتعلم فرصة تنمية القدرات الابتكارية ، حيث يقيد حرية التلميذ التعليمية والفكرية ، مما قد يدفعه إلى التفكير التقاربي Convegent والسلوك الثابت الجامد

وتعني هذه العلاقة أيضاً أن الفرد المتعلم يمكن أن يصل إلى قمة القدرات الابتكارية في ظل المنهج المرن وبيئة التعلم غير الرسمية [٦٠] .

ومن هذا المنطلق فإننا بحاجة إلى مناهج تعِد الأفراد بطريقة ابتكارية ، مناهج يكون هدفها تخريج إنسان مرن التفكير ، طليق العنان ، بعيد الخيال ، ثاقب الفكر، وذي قدرة عالية على إنتاج المعرفة لا مستهلكاً لها فقط وحتى تكون مناهج العلوم بيئة ، ومناخاً ملائماً لتنمية القدرات الابتكارية ، يجب أن تحقق الأهداف الآتية:

- تحصيل التلاميذ للمعلومات بدرجة عالية على جميع مستويات تصنيف "بلوم" للأهداف التربوية .
- تنمية قدرات عقلية عليا ومتنوعة والتفكير الابتكاري .

- تنمية مهارات عمليات العلم ومنها " التصنيف – الاستنتاج – التفسير – تكوين الفروض ..الخ " .
- التدريب على مهارات المعمل الخاصة بتناول المواد والأجهزة المعلمية ، والتعامل معها.
- تنمية الاتجاهات الإيجابية نحو العلم ، والعلماء والمادة الدراسية ، بالإضافة إلى تحقيق بعض الأهداف التربوية المعروفة والشائعة .

مواصفات مناهج العلوم الابتكارية كنموذج للمناهج الدراسية :

لكي تتحقق الأهداف السابقة يجب إن تتسم مناهج العلوم بعدة مواصفات من أهمها [٦١] :

أ – أن يصاغ محتوى المنهج " المقرر " بطريقة مرنة ، مصحوبة بأنشطة اثرائية ، تسهم في إنماء القدرات الابتكارية لدى التلاميذ في مادة العلوم ، ويعني ذلك أن المحتوى العلمي المكتوب بطريقة مرنة يتيح للمتعلم حرية انطلاق الفكر فضلاً عن تحصيل المعلومات ، ومن ثم يكسبه المتطلبات الأساسية للابتكار.

ب – أن تتم دراسة محتوى المنهج باستخدام استراتيجيات التعليم المفرد ؛ وذلك لأنها تتيح للمتعلم اكبر قدر من الحرية التعليمية - والتعليم الذاتي وهما من أهم متطلبات التفكير الابتكاري .

ج – أن يستخدم المعلمين أسلوباً جديداً في التقويم يقيس " التحصيل الأكاديمي الابتكاري".

التقويم الابتكاري :

على الرغم من كثرة البحوث والدراسات في مجال تنمية القدرات الابتكارية ، إلا أنها اقتصرت على قياس الابتكار العام للتلاميذ من خلال اختبارات مواقف عامة ، دون التقيد بمحتوى علمي معين كالعلوم ، أو الكيمياء أو الجغرافيا أو غيرها، وتناولت القليل من الدراسات قياس الابتكار الخاص من خلال الابتكار في المحتوى الدراسي للمادة ، وبصفة عامة يمكن تقسي الابتكار إلى نوعين رئيسيين :

أولاً : قياس الابتكار العام :

- و يتم ذلك من خلال العديد من الإختبارات نذكر منها على سبيل المثال .

أ - الاختبارات اللفظية :

وهي اختبارات عديدة ومتنوعة مثل : [" اختبارات عناوين القصص -اختبارات القدرة على تكوين تداعيات وترابطات غير مباشرة بين مثيرات محدودة - اختبار المترتبات - اختبارات " تورانس " ... وغير ذلك "] .

ب - الاختبارات الشكلية " المصورة " مثل :

- اختبار تكملة الأشكال .
- اختبار تصميم الأشكال .

ثانياً : قياس الابتكار الخاص :

وهي الاختبارات التي ترتبط بمحتوى علمي معين كالعلوم مثلاً ويفضل أن يسمى هذا النوع من الاختبارات ب" اختبارات التحصيل الأكاديمي الابتكاري " .

اختبارات التحصيل الأكاديمي الابتكاري :

بعد عرض أهم أهداف ومواصفات المنهج الابتكاري فانه يطرأ سؤال مهم ، وهو .. إذا أدخلنا الابتكار في المنهج - سواء كهدف أو محتوى أو معالجة تدريسية - فماذا نقيس ؟ ، القدرات الابتكارية لدى التلاميذ أم تحصيلهم الأكاديمي ؟ ، أو بمعنى آخر كيف يتم تقويم أداء التلاميذ في ظل المنهج الابتكاري ؟ .

فمن المعروف أن قدرات التلاميذ لا تقف عند حد التذكر ، أو فهم المعلومات، بل لديهم قدرات أخرى كثيرة تقع في قمتها القدرات الابتكارية ، وقد أشار " احمد قنديل ١٩٩٧ " [٦٢] إلى تقسيم " جتمان Gutman " للسلوك البشري إلى ستة أنواع يوضحها الشكل رقم "٢٦"

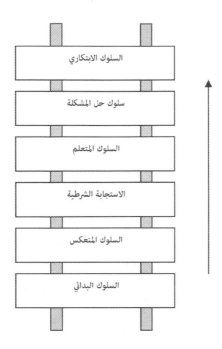

السلوك الابتكاري
سلوك حل المشكلة
السلوك المتعلم
الاستجابة الشرطية
السلوك المنعكس
السلوك البدائي

شكل (٢٧) تقسيم " جتمان " للسلوك البشري

و يلاحظ في هذا التقسيم أن السلوك الابتكاري يأتي في قمة السلم السلوكي كأعلى مرتبة للسلوك البشري ، ويلاحظ كذلك أن تصنيف " بلوم " تطرق بشكل واضح إلى قدرات ضرورية للسلوك الابتكاري مثل : **قدرات التحليل ، والتركيب ، والتقويم .**

والجدير بالذكر أن القدرات العقلية في هذا التصنيف السابق هرمياً ، بحيث تعد كل قدرة منها أساس لما بعدها ، أي أن التمكن من أي منها يعني التمكن من القدرات التي تسبقها في الترتيب ، وإذا كنا نؤمن بأن الفرد كل متكامل لا يتجزأ، فلا يجب أن نُعني ببعض هذه القدرات دون الأخرى ؛ ولذا فإن جميع القدرات يمكن أن تفيد بشكل أو بآخر في اكتساب المعرفة في أي فرع من فروع العلم .

ويشير " قنديل ١٩٩٧ " إلى ما أكد عليه " أوجيلفي " " Ogilvie " من أن الابتكار في مجال ما يلزمه معرفة أساسية في هذا المجال حتى يحدث ، ويؤكد علماء النفس الارتباطيون Associationist على أن الابتكار يعتمد على كم ، ونوع المخزون الترابطي " ما يوجد من علاقات ترابطية بين العناصر الأساسية للمعرفة الأساسية للمعرفة في مجال معين " عند الفرد .

ولذلك فقد أيد الكثير من رواد التربية أهمية العمل على تنمية جميع قدرات المتعلم ، وخاصة الابتكارية منها ، و مؤكدين على ضرورة تقويم أداء التلاميذ بطريقة شاملة ، تعطي لكل من تلك القدرات وزنها ، حتى يكون تقديرنا على أساس سليم، ويعطي صورة كاملة عن حالة التلميذ .

وإحدى الطرق لعمل ذلك هي الاستخدام المكثف للاختبارات المفتوحة Open-Ended فاستخدام الاختبارات المفتوحة له أهمية عظمة فيما يتصل بقدرات التلاميذ الابتكارية ؛ وذلك لأن هذه الابتكارات تتفق في طبيعتها مع الوصف الذي قدمه " تورانس " " Torrance , ١٩٧٢ " [٦٣] لاختبارات الابتكار ، حيث أشار إلى بعض المبادئ ، والأسس التي يجب مراعاتها عند تصميم اختبارات تقيس القدرات الابتكارية لدى التلاميذ، سواء وحدها أو مع قدرات أخرى كالتحصيل المتعلق بها ، ويمكن تلخيص تلك المبادئ فيما يلي :

أ - ينبغي أن تكون الابتكارية أحد معايير تلك الاختبارات ولا يشترط أن تكون كل شيء.

ب - يجب استخدام الأسئلة المفتوحة ؛ لأنها تتيح للتلميذ أن يستخدم خبراته في الإجابة عنها أيا كان نوع هذه الخبرات ، بمعنى أن الأسئلة المفتوحة لا ترتبط ارتباطاً جافاً بموضوعات الدراسة .

ج - عند استخدام تلك الاختبارات مع تلاميذ مختلفين في الثقافة " كالمدن والريف مثلاً " يجب العناية بالمواهب والقدرات الخاصة بكل فئة " ثقافة " .

د - يجب أن تشجع تلك الاختبارات التلاميذ على التعبير عن قدراتهم الابتكارية ؛ ويعني ذلك إنه يجب توفير جو مريح للتلاميذ في أثناء الاختبارات والبعد عن الجو المتسلط الذي يسوده التهديد .

ولكل الأسباب السابقة مجتمعة ، وإجابة عن السؤال المطروح سلفاً ، فانه في ظل المنهج الابتكاري ، لا يلزمنا قياس التحصيل الأكاديمي فقط ، ولا يلزمنا قياس القدرات الابتكارية فقط ، ولكن يلزمنا قياس ما يسمى بـ" التحصيل الأكاديمي الابتكاري " أي قياس كل من : مدى اكتساب التلاميذ للمعلومات في مادة معينة فضلاً عن تحديد درجة نماء قدراتهم الابتكارية في المادة نفسها ، والتي تعد بحق المصب الأخير لكل ما تفيض به القدرات العقلية الأخرى ، وفوق كل ذلك قياس مدى تمكن التلاميذ من مهارات عمليات العلم ويتوقف ذلك على طريقة صياغة السؤال وتوجهه (٦٤) .

وموجز القول أن الابتكار كقدرة لا يعمل في فراغ ، بل يلزمه بناءً معرفياً ، ومخزوناً هائلاً من المعلومات ليتعامل معها ؛ حتى ينتج شيئاً مفيداً ، ولذلك يفضل إن تكون أدوات قياسه شاملة ، حتى نقيس مدى اكتساب التلاميذ للمعلومات في مادة دراسية معينة كالعلوم، بالإضافة إلى تحديد درجة نمو قدراته الابتكارية ، ومن هنا جاءت اختبارات التحصيل الأكاديمي الابتكاري .

وقد يواجه هذا النوع من الاختبارات بعض الاعتراضات التي يمكن تناولها ومحاولة الرد عليها فيما يلي :

أولاً : هذا النوع من الاختبارات يستغرق وقتاً طويلاً في التصحيح .

- وقد يكون هذا صحيحاً أول وهلة ،ولكن عندما ننظر بتمعن إلى المثال الموجود في ملحق رقم "٢" نجد أن ما نقيسه باستخدام "٨ أسئلة " مثلاً من نوع الاختيار من متعدد يمكن قياسه بسؤال واحد من أسئلة التحصيل الأكاديمي الابتكاري ، فضلاً عن أنه اسهل إلى حد كبير في الأعداد من اختبارات الاختيار من متعدد .

ثانياً : قد يظن البعض أن هذا النوع من الاختبارات لا يتعدى كونه يقيس تذكر التلميذ للمعلومات .

- قد يبرز ذلك بأن التلميذ محدود القدرات لا يستطيع إن يبتكر في أي مادة دراسية كالعلوم مثلاً ، وهذا الرأي يجانبه الصواب للاعتبارات الآتية [٦٥] :

- لا نستطيع رفض فكرة أن التلميذ مهما تكن ظروف بيئته أو مدرسته ، قد ينتج أفكارا لم تخطر على ذهن أحد من قبل ، ومع ذلك فليس من الضرورة أن ينتج التلميذ أفكارا ، واستجابات جديدة تماماً ، على العلم حتى يكون مبتكراً ، ولكن يكفي إنتاج أفكار جديدة بالنسبة إليه ، أو إلى زملائه ، فليس من المقبول مقارنة أفكار واستجابات التلميذ بأفكار الكبار ، بل يجب مقارنتها بأفكار زملائه ومن نفس عمره الزمني.

- من المعروف أن التذكر يعني سرد التلميذ للمعلومات بنفس الصيغة التي سردها، ولكن أسئلة التحصيل الأكاديمي الابتكاري تصاغ بأسلوب يتطلب من التلميذ تقديم أفكار واستجابات لم يدرسها من قبل ، أو تلقاها من المعلم بشكل مباشر ، وقد يكون بعضها تعبيراً عما قرأه من قراءات خارجية أو توظيفاً جديداً لها أو علاقات مخلقة من المخزون المعرفي بعقله ، أو خيال جديد تماماً .

والجدير بالذكر أن صياغة السؤال في هذا النوع من الاختبارات تلعب دوراً مهماً في هدف هذا السؤال .. إذ تعتمد قيمة السؤال على طريقة صوغه ، والفهم الصحيح لما يراد قياسه .

ثالثاً : هذا النوع من الاختبارات يمكن استبداله بأسئلة ، أو اختبارات تقيس المستويات العليا من تصنيف " بلوم " .

تعتبر القدرات العقلية الدنيا هي الأساس لحدوث القدرات العقلية العليا، فمثلاً لا يستطيع التلميذ أن يقوم بعمليات الفهم ، والتطبيق ، والتحليل ، دون أن تكون لديه القدرة على تذكر المعلومات ، وكذلك فإن عملية التحليل ، والتركيب ، والتقويم تعتبر من أهم العمليات التي يجب أن يقوم التلميذ بها لحدوث الابتكار ولكنها لا

تعادله، ولا يمكن الاستعاضة عن الابتكار ، وقدراته بتلك العلميات ؛ لأن السلوك الابتكاري كما أشار " جتمان " " Gutman " يأتي على قمة السلوك البشري .

رابعاً : يمكن الاكتفاء باستخدام اختبارات ومقاييس الابتكار العام الشائعة كبديل لهذا النوع من الاختبارات .

- يجب عند قياس الابتكار أن نحدد الهدف من القياس وبذلك نحدد نوع الاختبار، بمعنى آخر ، هل نقيس الابتكار بصفة عامة ؟ ، أم نقيس الابتكار المرتبط بالمحتوى العلمي للمادة الدراسية كالعلوم ؟

وعلى ذلك فيرى – المؤلف – أنه من الخطأ استخدام مقاييس ، أو اختبارات تقيس الابتكار العام ، عند قياس الابتكار في مادة دراسية معينة .

فمثلاً عند قياس مدى فاعلية معالجة تدريسية معينة في تنمية التفكير الابتكاري في العلوم مثلاً يفضل استخدام اختبارات تقيس التفكير الابتكاري في محتوى مادة العلوم وهي ما تسمى باختبارات " التحصيل الأكاديمي الابتكاري " عن اختبارات التفكير الابتكاري العام مثل : الاختبارات اللفظية ، والمصورة ، وذلك لأن المعلومات التي يقوم التلميذ بدراستها في المادة الدراسية تشكل قاعدة معرفية ينطلق من خلالها للإجابة عن أسئلة اختبار التحصيل الأكاديمي الابتكاري [٦٦] .

ج – المجتمع والابتكارية Creativity & Socail :

- لقد أكدت العديد من الدراسات على أن الابتكار ينمو في المجتمعات ذات المواصفات الآتية [٦٧] :

١ – وجود التحديات الخارجية التي تتحدى الثقافة وتدفعها نحو مزيد من التقدم والتطور ، ومن هذه التحديات " الحروب والانفجار المعرفي " ولكن يجب الإشارة إلى أن بعض الدراسات قد أظهرت التأثير السلبي للحروب على نماء القدرات الابتكارية ؛ لأنها تؤدي إلى الشك ، والخوف ، والفزع ، والفردية في التفكير، والمادية في أساليب الحياة ، والتفكير في اللحظة الراهنة ، مع نقص التجريب، وزيادة التخريب .

٢ – التوسع الجغرافي لأن هذا يسمح بمزيد من الاحتكاك الثقافي ، و بالأخذ والعطاء بين الثقافات المختلفة

٣ – وجود النماذج المبتكرة من بين الأجيال السابقة التي تصبح كنماذج يتلمس الجيل الحالي خطاهم ؛ إلا أن تأثير هذه النماذج يكون مشروطاً بعاملين أساسيين، **أولهما:** أن تكون النماذج في نفس المجال الذي يراد فيه تنمية ابتكارية الأفراد، فالنماذج المبتكرة في العلوم تكون اصلح لمن يعملون أو يميلون لتعلم العلوم، والابتكار فيه **آما العامل الثاني :** فهو أنه يجب ألا تقبل آراء هذه النماذج تقبلاً سلبياً ، بل تقبلاً نقدياً من اجل البناء والتطوير .

٤ – توفر الثروة التي تتيح الفرصة للأفراد للتجريب ، دون تردد ، أو خوف ، والتي تسمح بشراء الخامات ، والمتطلبات التي يستخدمونها في تجاربهم .

٥ – وجود روح العصر ، والطابع العقلي والثقافي للعصر Zeitgeist التي تسمح بتعريض الفرد للعديد من المؤثرات العلمية والثقافية ، وتشجع على نقل وتطوير الأفكار ، و التوليف بين الجديد ، والقديم في كل جديد ، والتي تسمح بالتجريب وتشجع عليه.

وبعد هذا العرض تناول لأهم مواصفات المناخ الملائم للابتكار ، والعوامل المؤثرة فيه ، يرى " حسن عيس ١٩٩٣ " أن هناك عدة عوامل يمكن أن تمثل معوقات للابتكار عند التلاميذ ، يجب إن نتلافاها ومن أهمها :

- عدم الفصل بين اللعب والعمل الجاد .
- حرمان الفرد من ممارسة الخيال والحرية في التفكير .
- فرض معالجات تدريسية تحرم التلميذ من ممارسة الحرية التعليمية ، ولا تتناسب مع قدراته وخطوة الذاتي وذلك مثل أساليب التلقين التي ما زالت لها السيادة في نظامنا التعليمي.

الطرق العملية والبرامج التدريبية لتنمية الابتكار :

تعددت التساؤلات حول جدوى تنمية الابتكار لدى تلاميذ المدارس -خاصة وأن هناك اعتقاداً شائعاً بأن نسبة المبتكرين بين التلاميذ لا تتعدى ٢ % ، وبالتالي فإن

توجيه رعاية خاصة لهذا العدد المحدود فيه مضيعة للوقت والمال ، والجهد ، والأجدى مـن ذلـك هـو التركيز على تنمية الذكاء العام والتحصيل الأكاديمي ^(٦٨).

ومع ذلك فقد ثبت أن الاستعدادات الابتكارية موجودة لدى جميع التلاميذ بمسـتويات ، ودرجـات مختلفة ، وانطلاقاً من هذه المسلمة ، فمن الممكن تدريب التلاميذ على تنمية مهـارات التفكير الابتكاري وقدراته، ليتمكنوا من إنتاج معطيات جديدة تتسم بالتعددية والتنوع والتفرد ، وبذلك نستطيع تحـويلهم من أفراد مستهلكين للمعرفة إلى أفراد قادرين على إنتاج هـذه المعرفة Knowledge Production، وتزخر الأدبيات التربوية بالعديد من الطرق العملية والبرامج التدريبية لتنمية الابتكار وسوف نشـير إلى الطرق العملية لتنمية الابتكار بشيء من التفصيل ، **حيث تنقسم إلى قسمين رئيسيين هما:**
أولاً : الطرق الفردية Individual Methods .
ثانياً : الطرق الجماعية Group Methods .
والشكل يوضح الطرق الفردية لتنمية الابتكار .

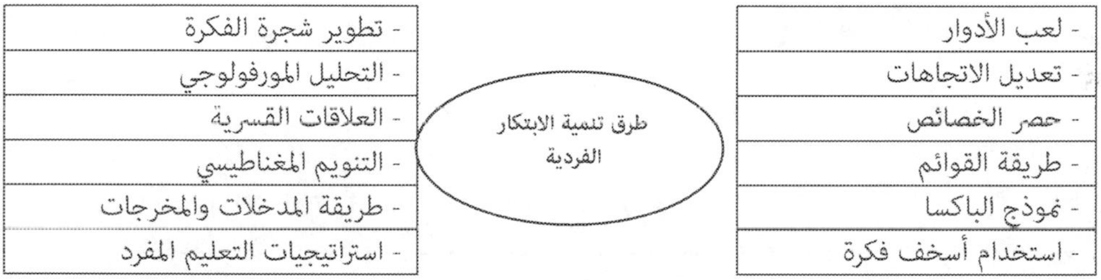

- تطوير شجرة الفكرة		- لعب الأدوار
- التحليل المورفولوجي		- تعديل الاتجاهات
- العلاقات القسرية	طرق تنمية الابتكار الفردية	- حصر الخصائص
- التنويم المغناطيسي		- طريقة القوائم
- طريقة المدخلات والمخرجات		- نموذج الباكسا
- استراتيجيات التعليم المفرد		- استخدام أسخف فكرة

شكل (٢٨) طرق تنمية الابتكار الفردية

١ - طريقة لعب الأدوار Role Play Method :

وتعتمد هذه الطريقة على قيام الفرد بممارسة الدور الذي يتوافق مع ميوله ، وحاجاته ، ودوافعه الابتكارية ، إذ يرى الفرد الآخرين من خلال ملاحظاته لذاته ، ويتعرف على اتجاهاتهم نحو خصائصه ، وصفاته ، وفي هذه الطريقة يتعلم الفرد أساليب جديدة لممارسة الأعمال ، ولتجربة أساليب سلوكية جديدة ، مما يوسع من آفاق شخصيته، ويطلق لخياله العنان متحرراً من عديد من قيود الواقع المحيط به .

ومن التدريبات التي يمكن استخدامها في هذا المجال التدريب المعروف باسم " لنتصور إن " Lets Make " Believe that ... ، والتدريب المعروف باسم " لتكن شخصاً آخر " Lets Being Anather Person ...وتمتاز هذه الطريقة بما يلي :

- تتيح للفرد السلوك بتلقائية وابتكار تلقائي .
- تساعد الفرد في ممارسة عمليات التفكير الاستنباطي .
- تساعد الفرد على فهم ذاته .
- تساعد الفرد أحيانا على النطق بخبراته اللاشعورية التي نادراً ما تظهر على لسانه.
- يمكن أن يمارس الأفراد هذه الطريقة في أي عمر من مراحله النمائية .

٢ - طريقة تعديل الاتجاهات Attitudes Modification Method :

فيمكن تنمية الابتكار من خلال تعديل بعض الاتجاهات المعوقة لتنمية الابتكار، ومـن هـذه الطـرق النمذجة Modeling والتقليد ، والتدعيم أو التعلم الاجتماعي ، واستخدام الارتباط الشرطي .
ومن الاتجاهات المعوقة للابتكار [٦٩] :

- الميل لنقد الأفكار الجديدة .   - الخوف من التجريب .
- عدم تشجيع المخاطرة الفكرية .   - عدم حمل الغموض .
- الخوف من السؤال .   - إثارة المشكلات الجديدة .
- السلوك المتردد الذي يواجه المبتكر في التعبير عن أفكاره ، وطرق حله للمشكلات اليومية.
و تمتاز هذه الطريقة بمساعدة التلاميذ على :

- التخلص من حساسية النقد للأفكار الجديدة من قبل الآخرين .
- عدم الخوف من التساؤل ، أو إثارة الشك والحيرة حول قضايا مألوفة .
- عدم الاهتمام بالسخرية عند استخدام الأشياء بطريقة جديدة .

٣ - طريقة حصر خصائص Listing Method-The Attribute :

و يشير " صالح عطية ١٩٨٥ " [٧٠] بان هذه الطريقة تمتاز بسهولتها وفاعليتها في إنتاج الأفكار ، والاستجابات الابتكارية نحو تحسين أي شيء ، ومبتكر هذه الطريقة " كراوفورد" "Crowford " وتعتمد هذه الطريقة على قيام المعلم بتكليف تلاميذه بكتابة اكبر عدد ممكن من خصائص شيء ما ، ثم يكلفهم باختيار إحدى هذه الخصائص ، ومحاولة التفكير في اكبر عدد من التحسينات ، والتطويرات التي يمكن إدخالها على تلك الخاصية، فمثلاً : يمكن إن يكلف المعلم تلاميذه بكتابة اكبر عدد من الخصائص ، التي يمتاز بها جهاز " التلفزيون " ... من حيث تركيبها، وشكلها ، وظيفتها و حجمها ... الخ ، ثم يكلفهم بالتركيز على خاصية واحدة وليكن تركيبها ثم يطلب منهم التفكير في اكبر عدد ممكن من التحسينات التي يمكن أن تطورها إلى الأحسن والاجود .

٤ - طريقة القوائم Listing Method :

ابتكر " اوزبورن " " Osborn " هذه الطريقة عام "١٩٦٣ " لانتاج الأفكار التي تقوم على طرح مجموعة من أسئلة الإثارة التي تنعش عملية إنتاج الاستجابات والأفكار لدى التلاميذ ، وعلى الفرد الذي يستخدم هذه الطريقة أن يسأل نفسه عدداً من الأسئلة حول ما يفكر في تطويره ، وتحسينه بحيث يختص كل سؤال من هذه الأسئلة بتعديل معين بالنسبة للشيء المراد تحسينه ، ويؤدي إلى تطويره بصورة مبتكرة .

وقد اعد "اوزبورن " "Osborn ، ١٩٦٣ " قائمة تشتمل على مجموعة من الأسئلة المحفزة على التفكير ومنها :

- هل يمكن استخدام الشيء المراد تطويره في أغراض أخرى ؟ ما هي ؟
- هل يمكن ملاءمته مع غيره ؟ وأي شيء يمكن أن يصلح كبديل له ؟
- هل يمكن تحسينه وتطويره ؟ وكيف يكون ذلك ؟

- هل يمكن تكبيره أو تصغيره ؟ وبأي طريقة يمكن أن يحدث ذلك ؟
- هل يمكن إعادة تنظيم وترتيب أجزائه ؟ وكيف ؟
- هل يمكن ربط وضم أجزاءه وضمها إلى بعضها ، وعمل تكوينات جديدة ؟ وكيف يحدث ذلك ؟

٥ - طريقة التحليل المورفولوجي Morphological Analysis Method :

ابتكر هذه الطريقة "ف . زويكي " " zwicky " عام " ١٩٥٧ " بهدف تنمية مهارات الأفراد في إنتاج عدد كبير من التوافيق والتباديل الممكنة للعناصر التي تندرج تحت مجموعة من الأبعاد الرئيسية للشيء المراد التفكير فيه ، أي أن هذه الطريقة تقوم على فكرة تحليل بنية Construction أي مشكلة إلى عناصرها الرئيسية المستقلة ثم تقسيم تلك العناصر إلى أقسامها الفرعية ، ثم تقسيم العناصر الفرعية إلى عناصر اكثر تفرعاً وهكذا ، بحيث يمكن إنتاج مجموعة من التكوينات الفكرية بين هذه العناصر جميعاً، وقد يكون كثير من هذه التوافيق حلولاً غير عملية للمشكلة موضع الاهتمام ؛ ولذلك فإن آخر خطوة في هذه الطريقة ، تدخل فيها مرحلة التقويم لجدوى وكفاءة أي حل يبدو قابلاً للتنفيذ العملي " .

٦ - نموذج "باكسا" Paksa :

و أشار " شتاين ١٩٧٤ , Stien " إلى أن " تايلور " " Taylor " ابتكر هذه الطريقة عام ١٩٦٦ م ، كتعديل لطرق و أساليب أخرى ، وتشمل هذه الطريقة مجموعة من الخطوات وهي :

- اختيار وتحديد المشكلة في صورة مكتوبة مع بيان الخطأ والصعوبة التي تسبب المشكلة ، ثم تحديد الهدف من دراستها .
- جمع المعلومات وتصنيفها في صورة مفهومة .
- فحص المعلومات المتجمعة ، واكتشاف ما بينها من علاقات ، ومبادئ ، ثم مقارنة الحقائق بعضها ببعض ، والبحث عن أوجه الاتفاق والإختلاف عن السبب والنتيجة في الأنماط المنظمة عن التجمعات والترابطات .

- تمثيل المعلومات واستيعابها ، وإذا لم يستطيع الفرد ذلك فعلية أن يترك المشكلة ويسترخي ، ويمارس هواية ما ، ثم ينقل المشكلة من العقل الواعي إلى ما قبل الشعور.
- التوصل إلى إنتاج أفكار جديدة بالتركيز على المشكلة الأولى ، دون الخضوع للحكم عليها أو النقد لأي منها .
- تقييم هذه الأفكار ، ثم اختيار أكثرها ملائمة للمشكلة .
- وضع الأفكار المختارة موضع التنفيذ ، وعرضها على الآخرين باعتبارها الحل المناسب للمشكلة ، والعمل على تقبلهم لهذا الحل بأي وسيلة ممكنة ، حتى لو تطلب الآمر تعليمهم مهارات خاصة تساعدهم على التقييم ، أو تقديم قدر من المعرفة اللازمة لتجعلهم يحسنون تقييم الفكرة ، أو الحل المقدم إليهم .
- تكرار المراحل السابقة حتى تصبح عادة سلوكية لدى الفرد .

٧ – استخدام اسخف فكرة Use of Ideaa Ridiculous :

وضع " فانج " " Fang " هذه الطريقة عام ١٩٥٩ م على أساس أن اختيار اسخف فكرة من بين عدة أفكار يمكن أن يكون ذا قيمة كبيرة في الوصول إلى حلول جديدة في تنمية الابتكار ، وقد اعتمدت هذه الطريقة على الفرضية التي مفادها " أن اعظم المخترعات أو الاكتشافات يمكن إن تأتي من فكرة ساذجة ومألوفة ، وفي هذه الحالة يتم تدريب التلاميذ على معاودة النظر فيما حولهم ، وأن يغيروا من النظرة في كل مرة ينظر فيها لنفس الشيء ، وتعتبر هذه الطريقة ذات قيمة فاعلة حينما تستخدم مع التلاميذ ، إذ تبدأ الطريقة بأفكار عشوائية ، ساذجة سخيفة وتصل في النهاية إلى أفكار مبتكرة " .

٨ – تطوير شجرة الفكرة Developing an Idea Tree :

وهي طريقة تعتمد على ممارسة التلميذ للنشاط عند حل المشكلة ، **وتتضمن هذه الطريقة مجموعة من الإجراءات منها** : وضع الحلول للمشكلة ، ثم تقسيم هذه الحلول إلى حلول فرعية ، ثم إلى حلول اكثر فرعية ، وهكذا تبدأ الفكرة بالمشكلة

العامة، ويصل فيها التلميذ في النهاية إلى عدد كبير من البدائل التي يمكن أن تشكل أخيرا افتراضات حل المشكلة

٩ - استراتيجيات التعليم المفرد Individualiztion Of Instruction Strategies :

ومن أهمها التعليم المبرمج والتعليم بمعاونة الكمبيوتر (C.A.I) ، ويرى - المؤلف - أنه يمكن استخدام استراتيجية التعليم الموصوف للفرد (I.P.I) ونظام التعليم الشخصي (P.S.I.) في تنمية الابتكار خاصة إذا تم استخدام الكمبيوتر في تقديم المحتوى الدراسي في إطار هذه الاستراتيجيات التعليم المفرد " التعليم الموصوف للفرد ونظام التعليم الشخصي " من خلال الكمبيوتر كأداة معاونة في عرض المحتوى .

ثانياً : الطرق الجماعية في تنمية الابتكار Group Methods :

وفي هذه الطرق يتدرب التلاميذ في شكل مجموعات ، بهدف تحقيق أتقصى استفادة ممكنة بما لدى الجماعة من إمكانيات ، وقدرات في تنمية الابتكار ، وفي التوصل إلى حلول جديدة ، ويستلزم ذلك توفير بعض الشروط لنجاح هذه الطرق من أهمها :

- أن يكون المناخ السائد بين أفراد الجماعة مرحاً ، لا يسوده التقييم الدائم، أو النقد الهدام.

- أن يكون لكل جماعة قائد مُدرَب ، وذو خبرة بالمشكلة المطروحة وبطرق تنمية الابتكار ، وان يتسم بالمرونة في علاقاته بباقي أعضاء الجماعة ، ويمكن أن يقوم المعلم بهذا الدور ، أو يختار أحد تلاميذه للقيام بهذا الدور .

- أن يكون عدد أفراد المجموعة الواحدة ما بين "٣ - ٧ تلاميذ " .

ومن الطرق الجماعية في تنمية الابتكار ، كما يوضحها الشكل .

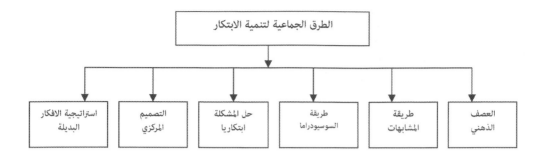

الطرق الجماعية لتنمية الابتكار

| استراتيجية الافكار البديلة | التصميم المركزي | حل المشكلة ابتكاريا | طريقة السوسيودراما | طريقة المشابهات | العصف الذهني |

شكل (٢٩) أهم الطرق الجماعية لتنمية الابتكار

وسوف نتناول بعض الطرق الجماعية لتنمية الابتكار بشيء من التفصيل .

أ - العصف الذهني Brain Storming

وقد ابتكر هذه الطريقة " اوزبورن ١٩٥٣ " "Osborn " مستمداً فكرتها مـن طريقـة هنديـة تعـرف باسم "Brai - Barehana " وتعني وضع أسئلة عديدة من الخارج لتوضيح بعض الأفكار .

و يرى " اوزبورن " وغيره من الباحثين أنه إذا ما سمح للذهن بأن يطلق العنان في حل المشكلة فإن الأفكار تتدفق دونما كابح ، وبغض النظر عن مدى دقتها ، وتحققها ، والمبدأ في ذلك هو " فكر الآن ثم قيم ، وتحقق فيما بعد " .

وقد طور " بارنرت ، وميـداو ١٩٦٣ Parent & Meadow هـذه الطريقـة إذ اسـتخدما مجموعـة مـن الأفراد يركزون على حل إحدى المشكلات ، بحيـث يتوصـلون إلى عـدد كبـير مـن الفـروض دون إعطـاء أي أهمية لقيمتها ، وفاعليتها ، ويؤدي هذا التفاعل الذهني بين الأفكار المتقاربة ، و المختلفة في المسـتوى إلى تزايد الأفكار المبتكرة .

وتقوم هذه الطريقة على مبدأين أساسيين هما :

أ - إرجاء إصدار الحكم أو التقييم على الأفكار Deferement of Judgement

و يعتمد هذا المبدأ على فرضية مهمة تقول : " إنه إذا اجل الفرد حكمه على الأفكار حتـى يختلـق قائمة ملائمة من حلول ، فانه يستطيع إنتاج عدد مضاعف من الأفكار الجيدة " .

ويرى " أوزبورن " أن التفكير يتضمن استخدام العقل الحصيف Judicial Mind الذي يحلل ، ويقارن ، ويختار ، ويتضمن أيضا العقل المبتكر Creative Mind الذي يتصور ، ويتخيـل ، ويصدر أفكارا جديدة ، وعادة يضع العقل الحصيف قيوداً على العقل المبتكر ، تلك القيود التي يجب التخلص منها بتأجيل إصدار الأحكام على الأفكار بمجرد ظهورها ، فإحساس الفرد بـأن أفكـاره سـتكون موضعـاً للنقـد، والرقابـة ، منـذ ظهورها يمثل عاملاً كافاً لإصدار أي أفكار أخرى .

ويعني هذا المبدأ باختصار أنه لكي ينتج الفرد كما كبيراً مـن الاسـتجابات، والأفكـار الجيـدة ، يجب عليه عدم الحكم السريع عليها وأن يطلق لنفسه العنان في إنتاج الأفكار ، دون النظر إلى مدى صـلاحية أو فائدة هذه الأفكار في وقت إنتاجها .

ب - الكم يولد الكيف Quantity Breeds Quality :

ويشير هذا المبدأ إلى أنه كلما زاد عدد الاستجابات والأفكار والحلـول المنتجـة زادت احـتمال توليـد أفكار جديدة ؛ ولذلك فلكي يتم التوصل إلى أفكار أصيلة ومبتكرة فإنه ينبغي أن تزداد كمية الأفكار التـي يتم تدفقها وعرضها .

وقد توصل " اوزبورن " إلى أربعة أساليب يجب اتباعها في جلسات توليد الأفكار التي تعقد للتدريب علـى مهارات حل المشكلة ابتكارياً وهي :

أ - ضرورة تجنب نقد الأفكار No Critism :

ومؤداه البعد عن عادة النقد اللحظي في أثناء التفكير في حل المشكلة ، فتأجيـل النقـد للفكـرة وقت ظهورها هو غطاء الأمان لزيادة إنتاج الأفكار ، وتجنـب الحكـم السـريع عـلى الأفكـار هـو روح أسـلوب مهاجمة المشكلة ذهنياً .

ب - تشجيع التداعي الحر الطليق والترحيب بكل الأفكار Freewheeling :

ويعني هذا الأسلوب قبول أي فكرة مهما كانت غريبة ، أو شاذة ، مادامت متصلة بالمشكلة المعروضة ، فكلما زادت غرابة الفكرة زادت أصالتها ، والهدف من هذا الأسلوب هو مساعدة أفراد الجماعة أن يكونوا اكثر مرونة واقل تحفظاً، وبالتالي أعلى كفاءة في توظيف مقدرتهم على التخيل ، وتوليد الأفكار بالإضافة إلى أن إطلاق العنان للفكرة يعني سعة الأفق ، فكلما كانت الفكرة شاملة كانت افضل ويجعل الفرد يفكر فيما وراء الحلول أو الأفكار التقليدية ويجعله ينظر إلى المشكلة من زوايا متعددة وبطرق جديدة .

ج - التأكيد على كم الأفكار Quantity of Ideas :

و يأتي هذا الأسلوب تأكيداً للمبدأ الثاني في العصف الذهني " تفتق الدماغ " أي إنتاج اكبر عدد ممكن من الأفكار فكلما زادت كمية الأفكار المقترحة من أفراد الجماعة ، زاد احتمال بلوغ اكبر قدر ممكن من الأفكار الأصلية .

د - الربط بين الأفكار وتطويرها Cmbination & Improvement of Ideas :

عند استخدام أسلوب مهاجمة المشكلة ذهنياً ينبغي ألا يقتصر دور التلميذ على تخليق أفكار خاصة به ، بل يتعدى ذلك إلى التفكير في كيفية تطوير أفكار الآخرين ، ويجب أن تعني المجموعة أيضا بالتوفيق بين الأفكار ، وتجميع اكثر من فكرة في شكل فكرة جديدة ، و أما عن دور المعلم في طريقة العصف الذهني فيتمثل في الحفاظ على الفصل المدرسي في جو المرونة والحرية الفكرية التي تتفق مع الاساليب الاربعة السابقة.

٢ - طريقة المشابهات " تآلف الأشتات " Synectics :

قدم " جوردون " "Gordon " هذه الطريقة عام ١٩٦١ م وكلمة Synectics يونانية الأصل ، وتعني ربط العناصر المختلفة وغير المناسبة مع بعضها ، و أول من ترجمها إلى العربية" آبو حطب " في كتابة آفاق جديدة في علم النفس ، وقام " برنس " " Prince " بتطويرها عام ١٩٧٠ م ، ثم عاد " جوردون عام ١٩٧١ " ، وقام بمراجعة هذه الطريقة وتطويرها ، حيث يرى أن هذه الطريقة تمثل من الناحية العملية نظرية واضحة المعالم

تستند إلى مجموعة من الفروض التي أمكن إخضاعها للتجريب والبحث ؛ ومن أهم هذه الفروض ما يلي :

- أن الإبتكار يمكن زيادته في الأفراد بطريقة ملموسة ، إذا ما تيسر لهم فهم العمليات السيكولوجية التي يتحقق في ظلها نشاطهم الابتكاري .
- إدراك الأفراد أن العناصر الوجدانية في العملية الابتكارية اكثر أهمية من العناصر العقلية.
- أن العناصر الوجدانية المختلفة في العملية الابتكارية يمكن فهمها بالملاحظة ، والوصف، والتحليل ؛ لكي نزيد من احتمالات نجاحنا في مواقف حل المشكلات .

وترتكز طريقة المشابهات على مجموعة من العمليات السيكولوجية التي تعمل على خلق ظروف نفسية ملائمة لإثارة الابتكار لدى الفرد وإنعاشه ، ومن أهم هذه العمليات " الميكانيزمات " :

١ - التذبذب بين الاندماج Involvement في تفاصيل المشكلة والانفصال Detachment عنها .

٢ - التروي " التأمل " ، ويتمثل في إتاحة الفرصة أمام العقل لكي يلعب بالأفكار ، أو الصور ،أو التخيلات المتصلة بالحل المقترح للمشكلة ، ويعني ذلك أن يتاح الانطلاق في التفكير متحرراً من أي قيد ، وهي عملية ضرورية عند السعي للوصول إلى حلول محتملة للمشكلة .

٣ - تأجيل الإشباع Delayng Stisfaction ، وتأخذ هذه العملية شكل مقاومة للحل السريع ، أو مقاومة الرضا المتعجل بالحل الذي تم بلوغه .

٤ - الاستقلال الذاتي للفكرة ، وفيها يعايش المبتكر الشعور بالاستقلال الذاتي للمشكلة التي خرجت عنه ، وبالتالي فهو ينظر إليها ، ويتابع نموها ، وهو يعلم أنها شيء من خلقه ، ولكنها أصبحت تمثل كياناً مستقلاً عنه .

٥ - الإحساس بالرضا ، والسعادة والاستمتاع ببلوغ حل المشكلة التي عمل طويلاً للتوصل إلى حلها .

وتهدف طريقة " جوردون " إلى تنشيط الميكانيزمات السابقة لأغـراض الابتكـار في الفـن والعلـم والتكنولوجيا ، وتعتمد هذه الطريقة على مبدأين أساسين هما:

أ – جعل المألوف غريباً Making The Familiar Strange

ويعني هذا المبدأ إدراك الشيء المألوف عـلى نحـو لا تدركـه الأبصـار العاديـة، أي منهـا محاولـة لعكس وقلب طرقنا المعتادة في إدراك هذه المعالم ، وفيما درجنا عليه مـن سـلوك ، ولا يعنـي ذلـك إبعـاد المفكر عن الطريق السليم بل هـي محاولـة شعوريـة مقصودة للنظـر إلى نفس الأشياء والأفكار بطـرق جديدة غير عادية .

ب – جعل الغريب مألوفاً Making The Starang Familiar

ويقوم هذا المبدأ على استراتيجية فهم المشكلة عن طريق ثلاث عمليات عقلية وهي:

- **التحليل** : ويتم فيها تقسيم المشكلة المعقدة إلى الأجزاء المكونة لها .

- **التعميم** : ويتم فيها تحديد أنماط فكرية لها معنى ، من بين الأجـزاء المكونـة للمشـكلة و التعـرف عـلى هذه الأنماط .

- **المشابهة " التمثيل "** Analogy : وفيها يتم مقارنة المعلومات الجدية " الغريبة " مع المعلومات الموجودة بالفعل " المألوفة " في عقل التلميذ ، وذلك بهدف جعلها معلومات ذات معنى و مألوفة بالنسبة له .

وعملية المشابهة Analogy تشجيع على الانطلاق الحر للأفكار وتساعد على الإقلال من صور الجمـود الذهني في مواقف حل المشكلات ، وتوجد ثلاثة أنواع مهمة من المشابهات يجب عـلى المعلـم استخدامها بالتبادل عندما يتبع هذه الطريقة وهي :

أ – المشابهة الشخصية Personal Analogy

ويقوم هذا النوع على فكرة تقمص الفرد للشيء المعين في المشكلة المطروحة كأن يتصور نفسه جهازاً ما ، أو بدلاً من الرافعة ، أو كجزئ ، أو كذرة ، والتقمص هنا تقمص وجـداني Empathic Identific بكـل مـا فيه من معاني سيكولوجية ، وليس مجرد لعب دور تمثيلي بصورة ما .

والمشابهة الشخصية تتطلب من الفرد شيئاً من فقدان الذات في أثناء نقله لذاته من العالم الحقيقي إلى العالم الخيالي ، وأنه كلما زادت المسافة الادراكية لفقدان الشخص لذاته ، كانت المشابهة اكثر حداثة ، و أمكن إنتاج عدد اكبر من الأفكار الجديدة ، ويتميز هذا النوع من المشابهات بأنه اكثر تحرراً ، واتساعاً من الأنواع الأخرى ، ويتيح فهماً افضل لعناصر المشكلة المطلوب حلها ابتكارياً .

ب - المشابهة المباشرة Direct Analoge :

و هي عملية مقارنة بسيطة بين شيئين أو مفهومين ، ولا يشترط أن يكون الشيئان أو المفهومان متماثلين كلية ، فمقارنة شيء من مجال ما بشيء من مجال آخر تحفز الشخص على التعبير عن المشكلة ، أو الموقف الذي بين يديه بطريقة جديدة، وهذا التغيير في مشكلة ، والشروط الخاصة بالموقف الأصلي ، يسهل عملية التفكير الابتكاري؛ وذلك لانه يتيح للفرد رؤية الموقف من منظور جديد ، أمثلة تشبيه الذرة بالنظام الشمسي.

ج - المشابهة الرمزية Symbolic Analogy

ويسميها البعض بالمختصر المعارض Compressed Conflict وهي عبارة مكونة من كلمتين تبدو كل منهما متعارضة مع الأخرى في المعنى ، وتستخدم تلك العبارة كوصف مختصر ـ لموقف الدرس ككل ، أو لعنصر من عناصره ، ويعتمد هذا النوع على استخدام اللغة والألفاظ فيمكن استخدام الصورة الموضوعية ، أو اللاشخصية ، لوصف المشكلة ، وهناك نوع رابع من المشابهات ولكنه اقل أهمية من سابقيه و يسمى بالمشابهة الوهمية Analogy Fantasy ويعتمد على التمثيل بما يشبع رغبة الفرد وهمياً .

٣- طريقة السوسيودراما Sociodrama :

و أسسها " مورينو " " Moreno " عام ١٩٤٦ م بحيث تهدف إلى استخدام الجماعة لفحص مشكلة معينة ودراستها باستخدام الأساليب الدرامية على نحو يؤدي إلى الوصول إلى حلول متعددة وجديدة .

٤ - طريقة حل المشكلة ابتكارياً Creative Problem Solving :

وقدمها "بارنز " " Parnes " وزملائه كتعديل في طريقة العصف الذهني وتطويراً لها ، وأسموها الحل الابتكاري للمشكلة وتقوم هذه الطريقة على مجموعة من الأفكار الرئيسية ومنها :

١ - تشتمل عملية الحل الابتكاري للمشكلة على :

أ - الملاحظة Observation   ب- المعالجة Manipulation   ج- التقويم Evaluation

٢ - يتصف الناتج الابتكاري بالتفرد Uniqueness والقيمة Value .

٣ - لكي يكون الفرد مبتكراً يجب أن يكون حساساً Senssitve للمشكلات المحيطة به، التي تحتاج إلى تصفية أو تقنية وتوضيح .

اما عن البرامج التدريبية لتنمية الابتكار ، فيكتفي - المؤلف - بالإشارة إليها من خلال هذا الشكل.

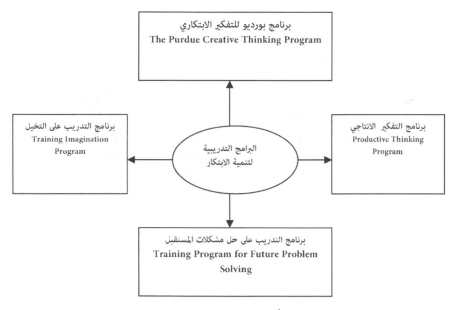

شكل (٣٠) أهم البرامج التدريبية لتنمية الابتكار

الابتكار ونشاط نصفي المخ :

بدأت نتائج التحقيق العلمي حول طبيعة نشاط المخ تتوالى ، وتشير في مجملها إلى وجود نوعين من هذا النشاط .. أحدهما يختص به الجانب الأيمن من المخ Right Hemispheric ، والثاني يختص به الجانب الأيسر Hemispheric Left ، و تشير معظم الدراسات إلى أن نشاط الجانب الأيمن من المخ هو الذي يطلق الشرارة الأولى من الابتكار ؛ لأنه الجانب الذي يعمل بطريقة شمولية كلية ، معتمداً على الحدس ، والتخيل، والصور الحسية المرئية ، بينما يعمل الجانب الأيسر بطريقة منطقية، استدلالية، تتابعية، تحليلية .

و على الرغم من أن هذه النظرة يتبناها العديد من الباحثين ، إلا أن بعضهم يرون أن اختصاص الجانب الأيمن بالابتكار ، والجانب الأيسر باستدلال - واعتبار هذا تعبير عن نشاطين منفردين كل منهما بذاته - آمر فيه مبالغة غير مقبولة .

فيرى " حنورة ، وهاشم ١٩٨٩ " أن هناك تداخل في نتائج القدرات الابتكارية، وارتباط بعضها بالجانب الأيمن والبعض الآخر بالجانب الأيسر للمخ .

وتشير إحدى الدراسات إلى أن هناك عاملين رئيسين للابتكار :

الأول : الابتكار (الابداع) الشكلي

الثاني : الابتكار (الابداع) اللفظي

وقد ثبت إن الابتكار اللفظي مشبع بسيطرة الجانب الأيسر من المخ ، أو بالتكامل في نشاط الجانبين ، أما الإبداع الشكلي فيخضع لنفوذ وسيطرة الجانب الأيمن من المخ .

وموجز القول أن كلاً من الجانب الأيمن ، والجانب الأيسر من المخ لهما ارتباطهما بالنشاط العقلي . وأن الأداء الابتكاري إذا ما كان لفظياً يرتبط بفاعلية الجانب الأيسر. أما إذا كان شكلياً " صور ورسوم وتصميمات " فانه يعتمد على نشاط الجانب الأيمن .

ومن جهة أخرى فقد أكد " فؤاد قلادة ١٩٩٧ " ما أشارت إليه " كلارك ١٩٨٨ , Clark " من إمكانية تنشيط خلايا القشرة المخية Cerbral Cortex للنصفين

الكرويين للمخ البشري ، وذلك من خلال التخطيط الجيد للمناهج ، والاعتماد على معالجات تدريسية ومصادر تعلم فعالة تساعد في تشغيل المعلومات ومعالجتها داخل المخ البشري ، مما يسهم في أحداث عمليات التعليم والتفكير .

و أكدت " كلارك Clark, ١٩٨٨ " على الدور المهم لعملية استثارة Stimulation خلايا الجليا Neutogelia Cells في أحداث التعليم والتفكير .

وخلايا الجليا تملأ فراغ الوصلة العصبية Synaptic Clefts ، مما يجعلها وسطاً هلامياً ، أي اكثر صلابة وانتصاباً ، مما يجعل مرور المعلومات في صورة موجات كهربائية أو كيميائية خلال الوصلة بدون مقاومة كما في الوسط السائل ، كما أن استشارة خلايا الجلية بأعداد متزايدة يؤدي إلى زيادة قوة الشحن العصبي للخلايا ، فتخرج النبضات العبية " المعلومات " من والى المحور Axon ، والخلايا المجاورة بسهولة ويسر.

وعلى العكس من ذلك فضعف أو انعدام عملية الإثارة يؤدي إلى عدم الوصول إلى التعلم ، لانه في هذه الحالة تكون الشعيرات العصبية للخلايا اكثر ارتخاءاً ، وغير مهيأة لاستقبال أو إرسال المثيرات ، وعندما يقل عدد خلايا الجلايا يجعل محور الخلية ضعيفاً ، وتزداد مقاومة مرور النبضات العصبية " المعلومات " ، ومن ثم تقل فرصة حدوث التعلم أو التفكير .

وفي ضوء ذلك يمكن القول .. أن زيادة عدد خلايا الجليا يتوقف على حجم الإثارة الحقيقية التي تتوفر في البيئة التعليمية ، فكلما زادت عملية الإثارة ، زادت نسبة خلايا الجليا ، ولذا فقد تتوفر هذه الإثارة في التعليم المفرد باعتباره بيئة تعليمية تحتوي على عدة أنشطة اثرائية هادفة ، بالإضافة إلى تطبيق برنامج الكمبيوتر التعليمي بأسلوب المحاكاة في تدريس المقررات الدراسية .

كما أشارت " كلارك Clark , ١٩٨٨ " إلى تأكيد " دياموند Diamond , ١٩٨٦ " على دور عملية الإثارة عند تقديم المعلومات للتلاميذ في بعث التفكير Thinking من الجزء الخاص بالتفكير في المخ البشري ، وذلك من خلال التجربة التي أجراها على مجموعة من الفئران ، حيث تم اختيار مجموعتين من الفئران ، وبعد أن تم دراسة

خصائص سلوك الفئران وطبيعة التغذية ، وظروف المكان المناسب للفئران كي تتغذى وتقبل على الغذاء ، والإضاءة ... الخ .

وقدمت لأفراد المجموعة الأولى الغذاء المرغوب للفئران وروعى المكان وعوامل الإضاءة والهدوء والزمان " المثيرات " ، وقدمت للمجموعة الثانية نفس الغذاء مستبعداً فيه كل ظروف الإثارة ، من نوع الغذاء ، وظروف تقديمه ، والمكان المقدم فيه ، بعكس المجموعة الأولى ، وتم التجربة السابقة بعد أعداد الفئران ، وتصميم أفراد المجموعتين من الفئران جائعة ، أكل أفراد المجموعتين الغذاء المقدم إليها ، وبعد الانتهاء من التغذية ، قام صاحب التجربة بذبحها ، وفحص المخ لها ، فوجد ما يلي :

- أن الشعيرات العصبية Dentrites لمخ أفراد المجموعة الأولى " حيث توفير عوامل الإثارة " منتصبة ، وعلى استعداد لاستقبال المثيرات وإرسالها عبر محور الخلية إلى الوصلة العصبية ، ومنها إلى الخلايا الأخرى ، وعملت الإثارة الموجبة على إنتاج عدد من خلايا الجليا التي تقوم بطلاء غلاف المحور الخلايا تتسرب المعلومات الواردة وتنتشر دون أن يتم وصولها إلى جسم الخلية وتخزينها .

- وعلى العكس من ذلك كان في الشعيرات العصبية لمخ أفراد المجموعة الثانية من الفئران ، فكانت مرتخية وغير مستعدة للعمل في استقبال وإرسال المعلومات ، وذلك لانعدام عوامل الإثارة .

ونخلص من هذه التجربة إلى أن زيادة نسبة عدد خلايا الجليا يتوقف على عوامل بيئية ، ومدى توفير المثيرات في المواقف التعليمية التي يوجد بها الفرد المتعلم ، فالبيئة الثرية Enriched المشوقة تزيد من دافعية المتعلم لاكتساب المعرفة و المعلومات التي تحملها المثيرات (مصادر التعلم المتعددة والمتباينة)

.

فإثراء الموقف التعليمي بعدداً من الأنشطة الهادفة التي يؤديها التلميذ بنفسه داخل إطار معالجات تدريسية فعالة ، يمكن أن تثير خلايا المخ البشري لاستقبال المعلومات ، فيطرأ عليه تغيرات تزيد من عملية تجهيز ومعالجة المعلومات Information Processing وتنمي القدرات والمهارات العقلية لانتاج تفكير سليم .

كما أن نوعية الإثارة Stimulation Type ، - ومدى مناسبتها لخصائص التلميذ النفسية ، والعقلية – في تقديم المعلومات للمخ البشري يؤثر في سرعة نشاط الوصلة العصبية ، وتناول النبضة العصبية الواردة من الخلية الأخرى .

وفي ضوء ما سبق ، فيمكن الإشارة إلى إمكانية تنشيط خلايا القشرة المخية للنصفين الكروين ، وخاصة خلايا النصف الأيمن المسئول عن العمليات الخاصة بالتفكير الابتكاري ، وذلك من خلال استخدام معالجات تدريسية اكثر فاعلية ، وتحتوي على أنشطة مرئية هادفة ومتنوعة ومصادر تعلم مناسبة؛ مما قد يسهم في تشغيل المعلومات داخل المخ البشري ، وبالتالي زيادة فرصة حدوث التعلم والتفكير .

دور التعليم المفرد في تنمية الابتكار :

إن الابتكار كقدرة يمثل في جوهره استعداداً نفسياً كامناً يوجد لدى كل فرد من الأفراد المتعلمين ، ولكن بدرجات ، ومستويات متباينة ، ويمكن أن يزدهر، ويثمر عندما تتهيأ الظروف الملائمة لذلك ، ومن الممكن أن يحدث ذلك من خلال تطبيق معالجات تدريسية تأخذ من المتعلم محوراً لها ، وتتيح له اكبر قدر ممكن من التعلم الذاتي والحرية التعليمية والتعامل الحر مع مصادر تعلم متنوعة .

وعند استعراض ملامح التعليم المفرد وخصائصه كنظام تعليمي ندرك أنه يمكن أن يشكل مناخاً ملائماً لتنمية الابتكار ، فالتعليم المفرد يمثل بيئة تعليمية مرنة، ومستجيبة ، ومتوافقة مع احتياجات ، وقدرات واستعدادات كل فرد متعلم ، وهذه البيئة تسمح للمتعلم بممارسة اوجه مختلفة من الحرية ، كالحرية في اختيار ما يناسب المتعلم من مصادر تعلمية وتعليمية، أو الحرية في أساليب التعلم ،وتعد ممارسة الحرية من أهم متطلبات حدوث السلوك الابتكاري فالأداء الابتكاري هو حصيلة مناخ تعليمي يتسم بالحرية والديمقراطية التعليمية.

بالإضافة إلى ما سبق فعند استخدام برامج الكمبيوتر متعددة الوسائط في عرض المحتوى الدراسي من خلال استراتيجية تدريسية للتعليم المفرد يمكن إن يزيد من فرص الابتكار لأن التعليم بمعاونة الكمبيوتر قد يؤدي إلى تفجير طاقات لدى الفرد مما قد يسهم في تنمية الابتكار لديه ، فالكمبيوتر يمتلك إمكانات هائلة تتيح للفرد

المتعلم ممارسة النشاط التخيلي ، حيث يتحرر الفرد المتعلم من الجمود العقلي ، ويدفعه إلى التفكير ، و إطلاق العنان للتخيل الذي يمثل الخطوة الأولى للابتكار ، فبرامج المحاكاة Simulation التي تستخدم غالباً في تقديم محتوى المواد الدراسية وخاصة مادة العلوم يمكن أن تزيد من فرص النشاط التخيلي ، وبالتالي تزيد من فرص النشاط الابتكاري .

الابتكار والأساليب المعرفية Creative & Cognitive Styles :

تهتم النظريات الحديثة في مجال علم النفس أساسا بالطرق المختلفة التي يدرك بها الأفراد ، الأشياء والوقائع وكيف يفكرون ، فيها وهذا يتعلق أساسا بما يسمى بالأساليب المعرفية .

فالأساليب المعرفية هي الطرائق التي يلجأ إليها الأفراد في تحصيلهم للمعلومات من البيئة المحيطة بهم ، فينظر للفرد هنا على إنه يقبض على بإحكام وبطريقة نشطة على البيئة ، فهو ليس مجرد مستقبل سلبي لما تقدمه له هذه البيئة .

ويمتلك الأفراد طرقاً مختلفة في التعامل مع العالم الخارجي ، فهم يستقبلون المعلومات بطرائق المعينة ويفسرونها في معالجات خاصة ويخزنونها وفقاً لطبيعة المعلومات المخزنة في البناء المعرفي للأفراد ، والابتكار وفقاً لذلك لا يمثل انساقاً مختلفة من العلاقات الترابطية ، ولكنه يمثل طرائق مختلفة في الحصول على المعلومات ومعالجتها والدمج بينها للوصول إلى الحلول الابتكارية الأكثر كفاءة و أصالة .

ويهتم هذا المنحنى بمدى رغبتهم في استقبال ، و تخزين كميات كبيرة من المعلومات التي تقدمها البيئة ، بدلاً من تقييد أنفسهم بجزء بسيط ومحدد منها، كذلك يهتم علماء المنحى المعرفي بقدرة المبتكرين على التغيير السريع لوجهتهم الذهنية هروباً من التكرار ، والملل الرتيب ، ومن ثم كانت المرونة العقلية في رأيهم " هي القدرة على تحويل الانتباه من الطراز التحليلي إلى الطراز الكلي ، ومن ثم ارتبطت هذه القدرة كثيراً بالابتكار .

ويشير علماء هذا الاتجاه إلى إن الأفراد الذين تتضمن أساليبهم المعرفية اقل من الرقابة على المعلومات المتاحة في العالم الخارجي يكونون اكثر قابلية لأن يصبحوا من

المفكرين المبتكرين ، وتتداخل بحوث الشخصية مع بحوث الأساليب المعرفية مع بحوث الصور العقلية والتخيل .

ومفهوم الأسلوب المعرفي يوحد ما بين المتغيرات المعرفية ، والمتغيرات الخاصة، بسمات الشخصية ، وقد أشار " جيلفورد " إلى أن الأسلوب المعرفي يشتمل على وظائف عقلية وسمات شخصية ،و أشار آخرون إلى الأسلوب المعرفي ، باعتباره الشكل التنظيمي لاستراتيجيات حل المشكلات الذي يتبناه فرد ما في مواجهة واقع معين ، أو هو الجانب التكاملي من الشخصية الذي يقوم بالربط بين الوظائف العقلية وسماته الشخصية ، ويقوم بالتأثير على صورة الذات لدى الفرد وعلى وجهة نظره اتجاه العالم، وعلى أسلوب حياته كذلك .

والأساليب المعرفية إذن تشير إلى " كيف" نقترب من مشكلة ما بشكل خاص، أو من العالم بشكل عام ، وقد ميز العلماء بين الأساليب المعرفية والقدرات الأخرى، فوصفوا الأساليب المعرفية باعتبارها الأساليب النمطية أو المنفصلة التي يقترب بها أو يقوم بها الفرد من خلالها بعمله اكثر من كونها تشير إلى درجة كفاءة هذا الفرد أو قدراته الفعلية .

فأحد الأفراد قد يمتلك ذكاءً مرتفعاً " قدرة عقلية " لكنه يقوم بعمله بطريقة تتسم بعدم الدقة ، والإهمال " أسلوب معرفي " ومن ثم يكون أداؤه أو أسلوبه المعرفي غير منسق مع قدرته " العقلية " .

وقد حددت بعض الدراسات العلاقة بين الابتكار والأساليب المعرفية ، فيختلف المبتكرون في درجات تقييمهم لأفكارهم ، أي درجات الاهتمام والتفكير التي يظهرونها عندما يقومون بأعمال معرفية ، فبعض المبتكرون يقبلون ، ويقررون الفكرة ، والاستجابة الأولى التي ترد على الذهن ، ثم ينفذونها بعد برهة وجيزة بعد شعورهم بمناسبتها ، ويطلق على هؤلاء المبتكرون بالمندفعين Impulsive لكننا نجد بعض المبتكرين الآخرين من نفس المستوى العقلي يكرسون وقتاً أطول لتقييم وتقدير مدى دقة أفكارهم ، بحيث يمكنهم رفض الأفكار والاستنتاجات غير الصحيحة ، ويقومون بإرجاء إجاباتهم حتى يكونوا على درجة مرتفعة من الثقة في صحة حلولهم

ويسمى هؤلاء الأفراد بالمبتكرين المتروون Reflective ، وهذا التمييز بين مبتكر مندفع ومبتكر متروي هو تمييز بين أسلوبين معرفيين مختلفين ، ويقوم هذا الاختلاف بالتأثير على أداء الأفراد في المواقف الخاصة بحل المشكلات التي تتضمن :

- اعتقاد الفرد المبتكر بأن جانباً من تمكنه العقلي يتم تقييمه .

- تمسك المبتكر بمعيار معين لكفاءة الأداء .

- تكون هناك بدائل استجابة عديدة متاحة بدرجات متساوية أمام المبتكر .

- لا تكون الإجابة الصحيحة واضحة بشكل مباشر ، ومن ثم يكون على المبتكر أن يقوم بتقييم الصدق المميز لكل الفروض الممكنة للحل .

وفي ظل هذه الظروف ، يأخذ المبتكرون – الذين يهتمون بتقليل الأخطاء – وقت طويلاً من اجل فحص البدائل الممكنة ، آما الأفراد الأقل اهتماماً بالأخطاء فيكرسون وقتاً اقل لتقييم أفكارهم الأولى .

هذه الفروق في التناول للمعلومات والموضوعات بل وحتى في التعامل الانفعالي مع موضوعات العالم المختلفة تظهر أيضا بشكل واضح في تلك الفروق التي نجدها بين المبدعين سواء في طريقة عملهم في المجال الابتكاري الذي يفضلونه أيضا .

مراجع الفصل السابع

١ - فتحي مصطفى الزيات "١٩٩٥ " ، الأسس المعرفية للتكوين العقلي وتجهيز المعلومات ، المنصورة : دار الوفاء للطباعة والنشر والتوزيع ، ص "٤٩٤ " .

٢ - Torrance , E.P. (١٩٧٢) "Can we Teach Children to Think creativity ? The Journal of Creative Behavior .b,p. ١١٥ .

٣ - ايمن حبيب سعيد "١٩٦٦" : دراسة اثر استخدام نموذج قائم على المدخل الكلي على تنمية التفكير الإبداعي الناقد لدى تلاميذ الصف الثاني الإعدادي من خلال مادة العلوم، دكتوراه غير منشورة ، كلية البنات ، جامعة عين شمس "ص ٢٢ " .

٤ - Guilford , J.P.(١٩٨٤) Varieties Of Divergent production , Journal , Of Creative Behavior . Vol. ١٨ .No . ١,p.٧ .

٥ - محمد عبد السميع رزق "١٩٩٥ " نمذجة العلاقات بين الأساليب المعرفية وقدرات التفكير الابتكاري ، رسالة دكتوراه غير منشورة ، كلية التربية ، جامعو طنطا ، ص ٧٧ - ٧٨ .

٦ - Fink , R. & et al , (١٩٩٢) "Creative Cognition Theory , Research and Applications " London : A Bradford Book Press ,P.P. ١٠٥ - ١٠٨ .

٧ - سمية احمد محمد " ١٩٩٢ " : اثر تماثل واختلاف مستويات الذكاء والتحصيل الدراسي على الابتكارية وبعض الأساليب المعرفية ، دكتوراه غير منشورة ، كلية التربية ، جامعة الزقازيق ، " ص ٤٦ " .

٨- Rogers , C. (١٩٥٩) " Toward A Theory of Creativity ", In Harold, H.A.(ed),Creativity and its Cultivation, New York, Harper & Row Publishing , P.٧٠ .

٩ - Amabil , T.M.& er al , (١٩٨٧) " Creativity and Innovation , in the R. & Dlab , Greensbore , " NC : Creative Leadership Foundation . P. ١٦٤ .

١٠ - فتحي مصطفى الزيات " ١٩٩٥ " : الأسس المعرفية للتكوين العقلي وتجهيز المعلومات ، مرجع سابق ، " ص ٤٩٨ " .

١١ - فؤاد آبو حطب ، آمال صادق " ١٩٩٥ " علم النفس التربوي ، ط٤ ، القاهرة، الانجلو المصرية ، " ص ٥٤ " .

١٢ - محمد عبد السميع رزق " ١٩٩٥ " مرجع سابق ، " ص ٧١ " .
١٣ - فتحي الزيات " ١٩٩٥ " : الأسس المعرفية للتكوين العقلي و تجهيز المعلومات ، مرجع سابق ، " ص ٤٩٩ - ٥٠٤ " .
١٤ - لمزيد من التفاصيل انظر :
- حسين عبد العزيز الدرينس " ١٩٩١ " : الإبداع وتنميته في التعليم العام ، مراد وهبة، المركز القومي للبحوث التربوية والتنمية ، " ص ٨٦ - ٨٨ " .
ممدوح الكناني " ١٩٧٩ " : دراسة للسمات الشخصية لدى الأذكياء المبتكرين ، دكتوراه غير منشورة ، كلية التربية ، جامعة المنصورة ، " ص ٣٤ - ٣٩ " .

- Davise , G.A. (١٩٩٥) " Portrait of the Creative Preson , Op., Cit ., " ٥٩, PP . ٤٢٣- ٤٣٠ .

- Maysts , N. (١٩٩٥) " Creative Activities for Young Children , ٤ th , ed . Delmar Pubishers INC . New York , PP. ٣ - ٦ .

١٥ - سيد خير الله ، ممدوح الكناني " ١٩٨٥ " : قياس المناخ الابتكاري في الاسرة و في الفصل الدراسي ، المنصورة : مكتبة ومطبعة النهضة ، " ص ٨٩ " .
١٦ - سيد خير الله ، ممدوح الكناني " ١٩٨٨ " . البحوث الابتكارية في البيئة المصرية بين النظرية والتطبيق ، القاهرة : مكتبة ومطبعة مصر ، " ص ١٩ - ٢٠ " .
١٧ - مصري عبد الحميد حنورة : ١٩٩٧ " : الابداع من منظور تكاملي ، القاهرة : الانجلو المصرية ، " ص ١٢٥ " .

١٨ - Burgett , P.J. (١٩٨٢) On Creativity , Journal of Creative Behavoir , ١٦ (٤) P. ٣٤١ .

١٩ - محمد عبد السميع رزق " ١٩٩٥ " : نمذجة العلاقات بين الأساليب المعرفية وقدرات التفكير الابتكاري ، مرجع سابق ، " ص ٩٣ " .

٢٠ - See Ex :

- Gibby , B. & et al ., (١٩٨١) " Theory and Practice of Curriculum Studies , Routledge Educatiin Books (R.K.P.),PP. ١٠٥ - ١١٠ .

- Sternberg , R.J.& Smith , E.E . (١٩٩٠) " The Psychology of Human Thought , Cambridge , Cambridge University Press , PP. ٣١٩ - ٣٣٠ .

٢١ - انظر :

- مصري عبد الحميد حنورة " ١٩٩٧ " : الإبداع من منظور تكاملي ، مرجع سابق ، " ص٥٣ " .

_ Orieux , J.A. (١٩٩٠) " Correlates of Creative Ability and Performance in High School Students "
Diss , Abst . Inte ., Vol . ٥٠ , (V-A) PP . ٧٩٠-٧٩٢ .

٢٢ – See :

- Razik, A. (١٩٧٢) " Psychometeric Measurement of Creativity , in Vernon, P . (Ed .) Creativity .
Britain , Penguin Books .

- ممدوح الكناني " ١٩٧٩ " : دراسة السمات الشخصية لدى الأذكياء والمبتكرين، دكتوراه غير منشورة ،
تربية المنصورة .

- بدر العمر "١٩٩٦ " : علاقة الابتداع بالخيال بالذكاء ، ندوة كلية التربية ، جامعة قطر، الدوحة ، مارس .

- مصري حنورة ، عبد الله الهاشم " ١٩٩١ " : السلوك الإبداعي ونشاط نصفي المخ، دراسات نفسية ، ١٢١ ،
" ص ٩٧ - ١٠٩ " .

٢٣ - انظر ...

محمد عبد السميع رزق " ١٩٩٥ " : نمذجة العلاقات بين الأساليب المعرفية وقدرات التفكير الابتكاري ،
مرجع سابق ، " ص ٩٦ " .

- Solso , R.L., (١٩٩٠) " Cognitive Psychology , (٣th . Ed .) , Nevada , University of Nevada , PP.٢٠٢
- ٢٠٥ .

٢٤ - لمزيد من التفاصيل ..... انظر :

- صابر حجازي عبد المولي " ١٩٩٠ " : الخيال وبعض المتغيرات البيئية والنفسية لدى عينة من شباب المنيا
، مجلة البحث وعلم النفس ، كلية التربية، جامعة المنيا، المجلد ٤ ، يوليو ، " ص ١٥٧ – ١٩٠ " .

- مصري عبد الحميد حنورة " ١٩٩٠ " : نمو الإبداع عند الأطفال وعلاقته بالتعرض لوسائل الاتصال ، مجلة
الآداب والعلوم الإنسانية ، جامعة المنيا ، مجلد ١ ، " ص ٥ – ٣٣" .

- Binswager , R . (١٩٨٠) " Observations on the Imagination of Children With Difficulties in Creative Activities " Act A-Paedopsychiatria , ٤٥ , PP. ٢٨٥ - ٢٩٠ .

- Paul , I.(١٩٨٠) " Creative Imagination , Stimulation and Cogitive Style" ph.d . Washington State Univ ., Fourd in Diss , Abst . Int . ٤١ , PP . ٣٨٩ - ٣٩٥ .

مصري عبد الحميد حنورة " ١٩٩٧ " الابداع من منظور تكاملي ، مرجع سابق ، " ص ٥٧ -٥٨ " .

٢٥ - See . EX :

- Egan , K. (١٩٩٢) " Imagination in Teaching and Learning , the University of Chicago " Press ., U.S.A.

- Osborn , A. (١٩٦٨) " Applied Imagination , Scribner , New , York , .

- مصري حنورة " ١٩٩٧ " : الإبداع من منظور تكامل ، مرجع سابق ، " ص ٥٨ " .

٢٦ - انظر ....

- سمية احمد محمد " ١٩٩٢" اثر تماثل واختلاف مستويات الذكاء والتحصيل الدراسي على الابتكارية وبعض الأساليب المعرفية، مرجع سابق ،" ص ٤٨ - ٥٠".

- حسين الدريني " ١٩٨٢ " : الابتكار ، تعريفيه وتنميته ، قطر ، حولية كلية التربية، السنة الأولى ، العدد الأول ، " ص ١٦٣ - ١٦٤ " .

٢٧ - المزيد من التفاصيل .... انظر :

- عايش زيتون "١٩٨٧ " : تنمية الإبداع والتفكير الإبداعي في تدريس العلوم ، عمان : جمعية المطابع التعاونية ، " ص ٢٥ - ٢٩ " .

- الكسندر روكشا " ١٩٨٩ " : الإبداع العام ، الإبداع الخاص ، ترجمة غسان عبد الحي، الكويت : عالم المعرفة ، المجلس الوطني للثقافة والعلوم والآداب ، ديسمبر، العدد ١٤٦ ، ١٤٦ ، " ص ٤١ " .

٢٨ - مصري حنورة "١٩٩٧": الإبداع من منظور تكاملي ، مرجع سابق،" ص ٩٩ - ١٠٠ ".

٢٩ - Trostle , S.L. and Yawkey , T.D. (١٩٨١) " Creative Thinking and the Education of Young
Childrern , The Fourth Basic Skill, " ERIC Document Reproduction Service , No . ٢٠٤ – ٥١٠ ,
PP.١٢٥-١٣٢ .

٣٠ - Guilford , J.P. (١٩٨٦) Some Changes In The Structure Of Intlect Model , Education &
Psychological Measurment , ٤٨ , P.٣.

٣١ - لمزيد من التفاصيل انظر ..

- حسن عيسى " ١٩٩٣ " : سيكولوجية توجيه الإبداع ، ط٣ ، طنطا ، مكتبة الإسراء ، "ص ٥٠ - ٥٣ " .

- عبد الحليم محمود السيد " ١٩٨٧ " : الإبداع ، القاهرة ، دار المعارف ، سلسلة كتابك ، العدد ١٥٤ ، " ص
٥٢ - ٥٣ " .

٣٢ - عبد الحليم محمود السيد و آخرون " ١٩٩٠ " : علم النفس العام ، ط٣ ، القاهرة: مكتبة غريب ، "
٣٩٩ - ٤٠٠ " .

٣٣ - عبد الحليم محمود السيد " ١٩٨٧ " : الإبداع ، مرجع سابق ، " ص ٤٢ " .

٣٤ - Ulosevich , S. & et al., (١٩٩١) " Higher – Order Factors in Structure of Intellect Aptitude Tests
Hypothesised to Partroy Construetns of Military Leadership " Are – Analysis of an (SOI) data
bas , Edu ., & Psych . Measurement , ٥١ , PP. ١٥-١٦ .

٣٥ - حسن عيسى "١٩٩٣ " : سيكولوجية الإبداع ، مرجع سابق ، " ص ٥٠ " .

٣٦ - سيد خير الله ، ممدوح كناني " ١٩٨٨ " : بحوث الابتكارية في البيئة المصرية بين النظريات والتطبيق ،
مرجع سابق ، " ص ٢٩ - ٣٠ " .

٣٧ - مصري حنورة " ١٩٩٧ " : الإبداع من منظور تكاملي ، مرجع سابق ، " ص ٦٥٢".

٣٨ - يوسف قطامي " ١٩٩٠ ": تفكير الأطفال ، تطويره ، وطرق تعلمه، مرجع سابق، " ص ٦٥٢ " .

٣٩ - سيد خير الله ، ممدوح الكناني " ١٩٨٨ " : بحوث الابتكارية في البيئة المصرية بين النظرية والتطبيق ،
مرجع سابق ، " ص ٢١ -٢٢ " .

٤٠ - يوسف قطامي " ١٩٩٠ " : مرجع سابق ، " ص ٦٥٤ " .

٤١ – سيد خير الله ، ممدوح الكناني " ١٩٨٨ " :بحوث الابتكارية في البيئة المصرية بين النظرية والتطبيق ، مرجع سابق ، " ص ٢٣ " .

٤٢ – ممدوح كناني " ١٩٨٤ " : المناخ الابتكاري في الأسرة وعلاقته ببعض الخصائص الاجتماعية و الشخصية لدى أعضائها ، بحوث نفسية و تربوية ، المنصورة : مكتبة ومطبعة النهضة ، " ص ٤٠ – ٤٦ " .

٤٣ – لمزيد من التفاصيل ... انظر :

- مصري عبد الحميد حنورة " ١٩٩٥ " : الإبداع والطريق إلى المستقبل ، مجلة مستقبل التربية ، مجلد ١ ، عدد ١ ، " ص ٩١ – ١٠٢ " .

- مصري عبد الحميد حنورة " ١٩٩٧ " : الإبداع من منظور تكاملي ، مرجع سابق ، " ٥٠ – ٥٤ " .

- زين العابدين درويش " ١٩٨٣ " : تنمية الإبداع ، منهجه وتطبيقه ، مرجع سابق ، " ص ٧٥ – ٧٩" .

- فؤاد أبو حطب " ١٩٩٦ " القدرات العقلية ، ط٦ ، لقاهرة ، الانجلو المصرية ، " ص ٦٣٥ – ٦٣٨ " .

- Ulosevichi , S. & et al ., (١٩٩١) " OP. Cit ., PP . ٢٢ – ٢٩ .

- Davis , G . A (١٩٩٢) " Creativity is Forever (٣ rd ed) " Dubuque , IA: Kendall , Hunt , PP . ٣٢ – ٣٣ .

- Torrance , E.P. (١٩٨٧) " The Blazing Drive : the Creative Personality Buffalo , Ny : Bearly Limited PP . ٢٠٢ – ٢٠٣ .

٤٤- مصري حنورة " ١٩٩٧ ": الإبداع من منظور تكاملي ، مرجع سابق ، "ص ٣٢٢" .

٤٥ – سيد خير الله ، ممدوح الكناني " ١٩٨٨ " : بحوث الابتكارية في البيئة المصرية بين النظرية والتطبيق ، مرجع سابق ، " ص ٢٥ – ٢٦ " .

٤٦ – عبد الستار إبراهيم " ١٩٧٢ " : الأصالة وعلاقتها بأسلوب الشخصية ، رسالة دكتوراه غير منشورة ، كلية الآداب ، جامعة القاهرة ، " ص ٤٣ " .

٤٧ – Hertska. A.F. & et al.,(١٩٧٧) " A Factor – Analytic Study of Evaluative Abilities " Education Psychology Measurement , PP. ٥٨٠ – ٥٩٨ .

٤٨ – مصري حنورة " ١٩٩٧ " : الإبداع من منظور تكاملي ، مرجع سابق ، " ص ٣٢٢ – ٢٢٧ " .
٤٩ – سيد خير الله ، ممدوح الكناني " ١٩٨٨ " : بحوث الابتكارية في البيئة المصرية بين النظرية والتطبيق ، مرجع سابق ، " ص ٢٧ " .
٥٠ – احمد قنديل " ١٩٩٤ " التدريس الفردي ، مرجع سابق ، " ص ١٦١ " .
٥١– لمزيد من التفاصيل انظر ....
- حسين الدريني " ١٩٨٢ " : الابتكار : تعريفه وتنميته ، مرجع سابق ، " ص ١٦٥-١٦٦ "
- Marrow , R (١٩٨٣) The Relationship Between Teacher's Crative Thinking Abilites and Classroom Atmosphere , Diss . Abst . Int ., vol . ٤٤ (pp . ٢٣١ - ٢٣٦) .
٥٢ – يوسف قطامي " ١٩٩٠ " ، مرجع سابق ، " ص ٦٧٣ " .
٥٣ – فيوليت شفيق سريان " ١٩٨٨ " : ابتكارية معلم العلوم ، مجلة البحث في التربية وعلم النفس ، كلية التربية جامعة المنيا ، العدد الأول ، المجلد الثاني ، يوليو " ص ٣٠١ – ٣٢٨ "
- مصطفى محمد كمال " ١٩٨٨ " : القيمة التنبؤية لتقديرات المعلمات لابتكارية التلاميذ ، بحوث المؤتمر الرابع لعلم النفس ، الجمعية المصرية للدراسات النفسية ، عين شمس، ٢٥-٢٨ يناير ، " ص ٣٦٠ – ٣٨٩ " .
٥٤ – احمد قنديل " ١٩٨٩ " : المنهج الابتكاري الأهداف ، تنظيم المحتوى التدريسي، التقويم ، القاهرة ، مؤتمر رابطة التربية الحديثة ، نحو رؤية نقدية للفكر التربوي العربي ، من ٤ – ٦ يوليو " ص ٥٥٢ " .
٥٥ – احمد قنديل " ١٩٩٧ ": المناهج الحديثة، المنصورة : دار الوفاء ، " ص ١٢٣ ".
٥٦ - See ...
- Harrington , D.M (١٩٩٠) The Ecology of Creativity A Psychological Presective , Bererly Hills . Ca : Say . (pp . ١٤٥ - ١٥٢) .
- يوسف قطامي " ١٩٩٠ " مرجع سابق ، " ص ٦٧٣ – ٦٧٤ " .
- حسن عيسى " ١٩٩٣ " ، مرجع سابق " ص ٥٩ " .

٥٨ – صالح عطية محمد عبد الرحمن " ١٩٨٥ ": دراسة تجريبية لاثر استخدام برنامج للتدرب على سلوك حل المشكلة في تنمية بعض قدرات التفكير الابتكاري عند طلاب الجامعة،رسالة الماجستير غير منشورة،كلية التربية، جامعة الأزهر"ص ١٥".

٥٩ – Osborn , A.F (١٩٦٣) Applied Imagination , 3rd . Ed . N.Y. Seribner , P ٢٨٢ .

٦٠ – Stein , M.I (١٩٧٤) Simulation Creativity , Individual Procedures Academic press . N. Y. p . ٢١٩

٦١ – يوسف قطامي " ١٩٩٠ " : تفكير الاطفال ، تطوره ، طرق تعلمه ، مرجع سابق ، " ص ٦٩٢ – ٦٩٣ " .

٦٢- احمد قنديل " ١٩٩٧ " المناهج الحديثة ، مرجع سابق ، " ص ١٣٣ – ١٣٤ " .

٦٣ – Joyce , B, & weil , M (١٩٨٠) Models of Tracthing , 2nd . ed Englaewood Cliffs . N . : Prentic / Hall (pp. ٢١٢-٢١٤) .

٦٤ – عبد الله هاشم ، مصري حنورة " ١٩٨٩ " : السيطرة المخية والإبداع كأساس لبناء المناهج ، المجلة التربوية ، جامعة الكويت ، ٥ ، ١٩ " ص ١٤٩ – ١٦٤ " .

٦٥ – Myeers , o(١٩٨٢) Hemesphericity Research : A Review Woth Some Implications for problem Soliving , Joournal of Creative Behv ., ١٦,٣ (P.١٩٧) .

٦٦ – فؤاد سليمان قلادة " ١٩٩٧ " استراتيجيات طرائق التدريس والنماذج التدريسية، الجزء الأول ، مطابع جامعة طنطا ، " ص ١٠ –١١ " .

٦٧ – In : Clark , B ., (١٩٨٨) Growing up Gifted (3rd Ed) . Developing the potential of children at home and at school , Meril pub . Company , Abell and Howell Information Comp . London . pp . ١٣٦ – ١٣٨ .

٦٨ – عبد الحليم محنود السيد، وآخرون " ١٩٩٧ ": علم النفس العام، القاهرة: مكتبة غريب ، " ص ٦١٨ "

٦٩ – يوسف قطامي (١٩٩٠) مرجع سابق ، ص ٦٨٢ .
٧٠ – صالح عطية (١٩٨٥) مرجع سابق ، ص ٢٣ .
٧١ – فؤاد قلادة (١٩٩٧) مرجع سابق ، ص ٥٣ – ٥٦ .

(٨)

الفصل الثامن

الأساليب المعرفية

الفصل الثامن
الأساليب المعرفية
Gognitive Styles

مقدمة :

لقد تمركزت الفروق الفردية في الإدراك Perception قديماً على أساس أنها مؤشر للقياس العقلي، فقد استخدم "جالتون " " Galtton " مبدأ التمييز الحسي " Sensory Differentiation " كدلالة على الذكاء الإنسان ، كذلك اعتمد " كاتل " " Cattel " في اختباره على الأساليب الحسية ، والادراكية في قياس الذكاء [١] .

ولكن البحوث والدراسات الحديثة التي تناولت ظاهرة الفروق الفردية في الإدراك لم تنظر إليها على اعتبارها مؤشراً للذكاء الإنساني ولكنها اعتبرت إن هذه الفروق تعكس أتحد الأساليب المعرفية التي تميز الأفراد في تعاملهم مع الموضوعات المختلفة ، وقد أدى ذلك اعتبار أم الفروق الفردية في الإدراك بين الأفراد تمثل في جانب منها فروقاً في أساليب تعاملهم مع الموضوعات الخارجية ، والآن فقد أصبحت الأساليب المعرفية محوراً للفروق الفردية في مجال الإدراك ، ولان الإدراك ليس تنظيماً منفصلاً عن الجوانب الأخرى للشخصية ، وذلك على أساس النظرة المتكاملة للشخصية الإنسانية؛ فإن الأساليب المعرفية هي متغير يمكن من خلاله إلى جوانب متعددة للشخصية سواء أكانت معرفية أم وجدانية أم دافعية .

وتعتبر الأساليب المعرفية " Cognitive Styles " من المفاهيم التي ظهرت نتيجة النمو المتزايد في الدراسات والبحوث التي أجريت في مجالات علم النفس المعرفي " Cognitive Psychology " وخاصة مجال التمايز النفسي " Psychological Differentiation " ويعود الفضل إلى " هرمان وتكن " Witkin ١٩٦٢ " [٢] " وزملاؤه في إبراز مفهوم التمايز النفسي المرتبط ارتباطاً وثيقاً بمصطلح الأساليب المعرفية ، وقد ارتبط ذلك المفهوم أصلا بأبحاث " ليفين " " Levin ١٩٣٥" ، و فرنر " Verner ١٩٤٨" التي تناولت النظريات المختلفة للنمو المعرفي ، والتي تقوم أساساً على افتراض أن النظام السيكولوجي للفرد يتوقف على مستوى النمو لديه، بحيث يصبح اكثر تمايزاً

ووضوحاً، بزيادة قدرته على إدراك التفصيل ، فالأفراد الأقل تمايزاً تكون استجاباتهم اقل وضوحاً واكثر تدخلاً مع مثيرات كثيرة ، بحيث لا يستطيعون الاستجابة بسرعة ملحوظة في اختبار المواقف الادراكية ، كما انهم يكونون أقل إمكانية في فصل "عزل " الأنظمة أو الأبعاد النفسية عن بعضها ، هذا بالإضافة إلى تأثر هؤلاء الأفراد بالآخرين بسهولة أو بسرعة لانهم أسرع اعتماداً في إصدار الأحكام ، آما الأفراد الأكثر تمايزاً فانهم لا يتأثرون بالآخرين بسهولة ؛ لانهم عادة ما يعتمدون على أنفسهم في إصدار هذه الأحكام أو الاستجابة بطريقة مميزة في الموقف .[٣]

وقد أضاف "وتكن ، جوادنف " (١٩٨١) " Witkin & Goodenough "[٤] عملية أخرى مكملة لعملية التمايز النفسي وهي عملية التكامل " Integration" ويقصد بها: الكيفية التي تندمج بها وتتفاعل في إطاره مكونات أي مجال من المجالات السابق الإشارة إليها .

وكان من نتيجة التقدم في فهم مكونات التمايز النفسي اتساع نطاق البحث في موضوع الأساليب المعرفية ، بحيث امتد إلى محاولة الربط بينهما - وخاصة فيما يتعلق بالأساليب المعرفية الادراكية - وبين كثير من أبعاد السلوك الإنساني المختلفة ، سواء في المجالات التربوية والمهنية ، أو في المجال الاجتماعي والتفاعل مع الآخرين ، أو مجال دراسة الشخصية [٥] .

ويؤكد " حمدي الفرماوي ١٩٩٤ " [٦] ما أشار إليه " وتكن " وزملاؤه "Witkin , et . al " إلى مدلول مصطلح الأساليب المعرفية فيذكر بأن لفظ أسلوب "Style " يعني : خاصية ترتبط بطريقة محددة بالإنسان ولها صفة الثبات ، فهي مميزة للفرد ؛ ولان هذه الطريقة المميزة ترتبط بالنشاط العقلي المعرفي للإنسان فقد أطلق عليها مصطلح " أسلوب معرفي " "Cognitive Style " ويعتبر الأسلوب المعرفي تكويناً فرضياً يتوسط وجود المثير وإحداث الاستجابة ، ومن ثم فهو يميز بين فرداً و آخر في استقبال المثيرات البيئية وتناولها ومعالجتها .

- وسوف نعرض - للأساليب المعرفية من خلال النقاط التالية :

مفهوم الأسلوب المعرفي " Concept of the Cognitive Style "

لقد تعددت التعريفات والتصورات التي تناولت الأسلوب المعرفي ويرجع هذا التعدد إلى طبيعة الأسلوب المعرفي ، وخصائصه ، و أدواته في تحديد ملامح الشخصية الإنسانية ، ويمكن عرض مجموعة من التعريفات التي تناولته من خلال أربعة محاور يوضحها الشكل التالي :

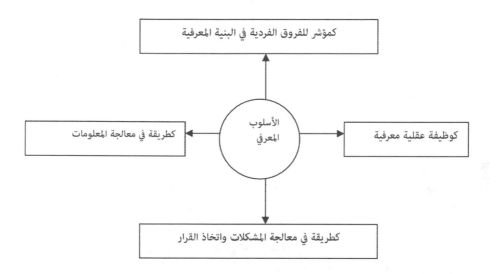

شكل (٣١) المحاور التي يدور حولها تعريف الأسلوب المعرفي

أ - الأسلوب المعرفي كوظائف عقلية معرفية :

يشير " محمد رزق ١٩٩٥ " [٧] إلى تعريف "رويس Royce, ١٩٧١ " بأن الأسلوب المعرفي عبارة عن " خصائص كيفية ثابتة تظهر في السلوك المعرفي أو الانفعالي ، وانه نظام متعدد الأبعاد لتنظيم العمليات المعرفية ، أو الانفعالية ، ويعد من المتغيرات الوسيطة في تقوية ، وتهيئة العلاقات بين السمات الانفعالية ، أو القدرات العقلية التي يتطلبها حل مشكلة ما " .

ويعرف " اندرسون " " Anderson " [٨] الأسلوب المعرفي بأنه " تكوين عقلي من المرتبة العليا ومتضمن في كثير من العمليات العقلية والمعرفية ، ويعتبر مسئولاً عن الفروق الفردية في الشخصية .

أما " جيلفورد " "Guilford ١٩٨٥ "[٩] فيرى أن الأساليب المعرفية عبارة عن"وظائف موجهة لسلوك الفرد ، ويعرفها بأنها " قدرات معرفية " "Cognitive Abilities " أو أنها ضوابط عقلية معرفية " Cognitive Controles " أو الاثنان معاً ، بالإضافة إلى النظر إليها كسمات تعبر عن الجوانب المزاجية في الشخصية ويفضل " جليفورد " تسميتها بالأساليب العقلية "Intellectual Styles " بدلاً من الأساليب المعرفية ؛ لأن ذلك يتفق مع النموذج الذي وضعه عن بنية العقل .

ب - الأسلوب المعرفي كطريقة في معالجة المعلومات :

ويعرفه " كوجان " " Kogan , ١٩٧١" بأنه الطريقة المتمايزة في الإدراك، والفهم، والتحويل، واستقبال ، ومعالجة المعلومات ، واسترجاعها من البنية المعرفية " Cognitive Strurture " للفرد [١٠] .

يشير " دايفيستا " " Divesta , ١٩٧٤" إلى أن الأسلوب المعرفي يتعلق بأسلوب الفرد وقدراته في معالجة المعلومات ، كما يشير إلى أن نموذج معالجة المعلومات يتعلق بعمليتي التعليم والتعلم [١١] .

ويرى " جولد شتاين Goldstain , ١٩٧٨ " أن الأسلوب المعرفي يشير إلى الطريقة التي ينقى "Fileration " ويحضر بها الفرد معلوماته من مثيرات البيئة الخارجية [١٢] .

ويعرف " باري" " Barry , ١٩٩١ " الأسلوب المعرفي بأنه " الفروق الفردية في طرق اكتساب وتجهيز وتخزين واسترجاع المعلومات من الذاكرة [١٣] .

ج - الأساليب المعرفية كمؤشر للفروق الفردية في البنية المعرفية :

يعرف " جاردينر " " Gardner, et al,١٩٦٢ " الأساليب المعرفية بأنها " مظاهر الفروق الفردية في البنية المعرفية "Cognitive Struetures " ، التي تتوسط التعبير عن مختلف العمليات المعرفية ، خاصة عندما يواجه الفرد بمهمة تصنيف المثيرات [١٤] .

ويرى " فيرنون " " Vernon ، ١٩٧٣" أن الأسلوب المعرفي عبارة عن " تكوين ذو مرتبة عليا ومتضمن في كثير من العمليات العقلية . كالتذكير ، والتخيل ، وحل المشكلات " [١٥] .

ويعرفها " ميسك " " Messick ، ١٩٨٤" بأنها " الفروق بين الأفراد في أساليب الإدراك ، والتذكير والتخيل ، والتفكير " [١٦] .

ويعرف " أنور الشرقاوي " "١٩٨٥ " الأساليب المعرفية بأنها " الفروق بين الأفراد في كيفية ممارسة العمليات المعرفية مثل: الإدراك، والتخيل، والتذكر، والتفكير.[١٧]

د - الأساليب المعرفية كطريقة في معالجة المشكلات واتخاذ القرار :

ويشير " كوجان " " Kogan ، ١٩٧١" إلى الأساليب المعرفية بأنها " عادات الفرد في حل المشكلات واتخاذ القرار وتجهيز المعلومات وتقويمها والاستفادة منها "[١٨].

ويرى " هوبكنز " " Hopkins ، ١٩٧٩ " أن الأساليب المعرفية هي : "الفروق الفردية في كيفية التعامل مع المشكلات بغض النظر عن الفروق في الذكاء والقدرات الخاصة " [١٩] .

ويعرف " سكويجر Schweiger ، ١٩٨١ " [٢٠] بأنها " الفروق الفردية في طرق التعلم ، ومعالجة المشكلات واتخاذ القرار " .

- من خلال العرض السابق للتعريفات التي تناولت الأساليب المعرفية يتضح أنها تركز على وظائف الأساليب المعرفية ، أو أدوارها ، أو خصائصها ، فهي تميل إلى الاتساق اكثر منها إلى التناقض ، ويضيف كل تعريف وصفاً ، أو وظيفة للأسلوب المعرفي، وبناء على ما سبق نستطيع اشتقاق مفهوم للأساليب المعرفية يتبناه المؤلف، فتعرف الأساليب المعرفية على أنها " عوامل معرفية عقلية من المرتبة العليا، تمتاز بالاتساق والثبات النسبي، وتؤثر في طرق تناول الفرد للعمليات المعرفية الادراكية، وتحضير المعلومات وحل المشكلات ".

ومن خلال التعريفات المختلفة التي تناولت الأسلوب المعرفي ، يمكن إبراز الجوانب الآتية لطبيعة الأساليب المعرفية فيما يلي : [٢٢]

١ – الأساليب المعرفية أصبحت محوراً لدراسة واستكشاف الفروق الفردية بين البشر في العمليات المعرفية العليا، كالإدراك، والتفكير، والانتباه، والتذكر، والتعليم، ومجال حل المشكلات .

٢ – تعتبر الأساليب المعرفية ضمن المتغيرات الوسيطة فهي تعبر عن جانب مهم من النشاط المعرفي المرتبط بالاستثارة وإحداث الاستجابة ، ولهذا ينظر إليها على أنها عوامل منظمة لبيئة ومدركات الإنسان .

٣ – تعتبر الأساليب المعرفية طرق تفضيلية لاستقبال الإنسان للمعرفة ، وإصدارها على النحو الذي ينم عن تعلقها بعملية تجهيز أو تناول المعلومات بجوانبها المختلفة .

٤ – تمثل الأساليب المعرفية متغيرات مهمة للنظر إلى الشخصية في جوانبها المتعددة نظرة اكثر تكاملاً ، فهي لا تتعلق بالجانب المعرفي وحده من الشخصية بل تمتد لتشمل الجانب الوجداني " الانفعالي " .

الأساليب المعرفية وبعض المفاهيم المعرفية الأخرى :

أ - الأساليب المعرفية والضوابط المعرفية " Cognitive Styles & Cognitive Controls " :

لقد استخدم بعض العلماء [٢٣] مفهوم الضوابط المعرفية كمرادف للأساليب المعرفية بل أن هناك اتجاهاً لدمج الضوابط المعرفية في فئة الأساليب المعرفية ، ومع ذلك فهناك فروق أساسية بينها فيميز "جاردنر " " Gardner "، "وجاكسون" " Jakson " بين مصطلحي الأساليب المعرفية والضوابط المعرفية في أن الأول يشير إلى أبعاد معينة من عملية الإدراك ، في حين يشير الثاني إلى تنظيم هذه الأبعاد داخل الفرد [٢٤].

ويرى " ميسيك " " Messick , ١٩٨٤ " [٢٥] أن أوجه الإختلاف والتشابه بين الضوابط المعرفية ، والأساليب المعرفية يتمثل في :

١ – الضوابط المعرفية اكثر نوعية وخصوصية، وتتأثر أكثر من الأساليب المعرفية بنطاق المحتوى وطبيعة المهام، أما الأساليب فتمثل أبعاداً مستعرضة في الشخصية، والمظاهر السلوكية المختلفة .

٢- الضوابط المعرفية أحادية القطب "Unipolar " وتهتم بشكل نسبي بوظائف متخصصة في المجال الذي تتناوله ، كما أنها تمتاز في اغلبها بالقيمتين التوجيهية والكمية ؛ ولذلك فهي اقرب إلى ما يسمى بالقدرات الأسلوبية "Stylistic Abilities " في حين تعتبر الأساليب المعرفية أبعادا ثنائية القطب "Bipolar" .

٣- تقاس الضوابط المعرفية في إطار الأداء الأقصى بينما تقاس الأساليب المعرفية في إطار الأداء المميز .

٤- الضوابط المعرفية غالباً ما تكون اتجاهية القيمة "Value Directional"، أما الأساليب المعرفية فهي تمييزية القيمة "Value Diferentiol" .

٥- الضوابط المعرفية تشتق في جوهرها من نظرية التحليل النفسي في حين ترتبط الأساليب المعرفية في جوهرها بنظرية التعلم، وتدل على العادات الادراكية المتعلمة.

٦- تتشابه الضوابط المعرفية والأساليب المعرفية في نوع النشاط الممارس ، أي انهما يتسقان في طبيعة النشاط المعرفي الذي يمارسه الفرد ، فكلاهما يهتم بشكل "Form " المعرفة في النشاط الادراكي لا بمحتواها [٢٦] .

ب - الأساليب المعرفية والتفضيلات المعرفية "Cognitive Styles & Cognitive Preferences " :

لقد ظهر مفهوم التفضيلات المعرفية في كتابات الباحثين المهتمين بدراسة الأساليب المعرفية ، ووصف "ميسك Messick , ١٩٨٤ " [٢٧] الأساليب المعرفية بأنها عبارة عن" تفضيلات معرفية ، أو خاصية الطرق التي يفضلها الفرد في تصور وتنظيم المثيرات التي يتعرض لها ، مثال ذلك " تفضيلات ثابتة للتصنيفات الواسعة مقابل تفضيلات ثابتة للتصنيفات الضيقة للمثيرات " ، كما يرى أن الأسلوب المعرفي هو الطريقة المفضلة لدى الفرد في تنظيم مدركاته .

ويؤكد "أنور الشرقاوي ١٩٩٢ " [٢٨] ما أشار إليه " هيث " إلى وجود أربعة أنماط معرفية يفضل الفرد إحداها في إدراكه للمطلوب وهي :

١ - نمط الاسترجاع " Recall Type " ويتصف الفرد الذي يفضل هذا النمط بتقلبه للمعلومات على طبيعتها

٢ - النط الناقد " Critical Type " ويتصف الفرد الذي يفضل هذا النمط بتشككه في المعلومات من ناحية تمامها وكمالها وصدقها .

٣ - نمط المبادئ "Principle Type " ، ويتصف الفرد الذي يفضل هذا النمط بقبوله للمعلومات على أساس مبدأ أو علاقة ما .

٤ - نمط التطبيقات "Application Type " ، ويتصف الفرد الذي يفضل هذا النمط بقبوله للمعلومات ؛ لأنها ذات قيمة للاستخدام في محتوى اجتماعي أو معرفي معين .

وبمقارنة هذه الأنماط بتصنيف الأساليب المعرفية الذي يأتي ذكرها فيما بعد، نجد أن هناك تداخلاً بين هذه الأنماط والأساليب المعرفية ، حيث يمكن الاعتقاد بأن الأسلوب المعرفي للفرد قد يؤثر على تفضيله لنمط معرفي معين عند إدراكه للمعلومات ، هذا بالإضافة إلى أن النمط المعرفي الذي يفضله الفرد عند إدراكه للمعلومات يتصف بلاتساق عبر الميدان المعرفي الواحد .

ج - الأساليب المعرفية والاستراتيجيات المعرفية "C.Styles & C. Strategies" :

يعتبر مفهوم الاستراتيجيات المعرفية من المفاهيم وثيقة الصلة بمفهوم الأساليب المعرفية ويعرفها "ميسك" "Messick ، ١٩٨٤ " بأنها عبارة عن طرق عامة يستخدمها الفرد في المهام العقلية ، فهي بمثابة طرق للادراك ، والتفكير ، والتذكر ، ومعالجة المعلومات ، وحل المشكلات ، ويستدل عليها من خلال طرق الفرد في التوصل للمعرفة " ويفرق " ميسك " "Messick ، ١٩٨٤ " بين الاستراتيجية المعرفية ، والأساليب المعرفية على النحو التالي :

* - الاستراتيجية المعرفية هي القرارات الشعورية أو غير الشعورية التي يتخذها الفرد لمعالجة المواقف المعرفية المختلفة في حين يعبر الأسلوب المعرفي عن الاتساق الذاتي المميز الواعي لدى الفرد في تناوله للموضوعات التي يتعرض لها .

* - الاستراتيجيات المعرفية اقل عمومية، فالاستراتيجيات غالباً ما تتسق مع خصائص المهام التي يقوم بها الفرد، أما الأساليب فتضمن التوجه العام نحو المهام والمواقف .

* - الأساليب المعرفية تظل ثابتة نسبياً لفترات طويلة من حياة الفرد ؛ مما يجعلها من الوسائل الاستراتيجية للتغير بواسطة التدريب نحو شروط معينة .

د- الأساليب المعرفية والقدرات العقلية "Cognitive & Intellectual Abilities" :

ويؤكد "حمدي الفرماوي ١٩٩٤ " ما أشار إليه " ميسك " "Messick " بأن القدرة العقلية تتحدد في ضوء سعة الاستجابة على النحو الذي يسمى بالأداء الأقصى، أما الأسلوب المعرفي فيتضمن قياس نوع الاستجابة وتميزها عند الفرد على النحو المسمى بالأداء المميز "Typical " ويضيف " ميسك " أنه على الرغم من أن القدرات العقلية ابعاداً أحادية القطب "Unipolar " والأساليب المعرفية أبعاد ثناية القطب " Bipolar " إلا أنه يمكن توزيع الأفراد تبعاً لكل منهما على متصل، وذلك مع احتفاظ كل منهما بخصائصه ، ايضاً فإن القدرات العقلية تشير إلى محتوى " Content " أو مكون العمليات بينما يتعلق الأسلوب المعرفي بشكل "Form " النشاط المعرفي [٢٩] .

بالإضافة إلى ما سبق فالأساليب المعرفية متغيرات منتظمة ضابطة " Organizing or Controlling " ، آما القدرات العقلية أنها إمكانية "Enabling " ، ويوضح شكل رقم " ٣٢ " أوجه الشبه والاختلاف بين الأساليب المعرفية ، والقدرات العقلية، والقدرات الأسلوبية .

أساليب معرفية	ضوابط معرفية		قدرات أسلوبية	قدرات عقلية
تهتم بشكل واسلوب المعرفة	Form/ Manner		تهتم بمحتوى المعرفة ومستواها	Content/Level
ميول ونزعات طبيعية	Propensities		كفايات	Competencies
تقاس في إطار الأداء المميز	Typical		تقاس في إطار الأداء الأقصى	Maximal
أبعاد ثنائية القطب	Bipolar		أبعاد احادية القطب	Unipolar
تمييزية القيمة	Value Differentiation		اتجاهية القيمة	Value Directional
مستعرضة وشاملة	Pervasive		تخصصية المجال	Domin specific
متغيرات تنظيمية	Organizing/ Controlling		متغيرات إمكانية	Enabling

شكل (٣٢) اوجه الشبه و الاختلاف بين الأساليب المعرفية والضوابط المعرفية والقدرات الأسلوبية والعقلية

"اتجاه السهم يشير إلى الخاصية التي تميز كل متغير عن الآخر"

هـ - الأساليب المعرفية والقدرات الأسلوبية "Cognitive Styles & Stylistic Abilities":

تعتبر القدرات الأسلوبية عوامل نفسية تحمل خصائص كل من : القدرات والضوابط ، والتفضيلات ، والأساليب المعرفية ، وتظهر لتعكس اتساقات أسلوبية ، وتبدو كاستعدادات أو ميول ، وتقاس احياناً في إطار الأداء الأقصى " Maximal " واحياناً أخرى في إطار الأداء المميز " Typical " ، **ومن أمثلتها :** المرونة التلقائية، والمرونة الكيفية، والطلاقة الفكرية ، والأصالة ، وهي تحمل خصائص القدرات في أنها : أحادية القطب ، ونوعية الوظيفة ، واتجاهيه القيمة ، كما تحمل خصائص الأساليب في أنها لا تقاس بدقة الأداء ، ومستوى صحته بل بمعيار الجودة " الأفضلية " " Goodness " مثل الأفضلية في العدد أو التنوع ، ونوعية الاستجابة ومدى تكرارها [٣٠].

ونتيجة لزيادة التشابه بين تلك القدرات والأساليب المعرفية ، فقد اعتبر " لويز، وكلارك " [٣١] "Lopez , & Clark , ١٩٧٢ " أن الطلاقة الفكرية " Ideational Fluency " ومرونة الإغلاق "Closure Flexibility " أسلوبان معرفيان .

وفي ضوء ما سبق عرضه عن التصورات المختلفة التي تناولت مفهوم الأساليب المعرفية ، والعلاقة بين الأساليب المعرية وغيرها من المفاهيم المعرفية الأخرى المرتبطة بها ، يمكن أن نميز بعض السمات العامة الأساسية للأساليب المعرفية "General Triats of the cognitive styles " فيما يلي [٣٢] :

* - ترتبط الأساليب المعرفية بشكل "Form " النشاط المعرفي للفرد لا بمحتواه "Content " ؛ ولذلك فإن الأساليب المعرفية تعكس الفروق الفردية في أساليب الإدراك، والتخيل ، والتذكر ، والتفكير ، وحل المشكلات بغض النظر عن محتوى هذه العمليات .

* - الأساليب المعرفية ذات أبعاد مستعرضة "Pervasive Dimension " للشخصية، فهي تمكننا من النظر للشخصية نظرة كلية ، فلا تقتصر على الجانب المعرفي من الشخصية فقط ، بل تضم أيضا الجانب الانفعالي وقد قدم كل من " ورديل، ورويس" " Wardell , & Royce " افتراضات عن الأساليب المعرفية ، وعلاقتها بالقدرات

العقلية، والسمات الانفعالية، وأن الشخصية الإنسانية نظام دينامي فيه الأساليب المعرفية دوراً هاماً من حيث تكامل مختلف أنظمته ، أضف إلى ذلك أن الأساليب المعرفية تمتد في تأثيراتها إلى حياة الأفراد الاجتماعية، حيث أن الزوجين اللذين يتشابهان في أسلوبهما المعرفي تقل بينهما المشكلات الزوجية اكثر من الزوجين المختلفين في أسلوبهما المعرفي ؛ وذلك لأن التشابه في الأساليب المعرفية يؤدي إلى نمو مشاعر إيجابية مشتركة متشابهة .

*- تتسم الأساليب المعرفية بالثبات النسبي "Stable " مع مرور الزمن ، ولا يعني ذلك أنها غير قابلة للتعديل أو التغيير ، وهذا معناه أنها لا تتغير بسرعة في أثناء حياة الفرد العادية، ومن ثم يمكن استخدامها في التنبؤ بسلوك الأفراد في مختلف المواقف المستقبلية.

* - يمكن قياس الأساليب المعرفية من خلال وسائل غير لفظية ، مما يساعد في التغلب على المشكلات التي تنشأ نتيجة اختلاف المستويات الثقافية للأفراد والتي تثيرها أدوات القياس اللغوية .

*- تتصل الأساليب المعرفية بخاصية الأحكام القيمية "Value Judiments " مما يجعلها من الأبعاد ثنائية القطب "Bipolar " ، ويميزها عن الذكاء والقدرات العقلية وهي من الأبعاد وحيدة القطب "Unipolar" فمن المعروف بالنسبة للذكاء والقدرات العقلية إنه كلما زاد نصيب الفرد في أي قدرة من هذه القدرات كان ذلك افضل ، آما بالنسبة للأساليب المعرفية ، فكل قطب له قيمة مميزة "Value Diferentiation " في ضوء ظروف وشروط خاصة، وأن إتصاف الفرد بخصائص أي من القطبين ثابت إلى حد كبير، ويصنف الأفراد وفق متصل بأحد القطبين وينتهي عند القطب الآخر .

* - تعتبر الأساليب المعرفية أبعادا مكتسبة من خلال تفاعلات الفرد مع البيئة الخارجية اكثر من كونها صفات أو خصائص موروثة ، ويتضح ذلك من خلال التعريف الذي تناوله " فيرنون ١٩٧٣ , Vernon " [٣٣] عن الأسلوب المعرفي بأنه " ذلك النوع من التكنيكات التي يبنيها الطفل في سنواته الأولى ليستخدمها في التكيف مع عالمه ، وقد أشار " محمد رزق ١٩٩٥ " إلى نتيجة دراسة كل من " هولزنر ، وسافر "

"Holzner , Saver" والتي ترى أن أبناء الأمهات الأكثر حماية وصرامة في التربية ينشئون معتمدين على المجال الادراكي وضيقى الأفق عن أبناء الأمهات المعتدلات في التربية ، ومن هنا فإن الثقافات التي تشجع الاستقلال عن الأسرة ، والسلطة الوالدية لدى الأطفال ، تميل إلى إفراز أفراد مستقلين مجالياً ، عكس الثقافات التي تطبع أفرادها على المسايرة للسلطة الوالدية [٣٤] .

* - تتفاعل الأساليب المعرفية ديناميا مع بعضها البعض في تأثيرها على السلوك، فيمكن الاستدلال على أسلوب الفرد من خلال موقعه النسبي على امتداد " متصل "اسلوب معرفي آخر .

واتساقاً مع ذلك فقد أكد " عبد العال عجوة ١٩٨٩" ما أشار إليه "كرومCrum "من إمكانية استخدام اختبار الأشكال المتضمنة (GEFT) ل وتكن " وهو - اختبار مشهور لقياس أسلوب " الاستقلال - الاعتماد الادراكي - وذلك للاستدلا على أسلوب التبسيط التعقيد المعرفي [٣٥] .

كما أشار " فتحي الزيات ١٩٨٩" إلى نتائج الدراسة التي قام بها "وولف" " Wolfe . ١٩٨٣" والتي ترى أن أساليب (التبسيط المعرفي . التعقيد المعرفي"، " التسوية/ الإبراز " ، " الضبط المقيد / الضبط المرن "، " اتساع الفئة / ضيف الفئة "، " ارتفاع / انخفاض التصنيف إلى فئات مستقلة "، العلاقى/ التحليلي "، " ارتفاع/ انخفاض التميز التصورى" ، "الاستقلال ، الاعتماد عن المجال الادراكي " ، جميعها أساليب معرفية ذات علاقة ببعضها البعض [٣٦] .

كما يمكن دمج بعض أبعاد الأساليب المعرفية مع بعضها البعض نظراً للتشابه القائم بينها ، وأظهرت نتائج بعض الدراسات وجود ارتباط ذي دلالة بين أسلوبي " الاستقلال / الاعتماد الادراكي " و " الاندفاع / التروي "، مما جعل " ميسر " Misser " يتوصل إلى أن المتروين عادة ما يكونون مستقلين عن المجال الادراكي ، في مقابل المندفعين الذي يكونون معتمدين على المجال الادراكي [٣٧] .

* - تمر الأساليب المعرفية بمراحل نمائية مماثلة لمراحل النمو المعرفي ، فالأساليب المعرفية التصورية تكون اكثر شمولاً وعمومية في بداية مراحل النمو، كذلك

المفاهيم، والمدركات التي يكونها الطفل تكون عامة ، ومع تقدم العمر تصبح متمايزة ونوعية، فطفل الرابعة ينظر إلى المثير ككل في حين ينظر طفل التاسعة للمثير من ناحية الكلي والجزئي ، وبصورة عامة تسود المدركات العلاقية مرحلة الطفولة وتسود المدركات الاستدلالية والتحليلية مرحلة المراهقة ، ثم يسود المدركات العلاقية مرحلة الشيخوخة مرة أخرى .

تصنيف الأساليب المعرفية C.S. Classification :

لقد تعددت التصورات التي تناولت تصنيف الأساليب المعرفية نتيجة اختلاف الاتجاهات النظرية في مجال علم النفس المعرفي بصورة عامة ، و في مجال الأساليب المعرفية بصورة خاصة ، مما أدى إلى تعدد الأساليب المعرفية [٣٨] .

ويعتبر " وتكن " "Witkin" من اكثر الباحثين اهتماماً بدراسة الأساليب المعرفية، وخاصة أسلوب الاعتماد/ الاستقلال عن المجال الادراكي " " Field Dependence / Indeqendence " كما انصب اهتمام " كاجان " " Kagan " على دراسة أسلوب الاندفاع / التروي " Impulsivity/ Reflection " ، وتناول " بيري " " Bieri " وزملاؤه أسلوب التعقيد المعرفي في مقابل التبسيط المعرفي " Cognitive Complexity Vs Cognitive Simplicity " آما " بروفرمان " "Broverman " فقد ميز بين أسلوبين معرفيين يمثلان بعدين في الشخصية وهما : السيادة التصويرية في مقابل السيادة الادراكية – الحركية " Conceptual Vs Perceptuomotove " وأسلوب الآلية القوية في مقابل الآلية الضعيفة "Strong Vs weak Automization " ويشير هذا الأسلوب إلى قدرة الفرد النسبية على أداء أعمال أو مهام تكرارية بسيطة ، بالمقارنة لما هو متوقع منه بالرجوع إلى المستوى العام للقدرة ، كما تناول " هارفي " " Harvey " وزملاؤه أسلوب التجريد في مقابل العيانية " Abstraction Vs Concretness " ، ويتميز الأفراد العيانيون بأنهم اقل قدرة على أجراء التمايز بين العلاقات والمعلومات والمفاهيم التي تقدم إليهم ، كما انهم لا تحملون المواقف الغامضة واكثر تصلباً ، عكس الذين يوصفون بأنهم تجريديون فانهم اكثر مرونة ويتحملون المواقف الغامضة .

وفي عام " ١٩٧٠ " قدم " ميسيك " " Messick , ١٩٨٤ " تصنيفاً شهيراً للأساليب المعرفية يتضمن تسعة أبعاد اشتقت الأربعة الأولى من مفهوم الضوابط المعرفية "Cognitive Controls " والأبعاد الأربعة هي [٣٩] :

- الفحص أو التدقيق . Scaning
- الضبط المتزمت في مقابل الضبط المرن . Constricted Vs Flexible Control
-الرتابة في مقابل الشحذ . Leveling Vs sharpening .
- التسامح مع الغموض أو الخبرة غير الواقعة.

Tolerance for incongruous /Unrealistic Experience

بينما كانت الأبعاد الأربعة التالية في تصنيف "ميسك "" Messick " مختلفة التنظير وبعيدة عن مفهوم الضوابط المعرفية وهي :

- الاعتماد / الاستقلال عن المجال الادراكي .
- التعقيد المعرفي Cognitive Complexity .
- الاندفاع مقابل التروي المعرفي .
- أساليب تفضيل الصور الذهنية Style of Conceptualization .

وقدم " كوجان Kogan , ١٩٧١ " عرضاً نظرياً لاربعة أساليب معرفية هي:[٤٠]

- أسلوب الاعتماد مقابل الاستقلال عن المجال الادراكي .
- أسلوب الاندفاع مقابل التروي .
- أسلوب نطاق التصنيف Category Width .
- أسلوب تفضيل الصور الذهنية .

و علل " كوجان " اقتصاره على تناول هذه الأساليب الأربعة نظراً لوضوحها، وارتباطها بمرحلة الطفولة ،وخاصة مرحلة ما قبل المدرسة .

وقدم كل من " جولد شتين و بلاكمان " " Goldstain & Blaackman , ١٩٧٨ " مفهوم الضوابط المعرفية متضمناً سبعة أبعاد يعبر كل منها عن أسلوب معرفي قائم بذاته وهي:[٤١]

- التسامح مع الخبرات غير الواقعية . - التمايز الادراكي . - تشكيل المجال.
- الضبط المتزمت مقابل الضبط المرن . - الضبط مقابل الشحذ .

- الفحص مقابل التدقيق .

- التفاعلية مع المتفاعلات " Contrast Reactirity " .

وفي عام " ١٩٨٠" قدم " جيلفورد Guilford, ١٩٨٥" تصنيفاً للأساليب المعرفية التي ترتبط بنموذجيه في بنية العقل و أهمها : [٤٢]

- أسلوب البأورة مقابل الفحص . – أسلوب التحليل مقابل الشمول.

- أسلوب التبسيط المعرفي مقابل التعقيد المعرفي . – أسلوب مدى التكافؤ .

- أسلوب السوية مقابل الإبراز . – أسلوب المخاطرة مقابل الإحجام.

بالإضافة إلى ما سبق فإن التراث السيكولوجي يزخر بالعديد من التصنيفات التي تناولت الأساليب المعرفية نكتفى بالإشارة إلى نوعين من هذه التصنيفات وهما[٤٣]:

١ – تصنيف " ستيفانو ، ١٩٧٨ " .

٢ – تصنيف " وارديل ورويس ، ١٩٧٨ " .

تصنيف " ستيفانو " " ١٩٧٨ , Stevino Classification " :

صنف "ستيفانو " الأساليب المعرفية على أساس مدى عموميتها وشموليتها إلى قسمين :

القسم الأول : الأساليب المعرفية : وهي التي تتسم بعموميتها وشمولها للعديد من مجالات الشخصية ومن أمثلتها أساليب " الاعتماد/ الاستقلال الادراكي"، " والاندفاع/ التروي".

القسم الثاني : الضوابط المعرفية : وهي التي تتسم بنوعية وظيفتها ، ومحدودية شمولها، أو عموميتها ، وذلك لارتباطها بمجال من مجالات النشاط الإنساني ، ومنها أساليب " الضبط المقيد / المرن "، " التسامح مع الخبرات غير الواقعية "، " تحمل / عدم الغموض"[٤٤] .

تصنيف " وارديل ورويس " " ١٩٧٨ , Wardell & Royce Classification":

قدم " وارديل ورويس " تصنيفاً للأساليب المعرفية في إطار نظريتهما عن نظام الأسلوب المعرفي ، وعلاقته بالقدرات العقلية ، والسمات الانفعالية ، فافترضا أن ذلك النظام على شكل هرمي " Hirarchy" ، تحتل قمته ثلاثة أساليب أطلق عليها أساليب عامة " General Styles " وهي : [٤٥]

أ - الأساليب المنطقية "العقلانية" " Rationalism " :

وهي التي تميز الشخص الذي تتحدد وجهة نظره إلى الحقيقة على أساس التزامه بالمنطقية والعقلانية ، ويختبر صحة وصدق رأيه عن الحقيقة في ضوء الاتساق المنطقي للمعلومات ، ويشتمل تفكيره على المعلومات المعرفية الكبرى ، والتحليل المنطقي، وتوليد الأفكار ، ولقد أطلق " سيجل ، وسيجل " " Siegel & Sigel على ذلك الشخص بأنه تصوري "مفاهيمي" " Conceptually " يميل إلى اكتساب الحقيقة على شكل وحدات من المعلومات العنقودية، أو المتكاملة، ويفضل تعلم المفاهيم، ويصنفها في إطار مفاهيمي واسع .

والأساليب المنطقية كما تصورها " وارديل ورويس" هي "أسلوب التعقيد المعرفي"، " أسلوب التمايز التصوري " وأسلوب " اتساع / ضيق الفئة الادراكية"، والأسلوب " التحليلي " ، والأسلوب " التجريدي " ، وأسلوب " تفضيل المجال " ، وأسلوب "الضبط المقيد "

ب - الأساليب الامبيريقية " Empiricism Styles " :

وهي التي تميز الشخص الذي تتحدد وجهة نظره إلى الحقيقة على أساس التزامه بالخبرات المكتسبة عن طريق حواسه ويختبر مدى صحة رأيه عن الحقيقة بمدى ثبات ملاحظاته وصدقها ، وتتضمن عملياته المعرفية - الأنشطة الادراكية، والبحث عن الخبرات الحسية - ويطلق " سيجل وسيجل " & Segel , Siegel " على ذلك الشخص بأنه واقعي " Factually " ويميل إلى تعلم المحتوى الواقعي ، ويضيف إلى بنيته المعرفية من الخبرات دون أن يلجأ إلى العلاقات البينية لتلك الخبرات في السياق الكلي لها .

والأساليب المنطقية كما تصورها " وارديل ، ورويس "هي : أسلوب " التسوية / الإبراز " ، " والأسلوب العلاقي " " والأسلوب التجريدي / الحسي " ، " وأسلوب ارتفاع التصنيف إلى فئات مستقلة "، " وأسلوب الفحص الشامل " " Scanning "، " وأسلوب الاندفاع / التروي " ، " وأسلوب التسامح مع الخبرات غير الواقعية " .

ج - الأساليب المجازية "Metaphorism Styles" :

وهي التي تميز الشخص الذي تتحدد وجهة نظره من خلال التزامه بالخبرة المجازية، ويختبر مدى صحة وصدق رأيه في إطار من الشمولية لادراكاته أو استشراقاته، والعمليات التي تختص بذلك هي عمليات ذات طبيعة ترميزية تشمل الجوانب الشعورية واللاشعورية .

والأساليب المجازية كما تصورها " وارديل ، ورويس " هي: أسلوب " انخفاض التصنيف إلى فئات مستقلة "، وأسلوب " التكامل التصوري "، وأسلوب " الفراسة/ الالتزام الحرفي " " Physiognomic / Literal "، وأسلوب " التوجيه المجازي" " Metaphoric Orientation " .

ويضيف " محمد رزق ١٩٩٥ " (٤٦) إن " وارديل ورويس " " Wardell & Royce " صنفا الهرم الأسلوبي "Stylistic Hirarehy" " الأبعاد الأسلوبية " إلى ثلاثة فئات ، على أساس العلاقة الدينامية بين تلك الأساليب وكل من القدرات العقلية والسمات الانفعالية وهذه الفئات هي :

- الأساليب المعرفية " Cognitive Styles " :

وهي الأساليب التي تتداخل في علاقات دينامية مع القدرات العقلية ، وتعمل على تهيئة وتنشيط ما يلزم من تلك القدرات كدالة لمتطلبات المهمة التي يتناولها الفرد ويتعامل معها ، وتلك الأساليب هي : " التعقيد المعرفي - أسلوب التمييز التصوري - اتساع الفئة - التحليلي / العلاقي - التجريدي / الحسي - التسوية / الإبراز - انخفاض / ارتفاع التصنيف إلى فئات مستقلة - التكامل التصوري "

- الأساليب الانفعالية " Affective Styles " :

وهي تلك الأساليب التي تتداخل في علاقات دينامية مع السمات الانفعالية ، وتعمل على تهيئة وتنشيط ما يلزم من تلك السمات كدالة لمتطلبات التفاعلات السلوكية أو المهمة التي يواجهها الفرد ، وتلك الأساليب هي " الضبط المقيد / المرن - أسلوب الاندفاع / التأمل - أسلوب التسامح مع الخبرات غير الواقعية - الالتزام الحر في القرار"(٤٧) .

- الأساليب المعرفية - الانفعالية " Affective Vs.-Cognitive " :

وهي الأساليب التي تعمل على التكامل الوظيفي بين القدرات العقلية، والسمات الانفعالية باستدعاء وتنشيط ما يلزم من تلك القدرات أو السمات كدالة لمتطلبات المواقف التي يكون الفرد بصدد مواجهتها أو تناولها ،وتلك الأساليب هي "أسلوب تفصيل المجال - أسلوب الفحص الشامل - أسلوب التوجيه المجازي "، انظر الجدول رقم "٣" .

ويدعم تصنيف " وارديل ، ورويس " للأساليب المعرفية ما أشار إليه " كوجان " , Kogan ١٩٧١" بأن الأساليب المعرفية يمكن ترتيبها على متصل Contiguity ، يحتل أحد طرفيه أساليب ترتبط بوضوح بالقدرات العقلية ، في حين يحتل الطرف الآخر أساليب تظهر كتفصيلات شخصية في الأداء وتبدو ظاهرياً بعيدة عن مجال القدرات [٤٨] .

جدول (٣) تصنيف وارديل ورويس " للأساليب المعرفية

الأبعاد الأسلوبية (الهرم الأسلوبي) / الأساليب العامة	أساليب معرفية Cgnitive Styles	أساليب انفعالية Affective Styles	أساليب معرفية / انفعالية Cognitive Affective Styles
الأساليب المنطقية Rational Styles	التعقيد المعرفي Congnitive Complexity التمييز التصوري Conceptual Differentiation اتساع الفئة Category/Width تحليلي / علاقي Analytical / Relational تجريدي / حسي Abstract / Concrete	الضبط المقيد / المرن Constricte /Flexible Control	تفضيل المجال Field Articu-lation
الأساليب الامبيرايقية Empirical Styles	تحليلي / علاقي Analytical / Relational تجريدي / حسي Abstract / Concrete تسوية / إبراز Sharpening/Leveling التصنيف إلى فئات مستقلة Compertmentalzation	التسامح مع الخبرات غير الواقعية Tolerance of the unconventional	الفحص الشامل Edensivsness
الأساليب المجازية Metaporic Styles	التصنيف إلى فئات مستقلة Compertmental zation التكامل التصوري Conceptual Integration	الالتزام الحرفي / الفراسة Physiognamic/Literol	التوجيه المجازي Metaphoric Orintation

و رغم ما يتمتع به تصنيف " وارديل ورويس " من منطقية عالية واستناده إلى أسس نظرية رصينة إلا أنه اغفل بعض الأساليب المعرفية مثل أسلوب " المخاطرة/ الأخذ بالحذر " ، وأسلوب " الآلية / إعادة التركيب " ، وغير ذلك من أساليب مما يتطلب عمل دراسات مستقبلية واسعة المجال في ميدان علم النفس المعرفي تتناول تصنيف وتصور "وارديل ورويس " بالبحث والاستقصاء وغيره من نماذج التصنيف الأخرى، وتحاول إضافة أساليب أخرى وإيضاح علاقتها بمختلف أنظمة الشخصية .

وفي ضوء ما سبق عرضه من تصنيفات – يحدد المؤلف – اكثر الأساليب المعرفية ، استخداماً وشيوعاً في البحوث والدراسات النفسية والتربوية على النحو التالي :

١ – الاندفاع في مقابل التروي .

- Implsivity Vs. Reflection

٢ – الاعتماد في مقابل الاستقلال عن المجال الادراكي .

- Field Dependence Vs. Independence .

٣ – التعقيد المعرفي في مقابل التبسيط المعرفي .

- Cognitive Compexity Vs. Cognitive Simplicity .

٤ – المخاطرة في مقابل الحذر .

-Risk Taking Vs. Cautiousness.

٥ – التسوية في مقابل الإبراز .

- Leveling Vs. Sharping .

٦ – البأورة " التدقيق " في مقابل الفحص .

- Focusing Vs. Scanning .

٧ – الانطلاق في مقابل التقييد " الشمولية في مقابل القصور " .

- Inclusiveness Vs. Exclusiveness .

٨ – الضبط المرن في مقابل الضبط المقيد " التزمت " .

- Flexible Control Vs. Constricted Control .

٩ – التمايز التصوري " تكوين المدركات " .

- Conceptual Differentiation .

١٠ – تحمل الغموض أو الخبرات غير الواقعية .

- Tolerance for Ambiguous or Unrealistic Experience .

وسوف نتناول بالعرض والتفصيل الأسلوب المعرفي الأول أما باقي الأساليب فسوف نعرض لها بايجاز بقية الأساليب المعرفية الأخرى .

أسلوب الاندفاع – " التروي – التأمل – التريث " " Impulsivity Vs. Reflectivty ":

يتعلق هذا الأسلوب المعرفي بالفروق الموجودة بين الأفراد في سرعة استجاباتهم للمواقف ، فالاندفاع / التروي -التأمل " يدل على ميل الفرد لكف الاستجابة المبدئية والتركيز على المعرفة عند خل المشكلة بدلاً من الميل للاستجابة المتسرعة ، ويطلق عليه أحيانا الإيقاع " الزمن " المعرفي " Cognitive Tempo " وينزع المندفعون إلى الاستجابة بسرعة والوقوع في أخطاء اكثر ، في حين يتوجه المتروون إلى قضاء وقت أطول عند الاستجابة والوقوع في أخطاء اقل [٤٩] .

وقد بدأ التنظير لهذا الأسلوب على يد " جيروم كاجان وزملاؤه " " Kagan & et al . ١٩٦٣ " في دراسات تتبعية بناء على افتراضات مشتقة من مفهومي التمايز والتكامل في ضوء البعدين " تحليلي " في مقابل " كلي أو شمولي " وبدأ الكشف عن هذا الأسلوب – على وجه التحديد – من ملاحظات على الأطفال الذين كان يتعامل معهم كل من " كاجان، ونوس ، وسيجيل " " Kagan , Noss , Sigel , ١٩٦٣ " في دراسة كانت تهدف إلى الكشف عن الأسس المرجعية لتصنيف هؤلاء الأطفال للمدركات في إطار دراسة أسلوب تفضيل الصور الذهنية ، وكان أهم هذه الملاحظات هي ميل الأطفال في أثناء الأداء على الاختبارات الادراكية إلى تأصيل استجاباتهم أو تأخيرها تلك التي تعبر عن أحكامهم بخصوص هذه المثيرات الادراكية ، بالإضافة إلى أن هذا النوع من المفحوصين ينتمون إلى ذوي الاتجاه التحليلي، فالأفراد الذين يميلون إلى الاتجاه التحليلي يتميزون بأداء يتصف بالتروي " أي يكون زمن الكمون أعلى "، ويتصفون بإنتاج عدد كبير من التصورات التحليلية الدقيقة أو الصحيحة " أي يكون عدد الأخطاء اقل " ، أما الأفراد ذوو الاتجاه الكلي الشمولي فانهم يتصفون بالاندفاع في أداء مهامهم " أي أن زمن الكمون منخفض " ، ويرتكبون عدداً من الأخطاء ، بهذا اصبح بعد كمون الاستجابة " Latency " والدقة " Accuracy " هما المحددين لأسلوب الاندفاع " التروي " [٥١] .

ويشير " آبو حطب ١٩٩٦ "[٥٢] إلى أسلوب الاندفاع - التروي - باعتباره متغيراً يمكن عن طريقة التمييز بين أولئك الذين يتأملون مدى المعقولية في الحلول العديدة المقترحة في سبيل حل فعلي ،وأولئك الذين يستجيبون بفورية أول حل يطرأ على الذهن، أما " تيدمان " " Tiedmann, ١٩٨٩ " [٥٣] فيضيف إلى المندفعين خاصية عدم التكيف، ويعتبر " تيدمان " أن مستوى التكيف " Adaptation Level " في حالة الأسلوب المعرفي محدد من المحددات المهمة في التفاصيل بين مدى ملاءمة أي من الاندفاع أو التروي ، بالنسبة للمشكلة المعروضة على الإنسان ، ويؤكد علي ذلك " الفرماوي " حيث يرى أن مستوى التكيف يرتبط بخاصية الأسلوب المعرفي على وجه العموم ككونه ثنائي القطب " Bipolar " وان لكل قطب أهميته ، أو قيمته ، وفقاً للموقف أو المشكلة المعروضة .

مما سبق يتضح أن بعد الاندفاع" التروي - التأمل " كأسلوب معرفي يبرز إلى الدرجة التي يندفع أو يتأمل بها الفرد في الحكم على استجابة ما ويتمثل زمن اتخاذ القرار تحت ظروف عدم التحكم من حصة الاستجابة ، وهي الطريقة الإجرائية لتحديد درجة الأفراد في هذا البعد.

وبذلك فإن أسلوب الاندفاع "التروي " يعني : طريقة الفرد المميزة في تناول المعلومات سواء في تجهيزها ، أم معالجتها أم الإدلاء بها ، و التعامل المميز مع المواقف الادراكية بصفة عامة ويرى " الفرماوي ١٩٩٤ " [٥٤] أن الأساس النظري بهذا الأسلوب يرتبط بحل المشكلة ، حيث يشير إلى مدى التأمل للوصول إلى حل صحيح للمشكلة التي تصادف الأفراد ، حيث يقضي الأفراد المتروون وقتاً أطول في الاستجابة ويرتكبون أخطاء اقل من الأفراد المندفعين ؛ وذلك حينما يواجه الفرد بمشكلات تتضمن عدداً من البدائل .

قياس أسلوب الاندفاع / التروي :

من الاختبارات التي استخدمها " كاجان ، وزملاؤه " لقياس أسلوب الاندفاع "التروي المعرفي " اختبار استحضار الشكل المعياري ولكنه أعاق الباحثين في الكشف بوضوح عن بعدي أسلوب " الاندفاع/ التروي " ، ومن ثم تطور هذا الاختبار إلى ما سمي

باختيار " تزاوج الأشكال المألوفة " " Matching Familiar Figures Test , " MFFT " الذي يتكون من أشكال مألوفة تتناسب مع عمر المفحوص ، وانبثقت من هذا الاختبار عدة صور بحسب الأعمال الزمنية المختلفة ، وقد قام " الفرماوي ١٩٩٤" [٥٥] بإعداد ثلاث صور لهذا الاختبار وتقنينها على البيئة المصرية كما يلي :

الأولى : تتناسب مع الأفراد الراشدين وسميت " ت . أ.م.٢ " ؛ وذلك لأنها تتكون من عشرين مفردة .

الثانية : تتناسب مع أطفال المرحلة الابتدائية وسميت "ت.أ.م١٢ " ؛ وذلك لأنها تتكون من اثني عشرة مفردة .

الثالثة : تتناسب مع أطفال ما قبل المرحلة الابتدائية وسميت " ت أم١٠ " ؛ وذلك لأنها تتكون من عشر مفردات ، مع اختلاف عدد البدائل في مفردات الاختبارت الثلاث .

ويتطلب الأداء على هذه الاختبارات أن يماثل المفحوص بين شكل معياري ، وعدة بدائل لنفس الشكل المألوف ، مع وجود شكل واحد فيما بينها مطابق تماماً للشكل المعياري ، وتختلف بقية البدائل في عناصر دقيقة ، ويستخدم الفاحص عادة ساعة إيقاف " Stope Watch " لتحديد الزمن المستغرق في الاستجابة الأولى على كل مفردة ، أي زمن الاختيار الأول للمفحوص في مفردة ، ويتمثل الخطأ في اختبار المفحوص لشكل غير متطابق مع الشكل المعياري ، وبناء على مجموع زمن الكمون لكل المفردات ومجموع عدد الأخطاء على كل المفردات يتم تصنيف أفراد العينة كما يلي : [٥٦]

أ - **أفراد مندفعين "Impulsives "** وهم الذين يقضون زمن كمون اقل من متوسط زمن الكمون لدى أفراد العينة ، ويرتكبون عدداً من الأخطاء أكثر من متوسط عدد الأخطاء لدى أفراد العينة .

ب - **أفراد متروين " Reflectives "** وهم الذين يقضون زمن كمون أعلى من متوسط زمن الكمون لدى أفراد العينة ، ويرتكبون عدداً اقل من متوسط عدد الأخطاء لدى أفراد العينة .

ج – أفراد مندفعين "متسرعين" "مع الدقة "Fast- Accurate " وهي مجموعة ذات زمن كمون أعلى مـن متوسط الكمون لدى أفراد العينة ، وذات عدد من الأخطاء تقل عن متوسط أفراد العينة .

د – أفراد متروين "مبطئين" "مع عدم الدقة "Slow-Inaccurate " : وهي مجموعة تتصف بـزمن كمون أعلى من متوسط الكمون لدى أفراد العينة ، ويعدد مـن الأخطـاء اكـثر مـن متوسط أفراد العينـة ، والشكل رقم "٣٢ " يوضح المجموعات الأربع .

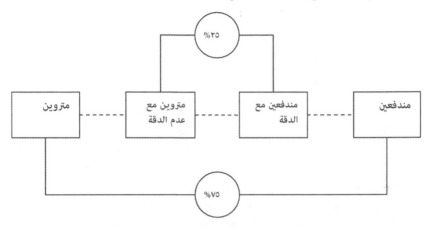

شكل رقم (٣٣) المجموعات الأربع لابعاد أسلوب الاندفاع / التروي

٢ – الاعتماد في مقابل الاستقلال عن المجال الادراكي : Field Dependence Vs Independence

ويهتم هذا الأسلوب بالطريقة التي يدرك بها الفرد الموقف ، أو الموضوع ، وما به من تفاصيل ، أي أنه يتناول قدرة الفرد على إدراكه لجزء من المجال ، كشيء مستقل ، أو منفصل عن المجال المحيط ككـل ، وقدرته على الإدراك التحليلي ، فالفرد " الـذي يتميـز باعتمـاده عـلى المجال في الإدراك ، يخضع إدراكـه للتنظيم الشامل الذي يمتاز بالاستقلال عن المجال الادراكي ، أما الفرد المسـتقل فينظـر إلى أجـزاء المجـال في صورة منفصلة عن الأرضية المنظمة له [٥٧] .

٣ - التعقيد المعرفي في مقابل التبسيط المعرفي: Cognitive Complexityrs Vs Cognitive Simplicity

و يرتبط هذا الأسلوب بالفروق بين الأفراد في ميلهم لتفسير ما يحيط بهم من مدركات وخاصة المدركات ذات الخواص الاجتماعية ، فالفرد الذي يتميز بالتبسيط المعرفي يتعامل مع المحسوسات بدرجة افضل ، مما يكون مع المجردات ، كما أنه يكون اقل قدرة ، على إدراك ما حوله من مدركات ، بصورة تحليلية ، بل يغلب عليه الإدراك الشمولي لهذه المدركات ، في حين يتميز الفرد الذي يميل إلى التعقيد المعرفي، بأنه يكون اكثر قدرة على التعامل مع الأبعاد المتعددة للمواقف بصورة تحليلية ، كما يستطيع بشكل افضل أن يتعامل مع ما يدركه في شكل تكاملي [٥٨] .

٤ - المخاطرة في مقابل الحذر "Risktaking Vs. Cautiousness" :

و يتناول هذا الأسلوب مدى مخاطرة الفرد أو حذره في اتخاذ القرارات ، وتقبل المواقف غير التقليدية ، وغير المألوفة ؛ مما يجعل هذا الأسلوب من الأساليب التي ترتبط بدرجة كبيرة بعامل الثقة بالنفس ، ويتميز الأفراد الذين يميلون إلى المخاطرة بأنهم مغامرون ، يقبلون مواجهة المواقف الجديدة ذات النتائج المتميزة غير المتوقعة ، عكس الأفراد الذين يميلون إلى الحذر ، انهم لا يقبلون بسهولة التعرض لمواقف تحتاج لروح المغامرة حتى لو كانت نتائجها مؤكدة [٥٩] .

٥ - التسوية في مقابل الإبراز Leveling Vs.Sharping :

ويتناول هذا الأسلوب الفروق بين الأفراد في كيفية استيعاب المثيرات المتتابعة في الذاكرة ، ومدى إدراك الفرد لتمايز مثيرات المجال المعرفي ، ودمجها مع ما يوجد في الذاكرة ، من معلومات ، أو الإبقاء عليها منفصلة ، فالأفراد الذين يميلون إلى التسوية، عادة ما يصعب عليهم استدعاء ما هو مختزن بالذاكرة بصورة دقيقة ، حيث يصعب عليهم تحديد الاختلافات الموجودة بين المعلومات المختزنة بدقة ، في حين يتميز الأفراد الذين يميلون إلى الإبراز " الشحذ " بأنهم يكونون اقل عرضه للتشتت ، ويسهل عليهم إبراز الفروق الموجودة بين المعلومات المختزنة بالذاكرة ، وبالتالي فإنه يعتمد على الإفراط في التمييز ، ويقاس هذا الأسلوب بعدة اختبارات اشهرها اختبار " هولزمان، وكلاين " [٦٠] .

٦ - البأورة في مقابل الفحص " Focusing Vs . Scanning " :

ويتناول هذا الأسلوب الفروق بين الأفراد في سعة الانتباه وتركيزه ، حيث يتميز بعض الافراد بالتركيز على عدد محدود من عناصر المجال ، في حين يتميز البعض الآخر بالفحص الواسع لعدد اكبر من عناصر المجال ، بحيث يشتمل انتباههم على قدر اقل من المثيرات المحيطة بهم أو التي يتعرضون لها .

٧ - الانطلاق في مقابل التقييد " Inclusivenss Vs. Exclusiveness " :

ويرتبط هذا الأسلوب بالفروق بين الأفراد في الميل إلى تصنيف المثيرات ومواقف الحياة التي يتعرضون لها ، فبعض الأفراد يصنفون المثيرات والمواقف بطريقة اكثر شمولية ، كما انهم يكونون اكثر قدرة على التعامل مع المثيرات المتعددة ، في حين يميل البعض الآخر إلى تصنيف هذه المثيرات بصورة تتميز بالضيق ، وقصر النظر، كما أنهم لا يتحملون المواقف غير الواضحة التي تتميز بتعدد المثيرات [٦١] .

٨ - الضبط المرن في مقابل الضبط المقيد " Flexible Control Vs. Constricted Control " :

ويرتبط هذا الأسلوب بالفروق بين الأفراد في مدى تأثرهم بمشتتات الانتباه، وبالتدخلات، والتناقضات المعرفية في المواقف التي يتعرضون لها ، فبعض الأفراد يكون لديهم القدرة على الانتباه إلى الخصائص المرتبطة بالموقف بشكل مباشر ؛ مما يمكنهم من استبعاد المشتتات الموجودة ، وإبطال تأثيرها على الاستجابة في حين لا يستطيع البعض الآخر إدراك هذه المشتتات بدرجة كبيرة ؛ مما يجعل استجاباتهم تتأثر بالتداخل، والتناقض الموجود بين المثيرات [٦٢] .

٩ - التمايز التصوري " Conceptual Differentiation " :

ويرتبط هذا الأسلوب بالفروق بين الأفراد في تصنيف أبعاد التشابه والإختلاف المدركة للمثيرات التي يتعرضون لها ، كما يرتبط هذا الأسلوب بالطريقة التي يتبعها الفرد في تكوينه للمفاهيم ، حيث يعتمد بعض الأفراد في تكوين المفاهيم ، أو المدركات على العلاقة الوظيفية بين المثيرات ، في حين يعتمد البعض الآخر في تكوين المدركات، والمفاهيم ، على تحليل الخصائص الوظيفية الظاهرية للمثيرات والتعامل

معها ، وهناك مجموعة ثالثة من الأفراد ، يعتمدون في تكوين المدركات والمفاهيم ، على قدرتهم في استنباط مستويات العلاقات بين المثيرات التي يتعرضون لها .

١٠ - تحمل الغموض أو الخبرات غير الواقعية :

" Tolerance For Ambiguous or Unrealistic Experience"

ويرتبط هذا الأسلوب بمستوى قدرة الأفراد على تقبل ما يحيط بهم من متناقضات ، وما يتعرضون له من موضوعات ،أو أفكار ، أو أحداث غامضة غير واقعية وغير مألوفة ، حيث يستطيع بعض الأفراد تقبل ما هو غير مألوف وشائع ، كما انهم يستطيعون التعامل مع الأفكار غير الواقعية أو الغريبة عنهم ، في حين لا يستطيع البعض الآخر تقبل ما هو جديد أو غريب ويفضلون في تعاملهم ما هو مألوف وواقعي .

تعديل الأساليب المعرفية Modification of the cognitive Styles " :

تمتاز الأساليب المعرفية بالاستقرار والثبات النسبي ، كما أن قابليتها للتغير أو التعديل بطيئة ، ورغم ذلك فمن الممكن تعديلها ، أو تغييرها؛ وذلك لأنها أبعاد مكتسبة "متعلمة " من خلال تفاعل الفرد مع بيئته الخارجية ، وقد أشارت بعض الدراسات [٦٣] إلى إمكانية تعديل الأساليب المعرفية ، وتحويل الفرد من قطب إلى آخر ، فتمكنت دراسة "كوتيوجنو " " ١٩٨٥ ، Cotugno " من تعديل الأفراد على قطبي الأسلوب المعرفي "التسوية / الإبراز " " Leveling / Sharpening " وذلك باستخدام برامج تعليمية خاصة .

وقد تركزت محاولات تعديل الأساليب المعرفية حول أسلوب الاندفاع " التروي"؛ ربما لأن هذا الأسلوب محدد إجرائيا على نحو اكثر تمييزاً ؛ وذلك بالنسبة للفصل بين بعديه ، وكذلك بالنسبة للأداة المستخدمة في قياسه وهو اختبار تزاوج الأشكال المألوفة " MFFT " ومن هذه الدراسات ما يلي :

- دراسة "Celement & Gullo " التي حاولت تعديل المندفعين إلى متأملين من خلال العمل على الكمبيوتر في لغة "Logo " حيث يفكون في أخطائهم ويحاولون علاجها .

- دراسة " Egeland , ١٩٧٤ " التي ركزت على تدريب المندفع على استراتيجية فحص، أو تدقيق "Scanning " اكثر فاعلية .
- دراسة "Heider , ١٩٧١ " التي ركزت على تدريب المندفع أن يؤجل أو يكف استجابته الأولى .
- دراسة " حمدي الفرماوي " " ١٩٨٨ " التي أشارت إلى إمكانية تعديل المندفعين إلى متأملين من خلال النمذجة السلوكية .

أهمية الأساليب المعرفية في العملية التعليمية : (٦٤)

تؤثر الأساليب المعرفية تأثيراً ملموساً على كافة الأنشطة ، والممارسات التعليمية؛ وذلك باعتبارها متغيرات ضابطة للوظائف المعرفية ، فيؤكد " وتكن " Witken , ١٩٨٨ " على أهمية دراسة الأساليب المعرفية ، ودورها في العملية التعليمية، حيث تشير إلى أن الكشف عن الأسلوب المعرفي للطالب لا يقل أهمية عن معرفة نسبة ذكائه ؛ مما يسهم في التعرف على طريقة تعلمه ، ومعالجته للمعلومات ، كما تساعد الأساليب المعرفية في تحديد مدى نجاح الطالب في التفاعل داخل مجموعة كبيرة ، أم مجموعة صغيرة عند تعليمه ، ويمكن للأساليب المعرفية أن تسهم في اختصار الوقت المطلوب لتعليم الطلاب ، وزيادة أدائهم الأكاديمي ، حيث أنها تشارك في تحديد استراتيجيات التعليم التي يستطيعون استخدامها في تعليمهم .

وتشير بعض الدراسات إلى أن الفروق الفردية في التحصيل الأكاديمي ، أو اختيار موضوعات الدراسة ، والأداء المعرفي العام ، يمكن ردها إلى الأساليب المعرفية .

و يظهر تأثير الأساليب المعرفية بوضوح في العملية التعليمية ، من خلال مدى الاتفاق في الأسلوب المعرفي بين المعلم وطلابه ، فالتوافق بين الأساليب المعرفية للمعلم والطلاب يعمل على تيسير تعلم الطلاب ، من خلال تأثيرها على التفاعل السلوكي " المعلم – الطالب " داخل الفصل الدراسي وخارجه ، فالمعلم يؤدي على أساس أسلوبه المعرفي ، والطلاب يتفاعلون مع هذا الأداء على أساس أسلوبهم المعرفي ، هذا ، إذا كان الطلاب متفقين في أسلوبهم المعرفي ؛ على ذلك فحسن التوافق بين المعلم والطالب في الأسلوب المعرفي يمكن أن يصل بالطلاب إلى أقصى درجة من التعلم ، وقد يؤثر

على نجاح العملية التعليمية حيث أنه يؤدي إلى التفاعل الأكاديمي الجيد بين المعلم وطلابه ، آما انخفاض درجة التوافق في أسلوب المعرفي بين المعلم وطلابه فانه يؤدي إلى سوء إدراك المعلم لمستوى طلابه حيث قد يرى مستوى قدرات طلابه ، اقل من المستوى الذي هم عليه بالفعل ، ويؤدي هذا بدوره إلى تكوين اتجاهات سالبة للطلاب ، نحو الدرس ونحو المعلم ، ونحو التفاعل داخل الفصل المدرسي .

وأكد " ويتكن " " Witken ، ١٩٩٠ " على أنه من الضروري مراعاة التوافق بين الأسلوب المعرفي للمعلم ، وطريقة تدريسه ، وبين الأسلوب المعرفي للطلاب ، حيث أن الأسلوب المعرفي للمعلم يؤثر في تصميمه التعليمي ، وتقديم الخبرات التعليمية لطلابه ، وتفاعله معهم .

هذا بالإضافة إلى إمكانية استخدام الأساليب المعرفية في الكشف عن ذوي صعوبات التعلم ، كذلك دورها البارز في تحديد التخصص الدراسي " دراسة المواد الأدبية أو العلمية " ، أو تحديد الطالب واختياره لمجاله المهني في نهاية دراسته .

كما يرى " ميسك " "Messick ، ١٩٨٤ " أم الأساليب المعرفية يمكن أن تسهم فيما يلي:

- تحسين المعالجات التدريسية واختيار نموذج التصميم التعليمي المناسب .
- تحسين مستوى تعليم الطلاب ، والارتقاء باستراتيجيات تفكيرهم .

وتعتبر صعوبة قياس الأساليب المعرفية بطريقة جمعية ، والتوافق بيم الخصائص الأسلوبية للطلاب والمعلمين ، وإمكانيات البيئة التعليمية؛ من أهم المعوقات التي يصعب معها الاستفادة الكاملة من الأساليب المعرفية في العملية التعليمية ؛ وعلى الرغم من ذلك فإن الأمل يبقى على تكنولوجيا التعليم في تذليل تلك المعوقات ، حيث تشكل استراتيجيات التعليم المفرد المشتقة من مجال تكنولوجيا التعليم التي تعتمد على استخدام الكمبيوتر في التعليم على مجموعة من المبادئ التي قد تتناسب مع الأنواع والمستويات المختلفة للطلاب.

مراجع الفصل الثامن

١ - أنور محمد الشرقاوي "١٩٨٩" الأساليب المعرفية في علم النفس ، مجلة علم النفس، العدد الحادي عشر ، السنة الثالثة ، يوليو ، أغسطس ، سبتمبر ،" ص ٦ " .

٢ - Witkin , H.A. & et. al (١٩٦٢) Psychological Differentiation . John Wiely and Sons. New York , P. ١٠١ .

٣ - أنور الشرقاوي "١٩٩٥" الأساليب المعرفية في بحوث علم النفس العربية وتطبيقاتها في التربية ، القاهرة ، الانجلو المصرية ، "ص ١٢ " .

٤- Witkin , H.A. & Goodenough , R. d. , (١٩٨١) " Cognitive Styles " : Essence and Origins " Universities press, Ine . New York . P . ١٠٨ .

٥ - أنور محمد الشرقاوي " ١٩٨٥ " الأساليب المعرفية الادراكية لدى الأطفال والشباب والمسنين من الجنسين " مجلة العلوم الاجتماعية ، المجلد ١١٣ ، العدد الرابع، الكويت " ص ٣٦ " .

٦ - حمدي علي الفرماوي "١٩٩٤ " :" الأساليب المعرفية بين النظرية والبحث " ،ط١ ، القاهرة ، الانجلو المصرية ، "ص٥" .

٧ - محمد رزق " ١٩٩٥": نمذجة العلاقات بين الاساليب المعرفية وقدرات التفكير الابتكاري " ، رسالة دكتوراه ، غير منشورة ، كلية التربية ، جامعة المنصورة ، ص ١٩ .

٨ - Anderson , B.F. (١٩٧٥) Cognitive Psycology , Now York : Academic Press , P.١٥٩ .

٩ - Guilford , J.p. (١٩٨٥) "Cognitive Styles : What are they ? Educational and psychological Measurement , Vol . ٤٠ , P . ٢١٠ .

١٠ - Kogan , N . (١٩٧١) Educational Implication of Cognitive Style in G.S. Lesser (Ed.) Psychology and Educational Practic , Eglen View, Illnesses , London : Scott , Foresman , and Company , P . ٢٤٤ .

١١- Di Vesta , F. (١٩٧٤) " Information Processing in A Dult Learners in , Adult as Leariners, Conference at Penselvania State Universities , P.A.P. ١٠٢ .

١٢ - Goldstain , K.M & Blackman , S (١٩٧٨) Cognitive Style Five Approaches and Relevant Research . New York : John wiley , Sons ,P.٢.

١٣ - Barry , N . (١٩٩١) The Effects of Practice Strategies Individual Differences in Cognitive Stylles and Sex upon accuracy and musicality of student instrumental performance , Diss Abst . Inter ., ٥١ (V-A). P.٢٣٠٦ .

١٤ - Gardner , R.W & schoen , R.A (١٩٦٢) Differentiation and Abstraction Concept Formation Psychological Monographs . (Whole) N.٥٠٠ , P.٢.

١٥ - Vernon , P.E. (١٩٧٣) " Multivariate Approaches to the Study of Cognitive Styles , in J.R. Royce (Ed) , Multivariate Analysis and psychological Theory , New York : Academic , Press . P.١١٤ .

١٦ - Messick , S (١٩٨٤) in

- عادل سرايا (١٩٩٨) مرجع سابق ، ص ٣٨ .

١٧ - انور الشرقاوي " 1985 " : " الفروق في الأساليب الادراكية لدى الأطفال والشباب والمسنين من الجامعيين " ، مرجع سابق ،"ص ٨٩ " .

١٨ - Kogan , N. (١٩٧١) Op. Cit . P.٢٤٥

١٩ - Hopkins , J, (١٩٧١) Cognitive Style in a Dult Originally Diagnosed as Hyperactives . Journal of Child Psychological , Vol . ٢٠ p . ٣٠٩ .

٢٠ - Schweiger , D.M. (١٩٨١) the Impact of Cognitive Styles on Strategy Formulation Effectiveness in Uncertain Environments : An Exploratory Study , Diss . Abst . Inter ., ٩٢ , (٢-A) P.٧٧٨ .

٢١ - لمزيد من التفاصيل انظر ....

- حمدي الفرماوي "١٩٩٤" : " الأساليب المعرفية بين النظرية والبحث " ، مرجع سابق، " ص ٧ – ٨ " .

- Guilford , J.P. (١٩٨٥) Op. Cit P.٢١٢ .

- محمد عبد السميع رزق "١٩٩٥ " نمذجة العلاقات بين الاساليب المعرفية ، وقدرات التفكير الابتكاري ، مرجع سابق .

٢٢ - انور الشرقاوي " ١٩٩ " : علم النفس المعرفي المعاصر " ، ط١ ، القاهرة / الانجلو المصرية : " ص ١٨٩ " .

٢٣ - Messick , S (١٩٨٤) Op. Cit . P.٦٣ .

٢٤ - فؤاد آبو حطب " ١٩٩٦ " القدرات العقلية ، مرجع سابق، " ص ٥٧٩ " .

٢٥ - Messick , S (١٩٨٤) Op. Cit . P . ٦٤ .

٢٦ - انور الشرقاوي "١٩٩٢ ":علم النفس المعرفي المعاصر "، مرجع سابق ،"ص ١٩١ – ١٩٢ ".

٢٧ - Messik , S(١٩٨٤) Op. Cit : OP. Cit , P.٦٤

٢٨ - أنور الشرقاوي (١٩٩٢) مرجع سابق ، ص ١٩٠ .
٢٩ - حمدي علي الفرماوي " ١٩٩٤ " : الأساليب المعرفية بين النظرية والبحث ، مرجع سابق ، " ص ١٠ " .
٣٠ - محمد عبد السميع رزق "١٩٩٥ " : " نمذجة العلاقات بين الأساليب المعرفية وقدرات التفكير الابتكاري " ، مرجع سابق " ص ٢٩ " .

٣١ - In : Messick , S. (١٩٨٤) , Op . Cit . P. ٦٥ .

٣٢ - See :

- Sabatell , R.M. (١٩٨٣) : " Cognitive Style and Relationship Quality in Married Dyads , Journal of Persanality , ٥١ , (٣) PP. ١٩١-١٩٩ .

- Shode , B.J. (١٩٨٣) : "Cognitive Strategies as Determents of School Achievement , Psychology in the School , ٢٠ , PP.٢٤٩ - ٤٩١ .

- نادية شريف " ١٩٨١ " : الانماط الادراكية المعرفية وعلاقتها بمواقف التعليم الذاتي والتعليم التقليدي " ، مجلة العلوم الاجتماعية " العدد الثالث ، السنة التاسعة ، الكويت ، جامعة الكويت ، " ص ١٢٢-١٢٣ " .

- نادية شريف " ١٩٨٢ " : " الأساليب المعرفية الادراكية وعلاقتها بمفهوم التمايز النفسي " ، مجلة عالم الفكر ، المجلد ١٣ ، العدد ٢ ، الكويت ، وزارة الأعلام ، " ص ١١٠ " .

- عبد الرحمن السعدني " ١٩٨٨ " : اثر كل من التدريس بخريطة المفاهيم والأسلوب المعرفي على تحصيل طلاب الصف الثاني الثانوي للمفاهيم البيولوجية المتضمنة في وجدة التغذية في الكائنات الحية " ، دكتوراه غير منشورة ، كلية التربية ، جامعة طنطا، " ص ٧٧ - ٧٩ " .

٣٣ - Vernon , P.E. (١٩٧٣) , Mutivartiale Approsaches to the study of Cognitive Styles , OP.Cit., P.١٢٥ .

٣٤ - محمد عبد السميع رزق " ١٩٩٥ " : " نمذجة العلاقات بين الأساليب المعرفية وقدرات التفكير الابتكاري " ، مرجع سابق ، " ص ١٢٤ " .
٣٥ - عبد العال عجوه "١٩٨٩ " : الأساليب المعرفية وعلاقتها ببعض متغيرات الشخصية " دراسة عاملية " ، مرجع سابق ، " ص ٧ " .

٣٦ - فتحي مصطفى الزيات " ١٩٨٩ " : بعض أبعاد المجال المعرفي والمجال الوجداني المرتبطة بأسلوب الاندفاع / التروي ، الاعتماد / الاستقلال عن المجال لدى طلاب الجامعة " ، دمياط ، مجلة كلية التربية بدمياط ، جامعة المنصورة ، العدد ١١ ، الجزء ١ ، " ص ١٩".

٣٧ - Tiedamn , J. (١٩٨٩) : "Measaures of Cognitive Styles " Acritivcal Review , Educational Psy hologist , ٢٤ , PP . ٢٦١ - ٢٧٠ .

٣٨ - انظر :

- جمال محمد علي " ١٩٨٧ " : العلاقة بين الاساليب المعرفية وقدرات التفكير "، رسالة دكتوراه غير منشورة ، كلية التربية جامعة عين شمس ، " ص ٢٢ ،٣٢ " .
- انور الشرقاوي "١٩٨٩ " : الأساليب المعرفية في علم النفس " ، مرجع سابق " ص ١١ ، ١٢ " .
- أنور الشرقاوي " ١٩٩٢ " : علم النفس المعرفي المعاصر ، مرجع سابق " ص ١٩٦ ، ٢١٣ " .
- حمدي علي الفرماوي " ١٩٩٤ " : الأساليب المعرفية بين النظرية والبحث ، مرجع سابق " ص ١٠ - ١٥ " .

٣٩ - Messick , S. (١٩٨٤) , Op. Cit . P. ١٣٧ .

٤٠ - Kogan N . (١٩٧١) Op. Cit . P. ٢٤٧ .

٤١ - Goldstain , K.M.& Blackman , S. (١٧٨) : " Cognitive Style . Five Oprooaches an Relevant Research , Op . Cit ., P.٣٥ .

٤٢ - Guilford , J. (١٩٨٥) , OP. Cit ., P. ٧١٧ .

٤٣ - حمدي الفرماوي "١٩٩٤ " : الأساليب المعرفية بين النظرية والبحث " ، مرجع سابق ، " ص ٣١ - ٦٦ " .

٤٤ - السيد محمد درويش " ١٩٩٠ " : " بعض الأساليب المعرفية والتوافق لدى التلاميذ العاديين والمتأخرين دراسياً في المدرسة الابتدائية " ، رسالة ماجستير غير منشورة ، كلية التربية ، جامعة المنوفية .

٤٥ - In : Messick , S. (١٩٨٤) : " The Nature of Cognitive Styles " OP.Cit ., P.٦٧ .

٤٦ - محمد عبد السميع رزق " ١٩٩٥ " : نمذجة العلاقات بين الاساليب المعرفية وقدرات التفكير الابتكاري ، مرجع سابق ، " ص ٣١ ، ٣٦ " .

٤٧ - لطفي عبد الباسط ابراهيم " ١٩٩١ " : شكل ومحتوى الآداء العقلي والمعرفي بين " دراسة تجريبية " ، القاهرة ، الجمعية المصرية للدراسات النفسية ، " بحوث المؤتمر السابع لعلم النفس في مصر " ، الانجلو المصرية ، " ص ٢٠٣ " .

٤٨ - Kogan , N. (١٩٧١) Op.Cit P. ٢٤٩ .

٤٩ - ناهد مختار رزق " ١٩٩٤ " : " بعض الاساليب المعرفية وعلاقاتها باكتساب المفاهيم لدى تلاميذ المرحلة الابتدائية " ، رسالة ماجستير غير منشورة ، كلية التربية، جامعة المنوفية ، " ص ٣٣ ، ٣٨ " .

٥٠ - Kagan , J. Moss , & Sigel , I. (١٩٦٣) " Psychological Significance of Styles of Conceptuolization " . (In) , Wright , J. Kagan,J. (eds) Basic Cognitive Processes in Children Monographs of the Society for Research . " Child Development , Vot . ٢٨ , No . (٢) , PP . ٧٣ -٧٤ .

٥١ - حمدي الفرماوي "١٩٩٤" : الأساليب المعرفية بيم النظرية والبحث " ، مرجع سابق ، " ص ٨١ – ٨٧ " .

٥٢ - فؤاد آبو حطب ، آمال صادق " ١٩٩٦ " علم النفس التربوي ، مرجع سابق " ص ٥٩٦ " .

٥٣ - Tiedman , J. (١٩٨٩) Op.Cit . P.٢٦٣ .

٥٤ - حمدي الفرماوي " ١٩٩٤ " : الأساليب المعرفية بين النظرية والبحث ، مرجع سابق، " ص ٨٧ " .

٥٥ - حمدي الفرماوي " ١٩٩٤ " : الأساليب المعرفية بين النظرية والبحث ، مرجع سابق ، " ص ٨٨ – ٨٩ " .

٥٦ - حمدي الفرماوي " ١٩٩٤ " : الأساليب المعرفية بين النظرية والبحث ، مرجع سابق ،"ص ٧٠ ، ٨٣ " .

٥٧ - Thompson , E. & et al . , (١٩٨١) : " Relationship Among Cognitive Complexity , Sex and Spatial Task Performance in College Students . " British Journal of Psychology , Vol . ٧٢ . P. ٢٥٠.

٥٨ - أنور الشرقاوي " ١٩٨٩ " ، مرجع سابق ، " ص ٨٤ " .

٥٩ - حمدي الفرماوي " ١٩٩٤ " : " الأساليب المعرفية بين النظرية والبحث ، مرجع سابق ، " ص ٧٣ ، ٨١ " .

٦٠ - رضا آبو سريع " ١٩٩٠ " : " دراسة لاثر القدرة على الاستدلال وتحول الغموض وصدق الالمامة في تعلم سلوك التنبؤ " ، رسالة دكتوراه ، غير منشورة ، كلية التربية، جامعة الزقازيق ، " ص ٣٢ ، ٣٦ " .

٦١ - See :

- Cotugno , A.I. (١٩٨٥) : " The Effectiveness of Cogitive Methods in the Classrom " : A one year follow - up . Psychology in the Sschools , ٢٢ , PP. ٤٣٠ - ٣٤١ .

- Celements , D. H. & Gullo , D.F. (١٩٩١) : "Effects of Computr Programming Young Children's Cognition , J. of Educational Psychology , ٧٦ , (٦) , PP. ١٠٥١ - ١٠٥٦ .

٦٢ - حمدي الفرماوي " ١٩٨٨ " : " استخدام فنية التعليم بالنمذجة في اكتساب الاطفال المندفعين لاسلوبي التوي المعرفي " ، القاهرة ، بحوث المؤتمر الرابع لعلم النفس في مصر ، " الجمعية المصرية للدراسات النفسية " ، مركز التنمية البشرية والمعلومات .

٦٣ - لمزيد من التفاصيل انظر :

- أنور محمد الشرقاوي " ١٩٩٠ " : الأساليب المعرفية في البحوث العربية ، بحوث التخصص والاختيار الدراسي والمهني ، مجلة علم النفس ، العدد ١٦ ، السنة الرابعة، أكتوبر / نوفمبر / ديسمبر ، " ص ١٠ " .

- عبد الحي علي محمود سليمان " ١٩٨٨ " : الأساليب المعرفية في تحصيل المفهوم "، رسالة دكتوراه ، كلية التربية ، جامعة المنيا " ص ٣٦ " .

- عبد العال حامد عجوة " ١٩٨٩ " : " الأساليب المعرفية وعلاقتها ببعض متغيرات الشخصية - دراسة عاملية " ، مرجع سابق " ص ٢٢ " .

- زكريا توفيق احمد " ١٩٩٠ " : " العلاقة بين الأساليب المعرفية والعادات الدراسية والاتجاهات نحو الدراسة والتحصيل الدراسي لدى عينة من طلاب المدارس الثانوية"، مجلة دراسات تربوية ، المجلد السادس ، الجزء ٢٩ ، ص ١٧٥ " .

- Allen , J. & et al ., (١٩٩٣) " The Impact of Cognitive Styles on the Problem Solving Strategies Used by Pre-school Minority Children in Logo Microworlds " J. of Compating in Childhood Education , Vol . ٤ .

٦٤ - لمزيد من التفاصيل انظر :

- محمد عبد السميع " ١٩٩٥ " : " نمذجة العلاقات بين الأساليب المعرفية وقدرات التفكير الابتكاري " ،
مرجع سابق ، " ص ٣٦ " .

- Witken , C.V . (١٩٩٠) : " Field – Dependence / Field – Indeppendence : The Relaticnship of
cognitive Styles and Achievement , Diss Abst . Inter., ٥٠ , (١٠ – A) , P. ١٤٦٢ .

- Messick, S. (١٩٨٤) : " The Nature of cognitive Styles:O.P . Cit PP. ٦٣ – ٧١

٦٥ - محمد عبد السميع " ١٩٩٥ " : " نمذجة العلاقات بين الأساليب المعرفية وقدرات التفكير الابتكاري "
، مرجع سابق ، " ص ٣٧ " .

(٩)

الفصل التاسع

الاتجاهـــات

الفصل التاسع
الاتجاهات

مقدمة :

تؤدي الاتجاهات دوراً مهماً في حياة الأفراد ؛ إذ أنها تؤثر تأثيراً مباشراً في سلوكهم ، ومن ثم نلمس آثارها في الكثير من تصرفاتهم ، حيث يمكن النظر إلى الاتجاهات على أساس أنها نوع من الدوافع الاجتماعية "Social Drives " المتعلمة المكتسبة ، والمهيئة للسلوك ؛ ولذلك تنشأ من خلال الخبرات ، والتجارب التي يمر بها الفرد خلال حياته ، كما أنها تتعدد ، وتختلف باختلاف المثيرات التي ترتبط بها .[1]

ويرى المختصون بالتربية العلمية "Socence Education " والعملية التعليمية بصفة عامة أن تكوين الاتجاهات ، وتنميتها لدى الطلاب هو أحد الأهداف الرئيسية التي تسعى لتحقيقها ؛ وقد يرجع ذلك إلى دور الاتجاهات كموجهات للسلوك "Predict Behaviour " ، يمكن الاعتماد عليها في التنبؤ بنوع السلوك "العلمي" الذي يقوم به الفرد "الطالب" ، وكذلك باعتبارها دوافع ، توجه الطالب المتعلم لاستخدام طرق العلم، وعملياته ، ومهاراته بمنهجية علمية في البحث ، والتفكير ، وبالتالي ضرورتها في تكوين العقلية العلمية ، إذ لا يستقيم التفكير العلمي بدونها[٢]

مفهوم الاتجاه "Attitude٤ Concept ":

يُعد مفهوم الاتجاه من المفاهيم التي اختلف علماء النفس والتربية على تعريفه ، وليس أدل على ذلك من قائمة التعريفات التي ترد في البحوث التربوية ، والنفسية ، ويرجع هذا الاختلاف على اختلاف السمة التي يركز عليها كل تعريف فيشير " سيد الطواب ١٩٩٠" [٣]إلى تعريف " بروفولد Bruvold, ١٩٦٦ " للاتجاه بأنه "رد فعل وجداني إيجابي أو سلبي نحو موضوع مادي أو مجرد أو نحو قضية جدلية".

ويشير روكيتش في كتابه "Beliefs attitude and Values " في – توماس Thomas،١٩٩٠ [٤]– إلى أن الاتجاه هو : تنظيم من الاعتقادات حول موضوع ، أو موقف معين ، وهو باقي نسبياً ، ويجعل الفرد قابلاً لأن يستجيب بطريقة معينة .

ويشير شاو ورايت "Shaw, Wright, ١٩٦٧ " إلى أن الاتجاه عبارة عن " نسق من الإنفعالات العاطفية والاستجابة التي تعكس مفاهيم ومعتقدات الفرد . [٥]

ويرى "هولندر Hollanderr, ١٩٧١" أن الاتجاه " اعتقادات وجدانية حول موضوع ، أو مجموعة موضوعات داخل البيئة الاجتماعية ، وتمتاز بأنها متعلمة وتنزع للثبات والاستقرار ، على الرغم من خضوعها للتأثر بالخبرة . [٦]

أما "محمد آدم ١٩٨١" فيقدم إجرائيا للاتجاه على أنه " مجموعة من الاستجابات المُنسقة فيما بينها ؛ سواء في اتجاه القبول أو في اتجاه الرفض ، إزاء موضوع نفسي اجتماعي جدلي معين " . [٧]

ويقدم بيرليمان " Perlman, ١٩٨٣ " تعريفاً أكثر اتساعاً للاتجاه فيعرفه بأنه "استجابة الفرد نحو أو ضد موضوع أو شخص أو فكرة أو .... الخ " . [٨]

وتعرف " أنستازى Anastasi, ١٩٨٨" الاتجاه بأنه "ميل للاستجابة بشكل إيجابي أو سلبي نحو مجموعة خاصة من المثيرات " . [٩]

ويؤكد " ممدوح الكناني ١٩٨٨ " ما أشار إليه "جيلفورد " Guilford " بأن الاتجاه " حالة استعداد لدى الفرد تدفعه إلى تأييد أو عدم تأييد موضوع أو عمل اجتماعي ما". [١٠]

وبناء على ما سبق : يمكن تعريف الاتجاه في هذا الكتاب بأنه "نزعة وجدانية يبديها الفرد نحو قضية أو ظاهرة أو مادة دراسية معينة بالقبول أو الرفض نتيجة مروره بعدد من الخبرات والمواقف ".

ويلاحظ من خلال العرض السابق لتعريفات مفهوم الاتجاه أنه عادة ما يتضمن السمات الآتية:

- وجود موضوع يركز عليه الاتجاه   Object
- يحمل الاتجاه حكماً أو قيمة .   Evaluative
- الاتجاهات باقية نسبياً .   Enduring
- قابلية الفعل أو السلوك .   Predisposition

الاتجاه وعلاقته ببعض المفاهيم الأخرى :

أ - الاتجاه والقيمة " Attiude & Value " :

يختلف مفهوم الاتجاه عن مفهوم القيمة "Value " التي هي أكثر اتساعاً وأكثر تجريداً ، فالقيم ينقصها شيء محدد تنصب عليه ، وهذا هو جوهر الاتجاه ، أي ارتباطه بموضوع محدد ، فالخير ، والجمال ، والخدمة الاجتماعية كلها قيم للفرد، تعمل كمستويات مجردة لاتخاذ القرارات والتي عن طريقها ينمى الفرد اتجاهاته ، فاتجاه الفرد نحو مبنى ضخم جميل ، قد يتأثر بالدرجة التي توجد بها قيمة الجمال عند هذا الفرد . [١١]

ب- الاتجاه والميل [١٢] "Attitude & Interest":

كثيراً ما يحدث خلط بين مفهومي الاتجاه والميل ؛ وذلك نتيجة الصلة القوية بينهما ، فالاتجاه والميل يرتبطان ارتباطاً وثيقاً ، ولكن الاتجاه يعتبر مفهوم أكثر اتساعاً في معناه ، وينطوي تحته الميل ، بل كثيراً ما يُعرف علماء النفس الاجتماعي الميل على أنه اتجاه موجب "Positive Attitude " فالميول : هي اتجاهات نفسية تجعل الشخص يبحث عن أوجه نشاط أكثر في ميدان معين ، فهي اتجاهات إيجابية نحو مجالات مختارة من البيئة ، وتجمع الأدبيات التربوية والنفسية علي أن الميول عبارة عن اهتمامات وتنظيمات وجدانية تجعل الفرد "الطالب" يعطي انتباهاً واهتماماً لموضوع ما ، ويشترك في أنشطة إدراكية "عقلية" أو عملية" ترتبط به ، ويشعر بقدر من الارتياح في ممارسته لهذه الأنشطة ويرى آخرون أن الاتجاه ينطوي على مكون (معرفي- وجداني- نزوعي) أما الميل فيضم مكونين هي (وجداني- نزوعي) فقط .

جـ - الاتجاه والسلوك "Attitude & Behaviour "

لقد حاول المهتمون بدراسة الاتجاهات الكشف عن طبيعة العلاقة بين الاتجاه والسلوك [١] محاولين الإجابة عن الأسئلة الآتية : هل هناك علاقة بين الاتجاه والسلوك ؟ وعندما يوجد عند الفرد اتجاه معين هل يمكن أن نتنبأ بسلوكه في موقف معين ؟ وهل يعتبر سلوك الفرد مؤشراً على وجود اتجاه معين عنده ؟

إن الافتراض الشائع في هذا المجال ، هو أن الاتجاه نحو الموضوعات يحدد السلوك الظاهر للفرد فيما يتعلق بهذه الموضوعات ، ولعل هذا الافتراض هو الذي أجبر بعض الباحثين على تضمين العامل السلوكي " قابلية السلوك" في تعريفاتهم للاتجاه .

ومن المعروف أن الاتجاهات تؤثر في السلوك المصاحب لها ، أو السلوك المستقبلي نحو موضوع الاتجاه ، فإذا عرفنا مثلاً كيف يشعر الفرد نحو شخص ما ، فإننا من الممكن التنبؤ بسلوك هذا الفرد ، عندما يظهر أمامه هذا الشخص ، أو يظهر حتى مجرد اسم هذا الشخص فالتنبؤات التي تقوم على مثل هذه المعلومات غالباً ما تكون صحيحة ، كما أنه في حالات كثيرة يمكن تحديد سلوك الفرد من خلال اتجاهه وليس العكس ، وأيضاً أن اتجاه الفرد وسلوكه يؤثر كل منهما في الآخر .

ومن جهة أخرى فإن الاتجاهات تشير إلى نزعات تؤهل الفرد للاستجابة بأنماط سلوكية محددة ، نحو أشخاص ، أو أفكار ، أو حوادث ، أو أشياء معينة ، وتؤلف نظاماً معقداً ، تتفاعل فيه مجموعة كبيرة من المتغيرات ، وأن أية محاولة لتحليل طبيعة الاتجاهات أو ديناميكيتها ستنطوي على تبسيط مُخل بهذه الطبيعة .

ولعل أفضل أسلوب للوقوف على طبيعة الاتجاهات "The Nature of Attitudes "، دون إخلال فيها ، هو أن ننظر إليها من خلال مكوناتها "Components وخصائصها "Attributes " ووظائفها "Functionall " كما يلي: [١٤]

أ- **مكونات الاتجاهات** " The components of Attitudes " :   على الرغم من أن مفهوم الاتجاه مفهوم واسع ، إلا أن أصحاب نظريات الاتجاه قد قاموا بتحليل هذا المفهوم ، كما أن بعض المفاهيم الفلسفية عن الطبيعة الإنسانية كان لها أثرها في تحليل هذا المفهوم ، فمن المعروف أن للإنسان ثلاثة جوانب ، الأول جانب المعرفة "Knowing "، والثاني هو الشعور "Feelings "، والثالث هو الفعل "Acting "، وهذه الجوانب الثلاثة للإنسان انعكست تماماً في المكونات الثلاثة للاتجاه التي يمكن عرضها على النحو التالي: [١٥]

١- المكون المعرفي "Cognitive component" :

ويدل هذا المكون على الجوانب المعرفية التي تنطوي على وجهة نظر الفرد ذات العلاقة بمواقفه من موضوع الاتجاه ، ويتضمن هذا المكون : المعلومات ، والحقائق الموضوعية المتوفرة لدى الفرد عن هذا الموضوع ، وفي هذا المكون يدرك الفرد مثيرات البيئة ، ويتصل بها ؛ ليتعرف عليها ، ويتكون لديه مجموعة من الخبرات ، والمعلومات التي تُشكل الإطار المعرفي لهذه المثيرات ، ويتكون الاتجاه لدى الفرد إذا استطاع أن يحصل على قدر من المعرفة والمعلومات عن موضوع الاتجاه "المدركات – المعتقدات – التوقعات" ، فالفرد لا يستطيع أن يتخذ موقفاً معيناً سواء بالإيجاب أو بالسلب تجاه موضوع لا يعلم عنه شيئاً .

٢- المكون الوجداني "Affective Component"

ويشير هذا المكون إلى أسلوب شعوري عام يؤثر في استجابة قبول موضوع الاتجاه ، أو رفضه ، فبعد أن يلم الفرد بمجموعة المعلومات والمعارف عن موضوع الاتجاه ، تظهر لديه بعض الأحاسيس ، والمشاعر ، التي تتجلى في مدى تأييد ، أو عدم تأييد الفرد لموقف معين ، وتتوقف هذه المشاعر من حيث حدتها على درجة المعلومات وكميتها التي يكونها الفرد ، ويعتبر هذا المكون أهم المكونات الثلاثة المكونة للاتجاه .

٣- المكون السلوكي "الإرادي – النزوعي" "Conative Component"

ويشير هذا المكون إلى نزعة الفرد للسلوك وفق أنماط محددة ، في أوضاع معينة ، كما يشير إلى مدى التفاعل بين المكون المعرفي والمكون الوجداني ، بحيث يصبح أكثر ميلاً إلى أن يسلك سلوكاً محدداً تجاه موضوع الاتجاه بحيث يُعبر سلوك الفرد وتصرفه عن مجموعة المعتقدات والمشاعر التي تكونت لديه ، حيث يأتي سلوك الفرد ، ونزوعه تعبيراً عن رصيد معرفته بشيء ما ، وعاطفته المصاحبة لهذه المعرفة ؛ ولذلك فإن الاتجاهات تعمل كموجهات لسلوك الفرد حيث تدفع الفرد إلى العمل وفق الاتجاه الذي يتبناه ، فالطالب الذي يملك اتجاهات تقبلية نحو مادة العلوم مثلاً ، فإنه

يسعى للمشاركة في النشاطات العلمية ، ونوادي العلوم بالمدرسة ، ويثابر على أدائها بشكل جدي وفعـال [١٦].

إن مكونات الاتجاه تتباين من حيث قوتها واستقلاليتها ، فقد يملك فرد معـين معلومـات وفيرة عن موضوع ، ما "مكون معرفي" ، غير أنه لا يشعر حياله برغبة قوية "مكون عاطفي" تـؤدي بـه إلى اتخـاذ أي فعل حياله "مكون سلوكي" وعلى العكس فقد لا يملك الأفراد أي معلومـات عـن هـذا الموضـوع ، ومـع ذلك يتفانى في العمل من أجلـه ، إذا كـان يملك شعوراً تقبلياً قويـاً نحـوه . [١٧] والشكل رقـم ٣٤ يوضح مكونات الاتجاه السابقة.

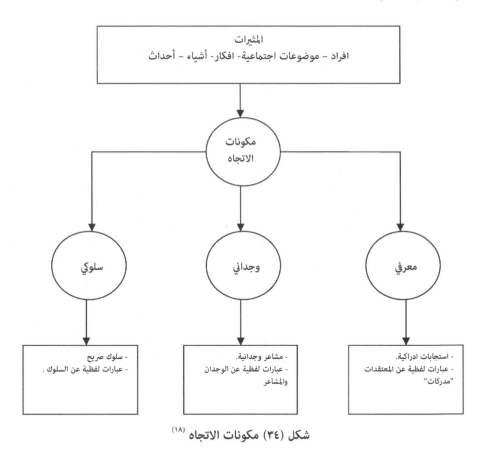

شكل (٣٤) مكونات الاتجاه [١٨]

ب- **خصائص الاتجاهات** " Attributes of Attitudes " :

تتصف الاتجاهات ببعض الخصائص التي يميزها عن بعض العوامل غير المعرفية الأخرى ، وأهم هذه الخصائص هي [١٩]

١- تعتبر الاتجاهات تكوينات افتراضية "Hypothetical Constructs " ليس لها وجود مادي ملحوظ ، ويُستدل على وجودها من السلوك الظاهري للفرد ، ويعبر عنه عادة في صورة لفظية ، إما من خلال استجابات الفرد للعبارات التي تقيس الاتجاه ، أو رد فعل لموقف إسقاطي معين " Projective Technique " أو تكملة كلمات أو جمل.

٢- الاتجاهات مُتعلمة "Attitudes are Learned " أي أنها ليست غريزية ، أو فطرية موروثة ؛ بل أنها متعلمة - حصيلة - مكتسبة كمن الخبرات ، والآراء ، والمعتقدات، يكتسبها الفرد "الطالب" من خلال تفاعله مع بيئته المادية والاجتماعية "البيت - المدرسة - المجتمع" ؛ ولذلك توصف بأنها نتاج التعلم ، ومن هنا يبرز دور المعلم ، ونوع المعالجة التدريسية في عملية تنميتها وتكوينها لدى الطالب .

٣- الاتجاهات اجتماعية "Attitudes are Social " توصف الاتجاهات بأنها ذات أهمية شخصية - اجتماعية ، تؤثر في علاقة الطالب بزملائه والعكس .

٤- اتجاهات محددة بموضوعها على نحو مباشر : يركز الاتجاه على العلاقة بين فرد وموضوع ما ، وقد يكون هذا الموضوع شخصاً أو فكرة أو حادثاً ، ويحدد الفرد بطريقة مباشرة ، بحيث يسلك بطريقة معينة نحو موضوع معين وفي وضع معين ، وهذا يعني أن الاتجاهات أقل تجريداً ، أو عمومية من المثل والقيم .

٥- الاتجاهات تتضمن التهيؤ ، أو التأهب للاستجابة "Areadines to Respond " للأشياء أو الموضوعات المحيطة بالفرد . [٢٠]

٦- الاتجاهات تركيب عقلي نفسي أحدثته الخبرة الحادة المتكررة ، فاستجابات الفرد تتحكم فيها إلى حد كبير شحنات وقوى الدافعية بدرجاتها المختلفة .

٧- الاتجاهات استعدادات للاستجابة عاطفياً "Emotionally Rediness to Respond " فأهم ما يميز الاتجاهات عن المفاهيم النفسية الأخرى "كالدافع والقيم ..." هو

مكونها التقييمي الذي يتمثل في الموقف "الميل والنزعة" لأن يكون الفرد "الطالب" مع أو ضد حدث ، أو شيء ، أو موقف ما ، ومن هنا أُعتبر المكون الوجداني هو المكون الرئيسي للاتجاه .

٨- الاتجاهات ثابتة نسبياً ، وقابلة للتغيير : تسعى الاتجاهات بوجه عام إلى المحافظة على ذاتها ؛ لأنها متى تكونت ، وبخاصة تلك الاتجاهات المتعلمة في مراحل تعليمية مبكرة ؛ فإنه يصعب تغييرها نسبياً ؛ لأنها مرتبطة بالإطار العام لشخصية الفرد ، وحاجاته ، وبمفهومه عن ذاته ، ومع ذلك فالاتجاهات قابلة للتعديل ؛ لأنها مكتسبة ومتعلمة "معرفية" وأن هذا التعديل لا يتم بسرعة ملموسة.

٩- الاتجاهات قابلة للقياس "Attitudes are Measurable"، فيمكن قياس الاتجاهات على صعوبتها ، وتقديرها من خلال مقاييس الاتجاهات ، ما دام تتضمن الموقف التفضيلي "التقويمي" في فقرات المقياس ، سواء من خلال قياس الاستجابات اللفظية للطلبة أم من خلال قياس الاستجابات الملاحظة لهم .

كما تؤدي الاتجاهات عدداً من الوظائف Attitude of Functionall على المستوى الشخصي والاجتماعي ، بحيث تمكن الفرد من معالجة الأوضاع الحياتية المختلفة على نحو مثمر ، وفعال ، وأهم هذه الوظائف هي :

- وظيفة نفعية :

تشير هذه الوظيفة إلى مساعدة الفرد على إنجاز أهداف معينة ، تمكنه من التكيف مع الجماعة التي يعيش معها ؛ يُشكل اتجاهات مشابهة لاتجاهات الأشخاص المهمة في بيئته الأمر الذي يساعد على التكيف مع الأوضاع الحياتية المختلفة ، والنجاح فيها ، وذلك بإظهار اتجاهات تبين معايير الجماعة ، وولاءه لها .

- وظيفة تنظيمية واقتصادية :

يستجيب الفرد طبقاً للاتجاهات التي يتبناها إلى فئات من الأشخاص أو الأفكار أو الحوادث أو الأشياء أو الأوضاع ؛ وذلك باستخدام بعض القواعد البسيطة المنظمة التي تحدد سلوكه حيال هذه الفئات ، دون ضرورة اللجوء إلى معرفة جميع المعلومات الخاصة بالموضوعات ، أو المبادئ السلوكية التي تمكنه من الاستجابة

للمثيرات البيئية المتباينة على نحو ثابت ، ومتسق وتحول دون ضياعه في متاهات الخبرات الجزائية .

- وظيفة تعبيرية :

توفر الاتجاهات للفرد فرص التعبير عن الذات ، وتحديد هوية معينة في الحياة المجتمعية ، وتسمح له بالاستجابة للمثيرات البيئية ، على نحو نشط وفعال ، الأمر الذي يُضفي على حياته معنى مهم ، ويجنبه حالة الانعزال أو اللامبالاة .

- وظيفة دفاعية :

تشير الدلائل إلى أن اتجاهات الفرد ترتبط بحاجاته ، ودوافعه الشخصية، أكثر من ارتباطها بالخصائص الموضوعية ، أو الواقعية ، لموضوعات الاتجاهات؛ لذلك قد يلجأ الفرد أحياناً إلى تكوين اتجاهات معينة ؛ لتبرير بعض صراعاته الداخلية، أو فشله حيال أوضاع معينة ، للاحتفاظ بكرامته ، وثقته بنفسه ، أي أنه يستخدم هذه الاتجاهات للدفاع عن ذاته .

وعلاوة على ما سبق فيؤكد أصحاب نظريات الإتجاه أن الإتجاهات يبدأ تكوينها Formation في السنوات الأولى من حياة الفرد وتزداد رسوخاً وتطويراً مع تقدم العمر ومرور الزمن [٢١] ، فالتنشئة الاجتماعية بما تتخللها من خبرات مباشرة ، أو غير مباشرة، وتفاعلات ، وما تضيفه للفرد من اكتساب اتجاهات جديدة ، تعمل على إشباع مختلف حاجاته ، وتقديره لذاته ، وحبه للآخرين ، وعلى هذا تعتبر الاتجاهات مجموعة من الأساليب التي يتعلمها الفرد ، كي يكتسب بواسطتها القدرة .

وبرغم إشارة "ماك جوري" "١٩٦٩ M.guire " [٢٢] من إمكانية إسهام العوامل الوراثية ، والفسيولوجية في تكوين الاتجاه ، فإن الاتجاهات في غالبيتها مُتعلمة ، فالتلاميذ لم يولدوا وهم يحبون ، أو يكرهون دراسة مادة معينة، وإنما يتعلمون ذلك في المدرسة .

إن الاتجاهات أنماط سلوكية يمكن اكتسابها بالتعلم ، تخضع للمبادئ، والقوانين ، التي تحكم أنماط السلوك الأخرى ، وهناك عوامل ينبغي توافرها لتكوين الاتجاه ومن هذه العوامل : [٢٣]

أ- حدة الخبرة :

فالخبرة التي يصاحبها انفعال حاد ، تساعد في تكوين الاتجاه ، أكثر من الخبرة التي لا يصاحبها مثل هذا الانفعال ، والانفعال الحاد يُعمِّق الخبرة في نفس الفرد ، ويجعله أكثر ارتباطاً بسلوكه ، في المواقف الاجتماعية المرتبطة بمحتوى الخبرة .

ب- تكرار الخبرة :

يعتمد تكوين الإتجاه على تكرار الخبرة ، فعندما يجد التلميذ صعوبة متكررة في امتحان مادة دراسية معينة، حيث يفشل في كل مرة يؤدي فيها مثل هذه الامتحانات فان هذه الخبرة تحدث عند التلميذ اتجاهاً سالبا نحو هذه المادة .

جـ - تكامل الخبرة :

يعتبر تكامل خبرة الفرد بعنصر من عناصر البيئة ، مع خبراته بالعناصر الأخرى ، من متطلبات تكوين الاتجاه ، فالتلميذ الذي فشل عدة مرات في مادة دراسية معينة تكون لديه اتجاه سالب نحو تلك المادة ، لا يتكون عنده اتجاه سالب نحو العملية التعليمية ككل ، إلا إذا فشل في معظم المواد الدراسية الأخرى ، فالاتجاهات تتكون عندما تتكامل الخبرات الفردية المتشابهة في وحدة كلية ، تنمو إلى تعميم هذه الخبرات ؛ وبذلك تصبح هذه الوحدة إطاراً واقعياً تصدر عنه أحكامنا واستجابتنا للمواقف الشبيهة ، بمواقف تلك الخبرات الماضية ، ويؤدى تعميم الخبرات الفردية المتتالية إلى تحديد الاتجاه تحديداً واضحاً ، كما ينمو الاتجاه نحو النضج ، واكتمال النمو ، فينفصل ، ويتمايز عن بقية الاتجاهات الأخرى ، ويكتسب بذلك ذاتيته التي تؤكد معالمه .

وتلعب الأسرة دوراً مهماً في تكوين الاتجاهات ، وبالمثل فإن وسائل الإعلام بمختلف أنواعها ، ومستوياتها ، تقوم بالدور نفسه ، بالإضافة إلى الدور الذي يؤديه المعلم كنموذج في تشكيل بعض الاتجاهات لدى طلابه ، وفي ضوء نتائج الأبحاث التي أجراها علماء النفس الاجتماعيون ، يمكن عرض أهم العوامل المؤثرة في تكوين الاتجاه فيما يلي:[٢٤]

- **إشباع الحاجات :**

تنمو الاتجاهات خلال عملية إشباع الفرد لحاجاته ، فمن خلال معالجة الفرد للمشكلات المختلفة ، بهدف إشباع حاجاته ؛ ينُمى اتجاهات نفسية معينة ، فتنمو لديه اتجاهات موجبة نحو الأشياء ، والأشخاص الذين يشبعون حاجاته ، وأحسن مثال لذلك تعلم الطفل اتجاهاته نحو والديه ؛ لأنهما يشبعان حاجاته البيولوجية ، والنفسية، والاجتماعية ، وكذلك لأنهما يقدمان له الرعاية الكافية ، بحيث يرتبط بمجرد وجودهما عنده بمشاعر الحب ، والفرح ، والسرور ، وقد تنمو لديه اتجاهات سالبة نحو الأشخاص الذين لا يشبعون حاجاته .

- **أثر المعلومات :**

تتشكل الاتجاهات بتأثير المعلومات التي يتعرض لها الفرد ، ويهتم المختصون بدور مصادر المعلومات في تكوين الاتجاهات ، ويركزون خاصة على عاملين هما: دور الأسرة كمصدر للمعلومات والمعتقدات الجاهزة ، وإستعداد الفرد لإنتاج المعرفة .

- **انتماء الفرد للجماعة :**

معظم الاتجاهات التي تتكون وتنمو لدى الفرد لها مصادرها ، وذلك في الجماعات التي ينتمي إليها هذا الفرد ، وتعكس هذه الاتجاهات لديه معتقدات، وقيم ومعايير الجماعات ، بل إن استمرار الفرد في التمسك بهذه الاتجاهات ، لا يتأثر إلا إذا حصل على الدعم ، والتأييد من الأشخاص الآخرين ، الذين يتشابهون معه في الأفكار، والمعتقدات ، والآراء ، والاتجاهات ، من أعضاء الجماعة ، ويؤدي ذلك بدوره إلى تقمص الفرد للجماعة أو التوحد بها .

- **سمات الشخصية :**

لعل من أهم آثار الجماعة في الاتجاهات هو إحداث وحدة في هذه الاتجاهات بين أعضاء الجماعة ، إلا أنه في هذه الوحدة قد نجد التنوع ، ومن العوامل التي تحدث التنوع داخل الجماعة في اتجاهات أعضائها وجود فروق في شخصيات هؤلاء الأعضاء ، وقد أكد علماء النفس الاجتماعيون وجود علاقة بين الاتجاهات ، وسمات الشخصية مثل ..." الانبساط / الانطواء ، السيطرة / الخضوع ، واتجاهات التحرر / المحافظة".[٢٥]

أما عن تعديل الاتجاهات وتغييرها Attitudes Modification & Change ، فعلى الرغم من الثبات النسبي للاتجاهات ومقاومتها للتغير ، فإنها عرضة للتعديل ، والتغيير ، نتيجة للتفاعل المستمر بين الفرد ومتغيرات بيئته ، وتخضع عملية تغيير الاتجاهات لمجموعة من العوامل منها ما يتعلق بالفرد ذاته ، فكلما كان هذا الفرد أكثر انفتاحاً على الخبرات ، كان أكثر تقبلا لتعديل اتجاهاته ، ومنها ما يتعلق بموضوع الاتجاه ذاته فكلما كان هذا الموضوع أكثر التصاقا بذات الفرد أو شخصيته ، كان الاتجاه أقل عرضة للتغير أو التعديل ، فاتجاهات الفرد نحو دينه أو ثقافته ، أقل عرضة للتغير من اتجاهاته نحو مادة دراسية معينة ، أو استخدام التكنولوجيا في الحياة الاجتماعية ، وتتعلق بعض العوامل الأخرى بالفرد القائم على تغيير الاتجاه موضوع الاهتمام ، فالأب والأم أكثر تأثيراً في تغيير اتجاهات الأطفال من الراشدين الآخرين . (٣٧)

وتعتمد بعض أساليب تغيير الاتجاهات على الجانب المعرفي ، وتنطوي على استخدام الحجج المنطقية ، وشرح المعلومات ، والحقائق الموضوعية ، الخاصة بموضوع الاتجاه ، كما نعتمد بعض الأساليب الأخرى على الجانب العاطفي ، وتتضمن عملية استثارة دوافع الفرد ، وانفعالاته ، وعواطفه ، وتوجهها نحو أو ضد موضوعات معينة ، غي أن فعالية أي أسلوب تتوقف على التوفيق بين مفهوم الذات الراهن للفرد ، وطبيعة الاتجاه موضوع التعديل أو التغيير . (٢٨)

وتوجه أكثر من نظرية تتعرض لموضوع تغيير الاتجاهات ، حيث ترتكز كل نظرية على جانب معين ، وبالتالي تُفسر فقط أنماطاً محددة في تغيير الاتجاهات ، ومن أمثلته هذه النظريات : نظرية التحليل النفسي "Psychonalysist " ، ونظرية التنافر المعرفي "Cognitive Dissonance "، والنظرية السلوكية "Behavior, Theory " ، وتعتبر النظرية الفعالة في تغيير الاتجاه ، هي تلك النظرية التي تكون قادرة على التنبؤ مقدماً بالحالات التي يمكن فيها تغيير الاتجاه ، وسوف نعرض هنا بإيجاز للنظرية السلوكية في تغيير الاتجاه . (٢٩)

النظرية السلوكية وتغيير الاتجاه :

تُركز هذه النظرية على أشكال المثيرات الخاصة بالاتصال "Communication " الذي يؤدي إلى تغيير الاتجاه ، كما تأخذ في اعتبارها خصائص المرسل "Sender "

" المصدر" وكذلك خصائص المستقبل "Reciver " وموضوع الاتصال "Content " كما تفترض هذه النظرية - كنظرية سلوكية - أن السلوك الاجتماعي يمكن أن يُفهم من خلال تحليل المثيرات ، والاستجابات ، وكذلك أنواع الثواب والعقاب المرتبط باستجابات خاصة.

وقد أكد "سيد الطواب ١٩٩٠" ما أشار إليه كلٌ من "هوفلاند" "Hovland " ، "وجينز" "Janis " ، "وكيلي" " Kelly " إلى عملية تغيير الاتجاه تشبه تماماً التعلم "Learning " ، وأن مبادىء اكتساب المهارات اللفظية ، والحركية ، يجب أن تستخدم لفهم كيفية تكوين الاتجاه وتغييره ، كما أكد هؤلاء الباحثون وجود ثلاث متغيرات مهمة في تعلم الاتجاهات الجديدة وهي : الانتباه "Attention " ، والفهم "Comprehension " ، والقبول "Accptance " ويمكن توضيح العلاقة بين المتغيرات الثلاثة السابقة من خلال الشكل التالي [٣٠]

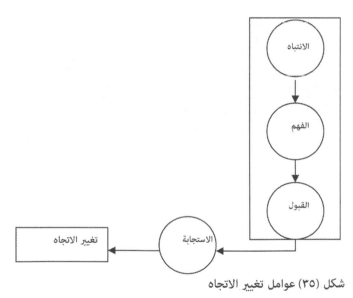

شكل (٣٥) عوامل تغيير الاتجاه

ويرى أصحاب النظرية السلوكية أن الاتجاهات تتغير ، إذا كانت الدوافع لعمل استجابات جديدة أقوى من الدوافع لعمل استجابات قديمة .

ويشير "فؤاد أبو حطب ١٩٩٦" إلى وجود نمطين لتغيير الاتجاهات هما [٣١] :

١- التغير المضاد " Incongruent " :

وفيه يتغير الاتجاه من حالة السلب إلى الإيجاب أو العكس ، من التأييد إلى المعارضة أو العكس فالتغيير في هذا النمط ينصب على وجهة الاتجاه ، وكثيراً ما يقتصر الكلام في تغيير الاتجاهات على هذا النمط من التغيير .

٢- التغيير المطابق " Congruent " :

وفيه يسير التغيير مع الوجهة الأصلية للاتجاه ، حيث يسايره في سلبيته أو في إيجابيته ، ويرى الباحثون أن هذا النمط من التغيير يكون أسهل وأكثر شمولاً ، واتساقاً، وتماسكاً ، وكذلك أكثر إشباعاً لحاجات الشخص صاحب هذا الاتجاه .

أما عن أساليب وفنيات تغيير الاتجاهات فيمكن الإشارة إليها فيما يلي : [٣٢]

- استخدام المعلومات .
- استخدام الجماعات .
- استخدام أساليب الاشتراط .
- أهمية التعلم بالملاحظة .
- استخدام أساليب تعديل السلوك "Behavior Modification " .
- التواصل الإقناعي "Persuative Communication " .

وتتوقف قابلية الاتجاه للتعديل والتغيير على مجموعة من الخصائص منها : [٣٣]

- بساطة الاتجاه مع غيره من الاتجاهات .
- انسجام الاتجاه مع غيره من الاتجاهات .
- مركزية المكونات المتصلة بالاتجاه .
- قوة الحاجات النفسية التي يُشبعها الاتجاه وكثرتها .
- الذكاء .
- القابلية للاستهواء .

وعن قياس الاتجاهات Mesuring Attitudes فتوجد مجموعة من الوسائل والمقاييس التي تستخدم لذلك ، ونذكر منها بعض المقاييس المعروفة لقياس الاتجاهات ومنها :

أ- مقاييس تقرير الذات " Self-Report Measures" .

ب- مقياس ليكرت " Scale" Likert" .

جـ - مقياس ثرستون " Scale"Thurstione" .

د - مقياس التمايز السيمانتى " Semantic-Differential Scale" .

هـ - ملاحظة السلوك الظاهرة " Behavior،Observation of overt" .

و- استجابة الاختيار الاسقاطي " Projective Test Responses" .

ويعتبر المقياس الأول والثاني أكثر المقاييس التي حظيت بالجزء الأكبر من الاستخدام في دراسة الاتجاهات .

الاتجاه نحو المواد الدراسية مثل العلوم " Attitud Toward the Science"

يمثل العلوم كمادة دراسية موضوعاً حيوياً في الحياة العامة للأفراد ؛ ولذلك يتولد لديهم اتجاهان نحوها نتيجة تعاملهم معها وارتباطهم بها ، وتنمية الاتجاه نحو العلوم ، وتدريسها ، يمثل هدفاً من أهداف التربية العلمية وتدريس العلوم ، وعلى الرغم من ذلك فقد أشارت بعض الدراسات إلى أن الاتجاه نحو العلوم وتدريسها لا زالت ميداناً يحتاج إلى دراسات إضافية للكشف عن تلك الاتجاهات وإمكانية تنميتها .

ويرى بعض الباحثين أن الاتجاه نحو العلوم يعني الإحساس بحب العلوم ، والاهتمام بها ، مما يؤدي إلى تحصيل عالي المستوى ، وإلى الرغبة في مواصلة دراسة العلوم في المراحل الدراسية التالية .

ويشير " حسين قورة ١٩٨٥ " [٣٥] إلى أن الاتجاه نحو شيء ما معناه الرضا به، والإحساس بالاندفاع إليه عملاً ، وتفكيراً ، كلما أتيحت الفرصة لذلك ، وتعتبر الاتجاهات المرغوب فيها عناصر دافعية نحو التعليم والتعلم و ومؤشرات سلوكية تسوق الفرد إلى تحقيق الهدف المطلوب منه ؛ ولذلك ينبغي أن يتم تصميم عملية التعلم ، وبيئته بحيث تؤدى إلى خلق مثل هذه الاتجاهات وتنميتها .

ويوضح المختصون [٣٦] أن هناك عدة مداخل أساسية يمكن من خلالها تنمية الاتجاهات نحو أشخاص ، أو أشياء ، أو مواد دراسية ، ومن هذه المداخل ما يلي :

- استيعاب المادة وتمثلها من البيئة .
- الآثار الانفعالية لأنواع معينة من الخبرات .
- الخبرات ذات الأثر الوجداني "الانفعالي" .
- العمليات العقلية المباشرة .
- التفاعل بين استراتيجيات التعليم والتلميذ .

دور التعليم المفرد في تنمية الاتجاه نحو العلوم :

لعله من الطبيعي أن نتوقع ازدياد فرص المتعلم في تنمية اتجاهاته ، نحو مادة العلوم ، وتدريسها ، عند تقديمها من خلال نظم واستراتيجيات تفريد التعليم ، والتي يتوفر فيها المناخ المناسب لإثارة اهتمام التلاميذ نحو التعلم ، وجعل المادة الدراسية أكثر تشويقاً وإمتاعاً ، وهذا قد يؤدي إلى حب المادة والاتجاه الموجب نحوها ، وقد أشار "أبو حطب ١٩٩٦" [٣٧] إلى أن أسلوب التعزيز ، والتغذية الفورية ، التي اقترحها النموذج الشرطي الإجرائي تلعب دوراً مهماً في تنمية الاتجاه الإيجابي نحو المدرسة، والمعلم ، والمادة الدراسية ، وهذه الأساليب تتوفر في استراتيجيات التعليم المفرد .

مراجع الفصل التاسع

١- سلام سيد أحمد سلام "١٩٩٠" تقنين اختبار "مور" للاتجاهات نحو العلوم ونحو تدريس العلوم واستجوابه للكشف عن التغير في الاتجاهات لدى معلمي العلوم قبل التخرج بجامعة الملك سعود ، مجلة البحث في التربية وعلم النفس ، العدد الأول، المجلد الرابع ، يوليو "ص ١٩٦ ".

٢- عايش زيتون "١٩٩٣" أساليب تدريس العلوم ، عمان : الأردن ، دار الشروق ، "ص ١٠٩" .

٣- سيد محمود الطواب "١٩٩٠" الاتجاهات النفسية وكيفية تغييرها ، مجلة علم النفس ، السنة الرابعة ، العدد الخامس عشر ، "ص٧ ".

٤- Thomas. K.C. (١٩٩٠), Attitud Assessment rediguide, Vol. V, (Ed),Young Man. (M.B.) England, TRC – Red & Guides (Ltd) P.٣.

٥- Shaw. M. E & Wright. J.M (١٩٦٧) "Scales For the Measurement Attitudes ", New York, Grow Hill, P. ٣٧.

٦- Hallander. E.P., (١٩٧١) Priciples and Methods of social psychology, London, Daf. Ú.ress. P. ١٩.

٧- محمد سلامة آدم "١١٩٨١" مفهوم الاتجاهات في العلوم النفسية والاجتماعية ، مجلة العلوم الاجتماعية ، المجلد الثاني ، العدد الرابع ، يناير "ص٧".

٨- perlaman. D. & Cozoby. P. C (١٩٨٣) Social psychology : New York, Holt, Ribhart and Winston, p. ٦٤.

٩- Anastasi, A. (١٩٨٨) Op. Cit. p.٣٤٠

١٠- ممدوح عبد المنعم الكناني "١٩٨٨" مدى التغير في الاتجاهات النفسية والتربوية للمعلمين قبل وبعد تخرجهم من كليات التربية ، المنصورة : مكتبة النهضة ، "ص١٧".

١١- سيد محمد الطواب "١٩٩٠" الاتجاهات النفسية وكيفية تغييرها ، مرجع سابق، "ص٧".

١٢- see :

- Evans, K.M. (١٩٧١) Attitude and Interests in Educotion London, R.K.P..P. ١٠٥ .

Perlman. D. & Cozoby. P.C (١٩٨٣) Op. Cit., p. ٦٥ .

- عايش زيتون "١٩٩٣" أساليب تدريس العلوم ، مرجع سابق ، "ص١١٥".
١٣- سيد محمد الطواب "١٩٩٠" : "الاتجاهات النفسية وكيفية تغيرها ، مرجع سابق، "ص٨"
١٤- عبد المجيد نشواني "١٩٩١" علم النفس التربوي ، مرجع سابق ، "ص٤٧١" . مطلوب استكمال المرجع من المراجع العامة .

١٥- see :

- Lindzey, H. & Aronson, E. (١٩٨٥), Handbook of Social psychology, Readings, MA : Addison-Wesley, p. ١١٢ .

- Mildred, J. B. (١١٩١) A Study of the Factors Related to the Attitudes of Elementary School Personnel To Wards gifted programs, Dis. Abs. Inter. Vol. ٥٠, No. ١٢. Jur. Pp. ٣٨ - ٤٧ - A.

- جابر عبد الحميد "١٩٩١" سيكولوجية التعلم ونظريات التعلم ، ط٢ ، القاهرة : دار النهضة العربية ، "ص١٤٨ : ١٥٠ ".

١٦- أحمد زكي صالح "١٩٧٢" علم النفس التربوي، القاهرة : مكتبة النهضة ، "ص٢٢".

١٧- Breckler. S. J. (١٩٨٤) Empirical Validtation of Affect, Benhavoir and Cognition as Dsitinct Components of Attitudes, J. Of personality and Social psychology p. ١٩١ .

١٨- معتز سيد عبد الله " ١٩٩٠" المعارف والوجدان كمكونين أساسيين في بناء الاتجاهات النفسية ، مجلة علم النفس ، السنة الرابعة ، العدد الخامس عشر ، "ص٩٤ : ١١٨ ".

١٩- see .....

- Ajzen, E. & Fishbein, M. (١٩٨٠) Understanding Attitudes and predicting Social Behavior. Englewood cliffs, N. J. prentic - Hall p. ١٢٥ .

- أحمد بلقيس ، توفيق مرعي "١٩٨٣" علم النفس التربوي ، الأردن ، دار الفرقان ، " ص ٤٣٠ - ٤٣٥ ".

- Gradner. P. L. (١٩٨٦) Attitudes To ward physics personal and Enviromental In Fluences, J. of Research In Science Teaching, Vol. ١٣, No. ٢, March, pp. ١١ - ١٤.

- عبد المجيد نشواني "١٩٩١" علم النفس التربوي ، مرجع سابق ، "ص ص ٤٧٢ - ٤٧٥ "

- عايش زيتون "١٩٩٣" أساليب تدريس العلوم ، مرجع سابق ، ص ص ١١٠ - ١١١".
- صالح العيونى ، حمد الصويغ "١٩٩٤" اتجاهات طلاب الكفاءة المتوسطة نحو مادة العلوم ، وعلاقته بالتحصيل الدراسي فيها ، مجلة كلية التربية ، تربية عين شمس ، العدد ١٨ ، الجزء الثالث "ص ص ٣١٠ - ٣١١ ".
- مدحت النمر ، إبراهيم غازي "١٩٩٥" طبيعة العلم والتربية العلمية ، مرجع سابق ، " ص ص ١٠٦ - ١٠٧ ".
٢٠- سيد عثمان ، وفؤاد أبو حطب "١٩٩٦" التفكير ، دراسات نفسية ، القاهرة : الأنجلو المصرية ، "ص١٤٩" .
٢١- فؤاد أبو حطب ، آمال صادق "١٩٩٦" علم النفس التربوي ، مرجع سابق "ص٦٩١".
٢٢- M.guire, W. J. (١٩٦٩) The Nature of Attitudes and Attitudes Changs In. G. Lindzey and E. Aronson (Ed٢) Hand book of Social psychology. Vol. ٣, Readings, Mass / Addiston Wesley, pp. ١٣٦.
٢٣- ممدوح الكنانى "١٩٨٨" مدى التغير في الاتجاهات النفسية والتربية للمعلمين قبل وبعد تخرجهم من كليات التربية ، مرجع سابق ، "ص ص ٢ - ٢٢".
٢٤- انظر - عبد المجيد نشونى "١٩٩١" علم النفس التربوي ، مرجع سابق ، ص ص ٤٧٦ - ٤٧٧ ".
- penrod. S. (١٩٨٣) Social psychology, Englewood Cliffs, N, J. : prentic-Hall, Inc, p. ١٢٢.
٢٥- فؤاد أبو حطب ، آمال صادق "١٩٩٦" علم النفس التربوي ، مرجع سابق ، "ص ص ٦٩٣ - ٦٩٤".
٢٦- Breckler, S. & Wiggins, E. (١٩٨٩) Affect Versus Evaluation in The Structure of Attitudes, J. of Experimental social psychology, ٢٥, pp. ٢٥٣ - ٢٧١ .
٢٧- منيرة أحمد حلمي " ١٩٧٧" ثلاث نظريات في تغيير الاتجاهات , القاهرة : الأنجلو المصرية ، ص ص ٧٥ - ٨١ ".
٢٨- فؤاد أبو حطب ، آمال صادق "١٩٩٦" علم النفس التربوي ، مرجع سابق ، "ص ص ٦٩٦ - ٧٠٢ ".

٢٩- نادر فهمي الزيود "١٩٨٩" علم النفس المدرسي ، ط١ ، عمان : شركة الشرق الأوسط للطباعة ، "ص ص ٧٠ – ٧٤ ".
٣٠- سيد الطواب "١٩٩٠" الاتجاهات النفسية وكيفية تغييرها ، مرجع سابق " ص١٣".
٣١- فؤاد أبو حطب ، آمال صادق "١٩٩٦" علم النفس التربوي ، مرجع سابق ، "ص ص ٦٩٦٩ -٦٩٧ ".
٣٢- Ajzen, E. & Fishbin. M. (١٩٨٠) Understanding Attitudes and predicting Social, Behavior", Op. Ciy, p. ١٢٨ .
٣٣- ممدوح الكناني "١٩٨٨" مدى التغير في الاتجاهات النفسية والتربوية للمعلمين قبل وبعد تخرجهم من كليات التربية ، مرجع سابق ، " ص ص ٣١ ، ٣٢ ".
٣٤- سلام سيد أحمد سلام "١٩٠" تقنين اختبار "مور" للاتجاهات نحو العلوم ونحو تدريس العلوم واستخدامه للكشف عن التغيير في الاتجاهات لدى معلمي العلوم قبل التخرج ، بجامعة الملك سعود ، مرجع سابق . " ص١٩٨ " .
٣٥- حسين سليمان قورة "١٩٨٥" الأصول التربوية في بناء المناهج ، ط٢ ، القاهرة : دار المعارف ، "ص ٢٠ ".
٣٦- أحمد خيري كاظم وآخرين "١٩٨٢" أساسيات المناهج ، القاهرة : دار النهضة العربية ، "ص ص ٩٤ – ٩٦ "
٣٧- فؤاد أبو حطب ، آمال صادق "١٩٩٦" علم النفس التربوي ، مرجع سابق ، " ص ٦٩٩"

(١٠)

الفصل العاشر

دراسات وبحوث في مجال تكنولوجيا التعليم المقرر والابتكار
والأساليب المعرفية

الدراسات السابقة :

تقدم في هذا الفصل عرضاً لأهم الدراسات السابقة المتعلقة بفصول هذا الكتاب سواء كانت عربية أو أجنبية ، ويتم فيها :-

- عرض موجز لكل دراسة وأهم النتائج التي توصلت إليها .
- تعليق موجز أو توظيف لنتائج بعض الدراسات مع الهدف من الدراسة الحالية .
- تعقيب خاص بعد نهاية كل محور ، ثم تعقيب عام بعد نهاية عرض الدراسات السابقة .
- تقسيم الدراسات السابقة في فئات ، أو محاور ومحاولة ترتيبها زمنياً داخل كل محور ؛ لإبراز التطوير الفكري المرتبط بالمتغيرات التي تناولتها تلك الدراسات والمحاور.

ويمكن أن تُقسم الدراسات السابقة كما يلي :

أولاً : دراسات تناولت العلاقة بين الكمبيوتر وبعض المتغيرات التابعة مثل "الاتجاهات – التحصيل الدراسي – الابتكار ".

ثانياً : دراسات تناولت العلاقة بين استراتيجيات التعلم المُفردّ ، وبعض المتغيرات التابعة مثل " الاتجاهات والتحصيل الدراسي ، وعوامل أخرى ".

ثالثاً : دراسات تناولت العلاقة بين التعليم المفرد والابتكار .

رابعاً : دراسات تناولت العلاقة بين استراتيجيات التعليم المفرد ، والأساليب المعرفية.

خامساً : دراسات تناولت العلاقة بين الأساليب المعرفية والابتكار .

أولاً : دراسات تناولت العلاقة بين استخدام الكمبيوتر وبعض العوامل التابعة مثل "الاتجاه نحو المادة – التحصيل الدراسي – الابتكار – عوامل أخرى ".

١- الدراسات المؤيدة :

فقد استهدفت دراسة "بلوجير" "Ploeger، ١٩٨١ "[1] التعرف على فاعلية برنامج المحاكاة بالكمبيوتر في تقويم مهارة معلمي العلوم قبل وأثناء الخدمة وتطويرها ، وتكونت عينة الدراسة من "٧٤" طالباً وطالبة من طلاب شعبة العلوم بكلية التربية بجامعة تكساس بأمريكا ، كان منهم "٢٢ طالباً متخصصين في تدريس العلوم للمرحلة الثانوية" ، و "٥٢" طالباً متخصصين في

تدريس العلوم للمرحلة الابتدائية .

وقد أسفرت نتائج هذه الدراسة عن نتائج من أهمها :- فاعلية استخدام الكمبيوتر في تنمية مهارات التدريس بصفة عامة ، والدروس العملية في مادة العلوم بصفة خاصة، كما أكدت هذه الدراسة قدرة أفراد العينة على التعامل السليم مع الأدوات والأجهزة المستخدمة مع الدروس العملية في مادة العلوم .

كما استهدفت الدراسة التي قام بها "بنيت" "Bennet"، ١٩٨٦ [٢] التعرف على أثر استخدام الكمبيوتر في تدريس الفيزياء على تنمية التحصيل والاتجاه نحو مادة الفيزياء لدى طلاب المرحلة الثانوية ، وتم تقسيم عينة من الدراسة إلى مجموعتين :

الأولى : تجريبية وهي التي درست باستخدام الكمبيوتر .

الثانية : ضابطة وهي التي درست عن طريق المحاضرات والمعامل .

واستخدم الباحث في هذه الدراسة الأدوات الآتية :

- مقياس للاتجاه نحو مادة الفيزياء .
- اختبار تحصيلي في مادة الفيزياء .

وقد أسفرت هذه الدراسة عن عدة نتائج من أهمها :

- وجود فروق ذات دلالة إحصائية في كل من الاتجاه نحو المادة ، والتحصيل الدراسي، لصالح المجموعة التجريبية .

وتناولت الدراسة التي قام بها "شيو وجينيرو" "Chio & Gennero، ١٩٨٧" [٣] فاعلية محاكاة التجارب المعملية بالكمبيوتر ، على تحصيل تلاميذ الصف الثامن بالتعليم المتوسط ، لمفهوم الإزاحة في الحجوم ، من واقع مناهج العلوم ، وقُسمت عينة الدراسة التي قوامها "١٢٨ تلميذاً وتلميذة " إلى مجموعتين :

الأولى : تجريبية وعددها "٦٣ تلميذاً وتلميذة " وهي التي درست باستخدام الكمبيوتر.

الثانية : ضابطة وعددها "٦٥ تلميذاً وتلميذة" وهي التي درست باستخدام الخبرات المعملية المباشرة .

وأسفرت هذه الدراسة عن عدة نتائج من أهمها :

- وجود فروق ذات دلالة إحصائية بين المجموعتين : التجريبية والضابطة لصالح المجموعة التجريبية ؛ وذلك في التحصيل الدراسي .
- إن تقديم التجارب من خلال المحاكاة بالكمبيوتر لا تقل فاعلية عن تقديم التجارب من خلال الخبرات المعملية المباشرة ، وذلك بالنسبة لتحصيل مفهوم الإزاحة في العلوم .

وحاولت الدراسة التي قام بها كلٌ من "جيمس وسول ١٩٩٠ James & Saul"[٤] كشف العلاقة بين الكمبيوتر ، ومنهج العلوم والدراسات الاجتماعية في المرحلة الابتدائية بولاية كاليفورنيا بأمريكا ، وفي هذه الدراسة عرض الباحثان التطور التاريخي لاستخدام الكمبيوتر والفيديو في مجال التدريس .

وأسفرت هذه الدراسة عن عدة نتائج من أهمها :

- أهمية استخدام الكمبيوتر في مجال العلوم والدراسات الاجتماعية وخصوصاً لتلاميذ المرحلة الابتدائية الذين يواجهون صعوبات في تعلم المناهج المجردة بتلك المواد .
- فاعلية استخدام الكمبيوتر في تحسين الاتجاهات نحو المادة ، ونحو الجهاز ، حيث أصبح الكمبيوتر من الأنشطة المحببة للتلاميذ "أفراد العينة".
- فاعلية استخدام الكمبيوتر في إكساب التلاميذ العديد من المعلومات والمهارات الخاصة بدراسة العلوم والدراسات الاجتماعية ، وقد تطلب التقيد بروتين اليوم الدراسي المعتاد ، واستغرقت الدراسة بالكمبيوتر مدة أطول من الدراسة العادية ؛ لأن الدراسة بمعاونة الكمبيوتر تتم وفقاً لميول وقدرات واستعدادات التلاميذ .

اتساقاً مع نتائج الدراسة السابقة قام "سلايك" "١٩٩٠ Slik " بدراسة عقد فيها مقارنة بين استخدام طريقتين لتدريس الكيمياء بواسطة الكمبيوتر واثر ذلك على التحصيل والاتجاه نحو مادة الكيمياء لدى طلاب المرحلة الثانوية ، وقد قسمت عينة الدراسة إلى مجموعتين :

الأولى : تجريبية وقوامها "٢٢ طالباً" وهي التي يطلب من أفرادها تحديد المشكلة من خلال البيانات التي يقدمها الكمبيوتر عن جزء التحليل الكيميائي .

الثانية : ضابطة وقوامها "٢٤ طالباً" وهي التي تدرس جزء التحليل الكيميائي بالطريقة المعتادة وقد استغرقت تجربة الدراسة حوالي "٣٦ يوماً" واستخدمت الأدوات الآتية :

- مقياس الاتجاه نحو مادة الكيمياء .

- اختبار تحصيلي في الكيمياء .

وقد أسفرت هذه الدراسة عن عدة نتائج من أهمها :

- وجود فروق فردية ذات دلالة إحصائية بين المجموعتين : التجريبية والضابطة لصالح المجموعة التجريبية في الاتجاه نحو الكيمياء .

- لا توجد فروق ذات دلالة إحصائية بين المجموعتين : التجريبية والضابطة في التحصيل الدراسي الأكاديمي لمادة الكيمياء .

كما استهدفت الدراسة التي أعدها "فوزي الشربيني ١٩٩١" [٦] التعرف على برنامج علاجي باستخدام الكمبيوتر في تحصيل تلاميذ الصف الرابع الابتدائي في الدراسات الاجتماعية وتكونت عينة الدراسات من "٤٤" تلميذاً وتلميذة بالصف الرابع الابتدائي بمدرسة "نفسية الحصرى" بدمياط ، وقد استخدم الباحث في هذه الدراسة برنامج كمبيوتر يعمل كإطار عام يمكن أن يوضع بداخله الخرائط والصور والرسوم والأشكال والكروكيات المراد تقديمها بالكمبيوتر .

وقد أسفرت هذه الدراسة عن عدة نتائج من أهمها :

- فعالية البرنامج العلاجي باستخدام الكمبيوتر في تحصيل تلاميذ الصف الرابع لمفاهيم الظواهر الجغرافية ، ويمكن إرجاع ذلك إلى إقبال التلاميذ على الكمبيوتر لتميزه بالتشويق في تعليم المفاهيم المعقدة والتي تُقدم في شكل خرائط ، ورسوم ، من خلال الكمبيوتر .

واستطاع كلُ من "سلام أحمد والحذيفي ١٩٩١" [٧] إجراء دراسة استهدفت التعرف على أثر استخدام الكمبيوتر في تعليم العلوم على التحصيل الأكاديمي ، والاتجاه نحو مادة العلوم ، والاستدلال المنطقي لدى تلاميذ الصف الأول الإعدادي المتوسط ، وقسمت عينة الدراسة والتي قوامها "١١٨" تلميذاً إلى مجموعتين :

الأولى تجريبية : وقوامها " ٦٠ تلميذا " وهي التي درست باستخدام الكمبيوتر .

الثانية ضابطة : وقوامها "٥٨ تلميذاً " وهي التي درست باستخدام الطريقة المعتادة .

وقد أسفرت هذه الدراسة عن عدة نتائج من أهمها :

- وجود فروق ذات دلالة إحصائية في التحصيل الدراسي لصالح المجموعة التجريبية .
- وجود فروق ذات دلالة إحصائية في الاتجاه نحو مادة العلوم لصالح المجموعة التجريبية .
- وجود فروق ذات دلالة إحصائية في الاستدلال المنطقي لصالح المجموعة التجريبية .

وأشار " محمد المقدم ١٩٩١ " [٨] إلى قيام "تروبريدج" "Trowbridge " بدراسة عنوانها " دراسة مجموعات تعمل على الكمبيوتر " استهدفت مقارنة تعلم الأفراد في صورة فردية ، وتعلم الأفراد في صورة مجموعات صغيرة أمام الكمبيوتر ، وقسمت عينة الدراسة إلى مجموعات متساوية تقريباً من طلاب ذوي قدرات متوسطة في المهارات الأكاديمية كما يلي :

- طلاب يعملون فرادى .
- طلاب يعملون في مجموعات صغيرة .
- طلاب يدرسون بالطريقة المعتادة .

وتم بحث التفاعلية بين الطلاب الذين يعملون بمفردهم ، والطلاب الذين يعملون على الكمبيوتر في ظل مجموعات صغيرة ثم مقارنة أداء المجموعتين التجريبيتين بأداء المجموعة الضابطة .

وقد أسفرت هذه الدراسة عن عدة نتائج من أهمها :

- استخدام المجموعات الصغيرة ، لمواد تعلم الكمبيوتر ذات الفاعلية العالية لها عدة مميزات بالمقارنة بالاستخدام الفردى بصفة عامة .
- بالنسبة لمقاييس التحصيل البعدى للكفايات الفردية لم توجد فروق بين الطلاب الذين يعملون فرداى والطلاب الذين يعملون في مجموعات صغيرة على الكمبيوتر .
- بمقارنة تحصيل الطلاب في المجموعتين التجريبيتين اللتين درستا المواد التعليمية بالمجموعة الضابطة والتي لم تدرس المواد التعليمية ، أشارت النتائج بوضوح إلى أن

الطلاب الذين درسوا المواد التعليمية تعلموا بعض الأفكار الأولية عن مرور التيار الكهربائي .

كما أجرى "محمود أبو ناجي ١٩٩٤ " دراسة استهدفت التعرف على أثر استخدام الكمبيوتر في تعليم الفيزياء في الصف الأول الثانوي على التحصيل الدراسي والاتجاه نحو مادة الفيزياء ، وقد قام - الباحث - بإعداد برنامج للكمبيوتر بلغة البيسك في وحدة الحركة وقوانينها واستخدام الأدوات الآتية :

- اختبار تحصيلي في مستويات "التذكر - الفهم - التطبيق ".
- مقياس للاتجاه نحو مادة الفيزياء .

وقد أسفرت هذه الدراسة عن عدة نتائج من أهمها :

- توجد فروق ذات دلالة إحصائية بين نتائج المجموعة التجريبية والمجموعة الضابطة في الاختبار التحصيلي عند مستوى " ٠١، " لصالح المجموعة التجريبية .
- توجد فروق ذات دلالة إحصائية بين نتائج المجموعة التجريبية والمجموعة الضابطة في مقياس الاتجاه نحو مادة الفيزياء عند مستوى دلالة "٠١ ،" لصالح المجموعة التجريبية.

وأشار "ماهر ميخائيل ١٩٩٧" إلى الدراسة التي أجراها "طلال شعبان ١٩٩٥" بهدف الكشف عن أثر استخدام مدخل التدريس بمساعدة الكمبيوتر ، والتدريس باستخدام الحقائب التعليمية في تعليم هندسة التحويلات لتلاميذ الصف الثاني الإعدادي ، وقسمت عينة الدراسة التي قوامها " "١٧١ تلميذاً " إلى ثلاث مجموعات :

-تجريبية أولى وقوامها "٥٢" تلميذاً،وهي التي تدرس باستخدام الكمبيوتر كأداة مساعدة.
- تجريبية ثانية وقوامها "٥٨" تلميذاً ، وهي التي تدرس باستخدام الحقائب التعليمية .
- مجموعة ضابطة وقوامها "٦١" تلميذاً ، وهي التي تدرس باستخدام الطريقة المعتادة

وقد أسفرت هذه الدراسة عن عدة نتائج من أهمها :

- فاعلية استخدام كل من التدريس بمساعدة الكمبيوتر والحقائب التعليمية في تعلم هندسة التحويلات عن استخدام الطريقة المعتادة .

- عدم وجود فروق دالة إحصائيا بين المدخلين في تحصيل الرياضيات .

ب- الدراسات المحايدة :

ومنها الدراسة التي قام بها "سومرفلي" "Summervle" كما جاء في " ويلر ،Weller١٩٩٥ " [١١] والتي حاول من خلالها التعرف على فاعلية التعليم بمساعدة الكمبيوتر ، ومستويات التحصيل ، ومعدلات سرعة التعلم لدى طلاب الصف الأول بالمرحلة الثانوية في مادة الكيمياء ، وقسمت عينة الدراسة التي قوامها "٩٢ طالباً وطالبة" إلى مجموعتين :

الأولى : تجريبية وهي التي درست باستخدام الكمبيوتر .

الثانية : ضابطة وهي التي درست باستخدام الطريقة المعتادة ، وتم تطبيق اختبار تحصيلي في الكيمياء قبلياً وبعدياً على عينة الدراسة .

وقد أسفرت هذه الدراسة عن عدة نتائج من أهمها :

- لا توجد أي فروق ذات دلالة إحصائية بين متوسط درجات المجموعتين التجريبية والضابطة عند مستوى "٠٥ ،" في التحصيل أو معدل التعليم ، مع ملاحظة أن _ الباحث – قد وجد أن متوسط درجات الطلاب الذين درسوا بالكمبيوتر أكبر نسبياً من الطلاب الذين درسوا بالطريقة المعتادة .

كما استهدفت الدراسة التي أجراها "شوا" "Shaw ١٩٨٤ " [١٢] التعرف على أثر استخدام برنامج المحاكاة بالكمبيوتر على التحصيل والاتجاهات نحو الكمبيوتر، وتدريس العلوم لدى تلاميذ المدرسة المتوسطة ذوى المستويات المختلفة في القدرة على التحليل المنطقي ، وتركزت مشكلة الدراسة على مقارنة آثار البدائل المختلفة لاستخدام المحاكاة بالكمبيوتر على المتغيرات التابعة السابقة والبدائل التي قورنت بها المحاكاة وهي :

- المحاكاة بالكمبيوتر والأنشطة التعليمية .
- الأنشطة المعملية .
- طريقة التدريس المعتادة .

وتكونت عينة الدراسة من "١٧٣" تلميذاً في الصف السادس والسابع في إحدى المدارس بجنوب ولاية جورجيا وتم تقسيم العينة كما يلي :

-٦ فصول مثلت المجموعة التجريبية . -٣ فصول مثلت المجموعة الضابطة.

وكان كل ثلاث تلاميذ يدرسون على يد معلم واحد ، وقام - الباحث - بإعداد المواد التعليمية الخاصة لكل من المجموعات التجريبية والضابطة ، وقام كذلك بإعداد الأدوات الآتية:

- مقياس القدرة على التعليل المنطقي اشتمل على " ١٣ سؤال ".
- اختبار تحصيلي في تحديد المفاهيم اشتمل على " ٣٠ سؤالاً ".

وقد أسفرت هذه الدراسة عن عدة نتائج من أهمها :

- لا توجد فروق ذات دلالة إحصائية بين التلاميذ الذين يدرسون بالطرق الثلاثة في المتغيرات التابعة ، وإن كانت متوسطات درجات التلاميذ في التحصيل للمجموعات التجريبية أفضل نسبياً من المجموعة الضابطة .
- أثر البدائل كان ثابتاً خلال مستويات التحليل المنطقي على كلٍ من التحصيل ، والاتجاه وتحديد المفاهيم .

كما استطاع "دالتون Dalton،١٩٨٦ " [١٣] إجراء دراسة استهدفت التعرف على فاعلية استخدام الكمبيوتر في تدريس الأحياء على التحصيل ، والاتجاه نحوها لدى طلاب المرحلة الثانوية ، وتم تقسيم عينة الدراسة غلى مجموعتين :

الأولى : تجريبية وقوامها "١٠٤ طالباً " وهي التي درست باستخدام الكمبيوتر .

الثانية : ضابطة وقوامها " ٦٧ طالباً" وهي التي درست باستخدام الطريقة المعتادة .

واستخدم الباحث الأدوات الآتية :

- مقياس للاتجاه نحو مادة الأحياء .
- اختبار تحصيلي في مادة الأحياء .

وقد توصلت هذه الدراسة إلى عدة نتائج من أهمها :

- عدم وجود فروق دالة إحصائياً بين المجموعتين في مقياس الاتجاه نحو مادة الأحياء .

وعلى جانب آخر تناولت بعض الدراسات أثر استخدام الكمبيوتر ، وفاعليته، على تنمية الابتكار فقد أشار "يسرى دنيور ١٩٩٨" [١٤] إلى الدراسة التي قام بها "مورفى" "Murphy، ١٩٨٦ " والت يحاول من خلالها الكشف عن أثر استخدام الميكروكمبيوتر في تنمية الابتكار لدى تلاميذ المرحلة الابتدائية ، وتكونت عينة الدراسة من " ٢١٤٠ تلميذاً وتلميذة " وقسمت إلى مجموعتين :

الأولى : تجريبية وقوامها "١١٤ تلميذاً وتلميذة " وهي التي استخدمت الميكروكمبيوتر في التدريس .

الثانية : ضابطة وقوامها "١٠٠ تلميذاً وتلميذة" والتي استخدمت الطريقة المعتادة في التدريس.

واستخدم الباحث نوعين من مقاييس الاختبارات هما : "الاختبار اللفظي - الاختبار المصور ".

وقد توصلت هذه الدراسة إلى عدة نتائج من أهمها :

- نمو دال في كلٍ من الاختبارات اللفظية الفرعية "الطلاقة - المرونة - الأصالة"، وكذلك في الاختبارات اللفظية ككل نتيجة استخدام الميكروكمبيوتر .

- عدم وجود تأثير على الابتكار المصور نتيجة استخدام الميكروكمبيوتر .

كما قام من "كليمنتس ، جيوللو Gullo،Clements، ١٩٩١ " [١٥] بدراسة استهدفت التعرف على آثار بيئة الكمبيوتر المبنية بلغة "اللوجو" "LOGO " على الابتكار والتحصيل لدى الأطفال ، وتم تقسيم العينة والتي قوامها "٧٣ طفلاً" في عمر ٨ سنوات إلى ثلاثة مجموعات :

الأولى : وهي التي تدرس برمجة الكمبيوتر بلغة "اللوجو" .

الثانية : وهي التي تلقت تدريبات ابتكاريه دون استخدام لغة "اللوجو".

الثالثة : وهي التي درست باستخدام الطريقة المعتادة .

وقد توصلت هذه الدراسة إلى عدة نتائج من أهمها :

- تفوق أفراد المجموعة التي درست برمجة الكمبيوتر بلغة "اللوجو" عن المجموعة التي تلقت تدريبات بدون لغة "اللوجو" ، وكذلك التي درست بالطريقة المعتادة .

كما قام "محمود السيد ١٩٩١" بدراسة استهدفت الكشف عن إمكانيات الكمبيوتر في تنمية قدرات عقلية عليا تؤدي بدورها إلى تنمية الابتكار عند الأطفال في مادة الرياضيات ، وقسمت عينة البحث والتي قوامها "٦٠ تلميذاً" من تلاميذ الصف الرابع والخامس الابتدائي إلى ثلاث مجموعات :

تجريبية أولى : وقوامها "٢٠ تلميذاً" وهي التي استخدمت ألعاب الكمبيوتر في مادة الرياضيات .

تجريبية ثانية : وقوامها "٢٠ تلميذاً" وهي التي استخدمت ألعاب الكمبيوتر الخاصة بالتسلية .

مجموعة ضابطة : وقوامها "٢٠ تلميذاً " وهي التي درست باستخدام الطريقة المعتادة .

وقام - الباحث - بإعداد برنامج لألعاب الكمبيوتر في مادة الرياضيات بحيث يتمشى- مع الخلفية الرياضية للتلاميذ ويعمل على تنمية ابتكارهم في الرياضيات وتم عرض هذا البرنامج لكل تلميذين في الصف نفسه على جهاز كمبيوتر ، بينما عُرضت ألعاب الكمبيوتر المخصصة للتسلية "Advanture games " على جهاز ماركة "أتاري " واستغرق التجريب "٦ أسابيع " بمعدل حصتين أسبوعياً .

وقد توصلت هذه الدراسة عن عدة نتائج من أهمها :

- تنمى ألعاب الكمبيوتر الرياضية في التلميذ القدرة على الابتكار العام ، والابتكار في الرياضيات ، مقارنة بألعاب الكمبيوتر الخاصة بالتسلية والطريقة المعتادة .

- وجود فروق ذات دلالة إحصائية بين متوسطات درجات أفراد المجموعة المستخدمة لألعاب الكمبيوتر في مادة الرياضيات ، والمجموعة المستخدمة لألعاب الكمبيوتر الخاصة بالتسلية ، والطريقة المعتادة في اختبار الابتكار لمادة الرياضيات لصالح أفراد مجموعة ألعاب الكمبيوتر الخاصة بمادة الرياضيات .

كما قام "سامح خميس ١٩٩٧" [١٦] بإجراء دراسة استهدفت الكشف عن أثر استخدام الكمبيوتر على تنمية القدرات العقلية المرتبطة بالابتكار ، وقام بتطبيق هذا البحث على عينة من طلاب كلية التربية النوعية شعبة تربية فنية واقتصاد منزلي .

وقد توصلت هذه الدراسة إلى عدة نتائج من أهمها :

- وجود فروق ذات دلالة إحصائية بين مستخدمي الكمبيوتر وغير مستخدميه في نمو القدرات العقلية المرتبطة بالإبداع لصالح مستخدمي الكمبيوتر .

- وحاول " يسري دنيور ١٩٩٨ " (١٧) الكشف عن فاعلية استخدام الكمبيوتر في تنمية التحصيل الأكاديمي ، والقدرات الابتكارية بجانبيها المعرفي والوجداني في مادة الفيزياء ، لدى طلبة الأول الثانوي . وللتحقيق من ذلك ، قام – الباحث – بإعداد برنامج تعليمي في مادة الفيزياء بحيث يسهل عرضه على جهاز الكمبيوتر .

وقسمت عينة الدراسة والتي قوامها "١٢٠ طالباً "إلى ثلاث مجموعات هي :

الأولى : درست البرنامج باستخدام الكمبيوتر .

الثانية : درست البرنامج بدون استخدام الكمبيوتر .

الثالثة : درست باستخدام الطريقة المعتادة .

واستخدم – الباحث – الأدوات الآتية :

- اختبار تحصيلي من نوع الاختيار من متعدد في مادة الفيزياء .
- اختبار في التفكير الابتكارى في مادة الفيزياء .
- اختبارات "وليامز" للمشاعر والقدرات الابتكارية .

وقد توصلت هذه الدراسة إلى عدة نتائج من أهمها :

- توجد فروق دالة إحصائية بين متوسطات درجات التلاميذ الذين درسوا البرنامج بالكمبيوتر، والذين درسوا البرنامج بدون كمبيوتر ، لصالح الذين درسوا البرنامج بالكمبيوتر في اختبار التفكير الابتكارى في مادة الفيزياء عند مستوى "٠.٥" ، في عوامل "الأصالة – المرونة – الدرجة الكلية ".

- لا توجد فروق دالة إحصائياً بين متوسطات درجات التلاميذ الذين درسوا البرنامج بالكمبيوتر والذين درسوا البرنامج بدون كمبيوتر في اختبار التفكير الابتكارى في مادة الفيزياء عند مستوى "٥،٠" في عوامل الطلاقة والتحسينات .

تعقيب على دراسات المحور الأول :

- من العرض السابق للدراسات التي تناولت العلاقة بين الكمبيوتر وبعض المتغيرات التابعة يمكن أن نخلص إلى :

١- استخدمت غالبية الدراساتا أسلوب المحاكاة Simulation عند بناء وتصميم برامج تعليمية للكمبيوتر مثل البرامج المستخدمة في دراسة "بلوجير" "Ploeger ١٩٨١" ودراسة "شو وجينيرو" " Chio & Gennero ١٩٨٧ .

٢- أثبتت غالبية الدراسات فاعلية استراتيجية التعليم بمعاونة الكمبيوتر "C.A.I" في تحسين التحصيل الدراسي والاتجاه نحو المادة ، وبرغم ذلك فهناك بعض الدراسات التي أظهرت نتائج سلبية للتحصيل ، والاتجاه نحو المادة مثل : دراسات "سيومر فلى" "Summervle" ، ودراسة "شوا" "Shaw ١٩٨٤" ودراسة "دالتون" "Dalton ١٩٨٦" مما يدعو إلى إجراء مزيد من الدراسات حول هذا النوع من التعليم.

٣- لم تقتصر الدراسات السابقة على بناء البرامج التعليمية للكمبيوتر في مادة العلوم ، بل تناولت مواد أخرى مثل : الكيمياء ، والفيزياء ، والدراسات الاجتماعية .

٤- لم تتعرض الدراسات السابقة إلى استخدام الكمبيوتر كمعلم خصوصي Tutorial .

٥- تنوعت عينات الدراسة ما بين المستوى الجامعي والمراحل الدراسية المختلفة " الابتدائية – الإعدادية – الثانوية ".

٦- تناولت عينات الدراسة "تروبريدج" "Trowbrifge" المقارنة بين تعليم الأفراد أمام الكمبيوتر في صورة فردية وتعليمهم في صورة مجموعات ، وقد أثبتت هذه الدراسة أن التعلم في مجموعات لا يقل فاعلية عن التعلم في صورة فردية ، بل أنه قد يكون أفضل من التعلم بصورة فردية ، وفي ضوء هذه النتيجة يرى المؤلف أن التعلم في مجموعات متعاونة صغيرة (٢-٣) طلاب ربما يعادل التعلم بشكل فردي مستقل في نتائجه أو يفوقه .

٧- توجد بعض الدراسات التي تناولت العلاقة بين الكمبيوتر وتنمية الابتكار وإن كانت قليلة مقارنة بأهمية الكمبيوتر في التعليم ومدى غزوه لكافة المجالات من أهمها مجال الابتكار ، وقد أكدت معظم الدراسات على فاعلية الكمبيوتر في تنمية الابتكار ومنها دراسة " محمود السيد " "١٩٩١" ودراسة " سامح خميس "١٩٩٧" ، ودراسة " يسرى دنيور " "١٩٩٨" .

ثانياً : دراسات تناولت العلاقة بين استراتيجيات التعليم المفرد وبعض المتغيرات التابعة " التحصيل - الاتجاهات - عوامل أخرى "

١- دراسات تناولت التعليم الموصوف للفرد (I. P. I) :

* يتم الحصول على دراسات كثيرة تناولت التعليم الموصوف للفرد I.P.I وخاصة في البيئة العربية وتم التوصل إلى بعض الدراسات التي تتفق مع طبيعة التعليم الموصوف للفرد في بعض إجراءاته ، وإن كانت لا تتطابق معه تماماً .

فقد أجرى "مسعد نوح ١٩٨٠ " [١٨] دراسة استهدفت التعرف على فاعلية استخدم استراتيجية التدريس الفردي الإرشادي في تدريس بعض المهارات الأساسية الخاصة بموضوع القسمة على التحصيل المعرفي لدى تلاميذ الصف الخامس الابتدائي، وتكونت عينة الدراسة من " ٣٥ تلميذاً " من تلاميذ الصف الخامس الابتدائي بالإسكندرية .

وقد توصلت هذه الدراسة إلى عدة نتائج من أهمها :

- وجود فروق ذات دلالة إحصائياً بين المجموعات التجريبية والمجموعة الضابطة في تحصيل التلاميذ لصالح المجموعة التجريبية التي درست باستخدام التدريس الفردي الإرشادي.

كما أجرى "إبراهيم الفار ١٩٨١ [١٩] دراسة استهدفت التعرف على أثر استخدام طريقتين من الطرق التشخيصية العلاجية في إطار استراتيجية التعلم للتمكن على تنمية التحصيل ، وبقاء أثر التعلم ، ووقت التعلم ، وهاتان الطريقتان هما :

- حقائب النشاط التعليمي Learning Activity Packages :

٢- التغذية المرتجعة الكاملة المكتولة .

وتم تطبيق هذه الدراسة على ١٧٩ طالباً وطالبة بالسنة الأولى شعبة الرياضيات بكلية التربية بجامعة طنطا .

وقد توصلت هذه الدراسة إلى عدة نتائج من أهمها :

- الطريقتين التشخيصيتين العلاجيتين لهما أثر موجب على رفع مستوى تحصيل الطلاب وبقاء أثر التعلم لديهم .

- استخدام طريقة حقائب النشاط التعليمي يؤدي إلى استغراق وقت أكبر في التعلم من استخدام التغذية المرتجعة الكاملة المكتوبة .

كما أجرت "بشرى قاسم ١٩٨٣" [٢٠] دراسة كان الهدف منها الكشف عن مدى فاعلية استخدام طريقة التدريس الفردي الإرشادي العلاجي في تعليم الرياضيات بالمرحلة الابتدائية في العراق في ظل الظروف والإمكانيات المدرسية الموجودة ، وذلك باستخدام نفس المستوى المقرر لجميع تلاميذ الصف السادس الابتدائي .

وقامت - الباحثة - بإعداد برنامج التدريس الفردي الإرشادي ، وبناء بعض وحدات مقرر الرياضيات بطريقة تسمح بالتدريس الفردي والتعلم الذاتي ، وإبراز الدور المعدل للمعلم ، والانتقال به إلى دور المرشد ، والموجه والمبسط ، لعملية التعليم .

وتكونت عينة البحث من "٢٩" تلميذاً وتلميذة من مدرسة الحارثة الابتدائية المختلطة في بغداد ، وقد واستخدمت - الباحثة - الأدوات الآتية :

- اختبار تحصيلي في الرياضيات " قبلي وبعدي" .

- مقياس في الاتجاه نحو الرياضيات "قبلي وبعدي" .

وقد توصلت هذه الدراسة إلى عدة نتائج من أهمها :

- أن " ١٠٠% " من تلاميذ البحث تمكنوا من الوحدة التي درسوها فردياً ، ووصلوا إلى مستوى التمكن المحدد والمتفق عليه .

- لا توجد فروق ذات دلالة إحصائية عند مستوى "٠.٠٥" بين متوسطات درجات تلاميذ المجموعة التجريبية في مقياس الاتجاهات القبلي والبعدي نحو الرياضيات ، حيث أن اتجاهات التلاميذ القبلية كانت إيجابية .

- لا توجد فروق دالة إحصائياً عند مستوى "٠.٠٥" بين درجات التلاميذ الذين يدرسون بطريقة التدريس الفردي الإرشادي وزملائهم الذين يدرسون الموضوعات بالطريقة المعتادة ، ولكن توجد فروق دالة إحصائياً عند مستوى دلالة " ٠.٠١" لصالح المجموعة التجريبية وذلك بعد تقديم التدريس العلاجي في التحصيل المعرفي .

وتأكيداً لنتائج الدراسة السابقة ، فقد أجرى محمد عوض الله ١٩٨٦ [٢١] دراسة استهدفت قياس أثر التعليم الفردي البرنامجى كطريقة علاجية في استراتيجية "بلوم" للتعلم حتى التمكن في رياضيات الصف الثاني الإعدادي واتجاهات الطلاب نحوها ، وقام الباحث بإعداد الأدوات الآتية :

- إعداد البرنامج .
- إعداد مقياس الاتجاه نحو الرياضيات .
- إعداد اختبار التمكن في الجبر .
- إعداد اختبار التمكن في الهندسة .

تم تدريس المقرر على ثلاثة فصول بطريقة عشوائية من مدرسة " سعد زغلول الإعدادية بطنطا" ، ويمثل كل فصل مجموعة تجريبية وتدرس البرامج الآتية " فردى خطى – متشعب بالأمثلة – متشعب بالتلميح" ، وبعد تطبيق اختباري التمكن في الجبر والهندسة ومقياس الاتجاه نحو الرياضيات ، قبل تدريس البرامج العلاجية وبعدها .

وقد توصلت هذه الدراسة إلى عدة نتائج من أهمها :

- أثر البرامج العلاجية الثلاثة يكاد يكون متساوياً بالنسبة لتغيير اتجاه الطلاب نحو الرياضيات ، إلا أنها غيرت الاتجاه نحو الرياضيات تغيراً موجباً على عكس ما كان عليه قبل إجراء التجربة .
- في حالة "الجبر" أظهرت البرامج العلاجية الثلاثة فاعلية متساوية ؛ وبالتالي يمكن استخدام أي منها كطريقة تدريس علاجية من خلال استراتيجية "بلوم" للتعلم حتى التمكن في الصف الثاني الإعدادي .
- في حالة "الهندسة" اتضح أن البرنامج المتشعب بالأمثلة أفضل من البرنامج الخطى والبرنامج المتشعب بالتلميح .

وفي دراسة مشابهة حاول "مصطفى إسماعيل ١٩٩١ " [٢٢] الكشف عن أثر استخدام الطريقة الفردية الإرشادية في تعليم الكتابة على تحسين الأداء الكتابي وتحصيل قواعد الإملاء لدى الطلاب شعبة التعليم الأساسي بكلية التربية بالمنيا ، واستخدام الباحث الأدوات الآتية :

- برنامج لتدريس موضوع همزتي الوصل والقطع وفق خطوات الطريقة الفردية الإرشادية .
- اختبار التحصيل في قواعد همزتي الوصل والقطع .
- اختبار الأداء الكتابي .

وقد استخدم الباحث في هذه الدراسة التصميم التجريبي المعروف بتصميم المجموعتين ، ذي الاختبارين القبلي والبعدي .

وقد توصلت في هذه الدراسة إلى عدة نتائج من أهمها :

- وجود فروق ذات دلالة إحصائية في اختبارات الأداء الكتابي ، والتحصيل الإملائي بين طلاب المجموعتين : التجريبية والضابطة في القياس البعدي لصالح المجموعة التجريبية ؛ ويعني ذلك تفوق طلاب المجموعة التجريبية الذين درسوا بالطريقة الفردية الإرشادية .

واستطاع كلٍ من "لونج ، وأوكى ، ويانى "Long, Okey, & Yeany, ١٩٩٢ إجراء دراسة استهدفت الكشف عن فاعلية المساعدات التشخيصية العلاجية وبإدارة الطلاب" على التحصيل ، والاتجاهات نحو البيولوجي ، وطريقة التدريس "التعليم " لدى طلاب المرحلة الثانوية المختلفين في درجة الاستعداد ، والجنس ، والمستوى الاقتصادي والاجتماعي ، ووجهة الضبط .

وقد اشتملت عينة الدراسة على " ٩" طالباً وطالبة في إحدى المدارس الثانوية الشاملة بأمريكا ، وقد قسمت العينة من حيث درجة الاستعداد غلى ثلاثة مستويات : "عالي - متوسط - منخفض " ومن حين وجهة الضبط إلى مستويين "داخلي - خارجي" وقسمت المعالجات إلى ثلاث مجموعات :

المجموعة الأولى "ضابطة" : وهي التي درست بالطريقة المعتادة .

المجموعة الثانية "تجريبية "أ" : وهي التي درست باستخدام أسلوب التشخيص والعلاج الذي يديره المعلم .

المجموعة الثانية " تجريبية "ب" : وهي التي درست باستخدام أسلوب التشخيص والعلاج الـذي يديره الطلاب بأنفسهم .

واستخدم الباحثون الأدوات الآتية :

- اختباراً تحصيلياً قبلياً في البيولوجي .
- اختباراً تحصيلياً بعدياً في البيولوجي مكوناً من ثلاثة أجزاء تغطى الوحدات التي تم تدريسها .
- مقياس في الاتجاه نحو البيولوجي ونحو طريقة التعلم .

وقد توصلت هذه الدراسة إلى عدة نتائج من أهمها :

- الطلاب الذين نالوا مساعدات تعليمية بإدارة المعلـم لعمليـات التشخيص ، والعـلاج قـد حصـلوا عـلى درجات أعلى في جميع المقاييس المستخدمة بعدياً وكانت الفروق دالة إحصائياً .
- الطلاب الذين أداروا بأنفسهم إجراءات التشخيص كـانوا أكـثر إيجابيـة في اتجاهـاتهم نحـو البيولوجي ، ونحو طريقة التدريس بالإضافة لتفوقهم على المجموعة الضابطة في التحصيل .
- الطلاب ذوو الاستعداد المرتفع كان تحصيلهم أعلى من الطلاب ذوو الاستعداد المنخفض .
- لم تظهر فروق دالة إحصائياً بين الطلاب ذوي وجهة الضبط الداخليـة وأقـرانهم ذوي وجهة الضـبط الخارجية في أي من المقاييس البعدية " التحصيل – الاتجاهات".

ب- دراسات تناولت نظام التعليم الشخصي P .S .I :

لقد تعددت الدراسات التي تناولت نظام التعليم التشخيصي وفاعليته على بعض نـواتج التعليم وأهمها "التحصيل – الاتجاهات " وسوف نعرض بعضاً منها :-

- فقد قام "آدامز ١٩٨١ Adams "[٢٤] بإجراء دراسة استهدفت الكشف عن أثر استخدام نظام التعليم الشخصي كاستراتيجية للتعليم المفرد في تنمية التحصيل الدراسي ، والاتجاهات نحو مادة الرياضيات مقارناً بالطريقة المعتادة .

وقد توصلت هذه الدراسة إلى عدة نتائج من أهمها :

- توجد فروق دالة إحصائياً من متوسطي درجات طلاب المجموعتين التجريبية والضابطة في الاتجاهات نحو الرياضيات لصالح المجموعة التجريبية .

- توجد فروق دالة إحصائياً بين متوسطي درجات طلاب المجموعتين التجريبية والضابطة في التحصيل الدراسي في الرياضيات لصالح المجموعة التجريبية .

وفي دراسة مشابهة للدراسة السابقة ، حاول "جراى ١٩٨٤ Gray " إجراء مقارنة بين نظام التعليم الشخصي كاستراتيجية للتعليم المفرد المعتادة وفاعليتها في تنمية التحصيل الدراسي واتجاهات الطلاب نحو أحد المقررات الدراسية الأساسية في الخطابة .

وقد توصلت هذه الدراسة إلى عدة نتائج من أهمها :

- توجد فروق ذات إحصائية بين متوسطات درجات طلاب المجموعة التجريبية التي تدرس بنظام التعليم الشخصي وطلاب المجموعة الضابطة التي تدرس بالطريقة المعتادة في التحصيل النهائي في المقرر الدراسي .

كما تناولت الدراسة التي أجراها "تاج السر ـ ١٩٨٦"[٢٦] مدى فاعلية تطبيق استراتيجيتين من استراتيجيات التعليم المفرد التي تعتمد على التقويم التكويني كأساس لها ؛ وذلك في تدريس علم البيئة بالمدارس الثانوية في السودان .

وقُسمت عينة الدراسة التي قوامها "٢٣٥" طالباً من طلاب الصف الأول الثانوي إلى أربع مجموعات :

تجريبية أولى : التي قوامها "٥٩ طالبة" درست باستخدام نظام التعليم الشخصي .

تجريبية ثانية : التي وقوامها "٦١ طالباً " درست باستخدام استراتيجية بلوم للتعلم حتى التمكن.

تجريبية ثالثة : قوامها "٥٩ طالبة" درست باستخدام نظام التعليم الشخصي .

تجريبية رابعة : قوامها "٥٦ طالباً " درست باستخدام استراتيجية "بلوم" للتعلم حتى التمكن.

وقد توصلت هذه الدراسة إلى عدة نتائج من أهمها :

- لا توجد فروق ذات إحصائية من متوسط درجات التلاميذ الذين درسوا بنظام التعليم الشخصي، الذين درسوا باستراتيجية "بلوم" للتعلم حتى التمكن وذلك في التحصيل وتدل هذه النتائج على تماثل فاعلية هاتين الاستراتيجيتين .

- توجد فروق دالة إحصائياً لصالح الطالبات في التحصيل عند استخدام استراتيجية "بلوم" للتعلم حتى التمكن .

وفي دراسة لـ "غدنانة المقبل ١٩٨٩ " [٢٧] حاولت التعرف من خلالها على أثر استخدام نظام التعليم الشخصي على تحمل الطالبات المعلمات في مادة الجغرافيا، وعلاقة ذلك بأنماط شخصية الطالبات "انبساطي - انطوائي " والاتجاه نحو التعلم الذاتي ، وكذلك الكشف عن أثر التفاعل بين المعالجات التدريسية المستخدمة "نظام التعليم الشخصي - طريقة تقليدية" ونمط الشخصية "انبساطي - انطوائي " على التحصيل .

وقد توصلت هذه الدراسة إلى عدة نتائج من أهمها :

- وجود فروق دالة إحصائياً في التحصيل لصالح التدريس باستخدام نظام التعليم الشخصي .
- وجود فروق دالة إحصائياً في التحصيل لصالح النمط الانطوائي .
- وجود فروق دالة إحصائياً في التحصيل لصالح النمط الانطوائي باستخدام نظام التعليم الشخصي .

وحاولت دراسة "جمال الخطيب ١٩٩٣" [٢٨] الكشف عن فاعلية نظام التعليم الشخصي- خطة "كيلر" في تدريس مادة " مدخل إلى علم النفس" على التحصيل مقارنة ذلك بالطريقة المعتادة لدى طلاب الجامعة الأردنية .

وقسمت عينة الدراسة والتي قوامها "١١٨" طالباً وطالبة إلى مجموعتين :

الأولى : تجريبية درست باستخدام بعض عناصر خطة "كلير" .
الثانية : ضابطة درست باستخدام الطريقة المعتادة .

وقد توصلت هذه الدراسة إلى عدة نتائج من أهمها :

- وجود فروق دالة إحصائياً في التحصيل النهائي لمادة "مدخل غلى علم النفس " لصالح المجموعة التجريبية .

وفي دراسة مسحية جامعة تناول كل من "كوليك ، بانجيرت ، دراونس ١٩٩٣ ,Kulik, Bangert & Driwns " [٣٩] مدى فاعلية برامج التعلم حتى التمكن من خلال التحليل البعدي لنتائج بعض الدراسات التي تناولت برامج التعلم للتمكن ، وقد اشتملت هذه الدراسة على "١٠٨" دراسة منها :

- ٧٢ دراسة تناولت نظام التعليم الشخصي P. S. I والتعليم العلاجي الفردي .
- ٣٦ دراسة تناولت إستراتيجية "بلوم" للتعليم حتى التمكن .

وقد انتهت هذه الدراسة إلى عدة نتائج وتوصيات يمكن إيجازها فيما يلي :

- سجلت كل من استراتيجية "بلوم" للتعلم حتى التمكن ونظام التعليم الشخصي نتائج مشابهة إلى حد ما لأثر كل منهما على معظم نواتج التعلم .
- معظم الدراسات التي استخدمت اختبارات محكية المرجع كانت اكثر ملاءمة من الاختبارات العامة المقننة كمقاييس التحصيل الأكاديمي .
- معظم الدراسات أثبتت أن إدارة المعلم لإجراءات التشخيص والعلاج كأساليب تعليمية أفضل من إدارة لإجراءات التشخيص والعلاج بأنفسهم .
- هناك أثر سالب متكرر في معظم الدراسات التي استخدمت جميع استراتيجيات التعليم المفرد ، ويتمثل في عدم استكمال الطلاب للمقرر ، عندما منحوا حرية إدارة عمليات التعليم للتمكن بأنفسهم ، على عكس الطلاب الذين درسوا بطرق التدريس الجمعي والذين درسوا المقرر بالكامل ، ورغم ذلك فقد حققوا نتائج أفضل في الامتحان النهائي من أقرانهم الذين درسوا بطرق التدريس الجمعي .

تعقيب على دراسات المحور الثاني :

من خلال استعراض أهم الدراسات التي تناولت العلاقة بين استراتيجيات التعليم المفرد وبعض المتغيرات التابعة ومن أهمها "الاتجاهات - التحصيل - بعض المتغيرات - الأخرى" يمكن أن نخلص إلى :

١- بالنسبة للدراسات التي تناولت استراتيجية التعليم الموصوف للفرد I.P.I ، لم يتم التوصل لأي دراسات تناولت هذه الاستراتيجية بكامل ملامحها وإجراءاتها كما هو متعارف عليها ، وخاصة في البيئة العربية ، وتم التوصل لبعض الدراسات التي ارتبطت ببعض ملامح أو أهداف هذه الإستراتيجية ، ومن هذه الدراسات دراسة "مسعد نوح ١٩٨٠ " ، ودراسة الفار ١٩٨١ "، ودراسة "بشرى قاسم ١٩٨٣ "و ودراسة " محمد عوض ١٩٨٠ " ، ودراسة "لونج Long ١٩٨٧ "، وآخرين "ومصطفى إسماعيل ١٩٩١ ".

٢- أما بالنسبة للدراسات التي تناولت نظام التعليم الشخصي P.S.I فيلاحظ تنوعها وتعددها في كافة المواد الدراسية كالعلوم ، والرياضيات وغيرها في البيئات العربية والأجنبية على حد سواء ، ومن هذه الدراسات دراسة "آدمز Adams،١٩٨١ " ودراسة "جراى Gray ١٩٨٤ " ودراسة غدنانة المقبل ١٩٨٩ ".

٣- لم توجد أي دراسات حتى بدايات عام ٢٠٠٠م عربية أو أجنبية تعرضت للمقارنة بين التعليم الموصوف للفرد ونظام التعليم الشخصي كاستراتيجية للتعليم المفرد وفاعليتها في تنمية بعض المتغيرات التابعة كالاتجاه والتحصيل الدراسي.

٤- تناولت معظم الدراسات السابقة فاعلية نظام التعليم الشخصي على بعض المتغيرات التابعة ومن أهمها "الاتجاهات ، التحصيل الدراسي" ، وتناولت دراسات قليلة التفاعل بسن نظام التعليم الشخصي ونمط الشخصية "انبساط – انطواء " مثل دراسة "غدنانه المقبل ١٩٨٩ "

ثالثاً : دراسات تناولت العلاقة بين إستراتيجيات التعليم المفرد والابتكار :

فقد استهدفت الدراسة التي أجراها "أحمد منصور" [٢٩] "١٩٧٩" الكشف عن أثر التدريس باستخدام الوسائل التكنولوجية المبرمجة على تنمية القدرة على التفكير الابتكاري لدى تلاميذ الصف الأول الإعدادي .

وقد توصلت هذه الدراسة إلى عدة نتائج من أهمها :

- وجود فروق ذات دلالة إحصائية لصالح المجموعة التجريبية التي درست باستخدام الوسائل التكنولوجية المبرمجة من حيث نمو القدرة على التفكير الابتكاري .

- تفوق البنين على البنات في المجموعة التجريبية وذلك في الاختبار اللفظي ، وتساوي الجنسين في الاختبار المصور وذلك في اختبار القدرة على التفكير الابتكاري .

كما أجريت دراسة أعدها " أسامة عبد العظيم ١٩٨٩ " [٣٠] بهدف الكشف عن فاعلية استراتيجية مقترحة في تدريس الرياضيات لتنمية التفكير الابتكاري لدى تلاميذ الصف السادس من التعليم الأساسي .

وقد توصلت هذه الدراسة إلى عدة نتائج من أهمها :

- وجود فروق دالة إحصائياً لصالح المجموعة التجريبية وذلك في القدرة على التفكير الابتكاري ، والتحصيل في مادة الرياضيات .

وقام "فايز محمد ١٩٩٢ [٣١] بإجراء دراسة استهدفت الكشف عن فاعلية التعليم البرنامجي على التحصيل الدراسي ، والتفكير الابتكاري لدى طلاب الصف الثالث الثانوي بالمملكة العربية السعودية ، وقام - الباحث - بإعداد برنامج خطي Liner Program بعد إعادة صياغة الوحدة الدراسية المقررة وقسمت عينة الدراسة التي قوامها "٩٨" طالباً إلى مجموعتين :

الأولى : تجريبية درست باستخدام التعليم المبرمج وقوامها " ٥٠ طالباً ".

الثانية : ضابطة درست باستخدام الطريقة المعتادة وقوامها "٤٨ طالباً ".

واستخدم الباحث في دراسته هذه الأدوات :

- اختبار تحصيلي في وحدة الكهرباء من مقرر الفيزياء للصف الثالث الثانوي .

- اختبار "تورانس" للتفكير الابتكاري .

وقد توصلت هذه الدراسة إلى عدة نتائج من أهمها :-

- وجود فروق دالة إحصائياً بين المجموعة التجريبية والمجموعة الضابطة لصالح المجموعة التجريبية في التحصيل الدراسي في الفيزياء .

- وجود فروق دالة إحصائياً بين المجموعة التجريبية والضابطة لصالح المجموعة التجريبية في تنمية التفكير الابتكاري .

وفي دراسة لـ "عبد الرحيم سلامة ١٩٩٤" حاول من خلالها الكشف عن أثر استخدام الموديولات التعليمية في تدريس وحدة المادة وحالاتها على التحصيل الدراسي ، ونمو التفكير الابتكاري لتلاميذ الصف الرابع الابتدائي وقسمت عينة الدراسة التي قوامها "٨٦" إلى مجموعتين هما :

الأولى : تجريبية وقوامها "٤٣" تلميذاً درست باستخدام الموديولات التعليمية .

الثانية : ضابطة وقوامها "٤٣" تلميذاً درست باستخدام الطريقة المعتادة .

واستخدم الباحث في هذه الدراسة الأدوات التالية :

- اختبار تحصيلي في المادة وحالاتها على مستويات "التذكر – الفهم – التطبيق " "قبلي وبعدي".

- اختبار القدرة على التفكير الابتكاري من إعداد " سيد خير الله" .

وقد توصلت هذه الدراسة إلى عدة نتائج من أهمها :

- وجود فروق دالة إحصائياً بين متوسط درجات المجموعتين التجريبية والضابطة في القياس البعدي لاختبار القدرة على التفكير الابتكاري والتحصيل لصالح أفراد المجموعة التجريبية .

تعقيب على دراسات المحور الثالث :

من خلال استعراض للدراسات التي تناولت العلاقة بين استراتيجيات التعليم المفرد ، والابتكار نخلص إلى :

١- تناولت الدراسات السابقة فاعلية استخدام بعض استراتيجيات التعليم المفرد التقليدية في تنمية القرارات الابتكارية مثل دراسة " عبد الرحيم سلامة ١٩٩٤ "

الذي استخدم الموديولات التعليمية ، ودراسة "فايز عبده ١٩٩٢ " الذي استخدم التعليم المبرمج ، وبعض الدراسات تناولت أثر استخدام الوسائل التكنولوجية بصفة عامة مثل دراسة "أحمد حامد منصور ١٩٧٩" .

٢- غالبية الدراسات التي تناولت فاعلية استراتيجيات التعليم المفرد ركزت فعلاً على تطبيق كل استراتيجية بطريقة يدوية في صورة موديولات أو في صورة إطارات كما في التعليم المبرمج ، ولم تستخدم أي دراسة جهازاً مستحدثاً كالكمبيوتر كأداة مساعدة في عرض المعلومات من خلال البرنامج التعليمي المعد لذلك، وكان هذا دافعاً قوياً للكشف عن العلاقة تكنولوجيا التعليم المُفرد والابتكار وذلك من خلال الاستعانة بالكمبيوتر في تقديم المحتوى التعليمي وذلك في إطار استراتيجيات التعليم المفرد مع مقارنة ذلك بتقديم المحتوى التعليمي بطريقة يدوية وبدون الكمبيوتر وبهدف تنمية مهارات التفكير الابتكاري لدى المتعلمين.

٣- جميع الدراسات التي استخدمت استراتيجيات التعليم المفرد التقليدية في تنمية الابتكار كانت في وضع مقارنة مع استخدام الطريقة المعتادة في تنمية الابتكار.

رابعاً : دراسة تناولت استراتيجيات التعليم المفرد والأساليب المعرفية :

ورد في التراث السيكولوجي عدد محدد من الدراسات التي تناولت العلاقة بين الأساليب المعرفية بصفة عامة ، واستراتيجيات التعليم المفرد بصفة خاصة ، وإن كانت هناك بعض الدراسات التي تناولت هذه العلاقة فإنها ركزت على استراتيجيات أخرى مختلفة عن الاستراتيجيات التي ترتبط بالتعليم الموصوف للفرد أو التعليم الشخصي ويتضح ذلك من خلال عرض لنماذج من هذه الدراسات .

فأجرى "جيرى Jerry، ١٩٨٠ " [٣٣] دراسة استهدفت التعرف على الأساليب المعرفية للتلاميذ من ذوي التحصيل المنخفض في مادة الجبر ، واختيار أنسب المعالجات التدريسية التي تلائم تلك الأساليب المعرفية ، وقسمت عينة الدراسة إلى مجموعتين :

الأولى : تجريبية وقوامها " ٨١ تلميذاً" درست بطريقة فردية ذات السرعة المتمركزة حول المتعلم Self-paaced .

الثانية : ضابطة وقوامها "٧٩ تلميذاً" درست بالطريقة المعتادة .

وقد توصلت هذه الدراسة إلى عدة نتائج من أهمها :

- أن التلاميذ يمتلكون أساليب معرفية مختلفة ويمكن استخدام هذه الأساليب كمؤشر لتوزيع التلاميذ على معالجات تدريسية وفق هذه الأساليب .

- استخدام معالجة تدريسية واحدة مع جميع التلاميذ لا يراعى ما بينهم من فروق فردية وبذلك فانه من الأفضل التنوع في استخدام معالجات تدريسية متباينة .

وفي دراسة أكثر وضوحاً وتحديداً حاولت "نادية الشريف ١٩٨١" الكشف عن التفاعل بين الأساليب المعرفية الإدراكية من نوع "الاعتماد / الاستقلال عن المجال الإدراكي" وبعض المعالجات التدريسية المختلفة ولذلك قسمت -الباحثة- عينة الدراسة إلى مجموعتين هما :

الأولى : تجريبية درست باستخدام الطريقة الذاتية الفردية .

الثانية : ضابطة درست باستخدام الطريقة المعتادة .

وقامت الباحثة باستخدام اختبار الأشكال المتضمنة لتقسيم عينة الدراسة إلى أفراد "مستقلين / معتمدين" عن المجال الإدراكي .

وقد توصلت هذه الدراسة إلى عدة نتائج من أهمها :

- وجود تفاعل إحصائي بين الأساليب المعرفية "الاستقلال / الاعتماد" وطرق التدريس "ذاتي / تقليدي".

- لا توجد فروق دالة بين الأفراد المستقلين والمعتمدين في التحصيل الدراسي .

كما أشارت "سوسن عز الدين ١٩٩٧" [٣٥] لدراسة "هانن Hahnn،١٩٨٣ " التي حاول من خلالها مقارنة بعض المعالجات التدريسية والأساليب المعرفية على تحصيل الطلاب وقسمت عينة الدراسة التي قوامها "١٢٨" طالباً جامعياً إلى ثلاث مجموعات كما يلي :

الأولى تجريبية "أ" : درست باستخدام الوسائل المتعددة في التدريس .

الثانية تجريبية "ب" : درست باستخدام الكمبيوتر كمعاون في عملية التدريس .

الثالثة ضابطة : درست باستخدام الطريقة المعتادة .

وكان المقرر يتكون من "٥" دروس، وبعد التدريب تم تطبيق اختبار تحصيلي مكون من "٢٥" مفردة من نوع الاختيار من متعدد ، وتم تطبيق اختبار الأشكال المتضمنة على مجموعات الدراسة وذلك بهدف قياس أسلوب "الاستقلال / الاعتماد عن المجال الادراكي ".

وقد توصلت هذه الدراسة إلى عدة نتائج من أهمها :

- أداء الأفراد في المجموعتين التجريبيتين كان أفضل وذا دلالة عن أداء الأفراد في المجموعة الضابطة وذلك في الاختبار التحصيلي .

- لا توجد فروق دالة إحصائياً بين المجموعتين التجريبيتين وذلك في أداء الأفراد على الاختبار التحصيلي .

- أداء الأفراد المستقلين كان أفضل بصفة عامة من أداء الأفراد المعتمدين عن المجال الإدراكي .

وفي دراسة مشابهة حاول "بوست Post،١٩٨٧ " [٣٦] الكشف عن استخدام التعليم بمعاونة الكمبيوتر كاستراتيجية للتعليم المفرد على تحصيل الطلاب ذوى النمط المعرفي "مستقل/ معتمد" وقسمت عينة الدراسة إلى مجموعتين من طلاب كلية الهندسة والتكنولوجيا:

الأولى تجريبية : درست باستخدام التعليم بمعاونة الكمبيوتر .

الثانية ضابطة : درست باستخدام الطريقة المعتادة .

واستخدم الباحث الأدوات الآتية :

١- اختبار تحصيلي .

٢- اختبار الأشكال المتضمنة لتقسيم أفراد العينة إلى "مستقلين / معتمدين "

وقد توصلت هذه الدراسة إلى عدة نتائج من أهمها :

- أداء الأفراد المستقلون كان أفضل في الاختبار التحصيلي من الأفراد المعتمدون .

- توجد فروق ذات دلالة إحصائية بين أفراد المجموعة التجريبية في الاختبار التحصيلي سواء المستقلين أم المعتمدين ، وتوجد علاقة بين الأسلوب المعرفي للطالب

وتحصيله الدراسي بمعاونة الكمبيوتر ، وكان الطلاب المستقلون أكثر استفادة من التعليم بمعاونة الكمبيوتر .

في محاولة تجريبية شاملة حاولت "نادية الشريف وقاسم الصوف ١٩٨٧" [٣٧] الكشف عن مدى ارتباط الأسلوب المعرفي "الاستقلال /الاعتماد عن المجال الإدراكي" والأسلوب المعرفي "التروى/الاندفاع" وذلك من خلال الدراسة التي استهدفت التعرف عن مدى تأثير الأسلوب المعرفي في أداء الأفراد في بعض المواقف الاختبارية .

واستخدم-الباحثان- اختبار تزاوج الأشكال المألوفة لتقسيم أفراد العينة التي قوامها "٤٤ طالباً " إلى مجموعتين :

الأولى : مجموعة الطلاب المتروين وعددها "٢٣ طالباً".

الثانية : مجموعة الطلاب المندفعين وعددها "٢١ طالباً".

وقام-الباحثان- بتطبيق عدة أدوات على هذه العينة وهي :

- اختبار الأشكال المتضمنة وذلك لتقسيم الطلاب إلى مستقلين ومعتمدين .
- اختبار التفكير المجرد.
- اختبار الذكاء اللغوى .
- اختبار تحصيلي .

وقد توصلت هذه الدراسة إلى عدة نتائج من أهمها :

- الطلاب المتروين أكثر استقلالاً عن المجال الإدراكي بالمقارنة بالطلاب المندفعين الذين يتميز أسلوبهم المعرفي بأنه أكثر اعتماداً عن المجال الادراكي.

- وقد أكدت هذه النتيجة العديد من النتائج الدراسات الأخرى ، التي أشارت في مجملها إلى وجود علاقة ارتباطيه قوية بين الأسلوب المعرفي "الاستقلال في مقابل الاعتماد عن المجال الإدراكي" والأسلوب المعرفي "التروى في مقابل الاندفاع".

ويمكن الإشارة إلى هذه العلاقة من خلال الشكل رقم ٣٦.

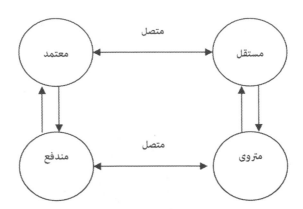

معتمد

شكل (٣٦) مدى ارتباط الأسلوب المعرفي "مستقل /معتمد، متروى/مندفع"

وفي ضوء هذه النتيجة تم الاقتصار على اختيار الأسلوب المعرفي "التروى في مقابل الاندفاع الإدراكي" ليمثل جانب الاستعدادات للاعتبارات الآتية :

١- طبيعة المعالجات التدريسية المستخدمة المتمثلة وهي استراتيجيات التعليم المفرد وعدم ارتباطها بوقت محدد أو حصص دراسية محددة.

٢- الرغبة في كشف العلاقة بين هذا الأسلوب المعرفي ، وتفاعل التلاميذ مع برنامج الكمبيوتر المستخدم في هذه الدراسة .

٣- ندرة الأبحاث التي حاولت الكشف عن العلاقة بين هذا الأسلوب المعرفي ، واستراتيجيات التعليم المفرد التقليدية كانت أم المعاصرة.

٤- دراسة العلاقة بين أسلوب التروى/الاندفاع والعمر الزمني لهذه المرحلة السنية .

٥- توفر العديد من الدراسات التي تناولت الأسلوب المعرفي الاستقلال /الاعتماد عن المجال الإدراكي فهو أكثر الأساليب المعرفية انتشاراً في البحوث والدراسات السابقة.

٦- محاولة جديدة للتعرف إلى العلاقة بين الأسلوب المعرفي التروى/الاندفاع والتفكير الابتكاري نظراً لتضارب نتائج البحوث والدراسات السابقة التي تناولت هذه العلاقة.

تعقيب عام على دراسات المحور الرابع :

من خلال استعراض الدراسات التي تناولت علاقة الأساليب المعرفية واستراتيجيات التعليم المفرد يمكن أن نخلص إلى :

١- تناولت بعض الدراسات العلاقة بين الأساليب المعرفية بصفة عامة باعتبارها أحد أهم الاستعدادات النفسية لدى الأفراد وبين المعالجات التدريسية التي يمكن أن تتلائم مع هذه الاستعدادات مثل دراسة "جيرى" "Jerry ١٩٨٠".

٢- ركزت بعض الدراسات على كشف العلاقة بين الأساليب المعرفية والتعلم الذاتي مثل دراسة "نادية الشريف ١٩٨١".

٣- ركزت جميع الدراسات السابقة على كشف العلاقة يبين الأسلوب المعرفي "الاستقلال مقابل الاعتماد الإدراكي " وبعض المعالجات التدريسية وأهملت بقية الأساليب المعرفية الأخرى والتي منها أسلوب "التروى مقابل الاندفاع" .

٤- لم توجد دراسة تناولت العلاقة بين الأساليب المعرفية كاستعدادات وخاصة أسلوب التروى مقابل الاندفاع وبين استراتيجيات التعليم المفرد المعاصرة كمعالجات تدريسية ، وخاصة نظام التعليم الموصوف للفرد، نظام التعليم الشخصي في البيئة العربية أو البيئة الأجنبية.

خامساً : دراسات تناولت العلاقة بين الابتكار والأسلوب المعرفي "التروى مقابل الاندفاع":

لقد تعددت الدراسات التي تناولت علاقة التفكير الابتكارى والأساليب المعرفية بصفة عامة. وإن المتتبع لهذه الدراسات سيجد أن هناك دراسات قليلة تناولت العلاقة بين التفكير الابتكارى والأسلوب المعرفي التروى مقابل الاندفاع الإداكي وإن كانت معظم هذه الدراسات قد أجريت خلال عقدي السبعينات والثمانينات ومن تلك الدراسات ....

ما قامت به "فوكيا وآخرون al،Fuqua & et. ، من دراسة استهدفت الكشف عن العلاقة بين الإيقاع الإدراكي "التروى مقابل الاندفاع" والابتكارية لدى الأطفال في عمر ما قبل المدرسة ، وافترضت هذه الدراسة أن الأطفال ذوي الإيقاع

الإدراكي المندفع سيسجلون درجات أعلى وذات دلالة من الأفراد ذوي الإيقاع الإدراكي المتروي في اختبار الابتكارية .

وتكونت عينة الدراسة من "٧٠" طفلاً من أطفال عمر ما قبل المدرسة ، من عدد كبير من أطفال الحضانة وكان متوسط أعمار المفحوصين "٥ ، ٥٧" شهراً .

وطبق على المفحوصين الاختبارات والمقاييس الآتية :

- اختبار إكمال الصور ، وهو من اختبار الصور "البنود الخمسة الأولى " بعد تعديلها لتلائم أطفال عمر ما قبل المدرسة من اختبار "تورانس" "Torraance" لقياس الابتكارية "TTCT".
- اختبار تزاوج الأشكال المألوفة " MFFT " الخاص بأطفال عمر ما قبل المدرسة الابتدائية وذلك لقياس بعد التروى/الاندفاع لدى الأطفال .

وقد أشارت نتائج هذه الدراسة إلى :

- لا توجد فروق ذات دلالة إحصائية سواء في التأثيرات الرئيسية والتفاعلات بين المتغيرات ، حيث لم توجد فروق دالة بين البنين والبنات في الأسلوب المعرفي التروى / الاندفاع .
- الدرجات المعيارية لدرجة التفكير الابتكاري الكلية للمتروين أعلى من درجات المندفعين في مقاييس الابتكارية .

كما وجد أن المفحوصين المتروين سجلوا درجات أعلى ومتناسقة من بين المفحوصين المندفعين في كل مقاييس الابتكارية . وفي ضوء هذه النتيجة فلم يتحقق الغرض من هذه الدراسة حيث سجل المفحوصين المتروين درجات أعلى وذات دلالة من المفحوصين المندفعين خلال الاختبارات الفرعية لقياس التفكير الابتكاري .

كما أجرى "جيلبرت Gilbert ١٩٧٧، " [٣٩] محاولة تجريبية بهدف الكشف عن العلاقة بين الابتكارية ، والإيقاع الإدراكي والمرح والذكاء لدى الأطفال في الصف الأول الابتدائي .

حيث كان الغرض من هذه الدراسة بحث العلاقة بين تذوق النكتة ودرجة استيعابها للقدرات الابتكارية وكذلك بحث العلاقة بين استيعاب وتذوق النكتة ، والإيقاع الإدراكي ، والكشف عن الدور الذي تلعبه نسبة الذكاء I.Q في العلاقة بين استيعاب وتذوق النكتة ،

والقدرات الابتكارية ، والتعرف على الفروق بين المفحوصين البنين والبنات في كل المتغيرات التي شملتها الدراسة وأخيراً التحقق من التفاعل فيما بين المتغيرات المختلفة للدراسة .

وتكونت عينة الدراسة من "١١٢ مفحوصاً" "٥٢ ولداً ، ٦٠ بنتاً " من أطفال الأول الابتدائي وتم تطبيق الأدوات الآتية :

- اختبار "تورانس " "TTCT " لقياس القدرة على التفكير الابتكاري لدى المفحوصين .
- اختبار مطابقة الأشكال المألوفة MFFT لقياس بعد التروى والاندفاع .
- اختبار "كاريكاتيرى" مكون من ١٦ صورة كاريكاتيرية ، وأربع صور مصقولة وذلك لقياس تذوق النكتة .
- اختبار "وكسلر" "W.I.S.C " لقياس ذكاء الأطفال ..

وانتهت هذه الدراسة إلى عدة نتائج من أهمها :

- أن الأطفال المتروين ومعهم ذوو السرعة مع الدقة أكثر ابتكاراً ، يليهم المندفعين ، وأخيراً الأطفال ذوى البطء مع عدم الدقة هم الأقل ابتكارياً ، وذلك في حالة عدم عزل تأثير الذكاء ، أما في حالة عزل تأثير الذكاء فإنه لم توجد أي نتائج ذات دلالة في أي نوع من التحليلات .
- الأطفال المتروين كان لديهم استيعاب أكبر للنكتة

وتمكن "كيوز ايمسكى Kuziemsk, ١٩٧٧ " [٤٠] من إجراء دراسة أخرى حول العلاقة بين الاستعداد الطبيعي للعب التخيلي ، التفكير الابتكارى ، وأسلوب التروى / الاندفاع لدى أطفال الصف الثاني الابتدائي ، وقد افترضت هذه الدراسة وجود علاقة موجبة بين المتغيرات الثلاثة السابقة وتكونت عينة الدراسة من "٥٠ طفلاً" من أطفال الصف الثاني الإعدادي "٢٥ ولداً ، ٢٥ بنتاً" ، واستخدم الباحث في هذه الدراسة الأدوات الآتية :

- اختبار "سنجر" Singer,s Imagintive play predispostion Interviw (SIPPI) وذلك لقياس الاستعداد الطبيعي للعب التخيلي .

- اختبار الاستعمالات المتعددة Alternative Uses Test لقياس القدرة على التفكير الابتكارى .

- اختبار تزاوج الأشكال المألوفة (MFFT) لقياس بعد التروى / الاندفاع . وتم تطبيق جميع الاختبارات على المفحوصين بصورة فردية .

وقد أشارت النتائج إلى ما يلي :

- وجود ارتباط ذي دلالة عند مستوى "٠٥ ،" بين الاستعداد الطبيعي لعب التخيلي والتفكير الابتكارى ، ويرى المؤلف أن هذه النتيجة تكشف عن العلاقة الدينامية بين التخيل وحدوث الابتكار ، مما يستلزم تصميم برامج تعليمية من خلال الكمبيوتر تقوم على تنشيط التخيل باستخدام المحاكاة Simulation ، وذلك إذا رغبنا في تنمية القدرة على التفكير الابتكارى .

وجود تأثير ذي دلالة للتفاعل بين التروى / الاندفاع على التفكير الابتكارى حيث مال الأولاد المترون وكذلك البنات المندفعات لأن يسجلوا درجات أعلى من الآخرين في مقاييس الابتكارية .

كما أشارت "فاطمة فرير ١٩٨٦" [٤١] إلى الدراسة التي أجراها كلٍ من "روزنفيلد، وهوتز ، وستيفرو "١٩٧٨ Rosenfield, Houtz & stieffro " والتي استهدفت الكشف عن العلاقة بين الإيقاع الإدراكي لدى الأطفال وكل من حل المشكلة والتفكير الابتكارى .

وكشفت هذه الدراسة عن العلاقة بين مجموعات الإيقاع الإدراكي الأربعة "المتروين – المندفعين – ذوي السرعة – مع الدقة ، ذوى البطء – مع عدم الدقة " مع كل من حل المشكلة والابتكارية .

وتكونت عينة الدراسة من أطفال الصف الابتدائي وشملت "٤٢ ولداً ، ٥٩ بنتاً، وطبقت الاختبارات الآتية :

- اختبار MFFT لقياس بعد التروى / الاندفاع .

- اختبار المهمات لقياس القدرة على التفكير الابتكاري وهو عبارة عن اختبارات فرعية وهي "مهمة طلاقة التداعي – مهمة الطلاقة التعبيرية – مهمة الطلاقة اللفظية – مهمة المرونة التكيفية – مهمة قياس الطلاقة الفكرية – مهمة قياس المرونة التكيفية – مهمة قياس الأصالة .

- اختبار مهام المتاهة اللفظية "الدراجة الجديدة" لقياس القدرة على حل المشكلة .

وأشارت نتائج هذه الدراسة إلى :

- عدم وجود فروق ذات إحصائية بين المجموعات الأربعة للإيقاع الإدراكي في أي من مقاييس الابتكارية أو حل المشكلة .

- كما لا توجد علاقة ذات دلالة لدى أي جنس بنين أو بنات بين مقاييس الابتكارية أو حل المشكلة مع الإيقاع الإدراكي .

واتساقاً مع نتائج الدراسة السابقة ، أثبتت الدراسة التي قام بها كل من "سيج وجارجيلوا Sigg & Gargiulo" [٤٢] عدم وجود فروق ذات دلالة إحصائية بين الأفراد المتروين والأفراد المندفعين في مقاييس الابتكارية ، حيث استهدفت دراستهما بحث العلاقة بين الابتكارية والأسلوب المعرفي لدى الأطفال العاديين والأطفال غير العاديين على التعليم في عمر المدرسة .

تعقيب على دراسات المحور الخامس :

من خلال استعراض الدراسات التي تناولت العلاقة بين الابتكار والأسلوب المعرفي " التروى / الاندفاعى " نخلص إلى :

١- تضاربت نتائج الدراسات التي تناولت العلاقة بين الابتكار وأسلوب التروى في مقابل الاندفاع ، فاشارت دراسة "فوكيا" "Foqua " ودراسة جيلبرت" "Grlbert " ودراسة مسكى "Kuziemski " إلى أن المترويين أكثر قدرة على الابتكار من المندفعين في حين أشارت دراسات أخرى غلى عكس ذلك حيث أشارت دراسة "سيج وجارجيلو Sigg & Gargiulo"

ودراسة "روزنفيلد Rosenfield, ١٩٧٧ " إلى عدم وجود فروق دالة إحصائياً بين الأفراد المندفعين والمتروين في الابتكار .

٢- يلاحظ أم معظم الدراسات التي تناولت العلاقة بين الابتكار والأسلوب المعرفي التروى / الاندفاع أجريت خلال عقد السبعينات والثمانينات.

٣- هناك العديد من الدراسات التي تناولت العلاقة بين الأساليب المعرفية والابتكار ولكنها تناولت الأسلوب الأكثر شيوعاً وهو أسلوب الاستقلال / الاعتماد عن المجال الإدراكي .

تعقيب عام - على الدراسات السابقة :

- بالنسبة للكمبيوتر يمكن ملاحظة ما يلي :

- اعتمدت معظم الدراسات السابقة على تطبيق الكمبيوتر كمعاون للعملية التعليمية C.A.I .

- كانت المحاكاة بالكمبيوتر هي الأساس في بناء معظم البرامج التعليمية المستخدمة في غالبية الدراسات التي تناولت التعليم بالكمبيوتر .

- أثبتت بعض الدراسات أنه لا توجد فروق بين التعليم في صورة فردية أو صورة مجموعات عند التعامل مع الكمبيوتر كمعاون في التعليم .

- قلة الأبحاث والدراسات التي تناولت العلاقة بين فاعلية الكمبيوتر في تنمية الابتكار برغم وجود نتائج إيجابية تدل على دور الكمبيوتر في تنمية الابتكار عكس ما هو شائع من سلبية الكمبيوتر في تنمية الابتكار .

- بالنسبة للتعليم المفرد وبعض المتغيرات التابعة كالاتجاهات والتحصيل يمكن ملاحظة:

- عدم وجود أبحاث أو دراسات عربية أو أجنبية تناولت العلاقة بين استراتيجية التعليم الموصوف للفرد I.P.I وأي من المتغيرات التابعة السابقة وخاصة الاتجاهات نحو المادة .

- تعددت وتنوعت الدراسات التي تناولت نظام التعليم الشخصي ـ P.S.I وفاعليته على بعض المتغيرات التابعة مثل الاتجاه نحو المادة والتحصيل الدراسي وغير ذلك من متغيرات.

بالنسبة للتعليم المفرد والابتكار يمكن ملاحظة :

- معظم الدراسات التي تناولت علاقة التعليم المفرد والابتكار ، ركزت على إستراتيجيات التعليم المفرد التقليدية ، ولم يتوصل – الباحث – إلى أي دراسات بحثت العلاقة بين الابتكار واستراتيجيات التعليم المفرد المعاصرة التي منها P.S.I و I.P.I .

بالنسبة للتعليم المفرد والأساليب المعرفية يمكن ملاحظة :

- معظم الدراسات – إن لم يكن جميعها – ركزت على العلاقة والتفاعل بين التعليم المفرد كمعالجات تدريسية والأسلوب المعرفي الاستقلال / الاعتماد عن المجال الإدراكي وأهملت بقية الأساليب الأخرى والتي منها التروي والاندفاع .

بالنسبة للابتكار والأساليب المعرفية يمكن ملاحظة :

- عدم اتساق نتائج الدراسات التي تناولت الأسلوب المعرفي التروي / الاندفاع والابتكار.

مراجع الفصل العاشر

١- Ploeger, F.D (١٩٨١) "The Development and Evaluation of an Interactive Computer program Simulation Desigend to Teach Science Classroom Laboratory Safety to preservice and Inservice Teachers, Unpublished p.H. Thesis, the Universoty of Texas.

٢- Bennet, F. (١٩٨٦) "The Effect of C.A.I. and Reinforcement Chedules Aphysics Achievement and Attitudes Towaed Physics of Higher School Students, Dess. Abst. Inter. Vol. ٤٦, No. ٣. November, PP. ١١٨ – ١٢٩ .

٣- Chio.B. & Gennero E. (١٩٨٧) " The Effectivenes of using Computer Simulated Under Standing of the Volum Displacement concept, J. of Research in Science Teaching" Vol.٢٤ N. ٦. PP. ٣٩ – ٨٩.

٤- James. E & saul. K (١٩٩٥) " Connections Between Computer and the Social Studies Cirriculm. Us : Catifornia: Computer, Education Research: Elementary Education, Technology: Journal Articles ٠٨٠, Reports Discriptive, pp. ٢٧ – ٣٩ .

٥- Slik, J (١٩٩٥) " Acompartive Study of Two Computer Assisted Methods of Teaching Introductory Chemistry problem Solving, Diss. Abst. Inter. Vol. ١٥, No. ٢, April, PP. ٤٤٥ – ٤٧٢ .

٦- فوزي الشربيني "١٩٩١" : فاعلية برنامج علاجي باستخدام الكمبيوتر في تحصيل تلاميذ الصف الرابع الابتدائي في الدراسات الاجتماعية. مجلة كلية التربية، أسوان، كلية التربية، جامعة جنوب الوادي، العدد "١٠" يوليو، ص ص ٣٤٣ – ٣٧٧".

٧- سلام أحمد ، خالد الحذيفي "١٩٩١": أثر استخدام الحاسب الآلي في تعليم العلوم على التحصيل والاتجاه نحو العلوم والاستدلال المنطقي لتلاميذ الصف الأول المتوسط بمدينة الرياض بالمملكة العربية السعودية ، مجلة البحث في التربية وعلم النفس ، المجلد الرابع ، العدد الثاني ، يناير "ص ص ٣٢٥ – ٣٣٧ ."

٨- محمد المقدم "١٩٩١" : إعداد برنامج في تكنولوجيا التعليم قائم على الكفايات وتحديد فاعليته باستخدام مدخل التعليم الفردي لطلاب كلية التربية ، رسالة دكتوراه غير منشورة ، كلية التربية ، جامعة الأزهر " ص ص ٨٤-٨٥ ".

٩- محمود سيد أبو ناجي "١٩٩٤" ، مرجع سابق .

١٠- ماهر إبراهيم ميخائيل "١٩٩٧" : كفاءة استخدام الكمبيوتر ، في تنمية المهارات الهندسية لدى تلاميذ المرحلة الإعدادية ، رسالة ماجستير غير منشورة ، كلية التربية بالإسماعيلية ، جامعة قناة السويس ، "ص ٤٢".

١١- Weller. H.C. (١٩٩٥) " Diagnosing and Altering Three Aristotelian Alternative Conceptions in Dynamicsi Microcomputer Simulations of Scientific models, Journal of Research in Science Teaching, Vol. ٣٢, No. PP. ٢٧١ - ٢٩١.

١٢- Shaw, E. I. (١٩٨٤٠ " Effects of The Use of Microcomputer Simulation On Concept Identification, Achievement and Attitudes Toward Computers and Science Instruction of middle School Students of Vatious levels of Logical Reasoning Ability, un pubished E. D. Thesis, the University of Gerogia.

١٣- Dalton, I. (١٩٨٦٠ " The Effects of Different Amounts of Computer Assisted Instruction on the Biology Achievement and Attitudes of high School Students (D.A.I) Vol. ٤٧, No. ١, Feb. pp. ١٢٥ - ١٤٠.

١٤- يسرى طه دنيور "١٩٩٨" : فاعلية استخدام الكمبيوتر في التحصيل الأكاديمي وتنمية القدرات الابتكارية بجانبيها المعرفي والوجداني في الفيزياء لدى طلاب المرحلة الثانوية ، رسالة دكتوراه غير منشورة ، كلية التربية ، جامعة طنطا .

١٥- Clements, D.H. & Gullo, D. F. (١٩٩١) Op. Cit. PP. ١٠٥ - ١٦١ .

١٦- سامح خميس السيد "١٩٩٧" استخدام الكمبيوتر في تعليم التصميم وأثره في تنمية بعض القدرات العقلية المرتبطة بالإبداع ، رسالة دكتوراه ، غير منشورة ، كلية التربية الفنية ، جامعة حلوان .

١٧- يسرى دنيور "١٩٩٨" ، مرجع سابق .

١٨- محمد مسعد نوح "١٩٨٠" : استخدام استراتيجية التدريس الفردي الإرشادي في تدريس بعض المهارات الأساسية في رياضيات المرحلة الابتدائية ، رسالة دكتوراه غير منشورة ، كلية التربية ، جامعة الإسكندرية .

١٩- El-far, I (١٩٨١) " An Experimental Study of Effects of using Diagonstic Prescriptive procedure on the Mastery Learning of the First Year Algebra course Required of preservice Secandary School Teachers in

Egypt, Unpublished doctoral pissertation, the pensylivania, State University.

٢٠ - بشرى محمود قاسم "١٩٨٣" :استخدام طريقة التدريس الإرشادي في تعليم الرياضيات بالمرحلة الابتدائية في العراق ، رسالة دكتوراه غير منشورة ، كلية التربية ، جامعة عين شمس .

٢١- محمد حسن عيد عوض الله "١٩٨٦" : أثر استخدام التعليم البرنامجي الفردي كطريقة علاجية في استراتيجية "بلوم" للتعليم حتى التمكن في رياضيات الصف الثاني الإعدادي واتجاهات الطلاب نحوها ، رسالة دكتوراه غير منشورة ، كلية التربية ، جامعة طنطا .

٢٢- مصطفى إسماعيل موسى "١٩٩١" : أثر استخدام الطريقة الفردية الإرشادية في تعليم الكتابة على تحسين الأداء الكتابي وتحصيل قواعد الإملاء لدى طلاب شعبة التعليم الأساسي بكلية التربية بالمنيا ، مرجع سابق ، "ص ص ١٧٥ - ٢٠٥ ".

٢٣- Long, J., Okey, J. & Yeany, R (١٩٩٢) " The Effects of A Diagnostic prescriptive Teaching Strategy on Student Achievement and Attiude in Bilolgy, J. of Researchin Science Teaching, Vol. ١٨,No. ١, pp. ٥١٥ -٥٤٢.

٢٤- Adams, R. (١٩٨١) " A Study of The Effects Of P.S.I and Lecture Teaching Methods Up On Students Achievement and Attitude Change in College Mathematice Doctioral Dissertation. North Arizona University, U.S.A.

٢٥- Gray, P. L. (١٩٨٤) A Comparativ Study Of Two Formats Of The Basic Cours In Search Communication P.S.I. Based And Lecture Recltation , Dotoral Dissertation, pensylvania State : Pensylvania University .

٢٦- تاج السر الشيخ "١٩٨٦ط : التقويم التكويني كاستراتيجية تعلم للإتقان في تدريس علم البيئة في المدارس الثانوية بالسودان ، رسالة ماجستير غير منشورة ، كلية البنات، جامعة عين شمس .

٢٧- غدنانة سعيد المقبل "١٩٨٩" : أثر استخدام طريقة "كيلر" على تحصيل الطالبات المعلمات في مادة الجغرافيا وعلاقته بأنماط الشخصية والاتجاه نحو التعليم الذاتي، رسالة دكتوراه غير منشورة ، كلية البنات ، جامعة عين شمس .

٢٨- جمال أحمد الخطيب "١٩٩٣" : تحليل تجريبي لأثر بعض عناصر خطة "كلير" على تحصيل الطلبة في مساق جامعي ، مجلة اتحاد الجامعات العربية ، العدد الثامن والعشرون ، يناير ، "ص ص ٢٢١ - ٢٢٦".

٢٩- أحمد حامد منصور "١٩٧٩" : أثر تدريس وحدة المجموعات باستخدام الوسائل التكنولوجية للتعلم على التفكير الابتكارى لتلاميذ الصف الأول بالمرحلة الإعدادية ، رسالة ماجستير غير منشورة ، كلية التربية ، جامعة المنصورة .

٣٠- أسامة عبد العظيم محمد "١٩٨٩" : استراتيجية مقترحة في تدريس الرياضيات لتنمية التفكير الابتكارى لدى تلاميذ الصف السادس من التعليم الأساسي ، رسالة ماجستير غير منشورة ، كلية التربية بينا ، جامعة الزقازيق .

٣١- فايز محمد عبده "١٩٩٢" : فاعلية التعليم البرنامجى على التحصيل الدراسي والتفكير الابتكارى لدى طلاب الصف الثالث الثانوي ، بالمملكة العربية السعودية ، مجلة كلية التربية ببنها ، أكتوبر ، "ص ٣ - ٤٣".

٣٢- عبد الرحيم أحمد سلامة "١٩٩٤" : اثر استخدام الموديولات التعليمية في تدريس العلوم على التحصيل ونمو التفكير الابتكارى لتلاميذ الصف الرابع الابتدائي ، مجلة العلوم التربوية ، العدد الثالث ، كلية التربية بقنا ، جامعة أسيوط ، يونيو، "ص ص ٢٩١ - ٣٢٥ ".

٣٣- Jerry، w. (١٩٨٠) A Studey of the Cognitive Styles of low-Achieving Algebra students in Individualized and Exposiyory Classes, Diss. Abst. Inter. Vol. ٤٠, no. ٩ March، pp. ٨٨ - ٨٨٦ - A.

٣٤- نادية محمود الشريف "١٩٨٢" : الأنماط الإدراكية وعلاقتها بمواقف التعلم الذاتي والتعلم التقليدي ، مجلة العلوم الاجتماعية ، العدد الثاني ، الكويت ، يوليو ، أغسطس، "ص ص ٢٦ - ٤٦".

٣٥- سوسن عز الدين "١٩٩٧" : اثر استخدام استراتيجية علاجية بأساليب التغذية المرتجعة وباستخدام الكمبيوتر في تنمية التحصيل لطلاب الصف الأول الثانوي في الهندسة وفقاً لأنماطهم المعرفية ، مرجع سابق ، "ص ٥٦".

٣٦- Post. P.E. (١٩٨٧) " The Effect of Field Independence Field Dependence on Computer – Assisted Instruction Achiecement, J. of Industerial Teacher Education, Vol. ٢٥ ١,PP. ١٣٩-١٤٦.

٣٧- نادية الشريف، قاسم الصراف "١٩٨٧" : دراسة عن مدى تأثير الأسلوب المعرفي على الأداء في بعض المواقف الاختبارية ، المجلة التربوية ، كلية التربية ، جامعة الكويت ، العدد "١٣" ، المجلد الرابع ، يونيو ، "ص ص ١٣٢ – ١٤٢".

٣٨- Fuqua, R & et., al. (١٩٧٥) " An Investigation of the Relationship Between Cognitive Tempo and Creativity in pre- School age Children, Child Development, ٤٦, pp. ٧٧٩ – ٦٨٦.

٣٩- Gilbert, C. (١٩٧٧) " Humor, Creativity, Conceptual Tempo, and I Q In First grad Children. Diss. Abst. Inte. ٣٨, pp. ٣٢٤٨ – A.

٤٠- Huziemski, Ne, (١٩٧٧) " Relationship Among Imaginative play predisposition, Creative Thinking and Relfectivity Impusivity in Second –Graders. Diss Abst. Inte.. ٣٨, pp. ١٨٦١ –B.

٤١- فاطمة علي فرير "١٩٨٦" : التأمل / الاندفاع وعلاقته ببعض المتغيرات المعرفية، مرجع سابق ، " ص ص ١٠٣ – ١٠٤".

٤٢- Sigg, J, V Cargiulo, U. (١٩٨٠) " Creativity and Cognitive styles in Learning Disabled and Nondisabeld school Age Children, psychological, Reports. ٤٦, pp. ٢٩٩-٣٠٣ .

توصيات الكتاب

Book Recommendations

في ضوء العرض السابق لفصول هذا الكتاب يمكن التوصية بـ :-

١- أن يراعي المعلمون التدريس باستخدام استراتيجيات التعليم المفرد المختلفة وخاصة استراتيجيات التعليم الموصوف للفرد " I.P.I. " ونظام التعليم الشخصي "P.S.I " وذلك لفاعليتهما في تنمية التحصيل الأكاديمي الابتكاري ، وألا يعتمد المعلمون في تدريسهم على طرق تدريس تقوم على الحفظ والتلقين واستظهار المعلومات ، حيث أن هذه الطرق تمثل إحدى معوقات تنمية التفكير الابتكارى .

٢- نظراً لظهور فاعلية لاستراتيجيات التعليم المفرد من خلال الكمبيوتر في تنمية التحصيل الأكاديمي الابتكارى في العلوم ، وتحسين الاتجاه نحو مادة العلوم ؛ فإننا نوصى بالاعتماد على الكمبيوتر في تقديم المعلومات باعتباره وسيلة مشوقة وجذابة يمكن أن تسهم في زيادة دافعية التلميذ نحو التعلم ، في ذات الوقت الذي لا نؤيد فيه الاعتماد التام على الكمبيوتر في التعليم والاستغناء عن المعلم ؛ لأن ذلك قد يفقد العملية التعليمية طابعها الإنساني الاجتماعي .

٣- ألا يقتصر التقويم في تدريس مادة العلوم وجميع المواد الدراسية على تحصيل المعلومات فحسب ، بل بجانب ذلك يجب الاهتمام بقياس قدرات التفكير الابتكارى ويمكن أن يتحقق ذلك من خلال استخدام اختبارات التحصيل الأكاديمي الابتكارى التي تهدف إلى قياس مدى اكتساب التلاميذ للمعلومات المتضمنة في المادة الدراسية ، بالإضافية إلى التعرف على مدى نمو قدرات التفكير الابتكارى لديهم .

٤- أن يؤمن السادة المسؤولون التربويون بضرورة رعاية الأفراد المبتكرين والابتكار كباب واسع للخروج من أزماتنا وحل مشكلاتنا المعاصرة . ولذا فيفضل بناء المناهج وإعداد المقررات الدراسية على أساس من الوعي الابتكارى ، فالابتكار

يمثل مدخلاً أساسياً في العملية التربوية ، وقد حان الوقت لكي يلتفت إليه المربون، ويسعون إلى الإفادة من نتائجه في شتى مناحي التربية والتعليم سواء في الكشف المبكر عن المبتكرين أم التدريب على تنمية الابتكار عند التلاميذ من خلال أنشطة إثرائية التخيل والتفكير لدى التلاميذ في مرحلة التعليم الإعدادي .

٥- تنشئة وتأهيل المعلمين إبتكارياً ، وذلك من خلال إجراء دورات تدريبية للمعلمين لتحقيق هذا الهدف ، أو تضمين هذه الدورات في أثناء إعداد المعلمين في كليات التربية ؛ وبذلك نضمن إلى حد ما اهتمام المعلمين بالأفراد المبتكرين ورعايتهم داخل الفصول الدراسية .

٦- تدريب التلاميذ على كيفية التعامل مع برامج الكمبيوتر من بداية المرحلة الابتدائية مع توضيح مزايا الكمبيوتر عند استخدامه في التعليم .

٧- تدريب المعلمين على تصميم وإعداد برامج تعليمية من خلال الكمبيوتر في المواد الدراسية المختلفة ، وذلك من بداية إعداد المعلمين في كليات التربية والمعلمين والمعلمات .

٨- أن يراعى المعلمون تطبيق بعض الاختبارات التي تكشف الاستعدادات العقلية للتلاميذ مثل اختبار تزاوج الأشكال المألوفة لقياس الأسلوب المعرفي "التروى/الاندفاع" حتى يمكن تصنيف التلاميذ في بداية العام الدراسي في ضوء الأسلوب المعرفي المستخدم ومن ثم يتسنى لهم تحديد أنسب المعالجات التدريسية التي تتلاءم مع هذه لاستعدادات وبالتالي الوصول بالعملية التعليمية إلى أفضل مستوى ممكن .

٩- إعداد برامج كمبيوتر تهدف إلى التلاميذ المندفعين إلى متروين نظراً لأفضليتهم في القدرة على التفكير الابتكارى.

بحوث ودراسات مقترحة

من الأهداف الرئيسية للبحوث للدراسات العلمية دفع عملية العلم نحو مزيداً من البحث والاكتشاف بهدف الوصول غلى رؤية جديدة أكثر وضوحاً وعمقاً ، وذلك

بتقديم مشكلات بحثية جديدة ، هذا بجانب الوصول إلى حل المشكلة موضوع البحث.

وفي ضوء الهدف من إصدار هذا الكتاب يمكن اقتراح عدد من البحوث والدراسات المستقبلية التالية :

١- دراسة أثر التفاعل بين استراتيجيات التعليم المفرد الأخرى ، كالتوجيه السمعى، والتعليم معاونة الكمبيوتر ، وبعض الاستعدادات مثل : الأساليب المعرفية الأخرى ومنها أسلوب الاستقلال / الاعتماد الإدراكي على تنمية التفكير الابتكارى .

٢- دراسة مقارنة بين بعض استراتيجيات التعليم المفرد مثل التربية الموجهة للفرد، والتوجيه السمعي واثر ذلك على التحصيل الأكاديمي الابتكارى .

٣- دراسة العلاقة بين بعض استراتيجيات التعليم المفرد ، ووجهة الضبط ، وأسلوب التروى /الاندفاع ، على تنمية التفكير الأكاديمي الابتكارى والاتجاهات العلمية.

٤- دراسة أثر التفاعل بين استراتيجيات التعليم المفرد "التعليم الموصوف والتوجيه السمعي" والسعة العقلية على عمليات العلم والتحصيل الدراسي .

٥- دراسة مقارنة بين التعليم الموصوف للفرد كاستراتيجية للتعليم المفرد ، والمنظمات المتقدمة كاستراتيجية التعليم الجمعي ، وأثرهما في تنمية التحصيل الدراسي والتفكير الابتكارى

٦- دراسة تتناول التفاعل بين الأسلوب المعرفي "التروى /الاندفاع" والسعة العقلية ، وأثر ذلك على الاتجاهات نحو مادة العلوم ، وعمليات العلم .

٧- دراسة أثر استخدام برنامج الكمبيوتر بأسلوب المحاكاة لمادة العلوم في تنمية التفكير الناقد والميول العلمية لدى تلاميذ المرحلة الإعدادية .

٨- إجراء دراسة تتناول المقارنة بين استراتيجيات "بلوم" للتعليم حتى الإتقان والتعليم التعاوني على بعض المتغيرات التابعة مثل التحصيل الدراسي وحب الاستطلاع .

٩- دراسة أثر برنامج مقترح في العلوم من خلال الكمبيوتر لتعديل الأفراد المندفعين إلى أفراد متروين .

١٠- تصميم برنامج تعليمي موجهه لتنمية مهارات التفكير الابتكاري في ضوء موجهات نظرية الذكاءات المتعددة أو النظرية البنائية .

ملاحق الكتاب

ملحق رقم (١)
نماذج من مفردات

إختبار تزاوج الأشكال المألوفة
(ت. أ . م ١٢)

لقياس أسلوب الإندفاع / التروي

إعداد

د. حمدى الفرماوى

* يفضل الرجوع للناشر للحصول على مفردات الاختبار كاملة ونموذج التصحيح وكراسة التعليمات – مكتبة الانجلو المصرية – القاهرة

تعليمات الاختبار :

١- يتكون هذا الاختبار من "١٤" مُفردة "شكل" من الأشكال المألوفة .

٢- تتكون كل مُفردة من شكل أساسي "معياري" يوجد في منتصف الصفحة وحوله "٦" أشكال أخرى مختلفة عنه ، ومرقمة من "١ : ٦" ما عدا شكل واحد فقط يتطابق تماماً مع الشكل الأساسي .

٣- المطلوب منك تحديد رقم الشكل المطلوب في كل مُفردة ثم وضعه في ورقة الإجابة الخاصة بذلك أمامه .

٤- حاول أن تكون إجابتك دقيقة حتى تحصل على أكبر درجة ممكنة .

٥- الزمن اللازم لأداء هذا الاختبار " ٢٤ دقيقة " بمعدل دقيقتين لكل مُفردة .

٦- لا توجد علاقة بين هذا الاختبار ودرجة امتحان آخر العام .

٧- المُفردتان الأولى والثانية للتدريب ، وعليك الإجابة عن الأثنتى عشر المُفردة الباقية .

مثال (١) : "للتدريب" ...

* - في الصفحة التي يوجد فيها شكل "**الشنطة**" ، يكون الشكل المتطابق مع الشكل الأساسي هو رقم "٦" .

مثال (٢): "للتدريب" ...

* - في الصفحة التي يوجد فيها شكل "**المسطرة**" ، يكون الشكل المتطابق مع الشكل الأساسي هو رقم "٣" .

٨- لا تبدأ في الإجابة قبل أن يؤذن لك .

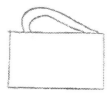

« ١ »

« ٢ »

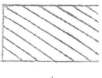

« ٣ »

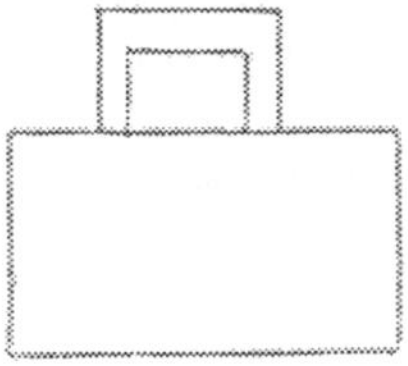

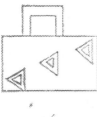

« ٤ »

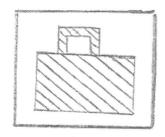

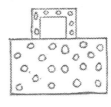

« ٥ »

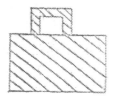

« ٦ »

« ١ »

« ٢ »

« ٣ »

« ٤ »

« ٥ »

« ٦ »

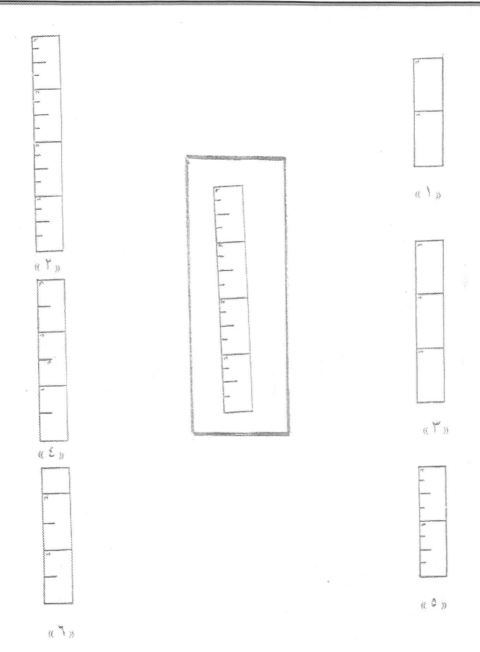

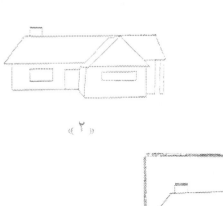

« ١ »

« ٢ »

« ٣ »

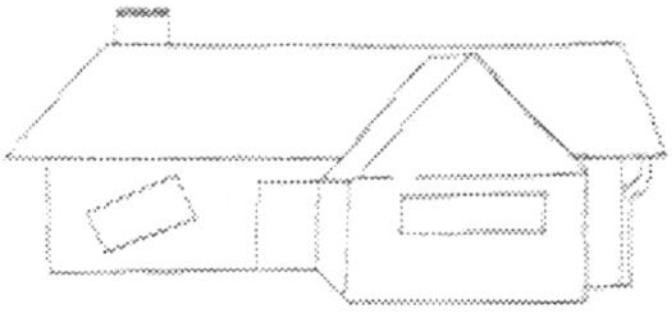

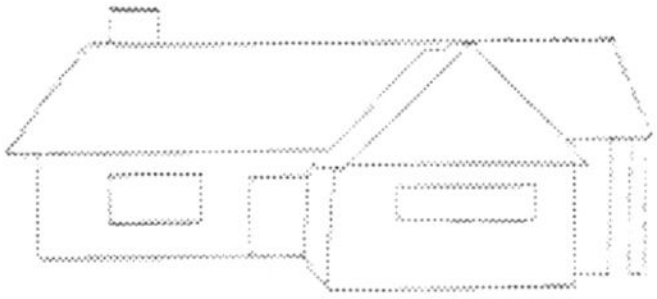

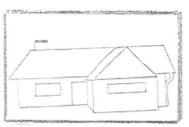

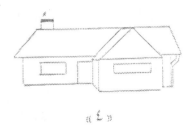

« ٤ »

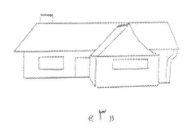

« ٥ »

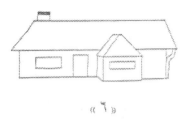

« ٦ »

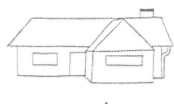

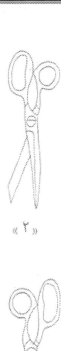

«١»

«٢»

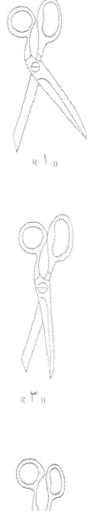

«٣»

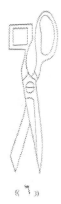

«٤»

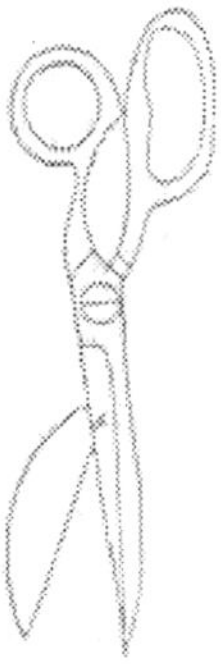

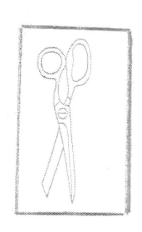

«٥»

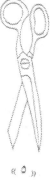

«٦»

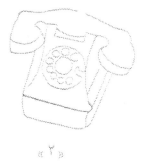

« ١ »

« ٢ »

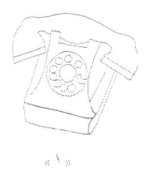

« ٣ »

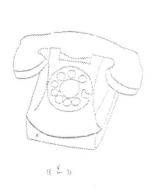

« ٤ »

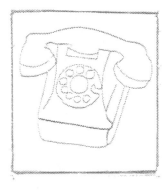

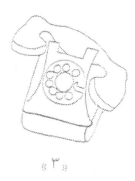

« ٥ »

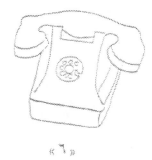

« ٦ »

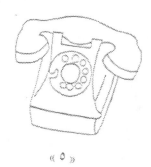

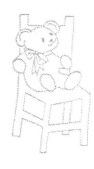

«١»

«٢»

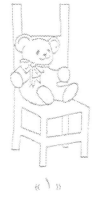

«٣»

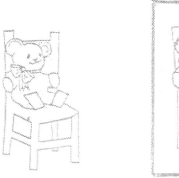

«٤»

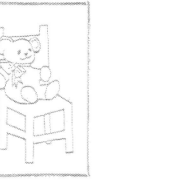

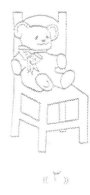

«٥»

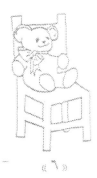

«٦»

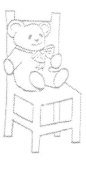

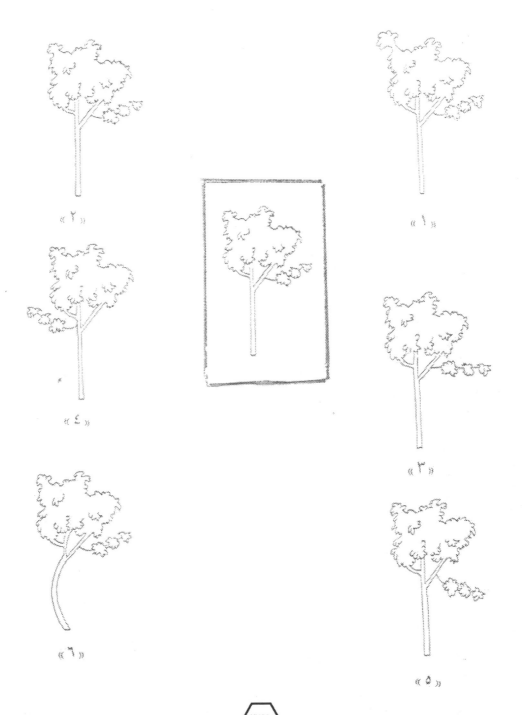

«١»

«٢»

«٣»

«٤»

«٥»

«٦»

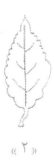

«١»

«٢»

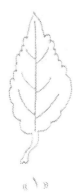

«٣»

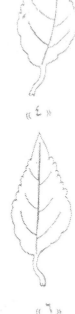

«٤»

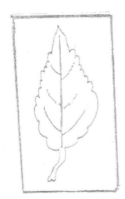

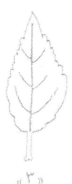

«٥»

«٦»

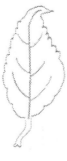

«١»

«٢»

«٣»

«٤»

«٥»

«٦»

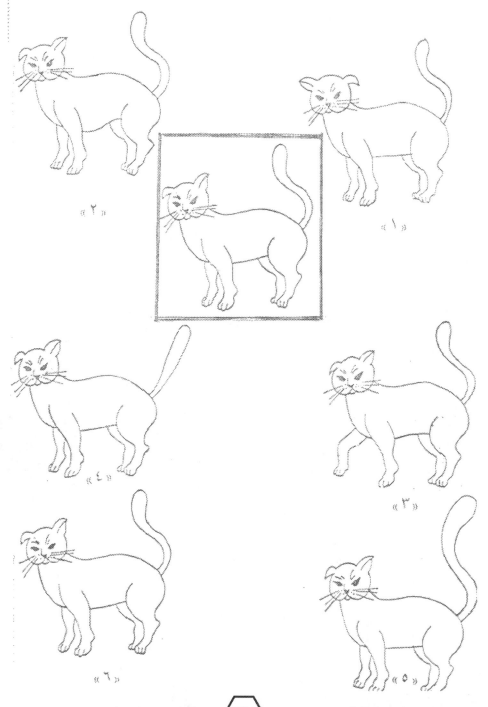

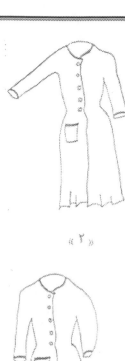

« ١ »

« ٢ »

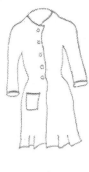

« ٣ »

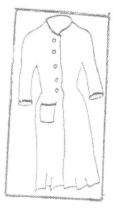

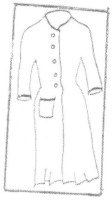

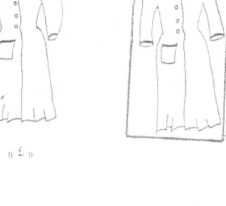

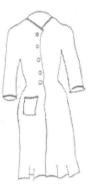

« ٤ »

« ٥ »

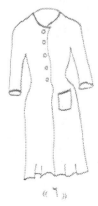

« ٦ »

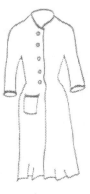

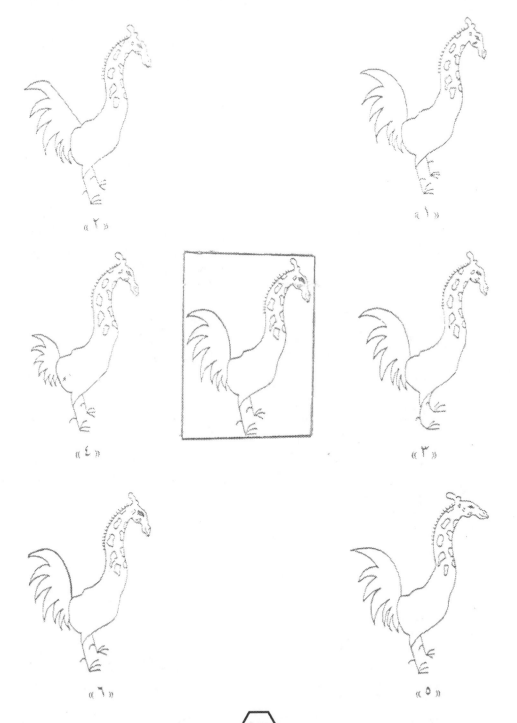

«١»

«٢»

«٣»

«٤»

«٥»

«٦»

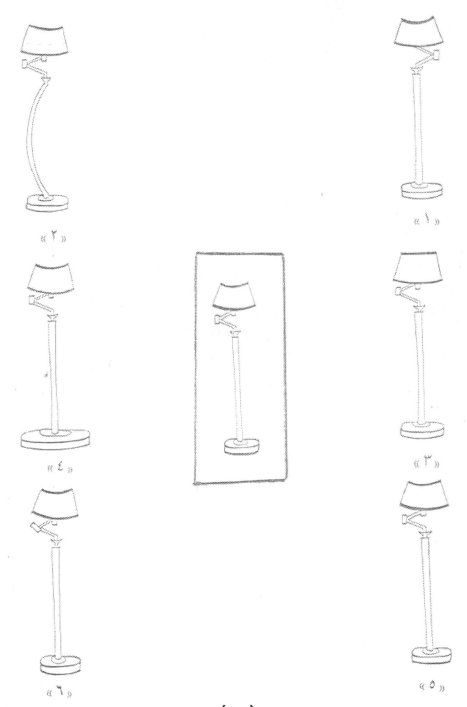

« ١ »

« ٢ »

« ٣ »

« ٤ »

« ٥ »

« ٦ »

ملحق رقم (١)

ورقة إجابة
اختبار تزاوج الأشكال المألوفة

ورقة إجابة اختبار تزاوج الأشكال المألوفة "ت. أ. م ١٢"
" حتى سن ١٢ سنة "

الاسم : .... الفصل : /

المدرسة : .... تاريخ الميلاد : / /

رقم المفردة"الشكل	اسم المفردة الشكل	الزمن	عدد الأخطاء	رقم الإجابة بالصفحة	ملاحظات
مفردات للتدريب	الشنطة			٦	
	المسطرة			٢	
١	المنزل				
٢	المقص				
٣	التليفون				
٤	الدب				
٥	الشجرة				
٦	الورقة				
٧	القطة				
٨	الفستان				
٩	الزرافة				
١٠	اللمبة				
١١	المركب				
١٢	الرجل				
المجموع الكلي					

ملحق رقم (٢)

اختبار التحصيل الأكاديمي الابتكارى في
مادة العلوم
لتلاميذ الصف الأول الإعدادي

إعداد

د. عادل سرايا

خطاب الباحث للسادة المحكمين على
اختبار التحصيل الابتكاري في مادة العلوم

السيد / ....

تحية طيبة وبعد

* يقوم الباحث بإعداد دراسة موضوعها " فاعلية استخدام الكمبيوتر وبعض إستراتيجيات التعليم المُفرّد في تنمية التحصيل الابتكاري والاتجاه نحو مادة العلوم في ضوء الأسلوب المعرفي لـدى تلاميـذ المرحلـة الإعدادية " للحصول على درجة دكتوراه الفلسفة مناهج وطرق تدريس تخصص "تكنولوجيا التعليم" .

* ولعلكم تدركون أن الابتكار لا يعمل في فراغ بل يحتاج بناءً معرفياً من المعلومات ليتعامل معها حتى ينتج شيئاً مفيداً ، ولذا فإننا لسنا في حاجة لقياس التحصيل الأكاديمي فقط ، أو قياس القدرات الابتكاريـة فقط ، ولكننا في حاجة لقياس التحصيل الابتكاري ، أي مدى اكتساب التلاميذ للمعلومات في مادة دراسية معينة ، بالإضافة إلى قياس درجة نمو القدرات الابتكارية لديهم في نفس الوقت التي تمثل قمة القدرات العقلية الأخرى .

* وبناء على ذلك فقد قام "الباحث" بإعداد اختبار في التحصيل الأكاديمي الابتكاري في الوحـدة الرابعـة "الأرض والغلاف الجوي" من كتاب علوم الأول الإعدادي ، وقد جاءت مفردات هذا الاختبار لتقيس عوامـل التحصيل الابتكاري التالية :

١- الطلاقة : Fluency

* وتعنى قدرة الفرد على استدعاء أكبر عدد ممكن من الاستجابات المناسبة حول موقف أو مشكلة معينة .

٢- المرونة : Flexibility

* وتعنى قدرة الفرد على تعديل وجهته الذهنية ورؤية المشكلة من زوايا متعددة ومتباينة، واتباعه لأكـثر من أسلوب للوصول إلى كل ما يحتمل من حلول وأفكار .

٣- الأصالة : Originality

* وتعنى قدرة الفرد على إنتاج استجابات غير مألوفة وبعيدة عن الشيوع والظاهر المعروف

٤- التحصيل الأكاديمي : Academic Achievement

* ويعنى مدى اكتساب التلميذ لمعلومات المتضمنة في الوحدة الرابعة كـم كتاب علوم الصف الأول الإعدادي .

- ولكي نوضح كيفية بناء اختبار التحصيل الأكاديمي الابتكاري وطريقة تصحيحه ، نقدم هذا المثال التوضيحي ..

* السؤال اللاحق من نوع الاختيار من متعدد أُستخدم لقياس معلومات التلاميذ حول خصائص غاز ثاني أكسيد الكربون في امتحان الفصل الـدراسي الأول لإدارة فاقوس التعليمية للعام الدراسي ١٩٩٦/٩٥ م - محافظة الشرقية - مصر .

السؤال :

* أي من الخصائص الآتية لا تنطبق على ثاني أكسيد الكربون :

أ- عديم اللون .

ب- يوجد بنسبة ٠.٣ %.

ج- يدخل في عملية التنفس .

د- يعكر ماء الجير .

هـ- عديم الرائحة .

* وفي السؤال - وطبقاً لقواعد اختبارات الاختيار مـن متعـدد - فـان التلميـذ الـذي يختار الإجابـة "جــ" يحصل على درجة السؤال بالكامل ، بالرغم من أنه قد لا يعرف إلا أربع خصائص لغاز ثاني أكسيد الكربون

* هذا بالإضافة إلى أن مثل هذا السؤال لا يشير إطلاقاً إلى أي قدرات عقلية عليا سوى تذكر المعلومات ، ولا يأخذ في اعتباره الأداء الابتكاري للتلميذ .

*- ولكن في اختبار التحصيل الأكاديمي الابتكاري نستطيع صياغة نفس السؤال بطريقة تجعلنا نحصل على معلومات أكثر عن تحصيل التلاميذ الأكاديمي بالإضافة إلى معلومات عن مستوى أدائه الابتكاري كما يلي ..

السؤال :

- فكر في أكبر عدد ممكن من خصائص غاز ثاني أكسيد الكربون ، "واكتب كل فكرة في سطر جديد".

الإجابات المحتملة :

١- عديم اللون .

٢- عديم الرائحة .

٣- يوجد بنسبة ٠.٠٣% .

٤- ينتج من عملية التنفس .

٥- ينتج من احتراق الفحم .

٦- ينتج من احتراق البترول .

٧- ينتج من احتراق الخشب .

٨- يساعد في إطفاء الحرائق .

٩- يعزل الهواء الجوي عن اللهب المشتعل .

١٠- زيادته في الهواء تسبب ارتفاع في درجة الحرارة .

١١- يدخل في البناء الضوئي .

١٢- يدخل في صناعة الخميرة .

١٣- يمكن أن نحصل منه على الأكسجين .

١٤- يدخل في صناعة المياه الغازية .

١٥- يدخل في صناعة الصودا .

١٦- يمكن أن يستخدم بدلاً من الفريون في أجهزة التبريد .

١٧- يمكن أن يستخدم في العلاج .

١٨- يعكر ماء الجير إذا مر فيه فترة قصيرة .

١٩- يزول التعكير إذا مر في ماء الجير فترة طويلة .

٢٠- يدخل في صناعة الفحم .

- ويتم تصحيح هذا السؤال كما يلي :

١- نشطب العبارات الخطأ "١٢ ، ٢٠".

٢- عدد الإجابات المتبقية "الصحيحة" يساوي درجة التلميذ في **الطلاقة** "١٨ درجة".

٣- يتم تصنيف الإجابات إلى فئات تضم كل فئة الإجابات التي تدور حول فكرة واحدة ، ومجموع تلك الفئات تمثل درجة الطالب في **المرونة** .

- ففي السؤال السابق ، فإن الإجابات رقم "١ ، ٢" تقع ضمن فئة واحدة ، ولذلك فإن الإجابتين تأخذ درجة واحدة ، والإجابات رقم "٤ ، ٥ ، ٦ ، ٧" تقع ضمن فئة واحد ولذلك تأخذ درجة واحدة ، وينطبق ذلك على الإجابات "٨ ، ٩" ، والإجابات "١٤" "١٥" والإجابات "١٨ ، ١٩" ، وباقي الإجابات لا تتشابه مع بعضها ولذلك تكون درجة هذا التلميذ في المرونة تساوي "١١ درجة ".

٤- يُحسب عدد الإجابات غير المألوفة "غير المتوقعة" على أنها درجة **الأصالة** .

- فبالنسبة لأي مدرس علوم فإنه يعتبر الإجابات أرقام " ١٠ ، ١٣ ، ١٦ ، ١٧" إجابات غير مألوفة لمثل هذا السؤال ، بينما باقي الإجابات شائع أو متوقع ، ولذلك فإن درجة الأصالة في هذا السؤال تساوي "٤ درجات" ، وتجدر الإشارة إلى أن الأصالة تحسب دائماً بأقل نسبة مئوية للتكرار عندما يطبق اختبار التحصيل الابتكاري على مجموعة من التلاميذ .

٥- درجة **التحصيل الأكاديمي** تكون مساوية لدرجة الطلاقة "مجموعة الإجابات الصحيحة" أي تساوى "١٨ درجة" .

٦- مجموع درجات كل من " الطلاقة – المرونة – الأصالة – التحصيل الأكاديمي " لكل سؤال تمثل الدرجة الكلية للتلميذ في هذا السؤال .

- وخلاصة القول فإن هذا النوع من الاختبارات قد يُعطي فيه التلميذ استجابات أو أفكار جديدة لم يدرسها أو يتلقاها من المعلم ، وقد يكون بعضها تعبيراً عما قرأه أو

عن رأيه أو خبراته أو ابتكاراً من عنده ، وبذلك نستطيع التمييز بين التلاميذ من حيث قدراتهم الابتكارية بجانب قدراتهم على تحصيل المعلومات .

*- وجدير بالذكر إلى أن هذا النوع من الاختبارات يمكن أن يكون أكثر ملائمة وارتباط عندما يطبق على مجموعة من التلاميذ في ظل استخدام معالجات تدريسية معينة تهدف إلى تنمية قدرات التفكير الابتكارى لديهم بدلاً من استخدام اختبارات أو مقاييس ابتكارية عامة .

*- ونأمل في معاونة سيادتكم وإبداء الرأي حول هذه النقاط ...

١- مدى وضوح صياغة المفردات .

٢- مدى ملاءمة مفردات الاختبار لمستوى تلاميذ الصف الأول الإعدادي .

٣- مدى ارتباط المفردات بالمحتوى العملي للوحدة الدراسية المختارة .

٤- مدى الصحة العلمية لمفردات الاختبار .

٥- إبداء ملاحظاتكم العامة عن الاختبار ككل .

٦- تقديم مقترحاتكم وتوجيهاتكم حول هذا النوع من الاختبار .

وتفضلوا بقبول فائق الاحترام

تعليمات الاختبار :

١- اقرأ بعناية مقدمة كل سؤال في هذا الاختبار لتتعرف على المطلوب منه .

٢- يتكون هذا الاختبار من "١٢ سؤال " من نمط الأسئلة التباعدية .

٣- لكل سؤال في هذا الاختبار زمن محدد يجب الالتزام به (٦)دقائق لكل سؤال" .

٤- حاول أن تجيب على أسئلة الاختبار بأقصى سرعة ممكنة ، ولا تترك سؤالاً بدون إجابة .

٥- حاول أن تفكر في كتابة أكبر عدد ممكن من الإجابات والتي لا يفكر فيها زملاؤك

٦- سجل أفكارك في المكان المناسب لكل سؤال .

٧- اكتب كل فكرة تخطر على ذهنك دون تردد.

٨- يجب أن تعلم أن أسئلة هذا الاختبار ليس لها إجابات محددة بل لها إجابات عديدة ومتنوعة حسب تصورك لها .

٩- لا تبدأ في الإجابة ولا تقلب الصفحة قبل أن يؤذن لك .

الأسئلة

شكل رقم «١»

السؤال الأول :

- في الشكل الموجود أمامك رقم "١" أحد أنواع الصخور تعرض لعوامل مختلفة طبيعية وكيميائية مما أدى إلى نحته وتفتيته .

***- فكر في كابة أكبر عدد ممكن من العوامل التي تؤدي إلى نحت وتفتيت الصخور ؟**

السؤال الثاني :

***- فكر في كتابة أكبر عدد ممكن من التغيرات الصناعية والطبيعية الموجودة على سطح الأرض ؟**

موقع «أ»
قمة الجبل
جبل إرتفاعه ٦كم
سفح الجبل
موقع «ب»

شكل رقم «٢»

السؤال الثالث :

- انظر الشكل التخطيطي الموجود "رقم ٢" ثم .....

***- فكر في كتابة أكبر عدد ممكن من أوجه الاختلاف في عناصر الطقس وظروف الحياة بين الموقع "أ" والموقع "ب" .**

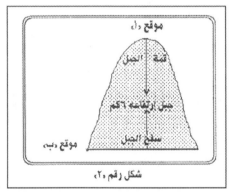

السؤال الرابع :

- تدخل الرمال في العديد من الاستخدامات والصناعات ....

***- فكر في كتابة أكبر عدد ممكن من استخدامات الإنسان للرمال .**

السؤال الخامس :

- يمثل الشكل رقم "٣" الموجود أمامك إحدى مصادر ثاني أكسيد الكربون في الهواء الجوي.

***- فكر في كتابة أكبر عدد ممكن من النتائج المترتبة على زيادة نسبة ثاني أكسيد الكربون في الهواء الجوي؟**

شكل رقم «٣»

السؤال السادس :

- للرياح العديد من الفوائد والاستخدامات ......

***- فكر في كتابة أكبر عدد ممكن من الاستخدامات المختلفة للرياح ؟**

السؤال السابع :

***- فكر في كتابة أكبر عدد ممكن من النتائج المترتبة على انعدام الجاذبية الأرضية ؟**

السؤال الثامن :

***- فكر في كتابة أكبر عدد ممكن من مُسميات الصخور الموجودة في الطبيعة ؟**

السؤال التاسع :

- فكر في أكبر عدد ممكن من النتائج المترتبة على حدوث الزلازل والبراكين ؟

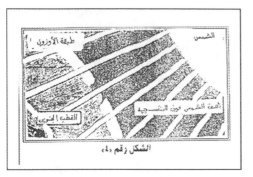

الشكل رقم «٤»

السؤال العاشر:

- يوضح الشكل الموجود أمامك رقم "٤" ...
- وجود ثقب في طبقة الأوزون في الغلاف الجوي.
*- فكر في كتابة أكبر عدد ممكن
من الحلول الممكنة للحد من اتساع ثقب
الأوزون ؟

السؤال الحادي عشر :

- فكر في أكبر عدد ممكن من النتائج المترتبة على ثبات درجة الحرارة على سطح الأرض وعدم تباينها ؟

السؤال الثاني عشر:

*- افترضت النظرية العلمية الحديثة لـ "الفريد هيل"
أن الأرض نشأت من انفجار نجم آخر غير الشمس .
*- فكر في كتابة أكبر عدد ممكن من
الدلائل التي تؤيد هذه النظرية ؟

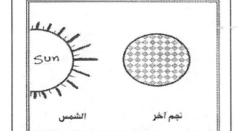

الشكل رقم «٥»

ملحق رقم (٣)

مقياس الاتجاه نحو مادة العلوم
لتلاميذ الصف الأول الإعدادي

إعداد

د. عادل سرايا

خطاب الباحث للسادة المحكمين على
مقياس الاتجاه نحو مادة العلوم

السيد / ....

تحية طيبة وبعد

٭- يقوم الباحث بإعداد دراسة موضوعها "فاعلية استخدام الكمبيوتر وبعض إستراتيجيات التعليم المُفرد في تنمية التحصيل الابتكارى والاتجاه نحو مادة العلوم في ضوء الأسلوب المعرفي لدى تلاميذ المرحلة الإعدادية " وذلك للحصول على درجة دكتوراه الفلسفة في التربية مناهج وطرق تدريس " تكنولوجيا التعليم"

٭- وقد قام الباحث بإعداد مقياس في الاتجاه نحو مادة العلوم ويعرف الاتجاه على أنه "استجابات الفرد ، أو استعداده نحو أو ضد موضوع أو شخص أو فكرة أو عمل اجتماعي ما.

ويأمل الباحث في معاونة سيادتكم وإبداء الرأي حول هذه النقاط :

١- مدى وضوح صياغة مفردات المقياس .

٢- مدى ملاءمة كل عبارة للهدف الذي وضعت من أجله .

٣- مدى مناسبة كل عبارة لمستوى التلاميذ .

٤- مدى الصحة العلمية لمفردات المقياس .

٥- إبداء ملاحظاتكم العامة على المقياس ككل .

وتفضلوا بقبول فائق الاحترام "

الباحث

تعليمات المقياس

عزيزي .... التلميذ

*- أمامك مجموعة من العبارات التي وضُعِت لجمع بيانات خاصة بقياس اتجاهك نحو مادة العلوم وتشمل هذه العبارات بعض الموضوعات والقضايا الخاصة بمجال العلوم والتي تختلف حولها وجهات النظر ، وعليك أن تحدد مدى موافقتك أو عدم موافقتك بناءً على رأيك الشخصي لما ورد بتلك العبارات وإليك التعليمات الخاصة بالمقياس :

١- يتكون هذا المقياس من "٢٤" عبارة .

٢- إقرأ هذه العبارات بدقة وعناية ثم حدد موقفك منها .

٣- توجد أمامك كل عبارة ثلاثة اختيارات وعليك وضع علامة " √ " أمام الاختيار الذي يتناسب مع رأيك وتقديرك ...... فمثلاً :

*- إذا كنت تشعر بالموافقة التامة والصريحة على ما ورد بالعبارة فضع علامة " √ " أمام الاختيار "موافق".

*- إذا كنت تشعر بعدم الموافقة التامة على ما ورد بالعبارة ضع علامة " √ " أمام الاختيار " غير موافق ".

*- إذا كنت لم تستطع أن تبدي رأياً واضحاً فيما ورد بالعبارة وتشعر بالتردد فضع علامة " √ " أمام الاختيار "متردد" .

مثال توضيحي :

مشاهدة الأفلام العلمية شيء ممتع ومثير

موافق	متردد	غير موافق
" √ "		

٥- لا تترك عبارة دون اختيار إجابة لها .

٦- لا توجد إجابات صحيحة وأخرى خاطئة .

٧- لا توجد علاقة بين درجة هذا المقياس ودرجة امتحانك في مادة العلوم .

٨- لا تضع أكثر من علامة أمام كل عبارة من عبارات المقياس .

الاسم : .... فصل : .... مجموعة

تاريخ التجربة : .... المدرسة .... رقم :

م	الاستجابات / العبارات	موافق	متردد	غير موافق
١	إجراء التجارب في المعمل يجلب لي راحة ومتعة .			
٢	مادة العلوم لا تساهم في حلة مشكلة التلوث في البيئة .			
٣	أتمنى دخول كلية تهتم بدراسة العلوم في المستقبل			
٤	يشعر معلم العلوم بالضيق عندما يناقشه أحد طلابه .			
٥	الافلام التعليمية تساهم في تبسيط مادة العلوم .			
٦	احب الاشتراك في الأنشطة العلمية بالمدرسة.			
٧	يركز معلم العلوم على فئة الطلاب المتميزين داخل الفصل.			
٨	أتمنى أن تكون معظم الحصص الدراسية عن مادة العلوم.			
٩	اشعر بالضيق من توجيهات معلم العلوم .			
١٠	احب التعامل مع الأجهزة التي تُبسط مادة العلوم كالكمبيوتر			
١١	مادة العلوم صعبة الفهم .			
١٢	تجارب العلوم مُملة .			
١٣	أحب أن أتناقش مع زملائي عن فوائد مادة العلوم .			
١٤	مادة العلوم تفيد الطلاب صغار السن .			
١٥	تساهم مادة العلوم في زيادة ثقافتنا العلمية .			
١٦	استخدام الأدوات وعمل التجارب في العلوم مضيعة للوقت .			
١٧	أشعر بالضيق عندما يطلب منى معلم العلوم عمل وسيلة تعليمية.			
١٨	معلم العلوم لا يتعامل مع تلاميذه بقسوة .			
١٩	أشعر بالضيق عند اقتراب حصة العلوم.			
٢٠	حبي لمعلم العلوم يساعدني في استذكارها .			
	المجموع			

مراجع الكتاب

أولاً : المراجع العربية : *

١- أحمد بلقيس ، توفيق مرعى "١٩٨٣" علم النفس التربوي ، الأردن ، دار الفرقان .

٢- أحمد حامد منصور "١٩٧٩" : أثر تدريس وحدة المجموعات باستخدام الوسائل التكنولوجية للتعلم على التفكير الابتكاري لتلاميذ الصف الأول بالمرحلة الإعدادية منشورة ، رسالة ماجستير غير منشورة، كلية التربية ببنها ، جامعة الزقازيق .

٣------------- "١٩٩١" دراسات في تكنولوجيا التعليم ، سلسلة أبحاث تكنولوجيا التعليم.

٤------------- "١٩٩٦" : تطبيقات الكمبيوتر في التربية ، سلسلة تكنولوجيا التعليم ، رقم "٨" .

٥- أحمد خيري كاظم وآخرون "١٩٨٢" أساسيات المناهج، القاهرة: دار النهضة العربية .

٦- أحمد زكي صالح "١٩٧٢" علم النفس التربوي، القاهرة: مكتبة النهضة المصرية.

٧- أحمد عفت مصطفى "١٩٩٦" فاعلية استخدام استراتيجية "كيلر" لتفريد التعليم في أتقان تلاميذ المرحلة الابتدائية للمهارات الأساسية في الكسور العشرية رسالة ماجستير غير منشورة ، معهد الدراسات والبحوث التربوية ، جامعة القاهرة .

٨- أحمد قنديل "١٩٨٩ " : المنهج الابتكاري والأهداف ، تنظيم المحتوى التدريسي- التقويم ، القاهرة ، مؤتمر رابطة التربية الحديثة ، نحو رؤية نقدية للفكر التربوي العربي ، من ٤-٦ يوليو .

* ملحوظة : هناك بعض المراجع وردت في هوامش الفصول ولم تُذكر في مراجع الكتاب.

٩--------"١٩٩٢" التدريس الابتكاري ، المنصورة : دار الوفاء .

١٠--------"١٩٩٤" التدريس الفردي ، المنصورة : دار الوفاء للنشر .

١١--------"١٩٩٧" المناهج الحديثة ، المنصورة : دار الوفاء .

١٢- أحمد محمود أحمد عفيفي "١٩٩١" فاعلية استخدام الكمبيوتر في تدريس الهندسة الثانوية ، رسالة دكتوراه غير منشورة ، القاهرة ، معهد البحوث والدراسات التربوية .

١٣- أسامة عبد العظيم محمد "١٩٨٩ ": استراتيجية مقترحة في تدريس الرياضيات لتنمية لدى تلاميذ الصف السادس من التعليم الأساسي ، رسالة ماجستير غير منشورة ، كلية التربية بالزقازيق .

١٤- السيد محمد درويش "١٩٩٠" : "بعض الأساليب المعرفية والتوافق النفسي لدى التلاميذ العاديين والمتأخرين دراسياً في المدرسة الابتدائية " ، رسالة ماجستير غير منشورة ، كلية التربية ، جامعة المنوفية .

١٥- أنور محمد الشرقاوي "١٩٨٣" التعلم ، نظريات وتطبيقات ، القاهرة : الأنجلو المصرية.

١٦-------------- "١٩٨٥" "الأساليب المعرفية الإدراكية لدى الأطفال والشباب والمسنين من الجنسين مجلة العلوم الاجتماعية ، المجلد ١١٣ ، العدد الرابع ، الكويت .

١٧--------"١٩٨٩" الأساليب المعرفية في علم النفس ، مجلة علم النفس ، العدد الحادي عشر ، السنة الثالثة و يوليو ، أغسطس ، سبتمبر .

١٨--------"١٩٩٠" : "الأساليب المعرفية في البحوث العربية ، بحوث التخصص والاختيار الدراسي والمهني" ، مجلة علم النفس ، العدد ٦ذ ، السنة الرابعة ، أكتوبر /نوفمبر / ديسمبر .

١٩- --------"١٩٩٢" "علم النفس المعرفي المعاصر " ، ط١ ، القاهرة ، الأنجلو المصرية .

٢٠-----------"١٩٩٥" " الأساليب المعرفية في بحوث علم النفس العربية وتطبيقاتها في التربية ، القاهرة ، الأنجلو المصرية .
٢١- أيمن حبيب سعيد "١٩٩٦" دراسة أثر استخدام نموذج قائم على المدخل الكلي على تنمية التفكير الابداعي والتفكير الناقد لدى تلاميذ الصف الثاني الإعدادي من خلال مادة العلوم ، دكتوراه غير منشورة ، كلية البنات ، جامعة عين شمس .
٢٢- الكسندر روشكا "١٩٨٩" الإبداع العام ، الإبداع الخاص ، ترجمة غسان عبد الحي ، الكويت : عالم المعرفة ، المجلس الوطني للثقافة والعلوم والآداب ، ديسمبر ، العدد "١٤٦".
٢٣- بدر العمر "١٩٩٦" علاقة الابتداع بالخيال بالذكاء ، ندوة كلية التربية ، جامعة قطر ، الدوحة ، مارس .
٢٤- بشرى محمود قاسم "١٩٨٣" استخدام طريقة التدريس الفردي الإرشادي في تعليم الرياضيات بالمرحلة الابتدائية في العراق ، رسالة دكتوراه غير منشورة ، كلية التربية ، جامعة عين شمس .
٢٥- تاج السر الشيخ "١٩٨٦" التقويم التكويني كاستراتيجية تعلم للإتقان في تدريس علم البيئة في المدارس الثانوية بالسودان ، رسالة ماجستير غير منشورة ، كلية البنات ، جامعة عين شمس .
٢٦- جابر عبد الحميد جابر ، طاهر عبد الرازق "١٩٧٨" : أسلوب النظم بين التعليم والتعلم القاهرة : دار النهضة العربية .
٢٧----------- "١٩٩١" سيكولوجية التعلم ونظريات التعلم ، ط٢ ، القاهرة : دار النهضة العربية .
٢٨--------- "١٩٩٢" علم النفس التربوي ، القاهرة : دار النهضة العربية .
٢٩- جمال أحمد الخطيب "١٩٩٣" : تحليل تجريبي لأثر بعض عناصر خطة "كلير" على تحصيل الطلبة في مساق جامعي ، مجلة اتحاد الجامعات العربية، العدد الثامن والعشرون ، يناير .

٣٠- جمال الدين محمد حسن "١٩٩٢" العلاقة بين عـدد سـنوات الدراسـة في مرحلـة التعليم الأساسي الإلزامي وكل من التحصيل واتجاهات التلاميذ نحو مـادة العلـوم ، الجمعيـة المصرية للمناهج وطرق التدريس ، المؤتمر العلمي الرابع ، نحو تعليم أساسي أفضل "القاهرة : ٣-٦ أغسطس ".

٣١- جمال محمد علي "١٩٨٧" "العلاقة بين الأساليب المعرفيـة وقدرات التفكير" ، رسالة دكتـوراه غـير منشورة ، كلية التربية ، جامعة عين شمس .

٣٢-جيرولد كمب "١٩٨٧" : تصميم البرامج التعليمية ، ترجمة أحمد خيري كـاظم، القاهرة دار النهضة العربية .

٣٣- حامد زهران "١٩٨٤" علم النفس الاجتماعي ، القاهرة ،: عالم الكتب .

٣٤- حسن عيسى "١٩٩٣" سيكولوجية توجيه الإبداع ، ط٣ ، طنطا ، مكتبة الإسراء .

٣٥- حسين سليمان قورة "١٩٨٥" الأصول التربوية في بناء المناهج ، ط٢ ، القاهرة : دار المعارف .

٣٦- حسين محمد سعد الدين الحسيني "١٩٩٢" العملية التعليميـة بـين النمطيـة التلقينيـة والابتكاريـة الكشفية ، مجلة كلية التربية بدمياط ، جامعة المنصورة ، العدد السابع عشر ، الجزء الأول ، يوليو .

٣٧- حسين عبد العزيز الدريني "١٩٨٢" الابتكار ، تعريفـه وتنميتـه ، قطر ، حوليـة كليـة التربيـة، السـنة الأولى ، العدد الأول .

٣٨-------"١٩٩١" الإبداع وتنميتـه في والتعليم العـام ، مـراد وهبـة ، المركـز القـومي للبحـوث التربويـة والتنمية .

٣٩- حمدي الفرماوى "١٩٨٧" كراسة تعليمات اختبار تزاوج الأشكال المألوفة ، القاهرة: الأنجلو المصرية .

٤٠---------"١٩٨٨" "استخدام فنية التعليم بالنمذجة في اكتساب الأطفال المندفعين لأسلوبي التروى المعرفي : ، القاهرة ، بحوث المؤتمر الرابع لعلم النفس في مصر ، "الجمعية المصرية للدراسات النفسية"، مركز التنمية البشرية والمعلومات .
٤١-------- "١٩٩٤" "الأساليب المعرفية بين النظرية والبحث " ، ط١ ، القاهرة ، الأنجلو المصرية.
٤٢- رشدى فام منصور "١٩٧٩" التقويم كمدخل لتطوير التعليم ، القاهرة : المركز القومي للبحوث التربوية .
٤٣- رشدي لبيب وآخرون "١٩٨٤" المنهج ، منظومة لمحتوى التعليم ، القاهرة : دار الثقافة للطباعة والنشر .
٤٤- رضا أبو سريع "١٩٩٠" "دراسة لأثر القدرة على الاستدلال وتحمول الغموض وصدق الإلمامة في تعلم سلوك التنبؤ" ، رسالة دكتوراه ، غير منشورة ، كلية التربية ، جامعة الزقازيق .
٤٥- زكريا توفيق أحمد "١٩٩٠" "العلاقة بين الأساليب المعرفية والعادات الدراسية والاتجاهات نحو الدراسة والتحصيل الدراسي لدى عينة من طلاب المدارس الثانوية" ، مجلة دراسات تربوية ، المجلد السادس ، الجزء "٢٩".
٤٦- زكريا الشربيني "١٩٩٥" الإحصاء وتصميم التجارب في البحوث النفسية والتربوية والاجتماعية ، القاهرة : مكتبة الأنجلو المصرية .
٤٧- سامح خميس السيد "١٩٩٧" استخدام الكمبيوتر في تعليم التصميم وأثره في تنمية بعض القدرات العقلية المرتبطة بالإبداع ، رسالة دكتوراه ، غير منشورة ، كلية التربية الفنية ، جامعة حلوان .
٤٨- سليمان الخضري الشيخ "١٩٨٠" التعلم الذاتي طريقة للتعلم في الجامعة ، حولية كلية الإنسانيات والعلوم الاجتماعية ، جامعة قطر ، العدد الثاني.

٤٩- سمير عبد العال محمد "١٩٨٣" اتجاهات معلمي المستقبل نحو العلوم ونحو تدريس العلوم، بحوث تدريس العلوم بالمرحلتين الثانوية والجامعية ، القاهرة دار الفكر العربي .
٥٠- سمير ايليا دانيال "١٩٨٧" الكمبيوتر في العليم ضرورة تربوية ، ندرة استخدام الكمبيوتر في التعليم بالمدرسة الثانوية من وجهة نظر خبراء علوم الحاسب ، مركز تطوير تدريس العلوم ، جامعة عين شمس، القاهرة .
٥١- سمية احمد علي "١٩٩٢" أثر تماثل اختلاف مستويات الذكاء والتحصيل الدراسي على الابتكارية وبعض الأساليب المعرفية ، رسالة دكتوراه غير منشورة تربية الزقازيق .
٥٢- سيد خير الله ، ممدوح الكناني "١٩٨٥" قياس المناخ الابتكاري في الأسرة وفي الفصل الدراسي ، المنصورة : مكتبة ومطبعة النهضة .
٥٣- سيد خير الله ، ممدوح الكناني "١٩٨٨" البحوث الابتكارية في البيئة المصرية بين النظرية والتطبيق ، القاهرة : مكتبة ومطبعة مصر .
٥٤- سيد عثمان ، وفؤاد أبو حطب "١٩٧٢" التفكير ، دراسات نفسية ، القاهرة : الأنجلو المصرية .
٥٥- سيد محمود الطواب "١٩٩٠" الاتجاهات النفسية وكيفية تغييرها ، مجلة علم النفس، السنة الرابعة ، العدد الخامس عشر .
٥٦- سلام سيد أحمد سلام "١٩٩٠" تقنين اختبار مور "للاتجاهات نحو العلوم تدريس العلوم واستجوابه للكشف عن التغير في الاتجاهات لدى معلمي العلوم قبل التخرج بجامعة الملك سعود ، مجلة البحث في التربية وعلم النفس ، العدد الأول ، المجلد الرابع ، يوليو .
٥٧- سلام أحمد ، خالد الحذيفي "١٩٩١" اثر استخدام الحاسب الآلي في تعليم العلوم على التحصيل والاتجاه نحو العلوم والاستدلال المنطقي لتلاميذ الصف الأول المتوسط بمدينة الرياض بالمملكة العربية

السعودية ، مجلة البحث في التربية وعلم النفس ، المجلد الرابع، العدد الثاني ، يناير.
٥٨- سوسن محمد عز الدين "١٩٩٧" أثر استخدام استراتيجية علاجية بأساليب من التغذية المرتجعة وباستخدام الكمبيوتر في تحصيل طلاب الصف الأول الثانوي في الهندسة وفقاً لأنماطهم المعرفية ، رسالة دكتوراه غير منشورة ، كلية التربية ، جامعة طنطا .
٥٩- شكري سيد أحمد "١٩٨٩" تفريد التعليم ، مبادؤه وأهميته ، واستراتيجيات تنفيذه ، القاهرة : المكتب الجامعي للطباعة والنشر .
٦٠- صابر حجازي عبد المولى "١٩٩٠" الخيال وبعض المتغيرات البيئية والنفسية لدى عينة من شباب المنيا ، مجلة البحث وعلم النفس ، كلية التربية ، جامعة المنيا ، المجلد ٤ ، يوليو
٦١- صالح عطية محمد عبد الرحمن "١٩٨٥" دراسة تجريبية لأثر استخدام برنامج للتدرب على سلوك حل المشكلة في تنمية بعض قدرات التفكير الابتكاري عند طلاب الجامعة ، رسالة ماجستير غير منشورة ، كلية التربية ، جامعة الأزهر .
٦٢- صلاح الدين علام "١٩٩٣" الأساليب الإحصائية الاستدلالية البارامترية واللابارامامترية في تحليل بيانات البحوث النفسية والتربوية ، القاهرة : دار الفكر العربي .
٦٣- صالح العيوني ، حمد الصويغ "١٩٩٤" اتجاهات طلاب الكفاءة المتوسطة نحو مادة العلوم ، وعلاقته بالتحصيل الدراسي فيها ، مجلة كلية التربية ، تربية عين شمس العدد ١٨، الجزء الثالث .
٦٤- ضياء زاهر "١٩٩٦" تكنولوجيا التعليم كفلسفة ونظام ، الجزء الأول ، القاهرة : المكتبة الأكاديمية .
٦٥- طاهر عبدالله أحمد "١٩٩٦" دراسة تقويمية لبعض المواد التعليمية المستخدمة في التعليم المفتوح بجامعة القاهرة ، والإسكندرية ، رسالة

ماجستير غير منشورة ، كلية التربية بدمياط ، جامعة المنصورة .

٦٦- عبد الحليم محمود السيد "١٩٨٧" الإبداع ، القاهرة ، دار المعارف ، سلسلة كتابك ، العدد "١٥٤".

٦٧- عبد الحليم محمود السيد ، وآخرون "١٩٩٠" علم النفس العام ، ط٣ ، القاهرة : مكتبة غريب .

٦٨- ---------- "١٩٩٧" علم النفس العام ، القاهرة : مكتبة غريب .

٦٩- عبد المجيد نشواتي "١٩٨٤" علم النفس التربوي ، الأردن : دار الفرقان .

٧٠- عبد الرحيم أحمد سلامة "١٩٩٤" اثر استخدام الموديولات التعليمية في تدريس العلوم على التحصيل ونمو التفكير الابتكاري لتلاميذ الصف الرابع الابتدائي مجلة العلوم التربوية ، العدد الثالث ، كلية التربية بقنا ، جامعة أسيوط ، يونيو .

٧١- عبدالله هاشم ، مصري حنورة "١٩٨٩" السيطرة المخية والإبداع كأساس لبناء المناهج ، المجلة التربوية ، جامعة الكويت ، ٥ ، "١٩" .

٧٢- عبد الرحمن السعدني "١٩٨٨" " اثر كل من التدريس بخريطة المفاهيم والأسلوب المعرفي على تحصيل طلاب الصف الثاني الثانوي للمفاهيم البيولوجية المتضمنة في وحدة التغذية في الكائنات الحية: دكتوراه غير منشورة ، كلية التربية ، جامعة طنطا.

٧٣- عبد الستار إبراهيم "١٩٨٢" ط الصالة وعلاقتها بأسلوب الشخصية ، رسالة دكتوراه غير منشورة ، كلية الآداب ، جامعة القاهرة .

٧٤- عبد العظيم الفرجاني "١٩٩٣" تكنولوجيا تطوير التعليم، القاهرة : دار المعارف.

٧٥- عبد الحي على محمود سليمان "١٩٨٨" " الأساليب المعرفية في تحصيل المفهوم "، رسالة دكتوراه ، كلية التربية ، جامعة المنيا .

٧٦- عايش زيتون ط١٩٩٣" أساليب تدريس العلوم ، عمان : الأردن ، دار الشروق .

٧٧- على العجوزة "١٩٨٧" الكمبيوتر وتطوير التعليم ، آماك ، القاهرة ، مركز الأرام للإدارة والحاسبات الإلكترونية .
٧٨- علي محمد عبد المنعم "١٩٩٤" تكنولوجيا التعليم لتطوير التعليم الجامعي في مصر- مطبوعات المجالس القومية المتخصصة .
٧٩- ---------- "١٩٩٦" ثقافة الكمبيوتر ، القاهرة : دار البشرى للطباعة والنشر.
٨٠- ---------٩٩٦" تكنولوجيا التعليم والوسائل التعليمية ، القاهرة : النعناعي للتصوير وطباعة الأوفست .
٨١-غدنانة سعيد المقبل "١٩٨٩" أثر استخدام طريقة "كيلر" على تحصيل الطالبات المعلمات في مادة الجغرافيا وعلاقته بأنماط الشخصية والإتجاه نحو التعليم الذاتي ، رسالة دكتوراه غير منشورة ، كلية البنات ، جامعة عين شمس .
٨٢- فاروق عبد الفتاح موسى "١٩٧٨" أسس السلوك الإنساني ، مدخل إلى علم النفس العام القاهرة : عالم الكتب .
٨٣- فاطمة حلمي فرير "١٩٨٦" التأمل / الاندفاع وعلاقته ببعض المتغيرات المعرفية ، رسالة دكتوراه غير منشورة ، كلية التربية ، جامعة الزقازيق.
٨٤- فايز محمد عبده "١٩٩٢" فاعلية التعليم البرنامجي على التحصيل الدراسي والتفكير الابتكاري لدى طلاب الصف الثالث الثانوي بالمملكة العربية السعودية ، مجلة كلية التربية ببنها ، جامعة الزقازيق ، أكتوبر.
٨٥- فتح الباب عبد الحليم "١٩٨٥" مقدمة لاستخدام العقل الإلكتروني في التعليم ، الكويت ، تكنولوجيا التعليم ، العدد ١٥ ، المركز العربي للتقنيات التربوية .
٨٦---------- "١٩٩١" توظيف تكنولوجيا التعليم ، مطابع جامعة حلوان .

٨٧- فريدريك هـ بل "١٩٨٦" طريق تدريس الرياضيات ، ترجمة محمد أمين المفتي وآخرون ، الجزء الأول ، القاهرة : الدار العربية للنشر التوزيع.

٨٨- فتحي مصطفى الزيات "١٩٨٩" "بعض أبعاد المجال المعرفي والمجال الوجداني المرتبطة بأسلوب الاندفاع / التروي ، الاعتماد / الاستقلال عن

المجال لدى طلاب الجامعة " ، بدمياط ، مجلة كلية التربية بدمياط ، جامعة المنصورة.

٨٩- --------- "١٩٩٥" الأسس المعرفية للتكوين العقلي وتجهيز المعلومات، المنصورة : دار الوفاء للطباعة والنشر والتوزيع .

٩٠- فؤاد أبو حطب ، آمال صادق "١٩٩١" مناهج البحث وطرق التحليل الإحصائي في العلوم النفسية والتربوية والاجتماعية ، القاهرة : مكتبة الأنجلو المصرية .

٩١- --------- "١٩٩٥" علم النفس التربوي ، ط٤ ، القاهرة ، الانجلو المصرية، "ص ٥٤" .

٩٢- --------- "١٩٩٦" القدرات العقلية ، ط٦ ، القاهرة ، الانجلو المصرية .

٩٣- فؤاد سليمان قلادة "١٩٨٢" الأساسيات في تدريس العلوم ، الإسكندرية : دار المطبوعات الجديدة .،

٩٤- --------- "١٩٨٢" الأهداف التربوية والتقويم ، القاهرة : دار المعارف .

٩٥- --------- "١٩٩٧" استراتيجيات طرائق التدريس والنماذج التدريسية ، الجزء الأول ، مطابع جامعة طنطا .

٩٦- --------- "١٩٩٨" طرائق التدريس ونماء الإنسان ، الإسكندرية : دار المعرفة الجامعية.

٩٧- فيوليت شفيق سريان "١٩٨٨" ابتكارية معلم العلوم ، مجلة البحث في التربية وعلم النفس ، كلية التربية جامعة المنيا ، العدد الأول ، المجلد الثاني ، يوليو .

٩٨- فيصل هاشم شمس الدين "١٩٨٥" الكمبيوتر وإمكانيات استخدامه في المدرسة المصرية مجلة التربية للأبحاث التربوية ، العدد ٥ ، ديسمبر ، جامعة الأزهر .

٩٩- فوزي الشربيني "١٩٩١" فاعلية برنامج علاجي باستخدام الكمبيوتر في تحصيل تلاميذ الصف الرابع الابتدائي في الدراسات الاجتماعية ، مجلة كلية التربية ، أسوان ، كلية التربية ، جامعة جنوب الوادي ، العدد "١٠" يوليو .

١٠٠- كمال يوسف اسكندر "١٩٨٥" التعليم بمساعدة الحاسب الإلكتروني بين التأييد مجلة تكنولوجيا التعليم ، الكويت ، العدد "١٥" .

١٠١---------- ، محمد ذبيان "١٩٩٤" مقدمة في التكنولوجيا التعليمية ، ط١، الكويت مكتبة الفلاح .

١٠٢- لطفي عمارة مخلوف "١٩٨٥" التعليم للإتقان ، مبادؤه ، مكوناته ، رسالة التربية . سلطنة عمان ، العدد رقم ٢ ، أكتوبر .

١٠٣- لطفي عبد الباسط إبراهيم "١٩٩١" شكل ومحتوى الأداء العقلي والمعرفي بين "دراسة تجريبية ، القاهرة ، الجمعية المصرية للدراسات النفسية ، " بحوث المؤتمر السابع لعلم النفس في مصر "' الأنجلو المصرية .

١٠٤- ليلى إبراهيم معوض "١٩٨٦" استخدام أسلوب الموديول في تدريس مادة التاريخ الطبيعي بالصف الأول الثانوي وأثره على تحصيل واتجاهات التلاميذ ، رسالة ماجستير غير منشورة ، كلية البنات ، جامعة عين شمس .

١٠٥- ماهر ميخائيل "١٩٩٧" كفاءة استخدام الكمبيوتر في تنمية المهارات الهندسية لدى تلاميذ المرحلة الإعدادية ، رسالة ماجستير غير منشورة ، كلية التربية بالإسماعيلية ، جامعة قناة السويس .

١٠٦- مجدي حبيب "١٩٩٦" أساليب التفكير ، القاهرة : مكتبة النهضة العربية .

١٠٧- مجدي عزيز إبراهيم "١٩٨٧" الكمبيوتر والعملية التعليمية ، دراسات تربوية ، ط١ ، القاهرة : الأنجلو المصرية .

١٠٨- مروان راسم كمال ، محمد نبيل نوفل "١٩٩١" التعليم في عصر الكمبيوتر ، المجلة العربية للتربية ، المنظمة العربية للتربية والثقافة والعلوم، المجلد "١١" ، العدد ١ ، يونيو .

١٠٩- محمد عبد السميع رزق "١٩٩٥" نمذجة العلاقات بين الأساليب المعرفية وقدرات التفكير الابتكاري ، رسالة دكتوراه غير منشورة ، كلية التربية. جامعة المنصورة .

١١٠- محمد فهمي طلبة "١٩٨٧" حول استراتيجية البرامج اللازمة لإدخال الكمبيوتر فالمدارس ، مركز تدريس العلوم ، القاهرة ، نوفمبر .

١١١- محمد سلامة آدم "١٩٨١" مفهوم الاتجاهات في العلوم النفسية والاجتماعية ، مجلة العلوم الاجتماعية ، المجلد الثاني ، العدد الرابع ، يناير.

١١٢- محمد المقدم "١٩٩١" إعداد برنامج في تكنولوجيا التعليم قائم على الكفايات وتحديد فاعليته باستخدام مدخل التعليم الفردي لطلاب كلية التربية ، رسالة دكتوراه غير منشورة ، كلية التربية ، جامعة الأزهر .

١١٣- محمد حسن عيد عوض الله "١٩٨٦" أثر استخدام التعليم البرنامجي الفردي كطريقة علاجية في استراتيجية "بلوم" للتعليم حتى التمكن في رياضيات الصف الثاني الإعدادي واتجاهات الطلاب نحوها ، رسالة دكتوراه غير منشورة ، كلية التربية ، جامعة طنطا .

١١٤- محمد مسعد نوح "١٩٨٠" استخدام استراتيجية التدريس الفردي الإرشادي في تدريس بعض المهارات الأساسية في رياضيات المرحلة الابتدائية، رسالة دكتوراه غير منشورة ، كلية التربية ، جامعة الإسكندرية .

١١٥- محمود محمد السيد "١٩٩١" تصميم بـرامج الألعاب الرياضية كأسـلوب لتنميـة الابتكـار الريـاضي لتلاميذ الحلقة الأولى من التعليم الأساسي ، رسالة دكتوراه غير منشورة ، كلية التربية ، جامعة عين شمس

١١٦- محمود سيد أبو ناجي "١٩٩٤" استخدام الكمبيوتر في تعليم الفيزياء في الصـف الأول الثـانوي واثر ذلك على تحصيل التلاميـذ في مادة الفيزياء واتجاهـاتهم نحوهـا ، دراسة تجريبية ، رسالة دكتوراه غير منشورة ، كلية التربية بقنا ، جامعة أسيوط .

١١٧- مصري عبد الحميد حنورة "١٩٩٠" نمو الإبداع عند الأطفال وعلاقته بالتعرض لوسائل الاتصال، مجلة الآداب والعلوم الإنسانية ، جامعة المنيا، مجلد "١" .

١١٨- ---------- ، عبد الله الهاشم "١٩٩١" السلوك الإبداعي ونشاط نصفي المخ ، دراسات نفسية ، العـدد "١٢١" .

١١٩- ----------- "١٩٩٧" الإبداع من منظور تكاملي ، القاهرة : الأنجلو المصرية .

١٢٠- مصطفى إسماعيل موسى "١٩٩١" أثر استخدام الطريقـة الفرديـة الإرشـادية في تعليم الكتابـة عـلى تحسين الأداء الكتابي وتحصيل قواعد الإملاء لـدى طـلاب شعبة التعليم الأساسي بكلية التربية بالمنيا، مجلة البحث في التربية وعلـم النفس ، كلية التربية، جامعة المنيا ، المجلد الخامس ، أكتوبر .

١٢١- مصطفى عبد القادر عبد الله "١٩٩٢" متطلبـات دور المعلم العربي للتواؤم مـه إدخـال الحاسـوب "الكمبيوتر " إلى التربة العربية ، دراسات تربوية ، المجلـد الثامن ، الجزء "٤٨" .

١٢٢- مصطفى محمد كمال "١٩٨٨" القيمة التنبؤية لتقديرات المعلمات لابتكارية التلاميذ ، بحوث المؤتمر الرابع لعلم النفس ، <u>الجمعية المصرية للدراسات النفسية</u> ، عين شمس ، ٢٥-٢٨ يناير .

١٢٣- معتز سيد عبد الله "١٩٩٠" المعارف والوجدان كمكونين أساسيين في بناء الاتجاهات النفسية ، <u>مجلة علم النفس</u> ، السنة الرابعة ، العدد الخامس عشر .

١٢٤- ممدوح عبد المنعم الكناني "١٩٧٩"ط دراسة للسمات الشخصية لدى الأذكياء المبتكرين <u>دكتوراه غير منشورة</u> ، كلية التربية ، جامعة المنصورة .

١٢٥- ----------- "١٩٨٤" المناخ الابتكاري في الأسرة وعلاقته ببعض الخصائص الاجتماعية والشخصية لدى أعضائها ، <u>بحوث نفسية وتربوية</u> ، المنصورة : مكتبة ومطبعة النهضة .

١٢٦- ----------- "١٩٨٨" <u>مدى التغير في الاتجاهات النفسية والتربوية للمعلمين قبل وبعد تخرجهم من كليات التربية</u> ، المنصورة : مكتبة النهضة .

١٢٧- منيرة أحمد حلمي "١٩٧٧" ثلاث نظريات في تغيير الاتجاهات ، القاهرة : الأنجلو المصرية .

١٢٨- نادر فهمي الزيود "١٩٨٩" <u>علم النفس المدرسي</u> ، ط١ ، عمان : شركة الشرق الأوسط للطباعة .

١٢٩- ناجح محمد حسن "١٩٩٧" مقرر مقترح في تكنولوجيا التعليم لطلاب كليات التربية ، <u>رسالة دكتوراه غير منشورة</u> ، كلية التربية ، جامعة الأزهر .

١٣٠- نادية محمود شريف "١٩٨١" "الأنماط الإدراكية المعرفية وعلاقتها بمواقف التعليم الذاتي والتعلم التقليدي ، <u>مجلة العلوم الاجتماعية</u> " العدد الثالث ، السنة التاسعة ، الكويت ، جامعة الكويت .

١٣١- --------- "١٩٨٢" الأساليب المعرفية الإدراكية وعلآقتها بمفهوم التمايز النفسي. " مجلة عالم الفكر ، المجلد ١٣ ، العدد ٢ ، الكويت ، وزارة الإعلام.

١٣٢- --------- "١٩٨٢" الأنماط الإداركية وعلاقتها بمواقف التعلم الذاتي والتعلم التقليدي ، مجلة العلوم الاجتماعية ، العدد الثاني ، الكويت ، يوليو ، أغسطس .

١٣٣- نادية الشريف ، قاسم الصراف "١٩٨٧" دراسة عن مدى تأثير الأسلوب المعرفي على الأداء في بعض المواقف الاختيارية ، المجلة التربوية ، كلية التربية جامعة الكويت ، العدد "١٣" ، المجلد الرابع ، يونيو.

١٣٤- ناهد مختار رزق ط١٩٩٤" " بعض الأساليب المعرفية وعلاقتها باكتساب المفاهيم لدى تلاميذ المرحلة الابتدائية " ، رسالة ماجستير غير منشورة، كلية التربية ، جامعة المنوفية .

١٣٥- هانم عبد المقصود "١٩٨٧" أثر تفاعل الأساليب المعرفية - المعالجات على التحصيل والتذكر في مادة الفيزياء ، رسالة دكتوراه غير منشورة ، كلية التربية جامعة الزقازيق .

١٣٦- وليم تاوضروس عبيد ، مجدي عزيز إبراهيم "١٩٩٤" تنظيمات معاصرة للمناهج ، رؤى تربوية للقرن الحادي والعشرين ، القاهرة : الأنجلو المصرية .

١٣٧- يسرى طه دنيور "١٩٩٨" فاعلية استخدام الكمبيوتر في التحصيل الأكاديمي وتنمية القدرات الابتكارية بجانبيها المعرفي والوجداني في الفيزياء لدى المرحلة الثانوية ، رسالة دكتوراه غير منشورة ، كلية التربية ، جامعة طنطا .

١٣٨- يوسف قطامي "١٩٩٠" تفكير الأطفال ، تطوره وطرق تعلمه ، عمان ، الأردن : الأهلية للنشر والتوزيع .

ثانياً : المراجع الأجنبية :

1- Adams, R. (1981) " A Study of The Effects Of P.S.I and Lecture Teaching Methods Up On Students Achievement and Attitude Change in College Mathematics Doctioral Dissertation, North Arizona University, U.S.A.

2- Ajzen, E. & Fishbein, M. (1980) Ubderstanding Attitudes and Predictiong Social Behavior. Englewood cliffs, N. J. Prentic – Hall .

3- Alessi, A. M. & Trollips, S.R. (1985) "Computer Based Instruction Method and Development, New Jeresy, Prentic-Hall Inc.

4- Alen, J. & et al., (1993) "The Impact of Cognitive Style on the Problem Solving Strategies Used by pre-school Minority Children in Logo Microworlds" J. of Compating in Childhood Education, Vol. 4.

5- Amabil, T. M. & er al, (1987) "Creativity and Innovation, in the R. & Dlab, Greensbore, " Nc: Creative Leadership Foundation.

6- Anderson, B. F. (1975) Cognitive Psychology, Now Yorl : Academic Press.

7- Anastasia, A (1988) Psychological, New York: Macmilan pub company .

8- Barry, N. (1991) The Ettects of Practice Strategies Individual Differences in cognitive Stylles and sex upon accuracy and musicality of student instrumental performance, Diss Abst. Inter.,51 (V-A).

9- Bennet, F. (1986) "The Effect Of C.A.I. and Reinforcement Chedules Aphysics Achievement and Attitudes Toward physics of Higher School Students, Dess. Abst. Inter. Vol. 46. 3. November.

10- Berg. S.L., (1995) "Facilitating Computer Conferencing : Recommendations From the Field, Educational Technology, Vol. 35, No. 1,.

11- Binswager, R. (1970) "Observations on the Imagination of Children With Difficulties in Creative Activities" ActA- Paedopsychiatria, 45.

١٢- Bluhm, H.B. (١٩٨٧) "Computer Managed instruction, A useful Tool for Educators, Educational Technology, Janurary, Vol., xxx, No. V.

١٣- Breckler. S.J. (١٩٨٤) Empirical Validtation of Affect, Benhavoir and Cognition as Dsitinct Components of Attitudes, J. Of personality and Social psychology .

١٤- Breckler, S. & Wiggins, E. (١٩٨٩) Affect Versus Evalution in The Structure of Attitudes, J. of Experimental social Psychology, ٢٥, pp. ٢٥٣ – ٢٧١ .

١٥- brown, G. & Alkins, M (١٩٨٨) "Effective Teaching in Higher Education, Methuen, Inc, new York,.

١٦- Burgett, P.J. (١٩٨٢· On Creativity, Journal of Creative Behavoir, ١٦ (٤) .

١٧- Chio.B. & Gennero E. (١٩٨٧) " The Effectivenes of using Computer Simulated Under Standing of the Volum Displacement Concept, J. of Research in Science Teaching " Vol. ٢٤, N. ٦.

١٨- Clark, B., (١٩٨٨) Growing up Gifted (٣rd Ed). Developing the potential children at home and at school, Meril pub. Company, Abell and Howell Information Comp.London.

١٩- Clements, D. H. & Gullo, D.F. (١٩٩١) : "Effects of Computer programming young Children's Cognition, J. of Educational psychology, ٧٦, (٦).

٢٠- Cotugno, A.I. (١٩٨٥) : "The Effectivrness of Cognitive Methods in the Classrom" : A one year follow-up. Psychology in the Schools, ٢٢ .

٢١- Dalton, L. (١٩٨٦) "The Effects of Different Amounts of Computer Assisted Instruction on the Biology Achievement and Attitudes of High School Students (D.A.I) Vol. No. ١, Feb.

٢٢- Davis, G.A (١٩٩٢) Creativity is Forever (٣rd)" Dubuque, IA: Kendall, Hunt .

٢٣- Davis, G .A (١٩٩٥) portrait of the Creative person : the Educational forum, ٥٩,

٢٤- Dick, W. (١٩٩٥a) "Instructional Design and Creativity : A Response to the Critics Education Teachnology, Vol. ٣٥, No .٤.

٢٥- Di Vesta, F. (١٩٧٤) "Information processing in A Dult Learners in , Adult as Learners, Conference at penselvania State University .

٢٦- Egan, k. (١٩٩٢) "Imagination in Teaching and Learning, the Univrsity of Chicago " press., U.S. A. – Osborn, A. (١٩٦٨) "Applied Imaginationm Scribner, new, York ,.

٢٧- El-far, I (١٩٨١) "An Experimental Study of Effects of using Diagonstic prescriptive procedure on the Mastery Learning of the First Year Algebra Course Required of preservice Secandray School Teachers in Egypt, Unpublished doctoral pissertation, the pensylivania, State university.

٢٨- Esler, W.K., & Esler, K.M. (١٩٨١) Teaching Elementary Science, ٣ rd Ed. Wods Worth pubishing Company . INC.:

٢٩- Fink, R. & et al, (١٩٩٢) "Creative Cognition Theory, Research and Applications" London : A Bradford Book press .

٣٠- Fuqua, R & et., al. (١٩٧٥) "An investigation of the relationship Between cognitive tempo and Creativity in pre-School Age Children, Child development, ٤٦.

٣١- Gardner, R.W & schoen, R.A (١٩٦٢) Differentiation and Abstraction Concept formation psychological Monographs. (Whole) N. ٥٠٠ .

٣٢- Gibby, B. & et al., (١٩٨١) "Theory and practice of Curriculum Studies, Routledge Education Books (R.K.P.)

٣٣- Gilbert, C. (١٩٧٧) " Humor, Creativity, Conceptual tempo, and I Q In First grad Children . Diss. Abst. Inte. ٣٨.

٣٤- Goldstain, k. M & Blackman, S (١٩٧٨) Cognitive Style Five Approaches and Relevant research, new York : John Wiley, Sons .

٣٥- gray, P. L. (١٩٨٤) A Comparativ Study Of two Formats Of The Basic Cours In Search Communication P. S. I. Based And Lecture Recltation, Dotoral Dissertation, pensylvania Sttate : pensylvania University .

٣٦- Gradner. P. L. (١٩٨٦) Attitudes To Ward physics Personal and Enviromental in Fluences, J. of Research In Science Teaching, Vol. ١٣, No. ٢, March .

٣٧- Guilford, J. P. (١٩٨٤) Varictices Of Divergent production, Journal, of Creative behavior, Vol.١٨,no. ١,.

٣٨- ---------------- (١٩٨٥) "Cognitive Styles : What are They ? Educational and psychological Measurement, vol. ٤٠ .

٣٩- ---------------- (١٩٨٦) Some changes In The Structure Of Intlect Model Education & psychological Measurment, ٤٨ .

٤٠- Harrington, D. M (١٩٩٠) The Ecology of Creativity A Psychological Presective, Bererly Hills, ca : Say .

٤١- hertske. A.F. & et al., (١٩٧٧) "A Factor-Analytic Study of Evaluative Abilities" Education Psychology Measurement, ٥٨٠-٥٩٨ .

٤٢- Hiemstra, R. & sisco, B. (١٩٩٠) "Individualizing Insctruetion Making Learning personal Empowering and successful, San Francisco : Jossey-Bass, publishers .

٤٣- Hallander. E.P., (١٩٧١) Principles and methods of social psychology , London, Daf. U. press.

٤٤- Hopkins, J, (١٩٧٩) Cognitive style in A Dult Originally Diagnosed as Hyperactives . Journal of Child psychological, Vol. ٢٠

٤٥- James. E & saul. K (١٩٩٥) "Connections Between Computer and the Social Stidies Curriculm. Us : Catifornia: Computer, Education Research: Elementary Education, Technology : Journal Articles ٠٨٠, Reports Discriptive,.

٤٦- Jerry, w. (١٩٨٠) A Studey of the Cognitive Styles of Low-Achieving Algebrs students in Individualized and Expository Classed. Diss. Abst.Inter, Vol. ٤٠, No. ٩ March

٤٧- Joyce B. & Weil. M. (١٩٩١) "Models of teaching, ٢ nd, Ed. Prentice / Hall International Editions .

٤٨- ---------------- (١٩٨٠) Models of Tracthing, ٢nd. Ed Englaewood Cliffs, N. : prentic / Hall (pp. ٢١٢ – ٢١٤) .

٤٩- Kagan, J. Moss, & Sigel, I. (١٩٦٣) " Psychological Significance of Style of Conceptuolization",)In), Wright, J. Kagan, J. (eds) Basic Cognitive processes in Children Monographs of the Society for Research." Child Development, Vol. ٢٨, No. (٢) .

٥٠- Kelinger, J. W. (١٩٩١) Computer Classroom Higher education : An Unnovation in Teaching, Rducational Technology, Vol. Xxxl, N..٨, .

٥١- Kingntstone, M. (١٩٧٦) "The Role of Cognitive Style in Teaching and Learning, Journal of Teacher Education, Vol. Xxx vII, no. ٤,.

٥٢- Kleiner, C. (١٩٩٠) "The Effects of Synectics Training on Students Creativity and Achievement in Science" Diss. Abst inter., Vol. ٥ ٢, no. ٣ .

٥٣- Klausmeier, H (١٩٧١) Learning and Human Abilities ٤[th], Ed, New York Harper, row publisher, .

٥٤- Kogan, N. (١٩٧١) Educational Implication of Cognitive Style in G.S. Lesser Ed.) psychology and Educational practice, Eglen View, Illnesses, London : Scott, Fores Foresman and Company .

٥٥- Kylick, C., Bangert & Driwns, R (١٩٩٣) Effectivienss of Mastery Learning programs : Ameta – Analysis" Reviw of Educational Research, Vol. ٦٠, No. ٢ .

٥٦- Kuziemski, Ne, (١٩٧٧) "Relationship Among Imaginative play Predisposition, Creative Thinking and Reflectivity Impusivity in Secind-Graders. Diss Abst. Inte., ٣٨ .

٥٧- Lindzey., G. & Aronson, E. (١٩٨٥), Handbook of Social psychology, Readings, MA : Addison— Wesley .

٥٨- Long, J., Okey, J. & Yeany, R (١٩٩٢) "The Effects of A Diagostic prescriptive Teaching Strategy on Student Achievement and Attituted in Bilolgy, J. of Researchin Science Teaching, Vol. ١٨, No. ١ .

٥٩- Maslow, A. (١٩٧١) The Faether Reseacher of Human Nature, New York : The wiking press .

٦٠- Marrow, R (١٩٨٣) The Relationship Between Teacher's Creative Thinking Abilities and Classroom Atmosphere, Diss. Abst. Int., vol . ٤٤ .

٦١- Mauldin, m. (١٩٩٦) "the Formative Evaluation of Computer-Based Multi-media programs, Educational Technology, vol. ٣٦b, No. ٢,.

٦٢- Maysty, N. (١٩٩٥) "Creative Activities for young Children, ٤th, ed by Delmar publishers INC. new York .

٦٣- Mc Guire, W. J. (١٩٦٩) The Nature of Attitudes and Attudes changes In. G.

٦٤- Messick, S (١٩٨٤) "The Nature of Cognitive Styles problems and and promise in Educational practice, Journal of Educational psychology ,Vol. ١٩, No. ٢. Lindzey and E. Aronson (Ed٢) Hand book of Social psychology. Vol. ٣. Readings, Mass / Addiston Wesley.

٦٥- Mildred, J. B. (١٩٩١) A Study of The Factors Related to the Attitudes of Elementary School personnel To Wards g ifted programs, Dis. Abs. Inter, Vol. ٥٠, No. ١٢, Jur.

٦٦- Mintzes, J.J. (١٩٧٥) The A-t Approach "١٤" years later : A Rreviw of Recent Research "Journal of College Science Teaching , ٤.

٦٧- Mum, F., & Gustafson, S,. (١٩٨٨) Creative Synrome : Integration, Application and Innovation, psychological Bulletin, Vol. ١٠٣, No ١.

٦٨- Myeers, o(١٩٨٢) Hemesphericity Research : A Review Worth Some Implications for problem Soliving, journal of Creative Behv., ١٦,٣ .

٦٩- Osborn, A.F (١٩٦٣٠ Applied Imagination, ٣rd. Ed. N. Y. Seribner .

٧٠- Orieux, J. A. (١٩٩٠) "Correlated of Creative Ability and performance in High School Students" Diss. Abst. Inte., Vol. ٥٠, (٧-A٠) .

٧١- penrod.S. (١٩٨٣) Social psychology, Englewood Cliffs, N, J. : prentice Hall, Inc.

٧٢- perlman. D. & Cozoby. P. C (١٩٨٣) Social psychology : New York, Holt, Rinhart and Wunston, p. ٦٤ .

٧٣- ploeger, F.D (١٩٨١) "The Development and Evaluation of an Interactive Computer program Simulation Desigend to Teach Science Callroom Laboratory Safety to preservic and Inservice Teachers, Unpublished P.H. Thesis, the Universoty of Texas .

٧٤- post. P.E. (١٩٨٧) "The Effect of Field Independence Field Dependence on Computer – Assisted Instruction Achievement, J. of Industerial Teacher Educati .

٧٥- postlit whait, S.n & et.al (١٩٧١) The Audio – Tutorial Approach to Learning, ٣ʳᵈ, Ed, Minneapolis, Minestop Company .

٧٧- Richardson, A. C. (١٩٨٨) classroom Learning Environment and Creative performance : Some Differences Amang Coribbean Territories" Educational Research, vol. ٣٠, N. ٣ .

٧٨- Rogers, C. (١٩٥٩) "Toward A Theory of Creativity", In Harold, H.A. (ed), Creativity and its Cultivation, New York, Harper & Row publishing .

٧٩- Rowland. C. (١٩٩٥٠ : Instructional Design and Creativity : A Responses to the Criticized, Educational Technology, Vol.٣٥, No. ٥٠

٨٠- Sabatell, R.M. (١٩٨٣) : "Cognitive Style and Relationship Quality I Married Dyads, Journal of personality, ٥١, (٣) .

٨١- Sabatell, R.M. (١٩٨٣) "Interactive =Muti-media Computer Systems, Educational Technology, Vol. xxxl, No.٢, February .

٨٢- Schweiger, D.M. (١٩٨١٠ The Impact of Cognitive Styles on Strategy Formulation Effectiveness in Uncertain Environmenrs An Exploratory study, Diss. Abst. Inter., ٩٢. (٢٠A) .

٨٣- Scanlon, R.C (١٩٧٠) Individully Prescribed Instruction : A System of Individualized Instruction Educational Technology, Dec. Vol ١٠, No. ١٢ .

٨٤- Shaw. M. E & Wright. J. M (١٩٦٧) "Scales For the Measurement Attitudes", New York, Grow, Hill.

٨٥- Shank, C. & Athers (١٩٩٤) "Imporoving Creative Thinking Using Instructional Technology : Computer – Aided Abductive Reasoning, Educational Technology Vol. xxxlV, N.٩ .

٨٦- Shode, b. J. (١٩٨٣) :"Cognitive Strategies as Determents of School Achievement, psychology in the School, ٢٠

۸۷- Slik, J (۱۹۹۵) "Acompartive Study of Two Computer Assisted Methods of Teaching Introductory Chemistry problem Solving, Diss. Abst. Inter. Vol. ۱۵, No. ۲, April ,.

۸۸- Sigg, J, & Cargiulo, U. (۱۹۸۰) "Creativity and Cognitive Styles in Learning Disabeld and Nondisabeld School Age Children, Psychological, Reports, ٤٦ .

۸۹- Smith, S. w& simpson, R.L (۱۹۸۹) : An Analysys of Individualized Education programs (IEps) for Students , with Behavior Disorders, Behavioral Disorders, ۱٤.

۹۰- Solso, R. L., (۱۹۹۰) "Cognitive psychology, (۳th. Ed.), Nevada, University of Nevada.

۹۱- Sternberg, R. J. & Smith, E.E. (۱۹۹۰) "The psychology of Human Thought, Cambridge, Cambridge University press .

۹۲- Stein, M.I (۱۹۷٤) Simulation Creativity, Individual procedures Academic press, N. Y.

۹۳- Thomas. K.C. (۱۹۹۰), Attitude Assessment Rediguide, Vol V, (Ed), Young Man, (M.B.) England, TRC – Red & Guides (Ltd) .

۹٤- Thompson, E. & et al., (۱۹۸۱) : "Relationship Among Cognitive Complexity, Sex and Spatial Task performance in College Students. " Britush Journal of psychology, Vol. ۷۲ .

۹۵- Tiedamn, J. (۱۹۸۹) : "Measures of Cognitive styles " Acritivcal Review, Educational psychologists, ۲٤.

۹٦- Torrance, E.p. (۱۹۷۲) "Can we Teach Children to Thinl creativity ? The Hournal of Creative Behavior. b,.

٦۷- Torrance, E.p. (۱۹۸۷) "The Balzing Drive : the Creative personality Buffalo, Ny: Bearly Limited pp. ۲۰۲-۲۰۳ .

۹۸- Trostle, S.L. and Yawkey, T.D. (۱۹۸۱) "Creative Thinking and the Education of Young Children, The Fourth Basic Skill, " ERIC Document Reproduction Service, No. ۲۰٤-۵۱۰

۹۹- Ulosevich, S. & et., (۱۹۹۱) "Higher-Order Factors in Structure of Intellect Aptitude Tests Hypothesised to partroy Construetns of Military Leadership" Are-analysis of an (SOI) data bas, Edu., & paych. Measurement, ۵ l, pp. ۱۵-۱٦ .

١٠٠- Weller. H. C. (١٩٩٥) "Diagnosing and Altering Three Aristotelian Alternative Conceptions in Dynamicsi Microcomputer Simulations of Scientific models, Journal of Research in Science Teaching, Vol. ٣٢, No. .on Vol. ٢٥, No. ١ .

١٠١- Wikin, H. A. & et. Al (١٩٦٢) psychological Differentiation, John Wiely and Sons, New York .

١٠٢- Witkin, H. A. & Goodenough, R. d., (١٩٨١) "Cognitive Styles" :   Essence and Origins" Universities press, Inc. New York .

١٠٣- Witken, C.V. (١٩٩٠) : "Field – Dependence / Field – Indeppendence The Relaticnship of cognitive styles and Achievement, Duss Abst. Inter., ٥٠, (١٠-A).

فهرست الكتاب
الفصيلي

الفهرس التفصيلي لموضوعات الكتاب

إصدارات سلسلة المصادر التربوية في تكنولوجيا التعليم
من ٢٠٠١/١/١٧م وحتى ٢٠٠٦/١/١٧م

رقم الإصدار	موضوع الإصدار	السنة	الناشر	ملاحظات
-	تكنولوجيا التعليم والوسائل التعليمية بين النظرية والتطبيق (جزء عملي وجزء نظري)	٢٠٠١م	من مطبوعات جامعة قناة السويس- مصر	لم ينشر رسمياً
-	تكنولوجيا المعارض والمتاحف التعليمية	٢٠٠٢م	من مطبوعات جامعة قناة السويس - كلية التربية النوعية ببورسعيد	تحت الإعداد للنشر الرسمي
١	منظومة تكنولوجيا التعليم	٢٠٠٣م	مكتبة الرشد- الرياض	مشترك مع آخر
٢	تكنولوجيا التعليم المُفَرد وتنمية الابتكار: رؤية تطبيقية	٢٠٠٦م	دار وائل - عمان - الأردن	الطبعة الأولى
٣	التصميم التعليمي والتعلم ذو المعنى: رؤية ابتستمولوجية تطبيقية في ضوء نظرية تجهيز المعلومات في الذاكرة البشرية	٢٠٠٤م ط١ ٢٠٠٦م ط٢	دار وائل - عمان - الأردن	الطبعة الثانية
٤	الدليل المصور الشامل في تعليم العاديين وذوي الاحتياجات الخاصة	٢٠٠٦م	الدار الصولتية للتربية - الرياض	تحت الطبع
٥	الاتجاهات الحديثة في تكنولوجيا التعليم والتعلم الالكتروني	٢٠٠٦م	....	تحت الطبع
١ "ط٢"	منظومة تكنولوجيا التعليم والوسائل التعليمية رؤية تطبيقية معاصرة للمعلم قبل وأثناء الخدمة	٢٠٠٦م	مكتبة الرشد - الرياض	الطبعة الثانية مزيدة ومنقحة ومطورة
٦	تدريب المعلمين في مجال تكنولوجيا التعليم (برامج موجهه لدمج التقنية في التعليم)	....	....	تحت الطبع
٧	تكنولوجيا التعليم للفئات الخاصة (برامج تطبيقية للمعلمين والطلاب)	....	....	تحت الطبع

Printed in the United States
By Bookmasters